제2판

기 / 업 / 사 / 례 / 중 / 심

실전경영학

심현식 저

박영사

연구실에서 바라보는 1월의 광교산 자락은 그토록 멋진 단풍이 언제 있었냐는 듯 온통 흰 눈으로 뒤덮여있다. 이제는 살을 에는 듯한 혹한의 삭풍을 견디어내며 곧 다가올 따뜻한 봄날을 기대하고 있으리라.

외환위기(1997년) 이전에는 한국인에게 한 번 발을 디딘 직장에 '뼈를 묻는' 것은 너무나 당연한 일이었다. 하지만 외환위기가 닥치면서 평생직장의 신화가 무너져 버렸다. 정리해고와 명예퇴직의 칼바람이 회사 규모를 가리지 않고 불어닥쳤다. 한국노동연구원에 따르면 1996년 1%도 안 되던 비자발적 이직률은 2001년 8.9%로 치솟았다. 45세가 정년이 돼버렸다는 뜻의 '사오정'은 이제는 그 나이가 점점 더 젊어져가고, 평생직장의 개념은 희미해지면서 회사에 대한 충성심도 점점 더 약해져가고 있다.

또한 오늘날 대학을 졸업한 학생들의 취업 문제는 얼마나 심각한가. 대기업, 공기업의 입사경쟁률은 수십 대 일에서 수백 대 일에 달하고, 그 경쟁률을 뚫고 입사하기란 낙타가 바늘구멍을 통과하는 것만큼이나 어려워졌다. 그러다보니 재수·삼수는 기본이고 삼포(연애, 결혼, 출산) 세대가 사회의 신조어로 떠오른 지 오래되었다. 청년은 청년대로 일자리를 달라고 아우성이고, 중년 세대는 그들대로 일자리를 달라고 서로 아우성치고 있다. 이와 같이 삼포세대가 나오게 된 배경은 일자리를 구하지 못한 데서 비롯된 것임은 두말할 필요가 없다.

최근 대형은행들은 코로나사태로 창구에 내방하는 고객은 줄고 온라인 고객이 늘어나면서 점포를 통합하고, 이에 더하여 AI 행원을 만들어서 창구에 전담 텔러로 배치하고 있다고 한다. 이에 따라 금융권의 희망퇴직은 나이에 관계없이 기하급수적으로 증가하고 있다. 또한 자동차 회사에서는 메타버스와 스마트팩토리를 결합하여 실제공장과 똑같은 메타팩토리(가상공장)를 만들어 고객의 주문에 대응한다고 발표하였다. 이와 같이 기업은 기업대로 시장에서 생존하기 위하여 지속적인 변화와 혁신을 해야 하고, 그 과정에서 사원들은 아무런 준비 없이 거리로 내몰리고 있다.

이러한 냉혹한 현실에서 살아남으려면 기업을 어떻게 경영해야 하는가? 또 사원들은 회사에서 잘리지 않고 살아남으려면 자기경영을 어떻게 해야 하는가? 회사생활을 어떻게 해야 잘하는가? 등 작금의 세태는 우리에게 많은 질문들을 던지고 있다.

필자는 오랫동안 회사생활을 하였고 몸담고 있는 기업의 눈부신 발전을 함께 하였다. 반면에 그 성장의 주역으로 함께 일했던 많은 동료들이 아무런 준비 없이 추운 겨울 길거리로 내몰리는 참상을 옆에서 지켜보아야 했다. 그들의 아픔과 힘든 상황을 지켜보면서, 직장인이라면 누구나 그런 상황에 내몰릴 수 있다는 것을 절실히 깨달았다. 그리고 기업경영에 우선하여 반드시 자기경영이 선행되어야 하고, 그 시작이 빠르면 빠를수록 결과는 너무나 큰 차이가 난다는 것을 절실히 느끼게 되었다. 즉 기업경영(기술과 경영)에 더해 자기경영이 같이 이루어져야 내가 원하는 일을 하면서 성장할 수 있다는 의미이다.

이제는 학교에서 강의하면서 치열한 경쟁에서 살아남아야 하는 기업과, 그 난관들을 끊임없이 헤쳐 나가야 하는 학생들에게 도움을 줄 수 있는 방법이 없을까 고민을 하게 되었고, 경영이론과 실제사례, 자기경영을 통하여 학생들이 사회생활을 하는 데 실질적인 도움이 되고 차별화된 경쟁력을 갖추는 데 도움을 주고자, 그동안의 회사경험과 학교에서 강의한 내용을 토대로 이 책을 집필하게 되었다.

본서는 경영을 크게 국가경영, 기업경영, 가정경영, 자기경영으로 분류하고, 그중에서도 기업경영과 자기경영에 초점을 맞추어 내용을 구성하였다. 이론적인 내용은 최소로 줄이고, 실제 기업경영의 성공과 실패사례, 그리고 자기경영의 성공사례를 거울삼아 나아갈 방향을 제시하였다. 기업의 궁극적인 목적은 현재의 경쟁력보다도 지속가능한 경쟁우위를 확보하는 것이라 생각되며, 이것은 곧 사원 개개인들이 경쟁력을 갖추어야 가능함은 두말할 나위가 없을 것이다.

앞으로 대학에서 학문 간의 경계는 점점 없어지고, 기업을 둘러싼 환경은 급속도로 변화하는 혼돈의 시대에 공학과 경영의 접목을 통한 융합학문의 수요, 그리고 지속적 경쟁우위 확보 및 자기경영의 니즈는 계속 증가할 것이다. 이러한 시대에 기업과 개인들에게 본 저서가 많은 도움이 될 것으로 믿어 의심치 않는다.

3년 만에 개정판을 내면서 독자들의 니즈에 맞추어 각 장별 사례들을 최신 내용으로 추가하였고, 기업들이 급변하는 경영환경에서 살아남기 위하여 더욱 중요해지고 잇는 최고경영자(CEO)의 역할 및 리더십에 대하여 다루었다. 그리고 글로벌 기업으로 성장하는 데 원동력이 되었던 귀감이 될 만한 혁신사례들을 발굴하여 추가하였다. 짧은 준비기간을 거쳐 신학기 강의용으로 출간하는 관계로 그 내용이 다소 미약할 수 있지만, 앞으로 더 나은 내용으로 독자들에게 보답할 것을 약속한다.

　　본 교재를 출간할 수 있도록 가정에서 많은 응원과 도움을 아끼지 않은 사랑하는 가족들, 그리고 그동안 아낌없는 지원을 해주신 경기대 교수님과, 또한 집필과정에 함께해준 경기대 학부생들, 부족한 원고를 편집하느라 끝까지 수고를 아끼지 않으신 박영사 편집부에도 감사의 말씀을 드린다.

2022년 신년
광교산 자락 연구실에서
玄 岩

머리말

　연구실에서 바라보는 11월의 광교산 자락은 날이 갈수록 점점 붉게 물들어가고, 청명한 가을 하늘과 단풍은 더할 수 없는 아름다움으로 우리 곁으로 다가온다. 연구실에서 잠깐씩 그 산을 바라보고 있노라면 행복이 다른 게 아니구나, 돈과 권력과 지위가 아니고, 이렇듯 아름다운 가을산을 보고 즐길 수 있는 것이구나 라는 것이 느껴진다. 이렇듯 계절은 어김없이 찾아오고, 우리에게 더할나위 없는 큰 즐거움과 행복을 안겨주고 있다. 그러나 우리 주변의 세상살이는 얼마나 치열하고, 흥망성쇄가 변화무쌍하게 일어나는가.

　외환위기(1997년) 이전에는 한국인에게 한 번 발을 디딘 직장에 '뼈를 묻는' 것은 너무나 당연한 일이었다. 하지만 외환위기가 닥치면서 평생직장의 신화가 무너져 버렸다. 정리해고와 명예퇴직의 칼바람이 회사 규모를 가리지 않고 불어닥쳤다. 한국노동연구원에 따르면 1996년 1%도 안되던 비자발적 이직률은 2001년 8.9%로 치솟았다. 45세가 정년이 돼버렸다는 뜻의 '사오정'이라는 신조어가 나오고, 평생직장 개념이 희미해지면서 회사에 대한 충성심도 점점 약해졌다. 그렇다고 창업을 하자니 그 또한 쉽지 않은 게 현실이다. 2016년 통계자료에 따르면 한국에서 창업하고, 일년 후 생존율은 약 60%, 5년 후는 약 30% 정도만 살아남는다는 우울한 통계 수치를 보여주고 있다.

　또한 오늘날 대학을 졸업한 학생들의 청년백수 문제는 얼마나 심각한가. 재수·삼수는 기본이고 삼포(연애, 결혼, 출산) 세대가 사회의 신조어로 떠오르고 있다. 청년은 청년대로 일자리를 달라고 아우성이고, 중년 백수는 그들대로 일자리를 달라고 서로 아우성 치고 있다. 이와 같이 삼포세대가 나오게 된 배경은 일자리를 구하지 못한 데서 비롯된 것임은 두말할 필요가 없다. 이와 같이 기업은 기업대로 시장에서 생존하기 위하여 지속적인 변화와 혁신을 해야 하고, 그 과정에서 사원들은 아무런 준비 없이 거리로 내몰리고 있다.

이러한 냉혹한 현실에서 살아남으려면 기업을 어떻게 경영해야 하는가?

또 사원들은 회사에서 잘리지 않고 살아 남으려면 자기경영을 어떻게 해야 하는가?

회사생활을 어떻게 해야 잘하는가? 등 작금의 세태는 우리에게 많은 질문들을 던지고 있다.

필자는 오랫동안 회사생활을 하였고, 몸담고 있는 기업의 눈부신 발전을 함께하였다. 반면에 그 성장의 주역으로 함께 일했던 많은 동료들이 아무런 준비 없이 추운 겨울날 길거리로 내몰리는 참상을 옆에서 지켜보아야 했다. 그들의 아픔과 힘든 상황을 지켜보면서, 직장인이라면 누구나 그런 상황에 내몰릴 수 있다는 것을 절실히 깨달았다. 그리고 기업경영에 우선하여 반드시 자기경영이 선행되어야 하고, 그 시작이 조금이라도 빠르면 빠를수록 결과는 너무나 큰 차이가 난다는 것을 절실히 느끼게 되었다. 즉 기업경영(기술과 경영)에 더해, 자기경영이 같이 이루어져야 내가 원하는 일을 하면서 성장할 수 있다는 의미이다.

이제는 학교에서 강의하면서 치열한 경쟁에서 살아남아야 하는 기업과, 그 난관들을 끊임없이 헤쳐 나가야 하는 학생들에게 도움을 줄 수 있는 방법이 없을까 고민을 하게 되었고, 경영이론과 실제사례, 자기경영을 통하여 학생들이 사회생활을 하는 데 실질적인 도움이 되고 차별화된 경쟁력을 갖추는 데 조금이라도 도움을 주고자, 그동안의 회사경험과 학교에서 강의한 내용을 토대로 이 책을 집필하게 되었다.

본서는 경영을 크게 국가경영, 기업경영, 가정경영, 자기경영으로 분류하고, 그중에서도 기업경영과 자기경영에 초점을 맞추어 내용을 구성하였다. 이론적인 내용은 최소로 줄이고, 실제 기업경영의 성공과 실패사례, 그리고 자기경영을 통하여 나아갈 방향을 제시하였다. 또한 앞으로 기술융합에 기반한 4차산업 혁명이 이루어지면, 각 분야의 전문지식과 경영의 접목을 통한 융합학문의 수요가 크게 증가할 것으로 예상되며, 본 교재의 내용을 통하여 많은 도움이 될 것으로 의심치 않는다.

마지막으로 짧은 준비기간을 거쳐 급하게 강의용으로 출간하는 관계로 그 내용이 다소 미약하고 일부 Update 안된 부분들이 있을 수 있다는 것을 미리 말씀드리며, 앞으로 더 나은 내용으로 독자들에게 보답할 것을 약속한다.

본 교재를 출간할 수 있도록 가정에서 많은 응원과 도움을 아끼지 않은 사랑하는 가족들, 그리고 그동안 아낌없는 지원을 해주신 연세대, 경기대 관련 교수님과, 또한 집필 과정에 도움을 준 관련된 학부생들, 부족한 원고를 편집하느라 끝까지 수고를 아끼지 않으신 박영사 편집부에도 감사의 말씀을 드린다.

2017년 늦가을

玄 岩

차례

Chapter 03 기업경영

Chapter 04 경영자 및 사회적 책임

Chapter 05   경영환경 분석

Chapter 06   계획 및 전략수립

Chapter 07 조직화 및 평가

Chapter 08 지휘 및 통솔

Chapter 09   마케팅

Chapter 10   생산운영관리

Chapter 11 인적자원관리

Chapter 12 경영혁신

Chapter 13 CEO 리더십

실전경영학

Chapter **01** 경영학 개요

Management Practice Guide

01 경영학 개요

Ⅰ 경영의 범위

경영은 큰 틀에서 조명해보면 국가를 경영하는 국가경영, 그리고 기업을 경영하는 기업경영, 가정을 경영하는 가정경영 그리고 자기를 경영하는 자기경영 등으로 나누어 볼 수 있다. 국가의 최고경영자는 한 국가의 지도자가 될 것이고, 기업의 경영자는 최고경영자(CEO), 가정의 경영자는 가장, 자기경영의 주체는 바로 나 자신이라고 할 수 있다. 사회구조가 점점 복잡해지고 경제적인 활동이 어려워지면서 나 자신에 대한 자기경영의 중요성이 점점 증대하고 있고 어떻게 나를 경영하고 원하는 삶을 살 것인지 관심이 커지고 있어 이에 대한 내용은 별첨에서 부록으로 다루고자 한다. 일반적으로 경영을 이야기할 때 우리는 기업경영을 논하고 있으며, 본서에서도 경영학의 기본 개념을 중심으로 기업경영 사례들을 접목하여 실제 적으로 도움이 되는 내용을 다루고자 한다.

경영은 기업조직(생산자)과 소비자 간의 교환활동이 원활하게 이루어지도록 조건이나 환경을 조성해 나가고, 그 결과로 기업과 소비자가 속한 공동체가 같이 유지, 발전될 수 있도록 노력하는 것이다. 즉, 원가(적정이윤 포함) ≤ 가격 ≤ 효용 가치 부등식을 만족시키는 것이다.

Ⅱ 경영학이란?

경영은 기업이 환경과 상호작용하면서 자원을 투입하고 변환과정을 거쳐서 산출물을 만들어내는 과정을 의미한다. 그리고 경영학은 이러한 과정을 연구하는 학문이라고 할 수 있다(〈그림 1-1〉). 오늘날 기업조직은 개방체계(open system)로서 내·외부 환경으로부터 자원을 투입하여 관리기능과 조직기능을 통한 변환과정을 거쳐 다양한 형태의 산출물(성과)을 만들어 낸다.

그림 1-1 경영의 전반적인 틀

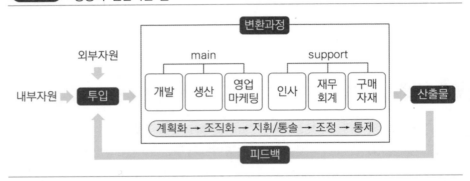

1. 투입

경영활동에 투입된 자원은 기업의 내부 환경으로부터 투입된 인적자원(사람), 재무적 자원(자금), 물적자원(설비, 자재), 정보적 자원 등 내부자원과, 기업의 외부 환경으로부터 투입된 사회, 정치, 경제, 시장, 기술적 측면과 외부 환경적 정보 등 외부자원으로 나눌 수 있다.

2. 변환과정

변환과정은 일반적으로 관리기능과 조직기능으로 이루어져 있으며, 관리기능은 목표설정으로부터 시작하여 계획수립, 조직화, 지휘 및 통제로 구성되어 있다. 그리고 조직기능으로는 기업의 주된 기능(main activities)인 생산/운영, 영업 및 마케팅, 개발(R&D)이 있으며, 이러한 기업의 주된 기능을 지원(support activities)하기 위한, 인사관리, 재무/회계, 경영정보(MIS), 환경안전 등이 있다. 지원기능은 기업의 주된 기능을 지원하는 역할을 수행한다고 할 수 있는데, 즉 기업의 본질적 기능인 제품을 개발하고, 생산해서 판매하는 활동을 하기 위하여 지원하는 기능이라고 할 수 있다. 결국 변환과정은 경영과 관련된 모든 조직 활동을 관리과정을 통하여 투입물을 산출물로 만들어가는 과정이라고 할 수 있다.

3. 산출물

기업 활동의 산출물이라고 할 수 있는 경영성과는 크게 세 가지 부분, ① 재화 및 서비스의 제공을 통한 고객만족, ② 이해관계자(주주, 협력업체 및 공급업체, 경영자, 종업원)의 만족 ③ 사회적 기대만족(책임)으로 나누어 볼 수 있다. 그리고 이들 경영성과는 효과성과 효율성이라는 두 가지 측면에 의해 측정되는데, 효과성은 조직의 목표달성 정도를, 효율성은 투입(input) 대비 산출(output)을 의미한다. 이와 같은 경영과정을 요약해 보면 〈그림 1-2〉와 같이 표현할 수 있다.

그림 1-2 경영의 과정

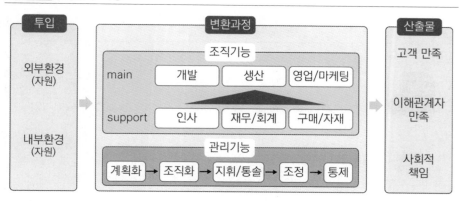

Ⅲ 경영학의 학문적 성격

기업이라는 조직뿐 아니라 일반 조직체에서 일어나는 다양한 활동을 다루는 경영학은, 인간사이의 상호작용 그리고 인간과 조직 또는 인간과 기술 사이의 상호작용에 관한 사회현상을 연구하는 학문이다. 따라서 객관적인 관찰을 통해 조직에서 발생하는 현상을 분석한 후, 일정한 규칙성을 발견하고, 이를 통해서 보편타당한 이론을 도출하는 사회과학의 한 분야로서 이론과학의 특성을 지니고 있다. 따라서 경영학 연구는 사회과학이 활용하는 규범적 방법, 관찰방법, 귀납적 방법, 연역적 방법 등 다양한 방법을 활용한다.

또한 경영학 연구에서는 현실문제에 대한 구체적인 실천방안을 제시하는 것도 중요하다. 경영학 모형이 모든 상황을 다 설명할 수 없기 때문에, 상황에 따라 경영자의 경험과 직관력에 의존하는 경우도 있다. 그래서 경영학은 과학이지만 기술(Art)을 포함하고 있다. 이러한 측면에서 경영학은 실천 응용과학의 특성을 지니고 있고, 경영학이 실천 응용과학의 특성을 갖는다는 측면에서, 경영학은 특정 연구 방법론을 선호하는데, 이것이 바로 사례연구(case study)이다. 사례연구란 기업의 실제적인 경영활동 사례를 통하여 조직경영의 일반원칙을 도출해 낼 수 있다. 본 저서에서는 다수의 사례연구(case study)를 통하여 독자의 이해를 돕고자 노력하였다.

사례 1-1 국가지도자의 경영전략으로 다시 세운 대한민국·스웨덴 국가경영

1. 대한민국 77$('64) → 31,497$(2020)

대한민국의 경우 1950년 한국전쟁 직후에 전 국토는 거의 폐허가 되었고, 일인당 국민소득이 100 달러 이하인 세계 최빈국의 하나로, 많은 국민들은 배고픔과 굶주림에 시달려야 했다. 1964년 당시 일인당 국민소득은 64불로, 식량은 자급자족이 불가능하여 대부분 미국이나 유엔의 식량원조에 의존하여 배급받는 최악의 상황이었다. 국가의 지도자(대통령)는 대한민국을 배를 곯지 않는 잘사는 국가로 만들겠다는 명확한 목표를 세우고, 경제개발은 경제개발 1차, 2차, 3차 계획, 농촌지역은 새마을 운동을 강력하게 추진하였다. 정부 주도로 경제개발 계획을 수립하고 정부, 기업과 전 국민이 힘을 합쳐서 이를 실천한 결과 오늘날과 같은 한강의 기적을 이루었다. 2020년 기준 일인당 국민소득(31,497달러)은 세계 27위로 눈부신 성장을 이루었고, 선진국들의 모임인 경제협력개발기구(OECD)에도 1996년에 정회원으로 가입하였다(〈표 1-1〉).

2. 스웨덴 2,100$ → 51,796$(12위)

전 세계에서 가장 살기 좋은 복지국가 1등을 차지한 스웨덴의 경우, 노조를 대변하는 노동당이 정권을 잡으면서 모든 국민이 잘사는 복지국가를 건설하겠다는 명확한 목표를 세우고, 정부, 기업, 노동조합, 국민이 힘을 합쳐서 각종 복지 정책을 추진하여, 오늘날 세계에서 가장 살기 좋은 복지국가라는 영예로운 자리를 갖게 되었다. 1964년 당시는 일인당 국민소득이 2,100달러에 불과했으나, 2020년에는 51,796달러로 괄목할 만한 성장을 이루었다.

이는 국가의 지도자가 국가가 나아갈 명확한 목표와 비전을 세우고, 장기적인 전략 및 계획을 수립하여 이를 실천한 결과라고 할 수 있다.

표 1-1 세계 국민소득 순위

순위	국가명	GDP($)	기준연도	순위	국가명	GDP($)	기준연도
1	룩셈부르크	116,920	2020	15	홍콩(중국)	46,753	2020
2	스위스	86,849	2020	16	독일	45,732	2020
3	아일랜드	83,849	2020	17	산마리노	44,818	2020
4	노르웨이	67,176	2020	18	벨기에	44,529	2020
5	미국	63,415	2020	19	이스라엘	43,688	2020
6	덴마크	60,494	2020	20	캐나다	43,278	2020
7	아이슬란드	59,633	2020	21	뉴질랜드	41,127	2020
8	싱가포르	58,902	2020	22	영국	40,406	2020
9	호주	52,824	2020	23	일본	40,146	2020
10	네덜란드	52,247	2020	24	프랑스	39,907	2020
11	카타르	52,144	2020	25	마카오(중국)	36,350	2020
12	스웨덴	51,796	2020	26	아랍에미리트	31,982	2020
13	핀란드	48,981	2020	27	대한민국	31,497	2020
14	오스트리아	48,154	2020				

사례 1-2 기업경영

- 삼성전자(반도체), 반도체 사업 신규진출(1983년) → 메모리 반도체 1등(1993년)

1983년 삼성에서 반도체 사업을 처음 시작할 당시, 삼성의 이병철 회장이 반도체 사업

진출을 결정했을 때 주위에서 모두가 만류하였다. 그만큼 반도체 사업은 장치산업으로 대규모 투자가 필요하고, 그 당시 일본의 반도체 업체들이 전 세계 시장을 석권하고 있었다. 당시의 전 세계 시장 점유율을 보면 1위(NEC), 2위(도시바), 4위(히다찌), 6위(후지쓰), 8위(미쓰비시), 10위(파나소닉)으로, 삼성의 신규진입은 무모한 결정으로 받아들여졌다.

그러나 이병철 회장은 주위의 모든 반대를 무릅쓰고 미래의 유망한 사업으로 반도체 사업을 그룹 차원에서 집중 육성하기로 결정하고 사업을 시작하였다. 이와 같은 오너의 과감한 의사결정, 적기투자, 사원들의 일등 제품을 만들겠다는 강한 열정, 반도체 사업의 호황 등 주위여건과 경영진의 전략이 적중하여, 1993년 메모리 반도체 분야에서 일본 업체를 따라잡고 세계 시장점유율 1위 기업으로 등극하였다. 더 나아가 삼성전자(반도체)는 2017년 3분기에 매출기준으로 종합반도체 1위 기업인 미국의 인텔을 25년 만에 추월하였다(인텔: 16조 7천억원, 삼성전자: 17조 5천억원). 이는 현실에 안주하지 않는 지속적인 혁신과 기술개발, 그리고 과감한 선제 투자로 인한 결과라고 할 수 있다.

그러나 일본 기업들은 1980~1990년대에는 세계매출 상위 10개사 중 6개사를 차지했지만, 모든 기업이 반도체 설계~제조까지 전 공정만을 고집하였다. 또한 삼성전자 등 한국기업들이 대규모 투자를 감행하여 판가하락 경쟁을 주도해 나갈 때, 일본기업들은 투자를 망설

표 1-2 2020년 종합반도체 업체 글로벌 순위($ million)

2020 Rank	2019 Rank	Company	Headquarters	2019 Total	2020F Total	2020/2019 Forecast
1	1	Intel	U.S.	70,797	73,894	4%
2	2	Samsung	South Korea	55,709	60,482	9%
3	3	TSMC (1)	Taiwan	34,668	45,420	31%
4	4	SK Hynix	South Korea	23,185	26,470	14%
5	5	Micron	U.S.	22,405	21,659	−3%
6	7	Qualcomm (2)	U.S.	14,391	19,374	35%
7	6	Breadcom Inc. (2)	U.S.	17,243	17,066	−1%
8	10	Nvidia (2)	U.S.	10,618	15,884	50%
9	8	TI	U.S.	13,651	13,088	−4%
10	9	Infineon	Europe	11,138	11,069	−1%
11	16	Media Tek (2)	Taiwan	7,972	10,781	35%
12	14	Kioxia	Japan	8,760	10,720	22%
13	15	Apple* (2)	U.S.	8,015	10,040	25%
14	11	ST	Europe	9,533	9,952	4%
15	18	AMD (2)	U.S.	6,731	9,519	41%

주: (1) Foundary, (2) Fabless

이다 투자적기를 실기하게 되고, 가격 경쟁력은 약화되면서 적자폭이 점점 증가하면서 투자는 더욱 어려워지는 악순환이 반복되었다. 더불어 컬컴 등 반도체설계 전문기업이 부상하면서 대규모 시설투자 없이도 설계기술을 고도화하고, 생산은 파운드리 업체에 수탁생산이 증가하면서 점점 경쟁력을 잃게 되었다.

2020년 일본 반도체 업체 현황을 살펴보면 도시바의 플래시메모리 사업이 분사되어 설립된 키오시아가 12위, 소니 반도체 솔루션이 16위, NEC와 히다찌, 미쓰비시가 합작하여 만든 SYS-LSI반도체 업체인 르네사스 테크놀로지가 19위에 남아있다. 또한 후지쓰는 주력 생산라인(미에 현 구와나 공장)을 대만의 파운드리(수탁생산) 업체인 UMC에 매각하였고, 후지쓰와 파나소닉은 합작하여 시스템 LSI개발 종합회사를 설립할 예정이다.

사례 1-3 가정경영

■ 노블리스 오블리주의 전형을 보여준 300년 전통의 경주 최부자 집 家訓

가정경영의 대표적인 사례로 300년 동안 12대에 걸쳐 만석지기로 이름을 날린 경주시 교동 최부자는 흉년 때 곳간 문을 열어 이웃을 구제하였고, 마지막에는 모든 재산을 사회에 헌납했다. 경주 최부자는 어떻게 대한민국 최고의 존경받는 부자가 되었을까. 최부자 집에는 대대로 가훈처럼 지켜온 육연(六然)과 육훈(六訓)이 있다. 육연은 수신(修身)의 철학이고, 육훈은 제가(齊家)의 철학으로 이를 실천하는 과정에서 대대로 명부(名富)의 격조와 품격을 갖추게 되었다고 한다.

1) 육연(六然)
- 자처초연(自處超然 스스로 초연하게 지낸다)
- 대인애연(對人靄然 남에게는 온화하게 대한다)
- 무사징연(無事澄然 일이 없을 때는 맑게 지낸다)
- 유사감연(有事敢然 유사시에는 용감하게 대처한다)
- 득의담연(得意淡然 뜻을 얻었을 때는 담담하게 행동한다)
- 실의태연(失意泰然 실의에 빠졌을 때는 태연하게 행동한다)

2) 육훈(六訓)

- 과거를 보되 진사 이상 벼슬을 하지마라.
- 만석 이상의 재산은 사회에 환원하라.
- 흉년기에는 땅을 늘리지 말라.
- 과객을 후하게 대접하라.
- 주변 100리 안에 굶어죽는 사람이 없게 하라.
- 시집 온 며느리들은 3년간 무명옷을 입으라.

최부자 집의 노블리스 오블리주는 마지막 최부자인 최준 선생에 의해 완성된다. 일제 강점기때 백산상회를 설립해 독립운동 자금을 지원하고, 임시정부 김구 주석에게 군자금을 보냈다. 최준 선생은 광복 후에는 인재양성을 위해 전 재산을 털어 대구대학(현 영남대학)과 계림학숙을 설립하였다. 만약 최준 선생이 전 재산을 사회에 환원하지 않고 움켜쥐고 있었다면 과연 그 재산을 온전히 지킬 수 있었을까. 또 오늘날까지 우리 사회에서 가장 존경받는 명부(名富)로서 남아 있을 수 있었을까.

사례 1-4 자기경영

1. 18년 귀양생활 동안 530권의 저술을 남긴 다산 정약용 선생

자기경영을 실천해서 훌륭한 업적을 남긴 분들이 국내외에 많이 있지만, 가장 대표적인 사례로서 국내는 다산 정약용 선생, 국외는 에이브러햄 링컨 대통령에 대하여 살펴보고자 한다. 참고로 이 두 분은 저자가 기장 존경하는 인생의 멘토이기도 하다.

다산 정약용 선생은 조선후기 실학의 대가로서 정조13년 대과에 급제하여 관직에 진출하였고, 사간원과 홍문관의 주요 요직을 역임하였다. 특히 정조 임금의 총애를 받는 최고의 학자이자 사상가로서, 인간존중사상, 개혁정신, 실사구시의 철학을 역설하였다. 그러나 신유박해 때 천주교 신앙을 가졌다는 이유로 18년간 경상도 장기, 전라도 강진으로 유배되었고, 유배 중에 〈목민심서〉, 〈경세유표〉 등 약 530권의 저서를 남겼다. 이와 같은 당파싸움의 희생자로 유배된 경우 정적을 원망하고, 임금을 원망하며 자신의 신세를 한탄하다가 일생을 마치는 것이 일반적이지만, 다산 선생은 귀양기간 동안 오로지 책을 읽고 저술 활동에 전념하였다.

특히 다산 선생이 제자들을 모아놓고 한 유명한 일화가 있는데 "사람으로 태어나서 배불리 먹고 편히 살다가 생을 마친다면, 죽어서 시체가 식기도 전에 이름 석자가 없어질 것이다. 이는 새나 짐승의 삶과 무엇이 다르겠는가? 그런데도 너희들이 책을 읽지 않겠느냐"고 질타하였다.

이는 사람으로 태어나서 왜 책을 읽어야 하고, 왜 공부를 해야 하는지, 또 어떠한 마음가짐으로 살아야 하는지를 가장 잘 설명한 말이라고 할 수 있다.

2. 목수의 아들에서 미국 16대 대통령이 된 에이브러햄 링컨 대통령

미국의 16대 대통령인 에이브러햄 링컨은 가난한 목수의 집 아들로 태어나서 어려운 유년시절을 보냈지만, 독학으로 공부를 계속하여 변호사 시험에 합격하였다. 그는 어려운 환경 속에서 다양한 일을 하면서도, 항상 손에서 책을 놓지 않았고 엄청난 독서량으로 많은 지식을 축적하였다. 평소 노예제도의 불합리함을 느꼈던 링컨은 이를 바로잡고자 일리노이 주의회 의원 선거에 출마하며 정치 생활을 시작하였고, 여러 번의 낙선을 거치며 주의원과 하원의원을 지냈다. 이후 공화당 후보로 미국의 16대 대통령에 당선되었고, 노예해방, 남북전쟁 승리, 민주주의 이념을 가장 잘 요약한 그 유명한 게티즈버그 명연설을 남겼다.

링컨 대통령이 어린 시절 통나무 집에서 살 때 책에 대한 유명한 일화가 있는데, 어린 나이지만 워낙 책을 좋아했던 링컨은 집이 가난하여 학교에서 책을 빌려와서 보곤 하였다. 어느 날 여름에 비가 많이 내리면서 지붕에서 빗물이 새어들어 방의 윗목에 쌓아둔 책들이 모두 물에 젖게 되었다. 어린 링컨은 책을 변상하지도 못하고, 걱정을 하다가 젖은 책을 말려서 학교에 들고 갔다. 그리고 담임선생님한테 혼날 각오를 하고 기가 죽어서 기어들어가는 목소리로 자초지종을 설명하였다. 그러나 담임선생님은 그 얘기를 다 들으시고 어린 링컨을 혼을 내기는커녕 머리를 쓰다듬어 주시면서 "괜찮다, 걱정하지 마라, 더 보고 싶은 책이 있으면 빌려가라"고 격려를 해주었다. 어린 링컨에게 독서에 대한 더욱 강한 동기부여가 되었고, 성장하는 데 큰 영향을 미쳤음은 두말할 필요가 없다.

저자는 이 두 분이야말로 오늘날 우리가 살아가는 데 있어 왜 책을 읽어야 하고, 왜 공부를 해야 하는지, 어떻게 살아야 하는지, 왜 우리가 자기경영 계획을 세우고 이를 실천해야 하는지를 가장 잘 설명하였다고 생각한다.

궁극적으로 자기경영은 가정에서, 기업에서, 그리고 사회에서 우리가 살아가야 할 나침반이 되고, 지표가 되리라 믿어 의심치 않기에, 이 책을 읽는 독자(특히 학생)는 꼭 자기경영계획을 수립해보고, 이를 실천하기를 강권한다.

참고로 자기경영에 대한 세부 실행전략은 지면상 본 교재에 모두 싣지 못하고, 강의시간에 자세히 소개하겠다.

실전경영학

Chapter 02   경영학의 진화과정

Management Practice Guide

경영학의 진화과정

농경과 목축 그리고 인간과 자연과의 교환활동을 주고받았던 과거에도 '경영'이란 개념은 존재하였다. 이는 인간과 인간의 물물 교환의 형태로 발전하면서 화폐 등장의 배경이 되어, 경영 활동을 활성화시켰다. 이렇게 초기 경영의 가장 간단한 관리 형태이며 과학적 관리에 대응하는 경험 및 인습적 관리 방법을 표류관리라고 한다. 이를 기점으로 경영의 형태는 점차 발전하며 나아갔다. 이후 1776년 애덤 스미스가 "국부론"에서 처음으로 분업을 주장하였고, 18세기 영국에서 시작된 산업혁명(industrial revolution)을 계기로 대량생산이 이루어지면서 체계적이고 구체적인 이론에 근거한 경영의 필요성이 제기되었다.

💚 분업: 애덤스미스는 분업은 생산의 기초이고 국부의 원천이라고 주장하였다. 분업이 생산성을 향상시킬 수 있는 이유는 "근로자들이 반복작업을 통해서 자신들이 맡은 일에 더 빨리 숙련되고, 하나의 작업에서 다른 작업으로 이동하는 시간을 절약할 수 있으며, 근로자 스스로 작업능률을 획기적으로 올릴 수 있는 생산방법을 찾아낼 수 있기 때문이다"라고 하였다. 그러면서 옷핀을 예로 들었는데, 옷핀을 만드는 데는 약 18개 공정을 거쳐야 하고, 이 공정을 한 사람이 진행할 경우 하루에 만들 수 있는 양이 약 20개이다. 그런데 이 공정을 10명이 나누어 작업(분업)을 할 경우는 약 48,000개를 만들 수 있다고 하였다. 분업을 함으로써 인당 생산성을 약 240배 높일 수 있다는 것을 보여준 것이다.

Ⅰ 발전과정

오늘날의 경영학은 주로 미국을 중심으로 활발하게 발전되어 왔고, 많은 이론들이 미국에서 발표되었다. 오늘날 경영학의 발전에 지대한 공헌을 남긴 F. W. Taylor를 비롯한 초기의 경영자들은 그들의 관리상의 경험을 중심으로 그 경험들을 일반화하려고 노력하였고, 그 후에 보다 체계적이고 과학적인 연구가 지속적으로 이루어져 학문적으로 체계화 되었다. 본 교재에서는 이를 고전경영학, 행동학적 경영학, 계량경영학, 현대경영학으로 분류하였다(〈그림 2-1〉).

그림 2-1 경영학의 발전과정

고전경영학	행동학적 경영학	계량경영학	현대경영학
• 과학적관리 • 관리원칙론 • 관료제	• 인간관계론 • 조직행동론 • 시스템이론	• 경영과학 • 품질관리	• 시스템이론 • 상황이론 • 품질경영

II 고전경영학

고전경영학은 작업자 개인의 직무에 초점을 맞춘 직무관리와, 조직전체에 초점을 맞춘 조직관리 이론으로 나누어진다. 직무관리는 과학적 관리에 근거를 두고 작업자 개인의 직무에 관리의 초점을 맞추어 직무를 강조하고, 조직관리는 조직 전체의 관리에 초점을 맞추고 있다.

1. 직무관리

1) 과학적 관리론

미국에서는 남북전쟁을 계기로 급속한 공업화 과정을 겪게 되었고, 종업원들의 조직적인 태업의 문제에 직면하게 되었다. Taylor는 이러한 문제들이 생산성 증가로 인한 해고에 대한 두려움, 불안정한 임금체계, 그리고 작업의 비효율성으로 생각하였고, 이러한 문제들을 해결하기 위하여 시간연구와 동작연구에 의한 표준작업량 설정, 차별적 성과급제를 통한 동기부여 및 임금체계 개선으로 해결하려고 하였다. 테일러시스템은 〈그림 2-2〉와 같이 표준작업량을 설정하고, 작업관리의 4대 원칙을 제시하고 이에 따라서 작업관리를 실시하였다.

그림 2-2 테일러의 과학적 관리

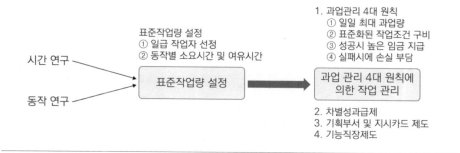

① 과업관리 4대 원칙

Taylor는 작업자의 작업시간과 동작을 분석하여 1일 최대 과업량 설정, 표준화된 작업 조건의 구비, 성공한 작업자 우대, 실패한 작업자에 대한 손실 등의 과업관리 4대 원칙을 제시하였다. 하지만 여기서 중요한 것은 표준 작업량을 설정할 때 일류작업자를 기준으로 작업량을 설정한다는 것이다. 실제 현장에서는 작업자별 능력에 따라서 업무 편차가 크게 나타나게 되며, 이때 가장 잘하는 작업자를 기준으로 작업량을 설정한다는 것은 작업단위별 생산량을 극대화한다는 것과 같은 의미라고 할 수 있다.

② 차별성과급제

작업자별로 목표로 제시된 과업을 달성했을 때는 고율임금(기본급＋성과급)을 주고, 달성하지 못했을 때는 저율임금(기본급＋감급)을 지불토록 하는 차별적인 성과급제를 실시하였다. 오늘날 국내 대부분의 기업들이 도입하고 있는 성과급제(연봉제)는 테일러의 성과급제에서 유래했다고 할 수 있다.

③ 기능직장제도

현장의 작업을 전문화하여 각 분야의 기능별로 전문지식을 가진 직장을 두어 작업자를 지휘 및 감독하게 하는 기능직장 제도를 실시하였다.

예를 들어 자동차를 수리하는 공업사의 경우를 살펴보면 공업사는 차체반, 엔진반, 도금반 등으로 나누어져 있고, 각 반별로 숙련된 작업자(직장 또는 반장)를 배치하여 자동차 수리 업무를 효율적으로 수행하고 있다. 공업사에 고객의 수리할 자동차가 입고되면 먼저 데스크에서 접수가 되고, 자동차의 증상부위에 따라

Chapter 02 경영학의 진화과정 17

해당 반의 작업자가 맡아서 증상을 확인하고 수리에 들어가거나, 또는 해당 반에서 대응이 잘 안 될 때는 작업자 위의 반장 또는 직장이 대응하여 전문성을 높이는 구조로 되어 있다.

④ 기획부서 및 지시카드 제도

제조라인에서 생산과 계획 업무를 분리하여 생산계획은 계획부서에서 수립하고, 계획된 목표를 실행하는 생산은 생산부서에서 담당하고 있다. 이와 같이 생산과 계획이 분리되지 않으면 현장에서 효과적인 관리가 어렵고 책임소재가 불명확할 수 있다. 만약 같은 부서에서 계획 및 생산을 관리한다면, 실적이 계획보다 저조할 경우 계획(목표)을 임의로 조정한다든가 지표를 변경하여 통제하기가 어려울 수 있다.

지시표제는 작업 현장에서 눈으로 보는 관리를 의미한다. 즉 생산현장의 감독자는 작업을 지시하고 관리할 때 중요한 사항을 작업카드(작업sheet, 매뉴얼)에 기록하여 작업을 관리하고 통제하도록 하였다. 현장에서는 일반적으로 눈으로 보는 관리라고 많이 애기한다.

Taylor 이후에 이루어진 연구들을 살펴보면, F.B and L. M. Gilbreth는 작업자의 동작과 피로에 대한 연구를 통해 작업 단순화를 강조하였으며, H. L. Gantt는 작업의 일정계획과 통제를 연구하여 Gantt Chart를 만들었다.

🟢 Gilbreth는 와이셔츠의 단추를 잠글 때 동작순서에 따라 소요되는 시간이 다르다고 주장하였다. 단추를 위에서 아래 방향으로 잠그면 3초가 소요되는 데 반하여, 밑에서 위로 잠가 올라가면 7초가 걸린다고 주장하고 있다.
Gantt Chart는 계획 대 실적을 한눈에 보기 쉽도록 나타내 주는 도표로, 오늘날 많은 기업들이 Gantt Chart를 사용되고 있다. 특히 개발제품의 일정관리, 제조현장의 생산지표 관리 등 계량화된 계획 대 실적을 관리할 때 많이 사용되고 있다.

과학적 관리론은 경영학의 학문적 발전은 물론이고, 실제 기업의 경영에 큰 영향을 미쳤으며 오늘날에도 기업 현장에서 많이 활용되고 있다. 그러나 과학적 관리론에 대한 문제점도 다수 지적되고 있다. 현장에서 일어나는 작업자들 간의 인간관계나 사회적 관계의 영향을 반영하지 않고, 경제적 논리에 의한 성과만을 지나치게 강조하고 있으며, 작업이 지나치게 단순화되고 표준화됨으로써 작업에 대한 만족도가 떨어지고, 차별적 성과급제는 성과를 달성하지 못한 종업원들에 대한 해고 수단으로 사용되는 등의 많은 문제점이 드러났다.

2) 포드시스템

포드시스템은 미국 포드자동차의 설립자인 헨리 포드에 의해 개발된 시스템으로, 생산의 표준화와 컨베이어 벨트에 의한 소품종 대량생산 체계를 의미한다. 포드시스템은 컨베이어 벨트를 이용한 연속적인 생산방식을 사용함에 따라 제품의 원가 및 리드타임을 획기적으로 단축할 수 있었다(〈그림 2-3〉). 포드의 경영이념은 기업경영을 사회에 대한 봉사활동으로 간주하고, 고객에게는 저가격을 종업원에게는 고임금의 경영방침을 추구하였다.

그림 2-3 포드(Ford)시스템

포드는 이와 같은 고임금과 저가격의 경영이념을 실현하기 위해서, 대량생산 체제를 도입하여 원가절감을 추진하였고, 그 일환으로 작업현장에 생산표준화(3S) 및 이동조립법을 구현하였다. 생산표준화(3S)는 제품의 표준화, 제품 및 작업의 단순화, 공정 및 공구의 전문화로 나눌 수 있다.

제품의 표준화는 표준화된 제품을 전문적으로 생산하는 것을 의미하며, 생산하는 제품과 작업방법을 단순화시키고, 공정 및 공구를 전문화하여 컨베이어 벨트를 사용하여 대량생산을 가능하게 구현하였다. 조립 공정에서 컨베이어 벨트를 사용하여, 각 공정간 부품의 이동 및 조립작업을 기계화하였다. 또한 컨베이어 벨트의 속도 조절을 통하여 작업속도를 조절할 수 있으며, 연속되는 작업 공정에서의 유실을 최소화하고 리드타임을 최소화하도록 구현하였다.

그러나 이 시스템은 지나친 생산 과정의 기계화와 자동화를 추구함으로써 작업자의 자율성을 약화시키고 작업자를 기계부품화함으로써 작업자의 권익과 노동조합의 결성을 촉진하는 발단이 되었다.

💡 예를 들어서 자동차 조립라인을 살펴보면 컨베이어 벨트가 차체를 싣고 쉬지 않고 돌아가면, 작업자는 지정된 위치에서 빠르고 정확하게 맡은 작업을 수행해내야 한다. 만약 작업을 시간 내에 완수하지 못하거나 실수를 한다면, 컨베이어 벨트는 멈추게 되고 뒷 공정의 모든 작업자들이 작업을 못하고 쉬게 되는 상황에 처하게 된다. 따라서 작업자는 정해진 방법과 시간에 맞추어 작업을 완수해야 하고, 그렇게 하기 위해서는 휴식시간외에는 쉼 없이 반복작업을 수행해야 한다.

2. 조직관리

조직관리는 기업의 규모가 커지면서 작업자 개인의 직무보다는 조직 전체의 관리에 초점을 맞추어 연구가 이루어졌다. 이러한 연구 중 가장 대표적인 것이 헨리 파욜의 일반적 관리원칙과 웨버의 관료제 조직론이다.

1) 일반적 관리원칙

프랑스의 경영학자 파욜(H. Faylor)은 경영활동의 초점을 조직 전체에 대한 관리로 보고, 조직을 효율적으로 운영하기 위하여 기업조직의 활동을 관리기능과 작업기능으로 구분하였다. 작업기능은 생산, 기술, 개발, 영업/마케팅, 재무/회계, 환경·안전 등으로 나누고, 이는 다시 주기능(생산, 개발, 영업)과 보조기능(주기능 외의 기능)으로 나눌 수 있다(〈그림 2-4〉). 관리기능은 작업기능을 지원하기 위한 수단으로 계획수립, 조직화, 지휘 및 통솔, 조정 및 통제로 나누었다. 그리고 파욜은 이러한 기능을 효율적으로 수행하기 위해서는 〈그림 2-4〉 아래에 나와 있는 것과 같은 14가지 관리원칙을 적용해야 한다고 주장하였다.

그림 2-4 파욜의 일반적 관리원칙

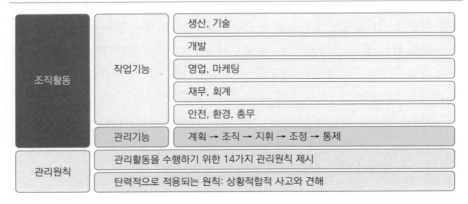

파욜의 14가지 관리원칙

- 분업: 업무를 세분화하고 전문화해야 한다.
- 권한과 책임: 권한, 책임, 보고가 서로 균형을 이루어야 한다(삼면등가의 법칙).
- 규율: 정해진 규정과 작업방법을 준수해야 한다.
- 명령의 일원화: 하위자는 1명의 상급자로부터만 명령과 지시를 받는다.
- 지휘 일원화: 계획이나 방향은 한 사람의 경영자가 추진해야 한다.
- 조직 목표의 우선: 조직의 목표가 개인의 목표에 우선한다.
- 보상: 성과에 대한 공정한 보상이 주어져야 한다.
- 집권화: 권력과 권한은 중앙집권화되어야 한다.
- 계층의 연결: 최고경영자부터 사원까지 전 계층이 연결되어야 한다.
- 질서: 조직 내의 인적, 물적 자원이 적재적소에 배치되어야 한다.
- 공정성: 관리자는 조직구성원을 인격적으로 공정하게 대우한다.
- 고용보장: 안정된 고용을 보장해 준다.
- 주도력: 계획을 입안하고 실천하는 것은 주도적으로 수행되어야 한다.
- 단결심: 조직구성원은 서로 단결해야 한다.

2) 웨버의 관료제 조직론

독일의 경제학자 M. Weber는 조직을 하나의 전체시스템으로 보는 관료제조직론을 제시하였다. Weber는 조직은 공과 사가 명확히 구분된 상태에서 합리적 기준 아래 관리되어야 한다고 주장하였고, 그 특징을 다음과 같다(〈표 2-1〉).

표 2-1 웨버의 관료제

관료제의 특성	
분업	직무는 분업 및 전문화되어야 한다
조직의 권한위계	직무는 계층에 따라 권한과 책임이 부여되고 권한과 책임이 명확해야 한다
공식화	업무는 업무처리 절차에 따라 실행되어야 한다
공식규정 및 규칙	조직의 규정 및 규칙에 따라 적용되어야 한다
업적 혹은 자료에 근거한 채용	자질과 능력에 따른 채용
경력관리	일정한 경력에 따라 승진
공사 구분	개인활동과 조직활동의 명확한 구분

Weber는 조직의 형태를 결정짓는 요인을 권위라 하고 권위의 유형을 전통적 권위(traditional authority), 카리스마적 권위(charismatic authority), 합법적 권위(legal authority)로 나누었다. 여기서 합법적 권위란 근거가 법에 기초하고 있는 권위를

말하며, 이러한 합법적 권위에 의한 지배가 제도화되어 있는 조직을 관료제라고 정의하였다. 오늘날 관료주의는 역동적으로 빠르게 변화하는 기업의 입장에서는 매우 부정적인 요소로 받아들여지기도 한다.

III 행동학적 경영학

고전경영학에서는 분업을 통한 전문화된 직무설계로 인간을 기계화하고 종업원의 사회적 욕구와 성취 욕구들을 고려하지 못하여 인간적 소외감을 야기하였다. 그러나 1930년대부터 인간의 행동을 중요시하는 새로운 경영이론이 등장하였는데 이러한 접근방법을 행동학적 경영학이라 한다. 고전적 경영학이 작업자의 직무에 초점을 맞추고 있다면, 행동학적 경영학은 직무를 수행하는 작업자의 행동에 초점을 맞추고 있다.

1. 인간관계이론

인간관계이론은 조직 내에 존재하는 인간관계든, 개인간의 관계이든 두 사람 이상 사이에서 형성되는 모든 상호작용에 대한 연구를 말한다. 인간관계론은 과학적 관리의 지배적 논리인 '능률성'이나 '비용'의 논리와는 달리 인간의 본질을 사회적 존재로 가정하고, 인간의 태도나 감정을 중시하는 '감정'의 논리를 핵심 논리로 채택하였으며 '호손실험'을 계기로 활발히 전개되었다. 호손실험은 미국의 western electric사의 호손공장에서 인간행동에 관해 수행된 실험들을 말하며 이를 호손연구라고 한다.

서부전기회사는 전화회사용 설비를 생산하는 우량기업으로 근로자의 복지에 많은 관심을 갖고 있었고, 임금이나 복리후생 제도도 높은 수준을 유지하고 있었다. 이 때문에 노사관계도 좋았고, 창업 이래 20년 동안 단 한 차례의 분쟁도 없었다. 그러나 1920년 이후로 종업원들 사이에 불평불만이 점차로 고조되기 시작하였고, 회사에서는 그 원인을 알 수가 없었다. 마침내 Mayo 교수를 중심으로 한 연구진이 작업장에 파견되어 여러 가지 실험을 하게 되었다.

1차 실험은 조명실험으로 조명의 변화가 작업자의 피로에 영향을 미쳐서, 작업자의 생산성에 영향을 미치는지 알아보기 위한 실험이다. 실험결과 조명의 변화와 생산성은 서로 상관관계가 없는 것으로 나타났다. 2차 실험은 계전기 조립실험으로 작업과 관련된 그 밖의 요인들이 작업자의 생산성에 미치는 영향을 알아보기 위한 실험이다. 3차 실험은 작업자의 태도, 심리적 요인이 생산성에 영향을 미치는지 면접조사를 통하여 분석하였다. 4차 실험은 배선작업 관찰실험으로 작업자의 다양한 사회적 요인이 생산성에 영향을 미치는지를 조사하였다.

하버드 대학 E. Mayo 교수 연구팀은 1927년부터 1932년까지 실험연구결과를 분석하여, 다음과 같은 연구결과를 얻었다. 생산성의 변화에 영향을 미친 것은 작업자들의 심리적 반응이라는 것이다. 실험집단에 선정된 작업자들은 모두 선발을 통해 주목의 대상이 됨으로써 자부심을 느끼고 스스로 중요한 존재라는 생각을 갖게 됨으로써 동기가 부여되고 그 결과 생산성이 높아졌다는 것이다. 이러한 결과를 통하여 E. Mayo 교수는 작업자의 사회적 환경, 특히 자연발생적으로 형성된 비공식 작업집단이 작업자의 생산성에 크게 영향을 미친다고 주장하였다.

따라서 관리자는 작업자의 '인정을 받고 싶은 욕구'와 '사회적 욕구의 충족'의 중요성을 인식해야 하며, 조직 내의 여러 계층 사이의 효율적 의사소통경로를 개발하는 것이 매우 중요하다고 주장하였다. 결국, 인간은 경제적 수단에 의해서만 동기가 유발되는 것이 아니라, 여러 가지 다양한 욕구에 의해 동기가 유발될 수 있다는 사실을 알려 준 것이다.

2. 행동과학이론

과학적 관리론의 한계를 극복하기 위해 등장한 인간관계론은 비록 구성원들을 인간적인 존재로 대하고 인간관계를 중시한다는 긍정적인 측면이 있었지만, 합리적인 요소를 무시하고 비공식집단 및 사회적 측면을 지나치게 강조한다는 문제점을 드러냈다.

행동과학이론은 인간의 행동을 과학적으로 연구하기 위한 학문으로 사회적 현상을 연구함에 있어서 개인이나 집단의 행동에 초점을 두는 연구방법을 말한다. 이와 같은 행동과학이론은 앞에서 문제점이 드러난 과학적 관리론과 인간관계 이론의 한계점을 극복하고 조직과 인간의 조화를 시도하였다. 즉 과학적 관리론은 지나치게 생산성을 강조하다보니 사회적 존재로서의 인간을 무시하는 경향이 있고, 인간관계론은 개인의 감정이나 태도, 관계를 중요시한 나머지 조직을 소홀히 하는 경향이 있다. 이에 따라 두 이론 간의 문제점을 보완하면서 개인 목표와 조직 목표의 조화를 추구하고, 경제적 욕구 및 사회적 욕구의 충족을 강조하는 이론들이 행동과학적 접근방식이다.

1) 버나드의 조직이론

C. I. Barnard는 과학적 관리론과 인간관계 이론을 종합하여 독자적인 이론체계를 정립하였다. 그는 조직을 상호작용하고 협동하는 하위시스템들의 결합으로 이루어지는 협동체계로 간주하였다. Barnard는 그의 저서 "경영자의 역할(the function of executive)"을 통하여 비공식 조직의 기능을 밝히고, 권위를 규명하고 의사결정과 의사소통의 체계와 과정에 대하여 기술하였다. Barnard의 조직이론의 특징은 다음 〈표 2-2〉와 같다.

표 2-2 버나드의 조직이론

버나드 조직이론의 특징	
협동체계	개인으로서 달성할 수 없는 목표는 조직을 구성하여 달성하고, 조직의 목표와 구성원의 목표 간 균형유지가 필수.
공식조직의 성립조건	조직 성립조건은 공통목적과 의사소통체계, 공헌의욕이 필요하며, 공헌의욕은 유인이 공헌보다 이점이 많을 때 발생함.
조직균형 이론	조직은 하위시스템들이 연결되어 있는 복합시스템이며, 내적균형(조직구성원들 간의 관계)과 외적균형(외부환경과의 관계)이 조화되도록 경영자가 이끌어야 함.
권한 수용설	권한은 상급자의 지위보다, 명령에 응하는 하급자의 수용의사에 따라 좌우됨.

2) 사이몬의 조직이론

H. A. Simon은 Barnard 조직이론의 기본개념인 협동체계, 균형론, 의사결정, 의사소통, 권한이론 등을 더욱 발전시켰다. Simon은 조직과 관리의 중심을 의사결정으로 보고, 조직을 인간이 행하는 집약된 의사결정 시스템으로 판단하였다. Simon은 인간의 유형을 두 유형으로 분류하는데, 하나는 의사결정 과정에서 최적의 합리성만을 추구하는 경제적 인간이고, 다른 하나는 제한된 합리성을 추구하는 관리적 인간이다. 보다 객관적이고 효과적인 의사결정을 하기 위해서는 제한

된 합리성을 토대로 결정하는 관리적 인간형이 필요하다고 주장하였다. Simon의
조직이론의 특징은 다음 〈표 2-3〉과 같다.

표 2-3 사이먼의 조직이론

사이몬 조직이론의 특징	
의사결정과정	인간은 제한된 합리성을 갖는 의사결정권자이고, 조직은 인간이 행하는 의사결정 과정을 의미.
조직균형이론	조직이 개인목적을 충족시키는 유인과 공헌이 균형을 이룰 때 조직이 유지됨.
조직영향력이론	조직 영향력의 유형에는 조직권위와 자기통제가 있으며, 경영환경의 변화에 따라 자기통제가 중요함.
제한된 합리성	인간은 자신이 알고 있는 정보에 의해 제약을 받기 때문에 인간의 합리성은 제한적.

3) 맥그리거의 X이론과 Y이론

D. Mcgregor의 X이론과 Y이론은 인간의 본성에 대한 가정을 두 가지로 구
분하고, 각기 특성에 따른 관리 전략을 제안하는 동기부여 이론 중의 하나이다. X
이론은, 인간은 원래 변화를 싫어하여 게으르며 일하기를 싫어하고, 책임지기를
회피하려 들며, 지시 및 통제를 받거나 금전적 유인이 있어야 일을 한다(일 중심).
따라서 이러한 종업원들을 동기부여하기 위해서는 금전적인 보상제시와 함께 의
사결정권을 소수의 관리자에게 집중시키고, 많은 규칙을 만들어 부하를 철저히
감시·감독하는 것이 필요하다. 즉, 이러한 본성을 지닌 구성원들을 관리하기 위
해서는 통제기능을 강조하는 조직을 만들어야 한다는 것이다.

반면에 Y이론은 인간은 일하는 것을 자연스럽게 여기고 기꺼이 책임을 감수하
며 문제 해결에 창의력과 상상력을 발휘한다(사람 중심). 뿐만 아니라 스스로 통제할
수 있고 자아실현 욕구도 가지고 있다. 이러한 구성원들은 적절한 동기가 주어지면
적극적으로 조직의 활동에 협력하기 때문에 통제할 필요가 없다. 따라서 이러한 본
성을 지닌 구성원들을 관리하기 위해서는 긍정적인 생각을 북돋아주고 상호 협력하
는 분위기를 조성하는 형태로 조직을 구성하는 것이 바람직하다는 것이다.

D. McGregor는 Y이론이 관리의 방식으로서 보다 바람직하다고 보고, 구성
원들을 통제하기보다는 자발적으로 협력하도록 유도할 것을 강조하였다. 그러나,
경우에 따라서 Y이론에 입각한 관리방식이, X이론에 입각한 관리 방식보다 생산

성이 떨어질 수도 있으므로 상황에 맞추어 접근할 것을 주장하였다.

사례 2-1 버진 애틀랜틱(사) 조직문화

엔터테이너 CEO, 히피 자본가로 불리는 리처드 브랜슨 버진 애틀랜틱 회장은 '버진은 즐거움을 파는 회사'라고 말한다. 이를 가장 잘 보여주는 것이 버진 애틀린틱 항공으로, 이코노미클래스 손님에게도 좌석 크기와 식사를 제외한 모든 서비스를 비즈니스 클래스와 동일하게 제공했다. 좌석 앞 개인 스크린으로 다채널 기내 tv와 컴퓨터게임을 즐길 수 있게 했을 뿐 아니라 고객을 런던 시내에서 리무진으로 공항까지 운송해 주는 등, 탑승수속 대행에 이어 전용 라운지에서는 목욕과 미용 서비스까지 제공하고 기내에서는 안마서비스까지 받을 수 있게 했다. 이로 인해 버진 애틀랜틱은 매년 항공사들에 수여하는 상을 거의 독식하면서 영국에서 두 번째로 큰 항공회사가 되었다.

그는 즐거움을 파는 회사답게 조직에도 펀(Fun) 경영을 실천하고 있다. '재미가 급여보다 더 큰 동기부여'라고 생각하는 그는 비즈니스 회의도 격식을 탈피해 함께 술을 마시며 자유롭게 의견을 내도록 하고, 주말에는 전 직원과 함께 호텔에서 야영을 한다.

따라서 직원들의 만족도와 애사심도 남다를 수밖에 없다. 호주 항공사인 버진블루 직원의 연봉은 경쟁사인 콴타스 항공보다 2만 달러 적고 근무시간은 40시간이 더 많다. 그러나 만족도 조사 결과 콴타스 항공보다 버진블루 직원의 업무 만족도가 더 높은 것으로 평가되었다. 물론 임직원의 즐거움은 질 높은 고객서비스로도 이어졌다.

사례 2-2 조직문화로 직원들을 성장시키는 구글의 조직문화

구글은 최고문화경영자(CCO)라는 직책을 만들었다. CCO의 임무는 회사의 독특한 문화를 유지하면서 직원들의 행복도를 체크하는 것이다. 구글이 지켜온 핵심적 요소, 즉 수평적 조직구조와 상하 위계질서의 거부, 협력 가능한 환경조성 등을 집중적으로 맡아서 연구하고 발전시키는 것이다. 이 CCO의 일 가운데 가장 중요한 것이 행복 설문조사이다. 매년 전 세계의 직원들을 대상으로 설문조사를 실시해 그들의 업무 만족도를 조사하고, 과거보다 낮아졌다면 이유를 자세히 분석하는 것이다. 이 결과는 회사 전체의 조직문화를 진단하는 데 쓰기도 하지만 직원 개개인의 경력개발에도 중요하게 참조된다.

구글은 직원들에게 더 많은 스톡옵션을 할애하거나 연봉을 올리는 것보다 경력개발을 도와주는 데 초점을 맞춘다. 직원을 스타로 만들기 위해 한 명 한 명을 세심하게 살피고 지원을 아끼지 않는 것이다. 직원을 최고의 스타플레이어로 만들려면 CEO의 각별한 관심과 노력은 기본이고 회사 전체의 조직문화로 발전시킬 수 있는 시스템이 요구된다. 그런 면에서 버진 애틀랜틱의 조직문화와 구글의 스타메이커 시스템은 바람직한 조직문화를 고민하는 리더와 임원들에게 큰 영감을 줄 수 있겠다.

Ⅳ 계량경영학

계량경영학은 제2차 세계대전 후 수학적인 모델에 기초를 둔 과학적인 접근방법을 이용하여 조직 내의 작업상 문제와 인간의 문제를 해결하려는 접근방법을 의미한다.

계량경영학은 처음에 제2차 세계대전 중 군대에서 수행되었던 군사전략이나 군수물자의 수송문제를 해결하기 위하여 사용된 계량적 방법에서 시작되었다. 전쟁이 끝난 후에 많은 학자들이 전쟁중에 개발된 OR기법들이 산업분야에 적용될 수 있는 가능성을 인식하고, 우선적으로 생산관리 분야와 유통관리 분야에 적용되었다. 이후 컴퓨터의 발달과 관리문제를 계량적으로 해결하려는 연구가 이루어지면서 경영과학이 탄생되었다. 이와 같이 계량경영학은 경영에 필요한 의사결정 문제를 수학적 모델이나 논리적인 방법을 사용하는 학문으로, 운영관리, 계량경영, OR(operations research), 경영과학이라는 여러 가지 용어로 사용되고 있다.

1. 경영과학 기법

경영과학 기법은 과학적이고 수학적인 모델을 사용하여 기업의 생산관리, 재고관리, 물류관리, 공정관리, 품질관리 등 다양한 방면에서 널리 활용되고 있으나, 경영자에게 중요한 조직관리 또는 인간관계 측면의 문제점을 다루는 데는 많은 제약점들을 갖고 있다. 일반적으로 많이 사용하는 대표적인 OR기법으로는 다음과 같은 것들이 있다(〈표 2−4〉).

표 2-4 경영과학 기법

대표적 OR기법		
	장 점	단 점
동적계획법 (dynamic programming)	과학적, 수학적인 방법들을 사용하여 모형을 만들고, 경영 문제를 체계적으로 해결.	• 인간관계 기술은 효과적으로 다루지 못함. • 조직화, 지휘 기능에는 많이 적용되지 못함. • 경영자의 역할 중 인간 관계적 역할이나 정보관리 역할을 소홀히 함. • 수학적인 모델에서 다양한 변수가 존재하는 현실과 동떨어질 수 있음.
선형계획법 (linear programming)		
대기이론 (queuing theory)		
네트워크 모형 (network models)		
확률분석 (probability analysis)		
회귀분석 (regression analysis)		

2. 품질관리 기법

일본의 많은 기업들이 1950년대부터 에드워드 데이밍의 품질관리(quality management)기법을 받아들여 제품의 품질을 올리기 위한 다양한 활동들을 현장에서 실천하였다.

품질관리는 원래 제조공정에서 제품의 불량을 제거하기 위한 검사의 의미로 인식되었지만, 검사는 품질관리기능 가운데 부분품이나 제품의 품질을 확인하는 것으로 이미 완성된 제품의 품질개선이나 불량예방에는 전혀 도움이 되지 못했다. 따라서 예방의 원리에 입각해서 '품질은 생산공정에서 만들어 넣어야 한다'는 인식이 필요하게 되었으며, 이것은 관리도를 비롯한 통계적 품질관리(Statistical Quality Control: SQC)로 발전하는 계기가 되었다. 통계적 품질관리(SQC)는 품질관리에 통계를 활용하는 기법이다. 즉 우리가 제공하는 제품이나 서비스가 설계규격을 얼마나 잘 만족시키는가를 계량적으로 검사하고 분석하는 행동이라고 할 수 있다. 일반적으로 SQC

는 적합성의 관점에서 품질을 평가하기 위해서 고안된 다양한 기법 중의 하나이다.

그리고 이를 더욱 발전시켜 1970년 후반에 전사적 품질관리(total quality control) 운동이 활발히 전개되었다. 전사적 품질관리는 고객의 요구에 맞는 품질의 제품을 만들기 위하여 회사 전체가 설계 → 제조 → 판매 → 고객까지 유기적으로 연결시켜, 설계·제조·판매 등 상품과 직접 연결되는 부문뿐 아니라 총무·인사 등 간접 부문까지 포함하여 종합적으로 제품 품질관리에 주력하는 종합적 품질관리운동을 의미한다.

사례 2-3 Big Data를 마케팅에 활용한 삼성전자

최근 가장 뜨거운 이슈로 떠오르고 있는 '빅데이터(big data)'. 오늘날 스마트폰, 태블릿 PC 등 모바일 기기는 더욱 즐겁고 다양한 서비스로 우리의 삶을 풍요롭게 해주고 있다. 모바일 기기와 SNS의 성장으로 매월 유튜브를 통해 40억 시간 이상의 영상이 조회되고, 페이스북을 통해 4백억 건 이상의 사진이 업로드되고 있다. 우리는 전 세계적으로 엄청난 양의 데이터가 생성되는 '빅데이터 시대'를 맞이하고 있다. 이처럼 영상, 사진, 오디오 등 다양한 형태의 많은 데이터가 생성되는 빅데이터 시장을 분석하고 그것을 어떻게 활용할 수 있는지 파악하는 것이 화두이다. 방대한 양의 데이터 안에 숨겨진 의미와 패턴을 찾아내고 이를 기반으로 미래를 예측하는 것이다.

삼성전자는 몇 해 전부터 빅데이터를 분석 및 활용해서 적극적으로 마케팅 전략에 반영하고 있다. 특히, 삼성전자는 소비자향 SSD(solid state drive) 시장의 후발주자로 진출했지만, 빅데이터 분석을 통한 마케팅 전략으로 SSD 분야에서 세계시장 정상에 올랐다. 삼성전자 전략마케팅팀 서정치 부장은 "삼성전자는 2006년 세계 최초로 SSD 제품을 상용화 시킨 이후, 대형 거래선을 대상으로 하는 OEM에서는 세계 시장을 석권했지만, 일반 소비자 대상 브랜드 SSD 시장은 늦게 진출했다. 이미 전 세계 소비자향 SSD 시장은 3강 구도로 매우 치열했고, 선발주자 간의 팽팽한 경쟁구도가 형성되어 후발주자가 선점할 수 있는 틈은 없어 보였습니다"라고 당시 상황을 전했다.

이에 삼성전자는 삼성 SSD(solid state drive)를 소비자 시장에 성공적으로 런칭하기 위해 정확성이 떨어지고, 비즈니스 적용에 한계가 있던 기존 분석방법(small data)을 벗어나, 정확한 시장을 파악할 수 있는 빅 데이터(big data) 분석을 활용했다. 즉, 일반 소비자들에게는 낯선 SSD를 알기 쉽게 알리기 위해, 각종 웹사이트와 소셜미디어에 등록된 PC 관련 검색어와 횟수, 소비자/전문가의 제품 관련 경험과 느낌 등 총 50만 건 이상의 방대한 데이터를 분석했다. 이러한 SSD 버즈(buzz) 분석을 통해 소비자들이 가지고 있는 인식을 파악할 수 있었다.

삼성전자는 빅데이터 분석으로 추출한 정보를 통해 시장에 적합한 브랜드 전략을 수립했는데, 이 전략을 통해 더욱 많은 소비자에게 삼성 SSD를 효과적으로 알릴 수 있었고, 나아가 세계 시장 점유율 1위를 달성할 수 있었다.

Ⅴ 현대경영학

1950년대부터 기업경영 환경이 급격하게 변화하면서 경영자들은 기업조직을 환경과 부단히 상호작용하는 개방체계(open system)로 보게 되었다. 이러한 상황하에서는 고전경영학, 행동학적 경영학, 계량경영학 등이 제시한 경영기법이나 방법이 일관성 있는 효과를 발휘하지 못하였다. 각각의 접근방법들이 각기 다른 환경하에서 제시되었기 때문이다. 따라서 현대경영학은 앞에서 살펴본 세 가지 접근법을 상황에 따라 취사선택하여 절충하고 있다. 예를 들어 고전경영학에서는 일(관리)중심으로, 행동학적 경영학에서는 인간중심으로, 계량경영학에서는 수학적 모델을 사용하여 과학적으로 접근하고 있다. 그 결과 하나의 독립된 학파로는 인정받지 못하고 있지만, 시스템이론(system theory)이나, 상황이론(contingency theory)이라는 이름으로 많은 연구들이 이루어지고 있다(〈그림 2-5〉).

그림 2-5 현대경영학 개요

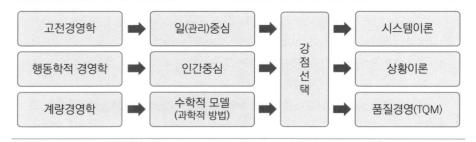

1. 시스템이론

시스템이론은 시스템 개념을 이용하여 경영관리 관련 제반 문제들을 해결하고자 하는 방식이다. 여기서 시스템(system)이란 "공동의 목표를 달성하기 위하여 상호작용하는 부분들의 집합"으로 정의하였다. 시스템이론은 1937년 오스트리아의 생물학자인 베르탈란피(Ludwig von Bertalanffy)가 여러 학문을 통합할 수 있는 공통적인 사고와 연구의 틀을 찾으려는 노력 끝에 발표한 이론이다. 그는 과학이 발달하고 인류의 문화가 발전할수록 학문들 상호간 교류가 더욱 증진되어야 함을 느끼고, 생물학·물리학·화학 등 자연과학 분야는 물론 사회과학을 포함한 모든 학문 분야를 통합할 수 있는 이론으로서 일반시스템이론을 발표하게 된 것이다. 이후로 시스템이론은 여러 학문분야로 확산되었고, 경영학 분야에 적용하게 되었다. 시스템은 조직 외부환경과의 상호작용 여부에 따라 개방시스템(open system)과 폐쇄시스템(closed system)으로 나누어지며, 오늘날에는 대부분 개방시스템을 의미한다.

경영학에서는 기업조직을 하나의 시스템으로 보게 되면 조직 내의 많은 부분들과 부서, 하위시스템(subsystems)이 상호 관련되어 있고, 그 같은 상호 관련된 부분들 모두가 조직목표 달성에 공헌해야 한다(〈그림 2-6〉).

그림 2-6 개방시스템 이론

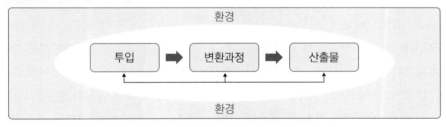

2. 상황이론

상황이론은 조직이나 경영을 보다 현실적으로 접근하는 방식이다. 여기서 올바른 관리기법은 어떤 보편적인 규칙이란 없고, 주위의 상황에 의존한다는 생각에 기초를 두고 접근하는 방식이다. 이는 수많은 상황에서 발생하는 모든 문제를 해결할 수 있는 유일하고도 최선의 방법은 없다고 보는 것이다. 즉 상황적합이론(〈그림 2-7〉)에 따르면 모든 조직들은 서로 다르고, 같은 조직이라고 하더라도 시간의 흐름에 따라 변하기 때문에 계속해서 새로운 상황에 직면하게 된다는 것이다. 따라서 관리기법도 각 상황에 가장 적합한 관리기법이 적용되어야 한다는 것이다.

그림 2-7 상황이론

3. 품질경영(TQM)

기업의 경쟁적 우위를 확보함으로써 경쟁자보다 자신을 차별화하고, 충성 고객을 확보하기 위한 경영 패러다임으로 총체적 품질경영(total quality management: TQM)은 1950년대부터 시작하여 본격적으로 1980년대 이후 발전되었다. TQM은 1950년대 이후 일본에 비해 열세를 보이는 미국에서 공업제품의 국제경쟁력을 향상시키기 위한 관리방식으로 품질위주의 기업문화를 창출함으로써 조직구성원의 의식을 개혁하고 궁극적으로 기업의 국제경쟁력을 제고하고자 하는 경영혁신운동이었다.

TQM은 기업운영 전반에 걸쳐 최고의 업무품질을 달성해야 한다는 품질제일주의 사상으로 발전되었다. 생산, 마케팅, 회계, 물류에 이르기까지 전 부문의 모든 종업원은 자신의 업무품질 향상에 매진해야 한다는 것이다. TQM에 대한 개념은 학자에 따라 상이하다. 오클랜드(J. S. Oakland)는 "TQM이란 경영의 효율성과 탄력성을 전반적으로 향상시키기 위한 접근방법이며, 모든 부서, 모든 활동, 모든 수준의 구성원들을 조직화 하고 참여시키는 방법이다"라고 정의한다. 뱅크스(J. Banks)는 TQM을 "고객의 요구조건에 맞는 산출물을 창출하는 사람과 그 과정을 중시하는 모든 방법"이라고 정의한다. 한편, 핸드릭스(C. F. Hendricks)와 트리플랫트(A. Triplett)는 "고객의 욕구를 정확히 충족시킬 필요성과 작업을 처음부터 바르게 해야 하는 중요성을 강조하는 경영철학"이라고 정의하였다. TQM의 개념에는 다음과 같은 철학적 개념이 포함되어 있다.

첫째, 품질은 고객에 의해서 정해진다. 고객의 욕구에 의해 재화나 서비스의 특성이 정의되어야 하며, 그렇게 함으로써 진정한 고객만족, 나아가서 고객의 기쁨까지 창출할 수 있다는 것이다.

둘째, 고객만족을 창출하는 재화나 서비스를 생산하는 데 있어서의 과정을 중시하며, 인간위주의 경영 시스템을 지향하는 것이다.

셋째, 전체 구성원의 노력이 조직체 자신이 아니라 고객에 집중되어야 한다는 것이다.

TQM에 대한 개념을 종합하면, 몇 가지의 프로그램을 집합한 것이 아니라, 일종의 경영 시스템이며, TQM이 성공적으로 운영되어 측정 가능한 결과를 성취하기 위해서는 시간이 소요되며 또한 최고경영자로부터의 장기적인 열의와 몰입이 필수적임을 알 수 있다.

사례 2-4 기술만능주의 끝_ 최초·최고 버리고 다시 사람으로

미국 통신회사 버라이즌은 물류기업·드론기업과 손잡고 드론 배송에 나설 예정임

■ CES 2021(2021.1)_허석준 KT 연구소장
얼마 전 천선란 작가의 장편소설 『천 개의 파랑』을 인상 깊게 읽었다. 지난해 한국과학문학상을 받았다고 해서 책을 잡았는데 끝장까지 눈을 뗄 수가 없었다. 인공지능(AI) 로봇 기

수(騎手) '코리'가 등장하는 이야기인데, 평범한 SF소설 같지 않은 온기가 느껴졌다.

지난 14일(현지시간) 폐막한 '소비자가전쇼(CES) 2021'에서도 비슷한 느낌을 받았다. 세계 최대의 가전·정보기술(IT) 전시회인 CES 2021에서는 전 세계 1,900여 업체가 참여해 신기술·신제품 향연을 벌였다. 'CES(consumer electronics show)'는 타이틀의 첫 글자부터 '고객'을 지향한다. 하지만 최근 5~6년간 '세계 최초(world's first)' '세계 최고(world's best)'로 포장된 화려한 기술이 스포트라이트를 받았다. 이런 가운데 정작 고객은 소외된 듯 보였다.

■ 보쉬의 웨어러블 센서 'AIoT' 선보여

신종 코로나바이러스 감염증(코로나19) 여파로 올해 CES는 1967년 개막 후 사상 처음으로 비대면(온라인)으로 진행됐지만, 아이러니하게도 이제 다시 우리 일상과 고객으로 돌아왔다. 기술 만능주의에서 '사람'으로 회귀했다고 표현하는 게 좋을 듯하다.

물론 코로나19에서 새로운 비즈니스 기회를 엿보고 '홈코노미' 같은 생활밀착형 기술이 대두한 것도 한몫했을 것이다. 하지만 고객의 마음을 사로잡고자 하는 글로벌 기업의 분투가 돋보였다. 이런 노력은 고객 이익을 위해 다양한 이종(異種) 산업 간 손을 잡는 '영역 파괴', 그리고 'ESG(환경·사회·지배구조) 경영 확대'라는 키워드로 요약할 수 있다.

독일의 자동차부품회사인 보쉬는 인터넷 연결 없이 자체 학습하는 웨어러블(입을 수 있는) AI 센서를 선보였다. 사물인터넷(IoT)과 결합하는 형태라 'AIoT'라고 이름 붙였다. 앞으로 피트니스나 의료 분야에서 다양한 AIoT 서비스를 선보일 것으로 기대된다. 전통적인 농기구 회사 존디어(John Deere)도 AI와 머신비전, 자율주행 등을 이용해 탱크에 저장된 곡물을 모니터링하는 로봇 수확기 'X시리즈'를 내놨다.

이종 산업 간 협력도 부각됐다. 미국 통신사 버라이즌의 한스 베스트버그 최고경영자(CEO)는 "물류기업 UPS, 드론기업스카이워드와 협력해 드론 배송에 나선다"고 발표했다. LG전자도 캐나다 자동차부품업체 마그나와 제휴해 전기차 파워트레인에 도전하겠다고 밝혔다.

"기술에는 양심이 없다"라는 브래드 스미스 마이크로소프트 사장의 기조연설도 인상적이었다. 스미스 사장은 "기술이 어떻게 쓰이든 그것은 사람의 책임"이라고 덧붙였다. 인간의 양심에 근거한 기술 통제를 화두로 꺼냈다.

그러면서 '안면인식 기술'을 사례로 들기도 했다. "(이 기술을 통해) 실종된 아이를 찾을 수도 있고, 노트북 잠금을 해줄 수도 있지만, (경찰에 제공되면) 인권을 침해할 우려도 있다"고 지적했다. 그러면서 '정보의 공유'를 통해 위험을 예방하자고 제안했다. 기업의 사회적 책임이 어느 때보다 강조되는 가운데, 기술 진보가 편견과 차별을 극복하고 법적·윤리적 기준을 제시해야 한다는 메시지다.

메리 베라 제너럴모터스 회장 역시 "2030년까지 전기차 30종을 출시하겠다"는 미래 전기차 전략만 선언한 게 아니다. 그는 무사고(zero crashes), 무탄소배출(zero emissions), 무교통체증(zero congestions)이라는 '3제로' 실현을 하겠다고 밝혀 좋은 반응을 얻었다. 이동수단의 사회적 책임에 대해 세계 4위 자동차회사의 CEO가 책임 있는 언급을 했다는 측면에서 의미 있는 행보로 읽힌다.

* 농기구 회사 존디어는 AI와 자율주행 기술을 접목한 로봇 수확기 선보임(왼쪽)
* 자동차 부품회사 보쉬는 인터넷 연결 없이 자체 학습이 가능한 AI 센서를 개발함(오른쪽)

■ 고객의 일상 바꾸는 디지털 전환 돼야

올해 CES 2021에서 주목받은 제품·서비스 중 대부분은 5세대(5G) 통신과 IoT를 기반 인프라로 삼고 있다. 이 같은 기반 기술은 항상 한발 앞서 개발됐다. 그리고 사람과 사람, 컴퓨터와 컴퓨터, 사물과 사람, 사물과 사물의 단순 연결에서 상호협력의 도구로 진화해 왔다. 최근 통신사가 선보이는 AI 서비스가 그 대표 사례이다. AI 서비스는 이제 '맞춤형'으로 진화했고, 여기에 감성까지 더해지고 있다. KT도 기존의 통신('텔코') 영역을 넘어 디지털 회사('디지코')로 전환하고 있다.

코로나19 팬데믹 속에서 세계 최대 규모를 자랑하는 CES마저 디지털 공간으로 옮겨갔다. 소통의 한계, 리얼리티 부족과 같은 한계점도 있었다. 하지만 분명한 건 코로나19로 달라진 가정과 일터 등 고객의 일상을 재조명하고 기업의 사업 방향을 근본부터 재설계해 보는 계기가 됐다는 점이다. 해법은 '디지털 전환(DX)'이다. DX(digital transformation)는 정보통신기술(ICT)을 활용해 디지털 기술이 생활에 스며들게 해 생활을 풍요롭게 혁신하는 것을 뜻한다. 영역을 넘나드는 협력, 고객을 향한 기술 개발을 통해 가정과 일터, 도시 등 '일상'에서 빛을 내는 디지털 전환이 돼야 한다.

[자료: 중앙일보]

사례 2-5 인성의 중요성_ 연습생 뽑을 때 인성 따진다

하이업엔터테인먼트 최진우 대표는 아이돌로 성공하기 위해선 무엇보다 올바른 인성이 가장 중요하다고 말한다. 연습생 커리큘럼에는 보컬과 춤 연습은 물론 외국어와 인성교육 시간까지 포함돼 있다.

'딴따라, 튀는, 잘 노는….'

아이돌을 바라보는 기성세대의 일반적인 시선이다. 하지만 요즘은 이것만으로는 아이돌이 될 수 없는 시대다. 끼는 기본이고 여기에 피나는 노력과 착한 인성이 더해져야 한다. CJ E&M과 유명 프로듀서인 블랙아이드필승이 합작해 설립한 하이업엔터테인먼트의 최진우(34) 대표를 통해 요즘 아이돌의 세계를 들여다봤다. 최 대표는 대학을 중퇴한 뒤 2006년부터 연예기획사에 몸을 담았다. 가수 박지윤·허각, 걸그룹 에이핑크 등의 로드매니저를 거쳐 기획사 대표에 올랐다. 덕분에 현장과 기획사 경영을 두루 안다는 평을 받는다. 메이저급 기획사 최고경영자(CEO) 중 가장 젊은 편이기도 하다.

그는 "아이돌 연습생을 뽑을 때 '끼' 못지않게 '인성'을 가장 눈여겨본다"고 했다. 아이돌의 작은 말 실수나 과거 부정적인 경력 등이 활동 전반에 미치는 영향이 크기 때문이다. 연습생 선발 단계에서부터 인성 관련 사항들을 집중적으로 따져보고 개개인의 페이스북이나 인스타그램 같은 SNS 계정까지 꼼꼼히 살펴보는 이유다. 이 때문에 요즘 연습생 선발 과정은 대기업 신입사원 선발 과정 못잖다는 얘기도 나온다. 최 대표를 지난 20일 서울 마포구 연남동 하이업엔터테인먼트 사무실에서 만났다. 인성을 강조하는 기획사 CEO답게 조심스럽고 겸손한 태도였다.

1. 어려서부터 목적의식 강한 아이들이 성공

■ 연습생 선발 절차를 소개해 달라.

"기획사별로 자체 오디션도 하지만 아이돌을 꿈꾸는 이들이 다니는 실용음악 학원을 통해 선발하기도 한다. 일단 카메라로 활동 내용을 담아와 가능성이 보이는지 살펴본 뒤 꼼꼼한 면접 절차 등을 거쳐 다시 골라낸다. 이 과정에서 뚜렷한 목표가 있는지, 학교 생활은 잘하고 있는지 등을 본다. 페이스북이나 인스타그램 같은 SNS 계정도 살펴본다. 일진 출신은 절대 사절이다. 활동 중 과거의 잘못된 행동이 알려지면 회사 입장에서는 투자한 부분을 고스란히 날리게 되기 때문이다."

■ 인성이 좋아야 아이돌이 될 수 있단 얘기인가.

"아이돌 하면 '예쁘고 잘생겼는데 춤만 잘 추고 실력은 떨어진다'는 게 어른들의 시선이다. 하지만 이는 사실과 다르다. 아이돌이 되는 친구는 어려서부터 대단히 목적의식이 강한 친구들이다. 아이돌이 되는 과정도 굉장히 힘들다. 노래와 춤 연습 못지않게 외국어·인성 교육도 받는다. 타이트한 육성 커리큘럼이 있다. 과거와 달리 학교생활도 꾸준히 해야 한다. 착한 인성은 기본이다."

■ '공장형 아이돌'에 대한 거부감이 큰데.

"아이돌도 사람인데 만든다고 되겠나. 어린 친구들이 커리큘럼을 잘 따라와 준 거다. 이들은 기계가 아니다. 다년간 쌓아 온 노하우와 시스템을 적용해 체계적으로 길러낸 거다. 고등학교 1학년 전후의 어린 학생들이 그만큼 노력하고 인내하기가 쉬운가."

■ 아이돌을 비롯한 K팝 산업 전망은.

"해외 시장이 꾸준히 성장하고 있다고 본다. 한국을 알리는 데 K팝만 한 아이템이 없다. K팝 덕에 한국에 오려는 이들이 늘지 않나. 공연도 보고 아이돌 굿즈(goods·상품)도 사겠지만 한국에 와서 밥을 먹고 관련 관광도 많이 하게 된다. K팝은 그 모든 활동의 시작이다. 그렇게 생각하면 파급효과는 엄청나게 크다."

■ 해외 진출 준비는 어떻게 하나.

"요즘은 신인을 키워낼 때부터 해외 진출을 염두에 둔다. 중국을 겨냥하면 중국인 멤버를, 일본을 겨냥한 팀에는 일본인 멤버를 넣는다. 그리고 가장 기본은 언어. 현지어를 구사할 수 있는지에 따라 수익은 천차만별이다. 할리우드 스타가 한국말 한두 마디만 해도 다들 좋아하지 않나. 영어는 물론 일본어와 중국어 교육을 별도로 시킨다. 아이돌이 되려면 머리도 좋아야 하는 세상이다."

■ 국가별로 선호하는 아이돌 유형이 있나.

"중국은 빅뱅이나 EXO처럼 강한 스타일의 그룹을 좋아한다. 반면에 일본은 에이핑크나 트와이스·소녀시대처럼 아기자기한 걸그룹이 상대적으로 인기다. 팬 성향도 다르다. 중국은 아무래도 굵직한 공연 무대가 많다. 일본은 중국보다 시장은 작지만 팬의 충성도가 높다. 한번 좋아하면 쉽게 떠나지 않는다. 또 앨범 소장 등에 대한 열망이 크다. 일본 팬 중에는 자신이 좋아하는 아이돌의 앨범을 100~200장씩 구매하는 경우도 많다. 그래서 포장 등을 다양화해 이들이 질리지 않도록 배려한다."

2. 아이돌은 이젠 반도체 못잖은 무역 첨병

■ 아이돌 관련 수익구조는 어떤가.

"그룹마다 다 다르다. 일반적으로 남자 그룹은 해외 팬들 덕에 앨범 판매량이 많고 CF 광고 등은 여자 그룹이 유리하다. 요즘 가장 핫한 BTS는 음원이나 음반·광고·공연 등 모든 분야에서 인기일 테고. 비주얼이 좋은 일부 걸그룹은 앨범보다는 행사 수입이 압도적으로 많다. 일반적으로는 행사와 광고·앨범·굿즈·콘서트 등이 주요 수입원이다."

■ 외부 투자도 많이 받나.

"다양한 투자가 이뤄지고 있다. 창작이 기본인 만큼 성과가 나올 때까지 기다려주는 자금이 많아졌으면 한다. 3~4년 전까지만 해도 중국계 자본이 많았다. 그로 인해 일반 기업들처럼 기술 유출에 대한 의구심도 커졌었다. 과거엔 중국이 뮤직비디오 촬영이나 곡·안무 의뢰 등이 많았는데 요즘은 그런 의뢰가 확 줄었다. 우리 기술을 직간접적으로 가져간 것 때문이 아닌가 한다."

■ 따라잡힐 수 있겠다.

"아직은 한국이 단연 1등이다. K팝이란 게 한두 해 반짝해서 이뤄진 게 아니다. 1990년대 초반부터 꾸준히 쌓여온 결과다. 외형적인 부분은 따라할 수 있을지 몰라도 시간이 더 많이 걸릴 것이다."

■ 목표가 있다면.

"일단 국내에서 인정받고 그 다음에 해외로 나가고 싶다. 대부분의 아이돌은 자신이 대한민국을 알리는 민간 외교관이란 자부심을 갖고 있다."

인터뷰가 끝날 무렵 그는 아이돌들에 대해 기성세대가 조금 더 따뜻한 시선으로 봐주길 당부했다. 아이돌이란 오랜 시간에 걸친 노력의 결과물이면서 해외에 우리나라를 알리고 국부를 일궈내는 반도체 못잖은 첨병이란 의미에서였다.

[자료: 중앙SUNDAY SPECIAL REPORT]

사례 2-6 **AI 시대, 기업은 감성·인성 갖춘 사람 원한다**

'마케팅의 아버지'로 불리는 필립 코틀러 미국 노스웨스턴대 켈로그 스쿨 석좌교수는 최근 펴낸 저서 『마켓 5.0』에서 "마케팅의 목적은 사람들의 삶을 더 낫게 만들고 공익을 위해 헌신하는 것이다"라고 주장했다. 기업이란 돈을 많이 벌어 이윤을 남겨야 한다는 통념을 깬 그의 견해는 따뜻하다는 느낌을 갖게 한다.

2021년 5월 말 한 언론사가 주최한 국제 콘퍼런스에서 코틀러 교수와 영상으로 실시간 대담을 한 바 있다. 이 자리에서 『마켓 5.0』 개념에 관한 그의 견해를 들을 수 있었다. 그는 오늘날 앞선 기술 덕분에 속도와 효율은 향상되었지만, 부작용으로 양극화 현상도 나타나고 있다면서 기술의 혜택이 계층 간에 균형 있게 돌아가게 하려면 인간의 지혜와 융통성, 공감 능력 등이 필요하다고 주장했다. 휴머니티를 지향하면서 인공지능(AI) 등의 기술을 활용하여 마케팅 전략을 펼치자는 것이 『마켓 5.0』 개념의 골자다.

■ **능력·흥미 외면, 획일화된 한국 교육**

감성·인성이 훌륭해야 소비자 기호 충족에 충실할 수 있다. 배려·공감능력·협동심·인내 등은 AI가 대신할 수 없으며 어릴 적부터 그런 역량 키우는 노력이 절대적으로 필요하다. 교육적 측면에서는 어떻게 시장 요구에 부응해야 할까 고민할 때다.

수요가 공급을 초과하던 2차 산업혁명 때까지만 해도 물건만 좋으면 얼마든지 잘 팔렸다. 그러다 보니 자연히 공급할 물건의 대량 생산에 필요한 효율에 관심이 집중되었다. 세월이 가면서 기업 경영의 초점이 품질은 기본이고 소비자들의 눈높이에 맞춰가야 하는 쪽으로 서서히 바뀌어 갔다. 이는 3차 산업혁명을 지나 4차 산업혁명이 도래하면서 한층 더 분명해졌다.

코틀러 교수의 신개념 『마켓 5.0』은 이 같은 시장의 새로운 흐름과 궤를 같이한다고 말할 수 있다. 『마켓 5.0』은 여기서 한 걸음 더 나아가 이제는 빅데이터를 활용하여 개별 소비자와 1대 1의 입장에서 마케팅해야 한다는 주장마저 펼치고 있다. 이러한 마케팅 전략은 특히 밀레니얼 세대처럼 개인주의적인 성향이 강하고 자신의 선호도를 뚜렷이 드러내 보이는 소비자층을 겨냥하기에 유용하다. 오늘날 시장은 이렇듯 빠르게 새로운 물결을 타고 있고 그만큼 기업에 대해 변신을 요구하고 있는 양상이다.

그런데 기업을 이끄는 힘은 기업 구성원들의 자질이나 태도에서 나온다. 또 이들의 자질이나 태도는 많은 부분 교육에 의해 길러진다. 그렇다면 오늘날 우리 교육은 시장의 새로운 요구에 잘 부응하고 있는가? 먼저 우리의 교육과정에 대한 전문가들의 의견에 귀를 기울여 보자. 우리나라의 경우 국어·영어·수학·암기 과목 등의 비중이 높은 편이고, 수업 방식은 개인별 능력과 흥미에 맞추기보다는 획일화되어 있다.

사실 물건을 효율적으로 만들기만 하면 되던 시대에는 분업 역할을 할 인력 공급이 가장 중요했다. 또 그들에게 읽고 쓰고 계산하는 등의 기본적인 능력을 획일적으로 가르쳐 산업 현장에 공급하는 것이 교육의 목표였다. 하지만 첨단 디지털 기술로 대변되는 4차 산업혁명 시대에는 이러한 교육과정으로는 창의력이나 리더십을 배양하기에 적합하지 않다는 견해가 지배적이다.

■ 창의력·리더십 배양하는 교육으로 개편

물론 경제협력개발기구(OECD)의 국제 학업성취도 평가에서 우리나라 학생들의 수학·과학·읽기 등의 학업 성취도는 세계 상위권이다. 그렇지만 우리 학생들의 주당 학습 시간은 OECD 평균인 34시간보다 15시간이나 많은 49시간으로, 우리나라 교육의 효율에 대한 논란을 불러오게 한다. 더구나 영어나 수학 공부는 이제 인공지능이 더 잘할 수 있는 영역이 되었다고도 할 수 있다.

가령 AI 영어 학습 앱 듀오링고는 학습자와 1대 1로 외국어를 배울 수 있게 하는데 그 성취도가 매우 높다고 한다. 일본의 큐비나 아카데미 수학학원은 AI를 활용해 개인별 지도를 한 덕분에 학습 속도는 빨라지고 성적 향상도 이룰 수 있다고 한다. 그렇다고 하여 학교에서 영어나 수학 공부를 등한시해도 좋다는 얘기는 결코 아니다. 효율을 더 높이면서 창의력이나 리더십 배양이 이루어지도록 교과과정의 개편이 필요하다는 얘기다.

인간의 평균 수명은 점점 길어지고 있지만, 지식과 기술의 수명 주기는 짧아져만 간다. 이런 여건에서는 전공 지식이나 기술이 짧은 시간에 무용지물이 되거나 새로운 지식과 기술에 밀려날 수도 있다. 더는 한두 가지 전공 지식을 갖고 평생 우려먹을 수 있는 시대가 아니다. 그런 만큼 우리의 교육 제도와 과정도 학생들의 전공이나 지식 분야를 다양화하고 졸업 후에도 평생 학습을 계속할 수 있도록 개편할 필요가 있다.

■ 미래 직업에 쓸모없는 지식 배워

또 기업 구성원들의 능력이나 지식 못지않게 중요한 것이 태도라 할 수 있다. 이러한 태도는 개개인의 감성이나 인성에 의해 좌우된다. 코틀러 교수는 『마켓 5.0』에서 이 같은 감성과 인성의 중요성도 역설하고 있다. 기업 구성원들의 감성과 인성이 훌륭할수록 개별 소비자의 기호 충족에 보다 충실할 수 있다는 것이다. 그런데 배려·공감능력·협동심·인내 등의 감성과 인성은 AI 등과 같은 기계가 대신해 줄 수 없을 뿐만 아니라 외워서 터득할 수 있는 것도 아니다. 어릴 적부터 늘 그 역량을 키우는 노력이 절대적으로 필요하다.

이제 교육도 시장의 요구에 부응하는 방향으로 패러다임의 변화가 필요하다. 교육은 물론 시장의 요구에 부응하는 역할 외에 순수 학문의 발전에도 기여해야 하겠지만 교육 목표 중 하나가 기업이 필요로 하는 인재 양성이라고 한다면 이를 충족하는 일 또한 매우 중요하다는 얘기다.

몇 년 전 방한했던 미래학자 앨빈 토플러는 "한국은 수많은 청소년이 하루 15시간 이상 학교와 학원에서 미래에는 필요하지도 않을 지식과 존재하지도 않을 직업을 얻기 위해 시간을 보내고 있다"며 안타까워했다. 그렇지 않아도 급변하는 세태에 전대미문의 코로나19마저 겹쳤다. 엄청나게 바뀐 환경에 적응하며 살아가야 할 우리는 이제 교육은 어떻게 시장의 요구에 부응해야 할까를 고민할 때다.

[자료: 중앙일보] Opinion: 오종남의 퍼스펙티브

실전경영학

Chapter 03   기업경영

Management Practice Guide

CHAPTER

03 | 기업경영

▌I▐ 기업이란

기업이란 영리를 추구하는 조직으로 기업의 자원을 투입하고 변환과정을 거쳐서 제품이나 서비스를 생산하여, 이윤극대화를 추구하는 집단으로 정의할 수 있다. 여기서 자원은 내부·외부자원을 포함하고 있으며, 변환과정은 조직기능과 관리기능을 의미하고 있다. 일반적으로 기업은 국민경제를 구성하는 기본적 단위이며, 제품이나 서비스를 생산 및 판매하는 조직시스템으로서 다음과 같은 특징들을 갖고 있다.

1. 생산 및 영리추구

기업은 자원을 투입하여 변환과정을 거쳐서 산출물을 만들어 내는데, 이때 투입된 자원보다 많은 산출물을 만들어 내서 이윤을 실현하려는, 생산 및 영리를 추구하는 조직이라고 할 수 있다.

2. 개별경제의 주체

국가 경제는 가계와 기업, 정부의 세 가지 개별경제 주체로 구성되어 있다. 이때 가계는 소비경제 주체로서 욕망의 극대화를 추구하고, 기업은 생산경제 주체로서 이윤극대화를 추구한다. 그리고 정부는 국가전체의 발전을 도모하고 공공복리 및 수지 균형을 추구한다. 이들 세 경제주체들은 상호간의 분업과 교환 등을 통해 국가경제가 선순환 될 수 있도록 부단한 노력이 요구된다. 예를 들어 기업의 생산이 증가하면 판매가 증가하고, 이에 따른 근로자들의 소득과 정부재정은 증가하고, 고용 및 투자가 증가한다. 그러면 다시 시장에서 소비가 증가하게 되고, 소비가 증가하면 수요가 늘어나고 다시 생산이 증가하는 선순환이 반복된다.

3. 개방시스템

기업은 자신을 둘러싸고 있는 여러 내·외적 환경요인들과 직간접적으로 상호작용하는 동적 시스템이라고 할 수 있다. 따라서 환경요인은 기업의 성장은 물론이고, 기업의 생존 여부와 같은 경영성과를 결정하는 매우 중요한 영향요인이라고 할 수 있다. 기업은 생산에 필요한 자원을 주위의 내·외부환경으로부터 조달하고(인력, 자금, 자재, 설비 등), 제품 및 서비스를 생산하여, 다시 환경에 공급하는 식으로 기업과 환경은 마치 하나의 유기체처럼 상호작용을 하면서 성장 및 발전을 도모한다.

4. 독립적인 실체

기업은 소유자와 분리된 하나의 독립적인 실체로서, 그 존재의 영속성을 갖는다. 즉 경영자(소유주)는 시간이 지나고 나이를 먹으면 사라지지만, 그 기업은 지속적으로 생산(서비스) 활동을 하게 된다. 특히 한국에서는 드물지만, 미국이나 유럽 등 선진국이나 일본에서는 몇 백 년을 이어져서 존속하는 기업들이 다수 존재한다.

Ⅱ 기업의 형태

일반적으로 기업형태는 자본의 출자관계에서 본 법률적 형태와, 경영활동의 견지에서 실질적인 출자와 이에 따른 책임부담에 따른 경제적 형태로 분류할 수 있다. 경제적 형태에서 기업을 구분하면 기업자본의 출자자가 국가인지 개인인지 또는 지방자치단체인지에 따라 다음과 같이 구분할 수 있다(〈표 3-1〉). 사기업은 개인이 출자한 기업으로 영리추구가 주목적인 반면, 공기업은 공익을 목적으로

국가나 지방자치단체, 공공기관이 출자한다. 사기업은 다시 출자자수에 따라 개인
기업과 공동기업으로 나누어 볼 수 있으며, 공동기업은 소수 공동기업과 다수공
동기업으로 나누어 볼 수 있다. 오늘날 기업의 형태는 개인기업 또는 1인기업이
점차 증가하는 추세를 보이고 있다.

표 3-1 기업의 형태

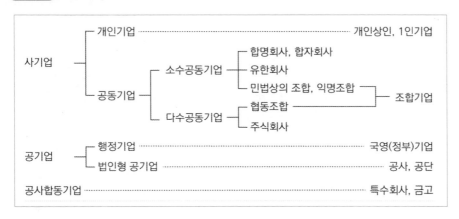

1. 개인기업

개인기업이란 가장 오랜 전통을 지닌 민간기업 형태로 개인이 전액 출자하여
기업을 소유하고 운영하는 기업형태를 말한다. 따라서 출자자는 모든 이익이나
손실에 대하여 단독으로 책임진다. 최근에 점점 증가하는 추세인 1인 기업이나
개인창업 또는 프랜차이즈 업종 등이 모두 포함된다.

2. 공동기업

공동기업은 2인 이상의 출자자에 의해 영리를 목적으로 운영되는 일체의 기
업형태를 말한다. 여기에는 합명회사, 합자회사, 유한회사와 같은 소수공동기업과
주식회사나 협동조합과 같은 다수 공동기업이 있다(〈표 3−2〉).

표 3-2 합명/합자/유한/주식회사의 비교

	합명회사	합자회사	유한회사	주식회사
구성원	무한책임사원 (2인 이상)	무한책임사원(2인↑) 유한책임사원	유한책임사원 (50인 이하, 소수)	주주 (다수공동기업)
구성원 책임	직접/무한/연대	무한책임사원: (경영/출자) 유한책임사원	간접/유한책임 (투자액 한도내 책임)	
소유와 경영의 분리	자기기관		타인기관	
지분양도	제한		제한	자유
구분			중소기업 적합 (소수사원, 자본)	소기업, 중소기업, 중견기업, 대기업

* 합자회사(법인) vs 익명조합(비법인): 무한책임 + 유한책임(익명조합은 익명으로 출자)
* 민법상조합: 2인 이상 공동출자/운영(유한책임), 비법인

1) 소수공동기업

① 합명회사(unlimited or general partnership)

합명회사는 2인 이상이 공동으로 출자하여, 각 출자자가 기업의 채무에 대해 연대하여 무한책임을 지는 기업형태이다. 따라서 합명회사는 무한책임사원으로 구성되며, 출자지분을 양도하려면 다른 사원의 동의가 있어야 한다. 일반적으로 합명회사는 가족, 친척, 가까운 지인 간에 이루어지는 기업형태이다.

② 합자회사(limited partnership)

합자회사는 2인 이상의 무한책임사원과 유한책임사원으로 구성된다. 무한책임 사원은 직접 경영에 참여하지만, 유한책임사원은 경영에는 참여하지 않고 자신이 출자한 범위 내에서만 유한책임을 진다. 합자회사는 유한책임사원을 모집할 수 있기 때문에 합명회사보다는 자본조달이 용이하지만, 지분양도시 무한책임사원 전원의 동의가 있어야 한다.

③ 유한회사(private company)

유한회사는 최소한 2인 이상의 사원이 그들의 출자액에 한하여 책임을 지는 회사를 말하며, 50인 이하의 유한책임사원으로만 구성된다. 사원 전원의 책임이 간접이며 유한인 점, 분화된 기관을 가지는 점 등 많은 점에서 주식회사와 유사하

나, 정관으로 지분의 양도를 제한할 수 있다는 점이 다르다. 소수의 사원과 소액의 자본으로 운영되는 중소기업에 적합한 기업 형태라고 할 수 있다.

④ 익명조합(undisclosed association)

익명조합은 무한책임을 지는 사원과 유한책임을 지는 익명의 조합원으로 구성되는 조합형태를 말한다. 2인 이상의 무한책임사원과 유한책임사원으로 구성된다는 점에서 합자회사와 유사한 형태이나, 유한책임사원이 익명이라는 점에서 차이가 난다. 익명조합은 유한책임사원이 무한책임사원의 영업을 위하여 출자하고, 무한책임사원은 그 영업으로 인한 이익을 분배할 것을 약정함으로써 효력이 생긴다고 규정하고 있다. 실질상 익명조합원과 무한책임사원의 공동기업형태이나, 익명조합원은 무한책임사원의 행위에 관하여서는 제3자에 대하여 권리·의무가 없으므로 이런 이름이 생겼다.

2) 다수 공동기업

① 주식회사(incorporated)

주식회사는 기업규모가 점점 커지면서 막대한 자금이 필요하게 되고, 이 자금을 몇몇 투자자의 출자로는 충당이 어려워지면서 일반인들로부터 거대한 자본을 손쉽게 조달할 수 있도록 허용하는 형태로 발전하였다. 주식회사는 모두 유한책임사원으로 구성되는 자본적 공동기업으로 다음과 같은 특징을 갖는다.

- 자본을 모두 증권화하여 증권시장을 통하여 투자자들의 매매가 이루어지고, 기업들은 이런 제도를 통하여 대규모의 자본조달이 용이하게 된다.
- 주식회사의 출자자(주주)는 자신의 투자액(주식 소유분) 한도 내에서만 책임을 진다. 따라서 투자자는 회사가 성장하여 주가가 오르면 그 차액에 해당하는 만큼 이익을 얻을 수 있지만, 경영이 어려워서 주가가 떨어지면 그 차액에 해당하는 만큼 손실을 입게 된다. 이는 투자자들로 하여금 누구나 안심하고 투자할 수 있도록 환경을 조성해 주지만, 그 결과에 대해서는 투자자가 책임을 져야 한다는 것을 명확히 하고 있다.
- 출자자(주주)가 많아지고 주식분산이 고도화될수록 투자자들은 직접 경영에 관여하지 않고, 주가상승 차익이나 배당이익과 같은 자본이득에만 관심을 갖게 된다. 또한 경영환경이 복잡해지고 고도의 기술과 능력이 요구됨

에 따라 기업들은 전문경영인을 필요로 하고 있고, 최근에는 대부분의 주식회사들이 소유와 경영을 분리하고 있다.

② 협동조합(cooperative)

협동조합은 경제적으로 약소한 처지에 있는 농민이나 중·소 상공업자, 일반 소비대중들이 상부상조의 정신으로 경제적 이익을 추구하기 위하여, 물자 등의 구매·생산·판매·소비 등의 일부 또는 전부를 협동으로 영위하는 조직단체를 말한다. 따라서 협동조합은 일반기업처럼 영리가 주목적이 아니라 조합원 자신들이 상호 이용하기 위하여 설립하는 것이 일반적이다.

♥ 소비자협동조합, 생산자협동조합, 신용협동조합, 새마을금고,

ⅡⅡ 기업결합

기업은 다양한 이해관계나 목적달성 그리고 성장을 위하여 자본의 증식, 확대 또는 타기업과의 인수, 합병 등의 방법을 통하여 결합하고 있다.

1. 기업결합의 목적

1) 시장통제

기업이 시장에서의 경쟁이나 통제력을 강화하기 위하여 동종 또는 유사업종 기업들 간에 이루어지는 결합을 말한다. 이러한 결합형태는 수평적 결합(horizontal combination), 카르텔(cartel), 트러스트(trust) 등이 있다.

2) 경영합리화

기업이 생산비 절감이나 원자재의 안정적 확보를 위하여 생산공정이나 유통경로상의 기업들 간에 이루어지는 결합을 말한다. 이러한 결합형태는 수직적 통합(vertical combination), 산업콘체른(concern) 등이 있다.

3) 기업지배

재벌 또는 금융기업이 출자 또는 대부관계를 통하여 자본적으로 취약한 다른 기업을 지배하려는 목적으로 결합하는 것을 말한다. 이때 타 기업은 동종, 이종을 구분하지 않으며 이러한 결합형태는 자본적 결합(capital combination), 금융콘체른 (concern) 등이 있다.

2. 기업결합의 형태

1) 카르텔(cartel)

동종 또는 유사업종의 기업들 간에 협정을 통해 수평적으로 이루어지는 결합 형태를 말한다. 이때 카르텔에 참여하는 기업들은 법률적으로나 경제적으로 완전한 독립성을 유지하기 때문에 협정에는 구속력이 없다. 이와 같은 카르텔은 자유경쟁의 지양, 시장의 통제 및 지배, 가격의 유지 및 기업안정 등을 목적으로 한다. 그러나 카르텔은 공정한 경쟁을 저해하기 때문에 우리나라에서는 1975년에 '물가안정 및 공정거래에 관한 법률'을 제정하여 자유경쟁을 제한하는 모든 카르텔 행위를 금지하고 있다. 카르텔 관련 법률의 목적은, 사업자의 독점·불공정 행위를 규제하며 공정하고 자유로운 경쟁을 촉진함으로써 기업 활동을 조장하고, 소비자를 보호함과 아울러 국민경제의 균형 있는 발전의 도모를 목적으로 한다. 1973년 이전의 우리나라 물가는 1961년 제정된 〈물가조절에 관한 임시 조치법〉과 행정지도에 따라 관리되었는데, 이 법은 쌀·보리쌀·석탄·연탄 그 밖에 각령(閣令)으로 정하는 중요물자의 최고가격을 정하도록 하였다. 그 뒤 이 법을 보완하기 위해 시장질서의 확립을 통한 물가대책으로서 1973년 3월 〈물가안정에 관한 법률〉을 제정하였다. 이 법은 중요물자의 물가관리 체계에 공정거래 개념을 도입, 법제화하였다.

2) 트러스트(trust)

트러스트는 다수의 개별기업들이 독립성을 상실하고 자본적으로 하나의 기업이 되는 결합의 형태이다(〈표 3−3〉). 트러스트는 기업결합의 형태 중에서 구속력이 가장 크다고 할 수 있으며, 시장의 지배 또는 독점을 목적으로 한다. 트러스트

표 3-3 카르텔과 트러스트 비교

카르텔	트러스트
• 독점적 이익 추구 • 수평적 결합(동종기업) • 참여기업 독립성원리(법률적, 경제적) • 경쟁방지가 목적	• 독점적 기업지배 추구 • 수직적 결합(동종 또는 이종기업) • 참여기업 독점성 상실(법률적, 경제적) • 시장독점이 목적

는 기존의 기업들이 해체되고 새로운 기업으로 발족하는 신설합병(consolidation)과, 자본력을 가진 한 기업이 다른 기업을 흡수하는 흡수합병(merger)의 두 가지 형태로 구분된다.

그러나 트러스트 역시 시장의 독점화로 인한 폐해가 심각했기 때문에 미국 정부는 1890년에 반 트러스트 법인 '셔먼법(sherman act)'을 제정하였고, 1914년에는 이를 보완하여 '클레이톤법(clayton act)'을 제정한 바 있다.

위의 셔먼법과 클레이톤법에 대해 간략하게 알아보면, 먼저 셔먼법은 국내외 거래를 제한할 수 있는 생산주체간 어떤 형태의 연합도 불법이며, 미국에서 이뤄지는 거래 또는 통상에 대한 어떤 독점도 허용할 수 없다는 등의 2가지 핵심조항을 담고 있다. 독점을 기도하거나 이를 위한 공모에서부터 가격담합, 생산량 제한 등 불공정행위를 포괄적으로 금지하였고, 위반시 법원이 기업 해산명령 및 불법 활동 금지명령을 내리거나, 벌금·구금에 처할 수 있으며, 불공정행위의 손해 당사자들이 손해액의 3배를 청구할 수 있는 권리를 부여하고 있다. 그러나 규정이 애매하여 실효를 거두지 못하고, 1914년 이것을 보완한 클레이톤법(Clayton Antitrust Act)이 제정되었으며, 1936년 로빈슨 패트먼법(Robinson_Patman Act)으로 수정됐다. 이 법은 가격 등 각종 수단으로 소비자를 차별하는 것, 경쟁을 현저히 감소시킬 우려가 있는 기업의 합병 또는 회사 상호간의 주식취득을 금하고 있다.

3) 콘체른(concern)

다수의 개별기업들이 법률적으로는 독립성을 유지하지만, 경제적으로는 독립성을 상실한 기업결합형태를 말한다. 콘체른은 한 기업이 다른 기업의 주식을 소유하거나, 자본공유, 경영진 파견을 통한 인적결합의 형태 등으로 이루어지며 주식보유에 의한 결합형태가 가장 일반적이다(〈표 3-4〉). 콘체른의 유형에는 생산의 합리화나 생산비의 절약을 목적으로 수개의 관련기업들이 수직적으로 결합하는 산업형 콘체른과, 거래망의 확보나 영업비의 절약과 같은 판매활동의 합리화를 위하여 거래상의 동종 또는 유사 관련기업들이 수평적으로 결합하는 판매형 콘체른, 그리고 금융업체가 수개의 기업들을 결합하여 주식의 소유나 자본의 공유를 통하여 각 기업에 대해 지배관계를 형성하는 다각적 결합형태의 금융형 콘체른이 있다.

💚 금융형 콘체른의 대표적인 형태인 지주회사(holding company)인 경우를 살펴보면, 신한금융지주인 경우 신한금융지주회사가 모회사로 그 밑에는 신한은행, 신한카드, 신한투자, 신한캐피탈, 신한생명, 신한 데이터시스템 등 많은 자회사를 거느리고 있다.

표 3-4 콘체른 구조

모기업	자회사	손자회사1	손자회사2
모기업 A	자회사 B1	자회사 C1	자회사 D1
			자회사 D2
		자회사 C2	자회사 D3
			자회사 D4
	자회사 B2	자회사 C3	자회사 D5
			자회사 D6
		자회사 C4	자회사 D7
			자회사 D8

3. 특수한 형태의 결합

1) 기업집단

기업집단이란 원자재, 기술, 판매, 금융상의 공동이익을 추구하기 위하여 기업마다 독립성을 유지하면서 집단화하는 현상을 말한다. 기업집단은 같은 지역 내에서 주로 생산관련 결합으로 이루어지기 때문에 생산적 집합체라고도 불린다.

기업집단의 대표적인 형태로는 다각적 결합공장이라고 하는 콤비나트(kombinat)가 있다. 콤비나트는 자원, 자본, 기술 등을 지역적으로 결합시켜 경제적 이익을 추구하는 결합 형태로 1930년대 소련의 공업화 전략에서 비롯되었다. 콤비나트는 연료 확보의 용이성, 연료 및 에너지의 절감, 운송시간 및 물류비 절감, 자원의 다각적 이용 등을 통해 궁극적으로 원가를 절감하고 이익을 증대할 수 있다. 반면에 관련된 공장들이 동시에 건설되어야 하고, 단지 내의 원재료 공급이 원활하게 이루어지지 않으면 조업이 순조롭게 진행되지 않을 수 있다. 동시에 다수의 인력이 소요됨으로서 기능공 부족 현상이나 단지 내 폐수·폐기물 등으로 인한 공해, 환경오염 등의 문제점을 야기할 수도 있다.

2) 콩글로머리트

콩글로머리트는 상호관련성이 없는 이종기업 간에 다각적으로 결합되어 있는 복합기업을 의미한다. 콩글로머리트는 동일시장을 대상으로 결합하는 시장형 콩글로머리트, 생산기술면에서 공통성이 있는 기업 간에 이루어지는 생산형 콩글로머리트, 그리고 기술, 공정, 시장 등에서 전혀 관계가 없는 기업 간에 이루어지는 순수형 콩글로머리트의 세 가지 유형으로 나누어진다.

♥ 생산형 콩글로머리트의 예를 보면 가전제품업체(삼성전자)와 반도체 및 모바일사업(삼성반도체통신)의 결합을 예로 들 수 있다. 가전제품을 생산하는 삼성전자와, 반도체 및 모바일 제품을 생산하는 삼성반도체통신을 합병하여 삼성전자가 되었다. 합병전에 삼성전자의 가전제품은 시장에서 인지도 및 브랜드 측면에서 열세에 있었으나, 반도체 부문과 합병하여 글로벌 IT 업체로 성장하였다. 가전제품 및 모바일 제품을 생산하는 set업체와 이들 제품에 들어가는 원자재(반도체, LCD)의 결합으로 더 큰 시너지를 내고 있는 좋은 예라고 할 수 있다.

3) 조인트 벤처

조인트 벤처는 둘 이상의 사업자가 공동으로 출자하고 공동으로 손익을 계산하는 결합 형태를 의미한다. 최근에 국내의 기업들이 인건비가 저렴한 동남아시아 시장에 진출하고자 할 때, 현지 기업과 공동출자를 통하여 하나의 새로운 회사를 설립하는 경우를 의미한다. 이 경우 국내기업은 자본 및 기술을 제공하고, 현지기업은 부지 및 공장, 인력을 제공하는 방식으로 합작이 이루어지고 있다. 이러한 조인트 벤처는 두 개 이상의 회사가 하나의 공동목적을 달성하기 위해 공동투자 및 공동경영을 하고 손익을 공동으로 부담함으로써 위험을 분산시킬 수 있다.

사례 3-1 적을 알고 나를 알자, 협동조합

"이렇게 어려울 줄 알았다면 협동조합을 하지 않았을 걸…" 신생 협동조합의 이사장이나 책임자들을 만나면 자주 듣는 이야기이다. 그때마다 "혼자 살기도 어려운 세상에 함께 더불어 살려는 협동조합을 운영하는 건 당연히 더 어렵다"며 말을 받아 준다.

협동조합 기본법 제정 이후 꾸준하게 새로운 협동조합들이 만들어져 7,000개를 넘어 섰다. 협동조합에 대한 여러 조사결과에 따르면 신고한 조합 중 약 70%가 등기를 한다. 이 중에 70%가 실제 사업을 하고 있다. 설립 신고 후 사업을 운영하는 협동조합이 절반 정도다. 아직 설립 후 3년이 채 되지 않았기 때문에 지속가능한 경영에 도달한 성공한 협동조합의 비율을 추정하기는 어렵다. 올해 기획재정부의 전수조사 결과가 나와 봐야 어느 정도 윤곽이 드러날 것이다. 비관적인 우려처럼 10%의 협동조합만 살아남을 것이라고 지레 짐작할 필요는 없을 것 같다. 성공 비율을 추정하기는 어렵지만 현장의 협동조합들을 돌아보면 협동조합이 많은 분들에게 희망을 주는 것은 사실인 것 같다. 소상공인들이나 비영리활동가 가운데 상당히 우수한 인재들이 속속 협동조합을 만들며 새로운 기회를 열어가고 있다. 그 희망이 잘 꽃필 수 있으려면 협동조합을 성공시켜야 한다.

어떻게 하면 협동조합을 잘 운영할 수 있는가? 협동조합들을 잘 관찰하다 보면, 될 것 같은 협동조합들은 이런 점들에서 공통점을 가지고 있다.

첫째, 인간적 유대가 있다. 조합원들이 협동조합을 만들기 전부터 수년간 관계를 맺어왔다는 사실이다. 예를 들면 한바다협동조합은 노량진수산시장에서 10년 동안 모임을 가진 2세 경영자들의 탄탄한 유대가 밑바탕을 이루고 있다. 협동조합은 사람이 중심인 조직이기 때문에 조합원들의 유대가 튼튼해야 한다. 성급하게 협동조합을 설립할 것이 아니라 조합원이 될 만한 사람들과 함께 한솥밥을 먹으면서 유대를 쌓는 것이 필요하다.

둘째, 사업모델이 있다. 협동조합은 사업체, 즉 기업이다. 조합원이 개인적으로 할 수 없는 일을 협동조합으로 만들기 위해서는 협동조합이 해야 하는 사업이 명확해야 한다. 세탁소협동조합들의 주요 사업 가운데 하나는 모피나 가죽옷을 세탁하는 특수세탁기계를 구입하고 이를 공동으로 이용하는 것이다. 우리 협동조합이 하는 사업이 구체적으로 무엇인지 20초 안에 사람들을 이해시킬 수 있어야 한다.

셋째, 기술이 있다. 사업모델이 곧 성공을 말해주는 것은 아니다. 성공한 모든 기업은 나름의 기술이 있기 마련이다. 처음에는 설립주도자들이 가지고 있는 기술을 공유하게 되기 때문에 설립주도자들은 특히 사업과 관련된 기술에 주의를 기울여야 한다. 이런 점에서 이미 사업을 하던 소상공인들이 만든 협동조합이 비영리활동을 하는 협동조합보다 성공가능성이 조금 높은 편이다.

넷째, 인내하는 지도력이 있다. 협동조합은 사람들이 모여 하는 일이다. 1인 1표의 민주적 운영이란 모두에게 같은 발언권이 있다는 거라서 처음에는 당연히 다양한 갈등과 격론이 벌어지게 되어 있다. 사람 맘이 내 맘 같지 않아도 이를 참고 조정하는 지도자가 있어야 한다.

새롭게 협동조합을 만들려면 위의 네 가지 요건들을 잘 따져보고, 잘 준비해야 성공하는 협동조합을 만들 수 있을 것이다.

사례 3-2 데이터 · 기술 잘 다루는 '지능 기업'이 최종 승자

1. 다면플랫폼

美서 시작된 디지털플랫폼 물결은 세계 경제지형에 큰 변화를 초래하였다. 공급자가 일방적 서비스를 하는 기존의 '단면 플랫폼'과 다르게 유투브 · 에어비앤비 · 인스타 등 '다면플랫폼'은 가치교환 활동이다(2019년 6월).

애플의 아이폰이 탄생하고, 페이스북이 전 세계로 확산됐고, 아마존의 클라우드 컴퓨팅이 시작되고 에어비앤비가 설립된 해. 유명 칼럼니스트이자

지능 기업이 최종 승자

Intelligence Enterprise

작가인 토머스 프리드먼은 그의 저서 '늦어서 고마워'에서 "2007년에 이 모든 변화가 동시 다발적으로 일어났다"고 평가했다. 미국에서 시작된 디지털 플랫폼의 물결은 새로운 비즈니스 모델을 만들고, 전 세계 경제 지형에 큰 변화를 만들어냈다. 구글 트렌드 통계에 따르면 전 세계적으로 '플랫폼 비즈니스'에 대한 관심도는 2007년 이후 매년 늘어나는 추세다. 많은 기업과 리더들이 서로 디지털 플랫폼을 추구하지만 '디지털 플랫폼'의 실체가 무엇인지, 플랫폼 비즈니스의 특성은 무엇인지, 전통적인 기업이 디지털 플랫폼 사업을 하려면 어떻게 해야 하는지 실체를 잡는 건 쉽지 않다. 이런 의미에서 최근 이성열 SAP 코리아 대표와 양주성 SAP 코리아 전략 리더가 쓴 '디지털 비즈니스의 미래'는 디지털 혁신과 플랫폼 비즈니스의 실체를 이해하기 위한 좋은 프레임워크를 제공해 준다. 이 책의 부제는 '4차 산업혁명 시대의 플랫폼 혁신 전략'이다. 내용을 전체적으로 보면 '디지털 혁신'과 '플랫폼 비즈니스'

의 실체를 파악한 뒤, 이를 바탕으로 기존 전통기업들이 디지털 비즈니스 플랫폼을 구축하려면 어떤 전략을 실천해야 하는지 알려준다. 저자에 따르면 디지털 플랫폼은 크게 '참여 집단'과 '지원 산업 범위'를 기준으로 체계적으로 분류할 수 있다. 참여 집단을 기준으로 보면 사용자 집단이 동질적이면 '단면 플랫폼'이고 사용자 집단이 서로 성격이 다른 2개 이상 집단으로 구성되면 '다면 플랫폼'이 된다.

단면 플랫폼은 플랫폼 제공자가 일방적으로 플랫폼 사용자에게 제공하는 '디지털 서비스 플랫폼 모델'에 해당한다. 서비스 초기 카카오톡이 대표적인 사례로 메신저 서비스를 원하는 사용자 집단만 플랫폼에 참여했다.

반면 다면 플랫폼은 플랫폼 제공자가 직접 가치를 주기보다 플랫폼에 참여하는 사용자 가운데 생산자 집단에 의해 가치가 제공되는 '디지털 비즈니스 플랫폼 모델'이다. 유튜브나 에어비앤비가 대표 사례다. 유튜브 플랫폼에서 소비자 집단은 영상 콘텐츠를 즐기며 가치를 얻고, 생산자 집단은 광고수익이나 명성, 평판 등을 얻는 등 가치교환 활동이 이뤄진다.

초기 디지털 서비스 플랫폼으로 시작해, 어느 정도 플랫폼이 성숙하면 생태계를 개방해 디지털 비즈니스 플랫폼으로 확장하는 경우는 '하이브리드 모델'에 해당한다. 오늘날 카카오톡처럼 수평적 산업 서비스 플랫폼이 수직적 산업 서비스로 확장하는 사례를 설명해준다.

흔히 디지털 스타트업의 경쟁력은 '기술'이라고 오해하기 쉽다. 그러나 저자는 기술은 비즈니스 모델을 구성하는 중요 요소 중 하나에 불과하다고 말한다. 디지털 플랫폼이 가진 진정한 경쟁우위는 기술이 아닌 비용 구조에 있다고 강조한다. 생산자와 도·소매업자를 거쳐 소비자로 이어지는 전통적인 가치사슬 모델과 달리 디지털 플랫폼에서는 생산자와 소비자, 두 역할을 병행 수행하는 사용자들이 만나 가치를 생산·소비·교환한다. 결국 플랫폼 제공자는 자신이 소유하지 않는 자원과 혁신 역량을 끌어와 가치를 플랫폼상에서 창출하기 때문에 기하급수적 성장이 가능하다. 이때 추가적인 가치를 제공하기 위해 드는 한계비용은 '0'에 가깝다.

저자는 디지털 서비스 플랫폼 모델을 보유한 기업들도 결국 디지털 비즈니스 플랫폼 모델로 진화할 거라 예측한다. 디지털 플랫폼의 경쟁우위는 서비스 플랫폼보다는 비즈니스 플랫폼에서 더 극대화하기 때문이다. 디지털 플랫폼의 진화로 인해 가까운 미래에 가치사슬 모델에만 의존해 온 전통 기업은 도태될 수밖에 없을 거라 경고한다. 문제는 전통기업은 스타트업과 달리 물리적 자산과 기존 사업을 갖고 있어 더 복잡한 상황에 처해 있다는 점이다. 저자는 전통기업은 기존 프로세스 중심의 가치사슬 모델에 데이터 중심 디지털 플랫폼 모델을 잘 융합해야 한다고 충고한다. 구체적으로 디지털 혁신을 하려는 전통기업이 따라야 할 3가지 가이드라인도 제안한다. 첫째는 기존 사업의 경쟁력을 강화하며 축적되는 데이터와 고객 정보를 활용해 디지털 서비스 플랫폼을 구축한다. 단순 스포츠용품 판매를 넘어 헬스케어 서비스 플랫폼을 구축한 나이키나 언더아머가 모범 사례다. 둘째는 디지털 서비스 플랫폼에서 확보한 고객 데이터로 새 디지털 비즈니스 플랫폼을 구축한다. 특히 전통기업은 스타트업엔 없는 기존 고객층과 많은 고객 데이터를 빠르게 쌓아 비교우위를 가질 수 있다는 분석이다. 셋째는 비즈니스 플랫폼 구축을 위한 다양하고 개방된 협업 생태계를 구축하는 일이다.

2. 미래 기업은 지능 기업

결국 저자는 미래 기업은 '지능 기업(intelligence enterprise)'의 모습을 띨 거라고 전망한다.

'지능 기업'은 데이터와 기술을 활용해 경영에 필요한 통찰을 도출하는 지능 시스템을 구축한 회사를 말한다. 저자는 미래 기업은 가치사슬 모델과 디지털 플랫폼 모델을 동시에 소유하고 있을 것이며, 기업 운영이 복잡해질 것이라고 말한다. 이에 따라 방대한 데이터를 시스템이 자동으로 학습(머신 러닝)하고, 투명한 거래가 가능해지고(블록체인), 예측 가능한 업무 의사결정(예측 기반 알고리즘)을 하는 지능기업이 탄생하는 순간을 목도할 수도 있을 것이다.

[자료: 매일경제] Books & BIZ

사례 3-3 중국의 반도체 굴기

중국이 수입대체를 위해서 집중투자하였으며 화웨이 제재로 메모리 수요가 줄 것으로 예상한다. 2019년 5월 한국 반도체 수출이 31% 급락했으며 낸드플래시 값도 6개월째 뒷걸음치는 중이다. 인텔·마이크론 등에서 공급을 끊음으로서 삼성·하이닉스의 반사이익도 기대가 된다.

최후의 대들보인 메모리 반도체 시장까지 흔들리면서 경기침체 우려가 커지고 있다. 미국의 화웨이 제재로 중국의 메모리 반도체 수요가 줄 수 있기 때문이다. 하지만 중장기적으로는 중국의 '반도체 굴기'가 꺾이면서 한국이 반사이익을 얻을 수 있을 것이라는 전망도 나온다.

한국은행은 4월 경상수지가 7년 만에 6억 6,000만 달러 적자를 냈다고 5일 발표했다. 반도체 부진으로 상품수지 흑자가 지난해 같은 달보다 41% 줄었기 때문이다. 4월 반도체 수출액은 86억 8,000만 달러로 전년 동월(99억 4,000만 달러) 대비 12.7% 하락했다. 5

월 수출액은 30.5% 줄어든 75억 3,700만 달러에 그쳤다. 반도체 수출은 지난해 1,267억 달러에 달해 우리나라 전체 수출액의 20.9%를 차지한다.

1. 화웨이 제재, 국내 업체에 호재될 수도

반도체 수출 부진은 지난해 말부터 국내 반도체 산업의 주력인 메모리 반도체 가격이 급락했기 때문이다. 시장조사업체 D램익스체인지에 따르면 PC에 주로 사용되는 DDR4 8기가비트(Gb) D램의 고정거래가격은 최근 3.75달러까지 떨어졌다. 지난해 12월 7.25달러에서 5개월 만에 절반 가까이 내린 것이다. 낸드플래시 가격은 128Gb MLC 기준 3.93 달러로 6개월 연속 하락했다.

당초 업계에서는 메모리 가격이 2분기부터 서서히 회복세를 보일 것으로 내다봤다. 하지만 미·중 무역 갈등의 골이 깊어지면서 반도체 하강국면이 길어질 수 있다는 우려가 나온다. D램익스체인지는 "제재의 여파로 화웨이 스마트폰 판매가 연 1억대 줄어들 것이라는 예측이 나오면서 메모리 수요가 급감하고 있다"고 진단했다. 이승우 유진투자증권 연구원은 "이례적인 5월 수출 부진으로 반도체 업황은 또다시 시계제로 상황에 진입했다"고 말했다.

하지만 중장기적으로는 화웨이 제재가 국내 메모리 반도체 업계에 호재가 될 수 있다는 전망도 나온다. 중국은 홍콩을 경유하는 물량까지 포함해 전 세계 반도체의 60% 이상을 소비한다. 중국 정부는 수입대체를 위해 메모리 반도체에 집중 투자했다. 국유기업인 칭화유니가 2016년 설립한 창장메모리(YMTC)는 올 하반기 64단 3D 낸드플래시를 양산에 도전한다.

하지만 삼성전자는 64단을 2016년 12월 양산했고, 지난해 5월부터는 90단 이상 제품을 내놓고 있다. 삼성전자의 시장점유율은 지난해 기준 38.5%다. D램의 경우 올해 국유기업 푸젠진화(JHICC)가 양산에 나설 방침이었지만 미국의 제재로 제품을 내놓을 수 있을지조차 불투명한 상황이다. 낸드플래시는 삼성과 SK하이닉스의 점유율이 70%를 넘는다.

그림 3-1 한국의 반도체 수출 및 삼성전자 반도체부문 실적

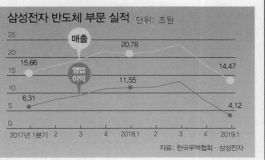

2. 올해 전 세계 반도체 시장 규모 12% 줄 듯

세계반도체시장통계기구(WSTS)는 올해 전 세계 반도체 시장 규모가 4,120억 달러로 지난해보다 12.1% 줄어들 것으로 예상했다. 올 2월 제시한 '3% 감소' 전망을 큰 폭으로 하향조정한 것이다. 특히 메모리 반도체 매출이 30.6% 감소할 것으로 추정했다. 다만 내년에는 시장규모가 4,343억 달러로 올해보다 5.4%, 메모리 반도체는 1,168억 달러로 6.6% 성장할 것으로 기대했다.

사례 3-4 LG의 신실용주의

LG이노텍이 A3공장을 통째로 인수하는 것을 추진중이다. 아이폰 카메라 주문 급증에 대처하여 폰 정리 뒤에 애플과 밀월모드로 적자사업을 접고 전장, 배터리를 강화하기로 결정하였다. 구광모식 미래사업 재편에 가속도가 붙고 있다.

LG그룹의 전자부품 계열사인 LG이노텍이 경북 구미에 있는 LG전자 구미 A3공장 인수를 추진한다. 미국 애플로부터 카메라 모듈 주문이 늘어나고 있는 가운데 안정적인 생산라인 확보를 위해서다. LG그룹에 정통한 관계자는 18일 "LG이노텍이 LG전자의 구미 생산라인 중 A3공장을 통째로 인수하는 방안을 추진 중"이라며 "현재 가격 협상 단계로 내년 상반기 중 최종 결정될 것"이라고 밝혔다.

표 3-5 LG그룹 실용주의 일지

구광모 회장 실용주의 행보	
2018년 6월	구광모 회장 취임
2018년 8월	오스트리아 자동차 조명기업 ZKW 인수
2020년 11월	LG로봇사업센터, BS사업본부로 이관
2020년 12월	배터리사업분사, LG에너지솔루션 출범
2021년 4월	스마트폰 사업 종료 결정
2021년 7월	합작법인 LG마그나이파워트레인 출범
2021년 9월	이스라엘 자동차 보안업체 사이벨럼 인수
2021년 11월	애플TV+글로벌 공동 마케팅 진행

자료: LG이노텍 사업보고서, 업계

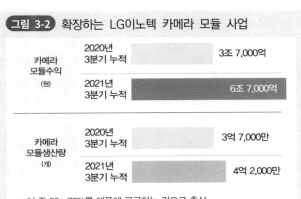

그림 3-2 확장하는 LG이노텍 카메라 모듈 사업

카메라 모듈수익 (원)	
2020년 3분기 누적	3조 7,000억
2021년 3분기 누적	6조 7,000억

카메라 모듈생산량 (개)	
2020년 3분기 누적	3억 7,000만
2021년 3분기 누적	4억 2,000만

※ 이 중 60~70%를 애플에 공급하는 것으로 추산

　　LG이노텍은 현재 LG전자 구미공장의 일부 생산라인을 빌려 스마트폰용 카메라 모듈을 생산하고 있는데, 이번에 A3공장 전체를 인수하겠다고 나선 것이다. LG전자의 구미 생산시설은 A1·A2·A3 등 총 3개 공장으로 구성돼 있다.

　　LG이노텍이 A3공장 인수에 나선 건 스마트폰용 카메라 모듈 수요가 급증하고 있어서다. 업계에 따르면 특히 애플의 주문량이 큰 폭으로 늘고 있다. LG이노텍은 올해 3분기까지 누적 9조 2,226억원의 매출을 올렸다. 이 중 6조 7,000억원이 스마트폰용 카메라 모듈과 증강·가상현실(AR·VR) 카메라 모듈 등을 생산하는 광학 솔루션 사업부문이 올린 것이다. 이 가운데 애플에 공급한 물량이 60~70%인 걸로 업계는 본다. 이 회사는 애플에 스마트폰용 카메라 모듈뿐 아니라 스마트폰용 반도체 기판도 공급한다. 업계는 LG이노텍이 3분기까지 애플 관련 매출이 지난해 같은 기간에 비해 두 배가량인 것으로 보고 있다.

　　글로벌 공급망의 급변은 LG이노텍에 기회가 됐다. 익명을 요구한 재계 관계자는 "코로나19로 인해 애플이 동남아 공장에서 부품 수급에 어려움을 겪으면서 이노텍에 한국 내 생산을 늘려달라고 주문한 것으로 안다"고 말했다. 특히 이노텍의 경쟁사인 일본 샤프의 베트남 공장이 중단되면서 이노텍에 주문이 몰렸다는 설명이다.

　　LG전자는 1975년 완공된 연면적 40만㎡(약 12만 평)의 구미 공장은 TV, 사이니지, 태양광 모듈 등을 생산하는데, 지난해 5월 TV와 사이니지 생산라인 6개 중 2개를 인도네시아로 이전해 현재 4개 라인만 유지하고 있다. 재계 관계자는 "글로벌 반도체 부족으로 LG전자는 생산량을 획기적으로 늘릴 수 없는 데 비해 이노텍은 단기적으로 생산량을 늘려야 하는 상황"이라며 "서로 이해관계가 맞아떨어진 셈"이라고 분석했다. 이 같은 구미 공장의 사업 재편에 대해 재계는 돈이 안 되는 사업은 과감히 접고 될 사업에 집중하는 '구광모식 실용주의'가 반영된 결과라고 풀이한다. LG그룹을 이끄는 구광모 (주)LG 대표는 2018년 취임 이후 이런 행보를 이어왔다. 지난 7월 23분기 연속 영업적자를 낸 스마트폰 사업을 정리한 것이 대표적이다. 연료전지·액정표시장치(LCD)·전자결제 사업에서도 손을 뗐다. 대신 전장·배터리 사업 등엔 공을 들였다. 오스트리아 자동차 조명기업인 ZKW 인수, 캐나다 마그나와 합작한 LG마그나이파워트레인 출범 등을 통해 전장(자동차 전자부품) 사업에 과감한 투자를 이어왔다. 또 LG화학에서 배터리 사업을 떼어내 LG에너지솔루션을 출범시켰다.

적과 동지도 하루아침에 바뀌고 있다. 스마트폰 사업에서 손을 뗀 후 경쟁사였던 애플과는 '밀월 모드'로 전환했다. LG베스트샵 중 160곳에서 애플의 기기를 팔고 있다. LG화학·LG디스플레이 등은 애플에 배터리·유기발광다이오드(OLED) 패널도 공급하고 있다.

이런 맥락에서 애플과 협력을 확대하는 LG이노텍에 대해 그룹 차원에서 힘을 실어주는 게 아니냐는 분석도 나온다. 특히 LG이노텍은 AR·VR 카메라 모듈 같은 메타버스(3차원 가상세계) 부품 생산에도 강점이 있어 애플의 메타버스와 협력설도 나온다.

[자료: 중앙일보]

사례 3-5 동네생활 플랫폼

1. 동네생활 플랫폼이란(2021년 4월)

■ **플랫폼 강자 당근·네이버, 골목길서 딱 마주쳤다**

코로나19 이후 '슬세권(슬리퍼 신고 다닐 만한 동네 상권)'에 대한 관심이 커졌다. 밥먹고 일하고 노는 생활 반경이 동네로 줄었기 때문. BC카드 빅데이터 센터에 따르면 거주지 500m 이내 결제는 2018년 25.6%에서 지난해(1~3월) 32.9%로 늘었다. 동네가 북적이자 IT 기업들도 동네로 모여든다. 당근마켓은 중고거래를 넘어 '우리동네판 네이버'가 되려 하고, 네이버도 지역별 중소상공인(SME)과 네이버의 콘텐트를 엮는 로컬 커머스 생태계 만들기에 나섰다. 모종린 연세대 교수는 "동네 생활 플랫폼이 되면 지역 상생 명분을 얻는 동시에, 플랫폼의 가치를 높여줄 로컬 크리에이터를 발굴하고 데이터 기반 사업을 확장할 수 있어 다들 눈독을 들인다"고 했다.

2. 당근마켓 '내근처' vs 네이버 '이웃톡'

당근마켓은 하이퍼 로컬(지역밀착) 서비스의 대표주자. 2021년 2월 말 기준 전국 6,577

개 읍면동에서 월간 1,450만명이 당근마켓을 쓴다. 중고거래 가능 지역을 거주지 6km 이내로 제한하며 쌓은 소속감과 신뢰가 자산이다. 이를 바탕으로 당근마켓은 지난해 하반기 '동네생활' 게시판과 지역상점 플랫폼 '내근처'를 열었다. 서울 강남구 99.1%, 세종시 95.8%, 제주시 88.4% 등 높은 지역 침투율(20~64세 거주자 대비 이용자 비중)이 추진 동력이 됐다. 서울시 25개구 전체 평균 침투율은 62.3%. 지역생활 정보가 오가는 동네생활 게시판 이용자는 월평균 500만명이 넘었다.

네이버도 '로컬'과 '이웃'을 키워드로 들고 나왔다. 네이버카페는 12월 '이웃 서비스'를 내놓고 관심지역의 중고거래나 인기 카페를 보여주더니, 지난달 말엔 사용자가 동네 주민들과 교류하는 '이웃톡'을 출시했다. 네이버카페에서 이웃 간 교류를 늘리며 플랫폼 전반에 로컬 접점을 강화하겠다는 전략이다. 쇼핑(포레스트CIC), 결제·금융(네이버파이낸셜), 지도·예약(글레이스 CIC), 카페·밴드·블로그(그룹앤 CIC) 등 관련 사업조직이 네이버 곳곳에 포진해있다.

3. 서로 다른 로컬 접근

네이버와 당근마켓 모두 지역 내 사람-정보-사업자를 연결하는 생활정보 플랫폼을 지향하지만, 가는 길이 다르다. 네이버가 효율성과 편리성을 강조하는 '하이테크'라면, 당근마켓은 감성과 체험을 내세우는 '하이터치'에 가깝다.

네이버는 동네 속 연결에 더해 동네 밖까지 연결하고자 한다. 외지인이 지역을 찾았을 때 스마트 어라운드(장소기반 AI추천)를 통해 더 쉽게 숨겨진 가게를 발견하도록 하는 식. 인공지능(AI)추천·데이터 분석·라이브커머스 등 다양한 기술 도구를 지원해 로컬 사업자나 콘텐트를 동네 밖에서도 경쟁력 있게 키우려 한다. 골목 시장의 닭강정 가게를 전국구 브랜드로 키우고, 동대문 디자이너를 해외 진출시키겠단 구상.

당근마켓은 '동네는 동네답게' 남길 원한다. 손님이 단골 반찬가게 사장님과 채팅·댓글을 주고받고, 퇴근길에 들르는 관계를 지향한다. 그래서 대기업이나 프랜차이즈 업체엔 계정(비즈프로필)을 열어주지 않고 있다. 이 회사 김은지 프로젝트 매니저는 "동네 수퍼마켓 사장님은 주민이라 끈끈한 관계로 이어질 수 있지만, 대기업 프랜차이즈는 그러기 어렵다"고 했다.

4. 몸값 높아지는 '동네가게 사장님'

지역 생활 플랫폼에서 중요한 건 중소사업자(SME), 동네가게 사장님이다. 소비자(동네주민)는 싱싱한 과일을 파는 가게, 도배 잘하는 곳 같은 정보를 원하기 때문. 플랫폼 입장에선 결제 수수료나 광고 등 수익 원천이기도 하다.

네이버는 기술을 앞세워 동네 SME를 공략 중이다. 디지털 전환이 느린 SME에게 온라인 창업 도구를 제공하고, 카페·블로그 등에 흩어진 로컬 콘텐트를 '스마트 플레이스(네이버

검색·지도 등에 상점 노출)'와 엮는 전략이다. 일본 소프트뱅크와의 합작사인 일본 라인-Z 홀딩스에도 스마트스토어를 선보여 국내 SME의 해외 진출 발판을 마련한다. 지난 1일 공개한 CEO 주주서한에서 한성숙 네이버 대표는 "5년 후 스마트스토어 100만개"를 목표치로 제시했다.

당근마켓은 콘텐트·커뮤니티의 커머스화를 갓 시작했다. 구인·구직, 부동산, 중고차, 근처 매장 할인정보 등이 올라오는 '내근처' 게시판엔 올초부터 세탁·이사·반려동물 케어서비스가 등장했다. 올 2분기엔 GS리테일 편의점에서 주민들에게 유통기한 임박 상품 정보를 알려주는 서비스도 시작한다. 간편결제 당근페이(가칭)도 붙일 예정이다. 당근마켓서 동네 미용실을 예약하고 동네 식당에서 음식 주문·배달이 가능해진다는 의미이다.

5. 코로나 이후…하이퍼로컬

유통·배달·커머스 등 다양한 플랫폼이 하이퍼로컬 생태계에 뛰어들고 있다. CU, GS25 등 편의점은 공공요금 수납, 택배, 지역 세탁소 연계 등 '생활밀착형 거점 공간'으로 변신 중. 배달 앱 '배달의 민족'은 식료품·생필품을 1시간 내에 배달해주는 'B마트'로 골목길을 누비고 있다.

미국에선 지역 기반 SNS '넥스트도어'(2008년 창업)가 인기다. 주소 인증 이후 지역 부동산·분실물 찾기·중고거래 등을 이용할 수 있다. 미국 4가구당 1가구가 쓴다. 올해 기업공개(IPO) 예정인 이 회사의 몸값은 50억 달러(5조 6,000억원)다.

[자료: 중앙일보] 플랫폼 강자 당근·네이버, 골목길서 딱 마주쳤다

실전경영학

Chapter **04** **경영자 및 사회적 책임**

Management Practice Guide

경영자 및 사회적 책임

Ⅰ 경영자란?

기업조직에서 경영자는 조직의 성패를 좌우한다고 말할 수 있다. 기업에서 경영목표 달성은 매우 중요한 문제이고, 이러한 경영목표를 달성하기 위한 효과적이고 효율적인 경영은 매우 중요하다. 이러한 경영의 실질적인 주체를 경영자라고 한다. 경영자가 어떠한 가치관과 철학을 갖고, 비전과 목표를 제시하느냐에 따라 기업은 성공할 수도 있고, 망할 수도 있기 때문이다. 경영자에 대한 정의는 경영환경의 변화와 함께 역사적으로 변천되어 왔고, 기업의 규모가 점점 커지고, 대규모 출자가 필요해지면서 소유와 경영의 분리 필요성이 대두되었다. 그리고 소유와 경영의 분리라는 점에서 볼 때 경영인은 소유경영자, 고용경영자, 전문경영자로 나누어 볼 수 있다.

1. 소유와 경영의 분리

소유와 경영의 분리는 소유주 또는 출자자가 담당하는 출자기능과, 경영자가 담당하는 관리기능이 나누지는 것을 의미한다. 오늘날 많은 대기업들은 기업의 소유주(owner)가 경영일선에서 완전히 물러나고, 전문경영인이 경영활동을 수행하는 소유와 경영의 분리구조로 이루어져 있다. 물론 소유주가 경영일선에서 물러났다고 해도 이사회의 운영을 통하여 경영활동을 감시하고, 전문경영인을 선임, 해임하고 대규모 투자를 결정하는 등의 중요한 의사결정을 수행하고 있다. 오늘날 기업의 소유와 경영이 분리되게 된 이유는 다음과 같다.

1) 자본조달

오늘날 기업의 규모가 커지고 경쟁이 치열해질수록 대규모의 자본이 필요하게 되고, 이러한 자본을 조달하기 위해서는 기업공개를 통한 주식이나 채권발행이 필수적이다. 즉 주식회사의 형태를 도입함에 따라 자본의 증권화가 가능해지고, 이에 따라 주식이 광범위하게 분산되면서, 대다수의 주주들은 이익배당이나 주가상승에만 관심을 기울일 뿐 경영참여에는 별다른 관심을 보이지 않게 되었다. 그러나 주식의 지분이 어느 정도 이상 되는 주주들은 주주총회, 이사회 등을 통하여 기업경영 활동을 견제하고 적극적으로 참여하고 있다.

> 2015년 삼성물산(주)과 제일모직(주)의 합병시에 두 회사의 일정지분을 갖고 있는 국민연금관리공단에서 합병에 찬성표를 던져서 두 회사의 합병을 통과시켰다. 이재용 부회장의 경영권 승계를 위하여 정치권의 압력이 있었다는 주장에 대하여, 국민연금관리공단은 합병으로 인한 지분가치 상승이 중요한 고려 요인이라고 발표했다. [동아일보]

2) 경영능력

경영환경의 급격한 변화와 경쟁이 점점 치열해지면서 전문경영인의 필요성이 대두되었다. 즉 사회가 급격히 변화하고 업체간의 경쟁이 치열해지면서 고도의 기술개발 및 경영에 대한 전문적인 지식이 요구되었다. 그 결과 기업은 이러한 변화에 능동적으로 대응하고 치열한 경쟁을 헤쳐 나갈 수 있는 전략적이고 혁신적인 의사결정능력을 구비한 전문경영자가 아니면 성공적으로 경영활동을 수행할 수 없게 되었다.

2. 경영자의 분류

1) 소유경영자

기업의 규모가 작고 생산하는 제품이 단순한 경우에는 소유주 자신이 자본의 출자뿐만 아니라 생산 및 판매활동에 이르기까지 모든 활동들을 직접 수행한다. 이러한 경영자를 소유경영자(owner manager)라고 하며, 소유경영자는 자본의 출연과 운영, 기업경영의 모든 활동을 직접 수행하고, 전략적 의사결정을 스스로 추진하는 사람이다.

2) 고용경영자

기업규모가 점점 커지고 경영활동이 복잡성을 띠게 되면서 소유주는 스스로 모든 경영기능을 감당할 수 없게 되었다. 이에 따라 소유주는 따로 경영자를 고용하여 경영활동의 일부를 위임하게 되었는데, 이때의 경영자를 고용경영자(employed manager)라고 부른다. 이때 말하는 고용경영자는 경영활동의 일부에 대해서만 책임을 지는 단순한 유급경영자를 의미한다.

3) 전문경영자

기업의 경영규모가 점점 커지고 경영환경이 급격히 변화함에 따라 경쟁이 치열해지면서, 각 분야에 전문적인 지식과 능력을 지닌 경영자가 필요하게 되었고, 이때의 경영자를 전문경영자라고 한다. 따라서 전문경영자는 오늘날 소유와 경영이 분리된 대규모의 주식회사에서 찾아볼 수 있으며, 그의 권한은 출자기능을 제외한 경영활동 전반에 거쳐 포괄적으로 행사하게 된다(〈그림 4-1〉).

그림 4-1 소유형태에 따른 경영자의 유형

Ⅱ 경영자 계층

경영자는 출자나 소유와는 관계없이 오직 전문적이고 독자적인 경영관리의 기능을 수행하는 조직구성원 전체를 의미하는데, 일반적으로 최고경영자, 중간경영자, 하위경영자의 세 계층으로 구분하고 있다. 각 계층별 경영자의 구분은 수행하는 직무의 내용에 따라 판단되어져야 할 상대적인 개념으로, 기업의 규모와 성격에 따라 경영자의 직급명칭은 다를 수 있다.

1. 최고경영자

최고경영자는 조직의 전반적인 방향과 운영에 대한 최고의사결정자로서 권한과 책임을 지고 있는 사람들을 말한다. 최고경영자는 기업의 장기적 목표·전략·정책 등을 결정하고, 기업의 사회적 책임도 같이 지는 경영자이다. 최고경영자는 일반적으로 최고경영자(CEO: chief executive officer)를 비롯하여, 최고운영책임자(COO: chief operation officer), 최고재무책임자(CFO: chief finance officer), 최고정보책임자(CIO: chief information officer), 최고기술책임자(CTO: chief technology officer) 등으로 기능이나 역할에 따라 구분된다.

2. 중간경영자

중간경영자는 최고경영층이 설정한 경영목표·전략·정책을 집행하기 위한 구체적인 목표와 실행계획을 수립하고, 하위경영자를 지휘, 감독하는 임무를 수행한다. 따라서 중간경영자는 최고경영층과 하위경영층의 중간에서 상호간의 관계를 조정하고 해결하는 역할이 가장 중요하다.

3. 하위경영자

하위경영자는 실제로 현장의 전문화된 업무를 직접 책임지고 지휘·감독하는 현장관리자들을 지칭한다. 일반적으로 생산현장에서는 직장·반장·조장 그리고 사무직의 대리 또는 주임급이 이에 해당된다. 이들은 자신이 맡은 부문의 작업을 수행하기 위하여 직접 작업자들을 관리하고 문제를 해결해야 한다. 그렇게 하기 위해서는 각자 맡은 부분의 전문적인 지식이 절대적으로 필요하다고 할 수 있다.

Ⅲ 경영자의 역할

경영자는 경영목표의 달성을 위해 계획을 수립하고, 조직을 만들고, 부하를 지휘·통솔하여 성과를 만들어내는 경영활동을 수행하게 된다. Henry Mintzberg 는 경영자는 어떤 계층의 경영자를 막론하고, 공식적 권한과 지위로부터 비롯되는 대인적·정보적·의사결정적 역할을 수행하고 있다고 주장하였다(〈그림 4-2〉).

그림 4-2 경영자의 역할

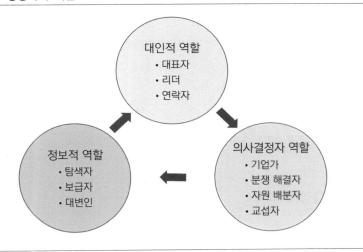

1. 대인적 역할

대인적 역할은 경영자가 대내외적으로 기업을 대표하는 역할과 종업원들을 지휘·통솔하는 역할을 의미한다. 대인적 역할로서 첫째는 기업을 대표하는 대표자로서의 각종 대외행사에 참석하거나 내방객을 접대하는 등의 행위를 말한다. 둘째는 조직의 리더로서의 역할인데, 종업원을 채용하고 훈련시키며 동기를 부여하는 등의 역할이다. 셋째는 연락자 역할로서, 기업 내의 종업원들과의 접촉하거나, 기업 외부의 공급업체나 협력업체, 고객 등과 같은 관련된 이해집단과의 접촉을 하는 역할을 의미한다.

2. 정보적 역할

정보적 역할(informational role)은 경영에 필요한 다양한 정보들을 기업 내·외부의 다양한 경로를 통해 수집하고, 이를 다시 기업 내·외부의 다른 사람들에게 전달하는 것을 말한다. 이러한 정보적 역할은 모니터로서의 역할, 전달자로서의 역할, 대변인으로서의 역할의 세 가지로 분류해 볼 수 있다. 첫째, 모니터로서의 역할은 공식, 비공식 정보망을 통해 경영에 필요한 여러 정보를 꾸준히 탐색하는 것을 말한다. 둘째, 전달자로서의 역할은 말 그대로 종업원 등에게 필요한 중요정보를 전달하는 역할을 말한다. 셋째, 대변인으로서의 역할은 수집한 정보의 일부를 이해관계자들과 공유하는 것을 말한다. 오늘날 기업경영에서 종업원들과, 또 외부의 이해관계자들과의 의사소통은 점점 중요해지고 있고, 경영자는 여러 가지 경로를 통하여 이를 실천하고 있다.

기업내부: 경영현황 설명회, 월례조회, CEO letter, 대화의 시간 등
기업외부: 기업설명회, 신제품 설명회, 상생의 날(협력업체/공급업체) 등

3. 의사결정자 역할

의사결정자 역할은 경영자의 가장 중요한 역할 중의 하나로 경영자가 경영활동을 추진하면서 끊임없이 의사결정을 수행해야 됨을 의미한다. 경영자의 의사결정에는 크게 기업가로서의 역할, 해결자로서의 역할, 자원배분자로서의 역할, 협상가로서의 역할이 있다.

첫째, 기업가로서의 역할은 기업의 성장과 발전을 위해 노력한다는 것을 의미한다.

둘째, 해결자로서의 역할은 기업 내·외에서 각종 문제가 발생했을 때 이에 대한 적극적 해결방안을 제시하는 것을 의미한다.

셋째, 자원배분자로서의 역할은 기업 내부에서 자원을 누구에게 어떻게 합리적으로 배분할 것인가를 결정하는 역할이다. 특히 사람, 자원, 투자에 대하여 관련 부분 간에 분쟁이 생겼을 때 적극적으로 해결하는 것이 중요하다.

마지막으로 협상가로서의 역할은 기업을 대표하여 여러 이해 관계자들과의 각종 협상을 수행하는 것을 말한다. 특히 협력업체, 공급업체, 노사협의 등의 협

상은 중요한 경영자의 업무라고 할 수 있다.

Ⅳ 경영기술

경영기술은 경영자가 자신의 직무를 충실히 수행해 나가는 데 필요한 구체적인 능력을 의미한다. 오늘날에는 많은 기업들에서 소유와 경영이 분리되고, 전문경영자들에 의해 기업경영이 이루어지고 있다. 따라서 전문경영자는 계획수립·조직화·지휘·통제 등과 같은 관리과정뿐만 아니라, 경영자 역할을 수행하는 데 필요한 구체적 능력을 같이 갖추어야 한다.

1. 경영기술의 분류

로버트 카츠(R. L. Katz)는 경영자는 전문적 기술·대인적 기술·개념적 기술과 같은 세 분야에 관한 기술을 기본적으로 갖추고 있어야 한다고 주장하였다.

전문적 기술은 각각의 분야에서 필요한 방법, 절차 및 기법 등을 사용할 수 있는 능력을 말한다. 경영자는 자신이 책임지고 있는 업무의 메커니즘을 정확히 파악하고, 이를 수행할 수 있는 전문적 기술을 지니고 있어야 한다. 예를 들면 설계기술, 마케팅, 재무/회계, 인사관리, 노사관리, 생산관리 등의 업무는 전문적인 지식이 필요하다고 할 수 있다.

대인적 기술은 사람을 관리하고 지휘 및 통솔하는 과정으로 경영자에게 매우 중요한 자질이라고 할 수 있다. 어느 기업이든 조직의 목표를 달성하고 성과를 내기 위해서는 조직원들을 유능한 인력으로 육성해야 하고, 또 조직원들이 공동의 목표달성을 위하여 헌신할 수 있도록 동기부여를 해주는 것이 중요하다.

개념적 기술은 기업의 모든 활동을 조정·통합할 수 있는 능력으로서, 기업 전체를 보고 각 부분이 서로 어떻게 협력관계를 유지하고 있는가를 통찰할 수 있는 능력을 말한다.

어느 한 부문의 이기적인 입장이 아니라, 조직 전체를 보고 이해관계를 조정하고 의사결정을 할 수 있는 능력을 의미한다.

2. 경영자 계층과 경영기술

경영기술은 모든 계층의 경영자에게 필요하긴 하지만, 그 중요성은 경영자 계층에 따라 다르게 나타난다. 다음 〈그림 4-3〉을 보면 전문적 기술은 하위수준의 경영계층에서 특히 중요하게 간주되며, 개념적 기술은 상위수준의 경영계층에서 특히 중요하게 간주된다. 이는 최고경영자일수록 기업 전체에 영향을 미치는 포괄적이고 장기적인 의사결정을 하기 때문이다. 그리고 인간적 기술은 모든 수준의 경영계층에서 중요하게 간주되지만, 특히 중간경영층에 요구되는 경영기술이다. 그것은 대부분의 기업에서 중간경영층이 실제로 많은 조직을 관리하고, 또 최고경영층과 하위경영층의 중간에서 조정하는 역할을 수행하기 때문이다.

그림 4-3 경영계층별로 필요한 경영기술

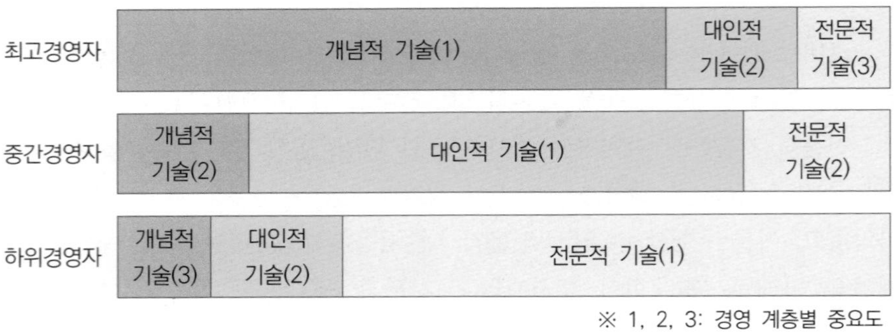

최고경영자	개념적 기술(1)		대인적 기술(2)	전문적 기술(3)
중간경영자	개념적 기술(2)	대인적 기술(1)		전문적 기술(2)
하위경영자	개념적 기술(3)	대인적 기술(2)	전문적 기술(1)	

※ 1, 2, 3: 경영 계층별 중요도

Ⅴ 기업의 사회적 책임

1. 도덕적 해이

환경의 급격한 변화와 기업규모의 대규모화로 오늘날 많은 기업들이 전문경영인에 의해 운영되고 있으며, 전문경영자는 자신의 판단에 의해 모든 의사결정을 하고 경영성과에 근거하여 주주들에게 평가를 받게 된다. 도덕적 해이의 원래 의미는 '정보를 가지고 있는 자신의 행동이 정보를 가지고 있지 못한 상대방에 의해서 정확히 파악될 수 없다는 점을 이용해서 상대방의 입장에서 보면 바람직하지 않은 행동을 취하게 되는 현상'이다.

전문경영인에 의해 운영되는 주식회사의 경우, 경영에 직접적으로 참여하지 않는 주주들을 주인이라 할 수 있고, 경영의 전권을 위임받은 전문경영자는 대리인이라고 할 수 있다. 이때 대리인인 경영자는 회사의 성장과 발전, 이익을 극대화하기 위해 최선을 다해야 하지만, 그들 자신의 이익이나 실속을 채우기 위해 기업의 자원을 낭비하는 도덕적 해이를 일으키는데, 이를 대리인 문제라고 한다. 결국 대리인 문제는 주인과 대리인 관계에서 발생하는 대리인의 도덕적 해이의 문제로서 주인인 주주가 대리인인 경영자의 행동을 세밀하게 관찰할 수 없기 때문에, 대리인인 경영자가 주인인 주주의 이익극대화를 위해 노력하지 않고 자신들의 이익을 위해 노력하는 데서 발생한다고 할 수 있다. 이러한 예로는 회사경비의 사적사용, 지위를 이용한 이권청탁 및 금품수수(향응), 회사 자동차나 물품의 사적이용, 회사가 적자임에도 각종 성과급·퇴직금을 과다 책정하는 것 등이 있다.

2. 대리인 비용

이와 같은 주주와 경영자 간의 대리인 문제는 주주의 감시비용(monitoring cost)과 경영자의 확증비용(bonding cost), 그리고 잔여손실(residual loss)이라는 3가지 형태의 대리인 비용을 발생시킨다.

먼저 주주는 경영자의 경영활동을 감시하고(외부감사제도, 사외이사제도) 경영자가 기업을 위하여 일하도록 동기부여(stock option, incentive)하는 데 비용이 소요된다.

두 번째, 대리인인 경영자도 자신들이 주주를 위하여 최선을 다하고 있다는 것을 입증할 필요가 있는데, 이때 소요되는 비용을 확증비용(bonding cost)이라고 한다.

세 번째, 잔여손실은 감시비용이나 확증비용 외에 경영자가 기업을 위한 최적의 의사결정을 하지 않음으로써 발생하는 기회손실 비용을 의미한다.

3. 사회적 책임의 배경

사회적 책임이 처음 사용된 것은 1929년 대공항 이후이고, 시장기능의 실패가 기업 또는 경영자의 사회적 책임의 가장 중요한 요인임을 의미하고 있다. 이와 같은 기업의 사회적 책임론의 근거는 기업을 단지 하나의 폐쇄시스템으로만 보던 전통적 개념과는 달리, 기업을 환경과 상호작용하는 하나의 개방시스템으로 간주하고, 기업이 지속적으로 존속하고 발전하기 위해서는 당연히 사회에 대해 응분의 책임을 부담해야 한다는 것이다. 이는 곧 기업이 사회 내에서 영리를 추구하는 경제적 실체이기도 하지만, 동시에 기업이 속한 사회의 한 일원으로서 사회의 문제를 같이 고민하고 해결하려는 노력을 경주해 나가야 한다는 것이다. 특히 정부나 지방자치 단체에서 할 수 없는 일들을 일정부분 감당함으로서 지역사회에 이바지하는 것이 바람직하다고 할 수 있다.

1) 시장의 불완전성

완전경쟁시장하에서는 시장기능이 정상적으로 작동하기 때문에 시장에서 결정되는 가격과 생산량은 생산이 소비자 모두에게 최선의 이익과 효용을 제공한다는 것을 의미한다. 따라서 이와 같은 시장의 자동조정력이 유지되기만 한다면 경영자가 자신의 이익만을 추구하더라도 사회적 책임의 문제는 개입될 여지가 없다. 그러나 시장이 불완전하게 되면 시장의 자동 조절기능은 무너지게 되고 결국 자원의 효율적 배분을 달성할 수 없는 시장의 실패(market failure)로 이어지게 된다. 이러한 요인으로는 첫째, 규모의 경제를 통한 독과점기업들의 등장과 둘째, 경제활동이 아무런 대가 없이 제 3자에게 이익을 주거나 손해를 끼치게 되는 외부효과 등을 들 수 있다.

2) 상호의존성 증대

오늘날 경영에 있어 사회를 구성하는 모든 부문들 간의 상호의존성은 더욱 증대되고, 그 구성원들 간의 상호 협력의 필요성 또한 강력히 요구되고 있다. 특히 국민 경제에서 차지하는 비중이 점점 증대됨에 따라 기업의 경영결과에 따라 국가 경제의 미래가 달라질 수 있으므로 가계, 정부 및 외국과의 상호의존적 관계에서 국민경제가 선순환될 수 있도록 부단한 노력이 요구된다.

3) 기업규모의 대형화와 영향력 증대

오늘날 기업들은 규모의 경제를 실현하기 위해 기업규모를 대형화하는 추세에 있으며, 이에 따라 기업을 둘러싼 여러 환경요인들, 특히 내·외부의 이해관계자들에 대한 기업의 영향력도 급격히 증가하고 있다. 그러나 이러한 영향력은 사회 전반에 걸친 모든 이해 관계자들의 이익과 일치하는 방향으로만 작용하지는 않는다. 예를 들면 비정규직 노동인력의 양산, 대기업의 중소기업 영역으로의 진출, 환경오염 물질의 방출 등과 같이 사회전반에 걸쳐 부정적인 영향을 미칠 수도 있다. 이처럼 기업규모의 대형화와 영향력 증대로 인해 사회구성원들의 삶의 질 (quality of life)이 저해되는 것을 방지하기 위해서는, 기업에 집중된 권력의 남용을 방지 및 견제하고 다른 사회구성요소와의 권력균형을 유지하도록 하는 조치가 필요하다.

4) 전문경영자의 출현

오늘날 전문경영자의 역할은 소유경영자와는 달리 이익의 극대화라는 전통적 기업목표의 실행자 역할에만 머무르지 않는다. 전문경영자는 소유경영자와는 달리 전통적 기업목표인 이익의 극대화만을 고집할 수 없다. 주주 이외에 이해관계자의 참여와 협조가 확보되지 않으면 기업도 사회 내에서 존립 근거가 약해지고 결과적으로 기업의 지속적인 유지발전이 불가능해질 수도 있기 때문이다. 따라서 전문경영자는 주주만이 아니라 각 이해집단의 이해도 조정해야 하는 사회적 책임을 지지 않을 수 없다. 뿐만 아니라 전문경영자는 기업의 목표 등을 설정하는 데 있어서도 기업의 이익 극대화 이상의 사회적 책임을 포함해야 한다.

4. 사회적 책임의 내용

1) 기업의 유지 및 발전

기업은 국가경제의 생산주체로서 제품 또는 서비스를 생산하고 공급하는 것은 기업의 본질적인 사회적 역할이다. 따라서 경영자는 효율적이고 효과적인 기업경영 활동을 통하여 기업이 유지·존속될 수 있도록 적정이윤을 창출해야 한다. 이윤을 창출하지 못해 기업이 도산하게 되면 국민경제의 한축이 무너짐으로써 국민경제의 악순환으로 이어질 수도 있기 때문이다. 결국 기업을 유지, 발전시켜야 할 경영자의 책임은, 1차적이고 본질적인 책임으로 매우 중요하다.

2) 이해자 집단에 대한 이해 조정

기업은 기업조직 내, 외부의 각종 이해집단과의 상호작용 속에서 유지되고 성장한다. 특히 기업에 직접적인 영향을 미치는 주주, 종업원, 경영자 등의 내부 환경 요인과 소비자, 경쟁자, 지역사회 등과 같은 외부적 환경요인들이 중요한 이해자 집단이 될 것이다. 이들 이해자 집단들은 기업의 의사결정에 영향을 주고받으면서도 동시에 이해자 집단 상호간에는 이해가 상충되는 특성을 가지고 있다. 따라서 경영자는 이해자 집단 간의 상충되는 이해를 원만히 조정하여 기업경영활동에 애로가 발생되지 않도록 해야 할 의무가 있다. 이러한 책임은 대외적이고 2차적인 사회적 책임이며, 동시에 직접적 책임이라고 할 수 있다.

3) 사회발전

기업이 사회의 발전을 도모하고, 사회구성원에게 도움이 되는 여러 사업을 수행하는 것은 당연하다. 그리고 이러한 일들은 기업의 장기적 이익의 창출에도 긍정적인 효과를 미친다. 이러한 사회발전에 대한 책임은 기업이 반드시 부담해야 하는 책임이라고는 볼 수 없지만, 기업의 규모가 점점 커지고 영향력이 증대할수록 사회적 책임에 대한 역할도 점점 증대하는 것이 바람직하다고 할 수 있다(〈그림 4-4〉).

그림 4-4 기업의 사회적 책임

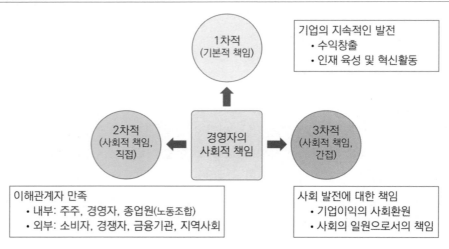

5. 사회적 책임의 범위와 논쟁

오늘날 기업 또는 경영자의 사회적 책임에 대해서는 경영자가 당연히 수행하여야 하는 것으로 인식되고 있다. 기업조직이 사회 내에서 차지하고 있는 비중이나 중요성, 그리고 광범위한 영향력을 고려해 볼 때 사회발전에 좀 더 기여하는 방향으로 사회적 책임을 확대해가는 것이 바람직하다.

특히 기업의 사회적 책임에 대한 우리나라와 선진국의 차이는,

① 선진국에서는 해당 기업이 속한 사회의 한 구성원이라고 인식하고, 구성원으로서의 책임을 다하려고 노력하고 있다. 따라서 사회의 문제를 같이 고민하고 해결하려고 노력한다. 바이엘은 쾌적한 도시를 위하여 그 기업이 속한 레버쿠젠시를 흐르는 라인강의 하수관 정화사업, 온실가스 감축 사업을 지속적으로 하고 있다.

② 또한 기업이 속한 지역의 체육사업, 문화사업 등 시민들의 삶의 질을 올리는 다양한 사업들을 추진함으로써, 시민들이 취미생활을 즐기고 여가선용을 할 수 있도록 지원해주고 이를 통한 지역 주민의 화합을 이끌고 있다.

③ 단순한 봉사와 기부 등 이벤트 중심의 시혜성 사회공헌을 넘어 사회문제 해결에 적극 나서고 있다. 지역의 실업자를 줄이기 위해 고용을 증대시키고, 시민들이 이용할 수 있는 체육시설, 문화사업, 도서관 건립 등 시민들의 삶의 질을 올리는 데 일정부분 기여를 하고 있다.

이와 같이 기업은 그 지역의 주민들이 실질적인 혜택을 받을 수 있는 다양한 활동들을 전개하고, 이를 통하여 시민들은 국가(지방자치단체)가 해줄 수 없는 다양한 혜택을 통하여 삶의 질을 올리는 데 크게 기여하고 있다. 따라서 그 기업이 속한 지역의 주민들은 그 지역에 사는 것을 자랑스럽게 생각하고, 그 지역에 있는 기업에 대하여도 자부심을 갖고 지역의 일원인 것을 자랑스럽게 생각한다.

사례 4-1 독일 레버쿠젠 제1시민은 바이엘(Bayer)사

Bayer은 독일에 본사를 두고 있는 헬스케어, 작물보호, 첨단소재 분야에 주력한 다국적 회사이다. Bayer은 전략적으로 지속가능성(sustainability)에 초점을 맞춰 지속가능한 가치를 실현하는 데 초점을 두고 있다.

첫째는 환경 관련 프로젝트이다. 기후프로그램에 중심에 선 Bayer는 공급업체, 건축가, 건설 회사들과 제휴네트워크를 구성하여 ECB(Eco Commercial Building)를 실현하였다. 이는 아열대 기후에서도 70%의 에너지 절감효과를 가져다주고 있으며 독일과 벨기에에 건물을 구축하였다. 에너지의 효율성을 높이기 위하여 이산화탄소 배출량을 줄이기 위해 100여 개의 생산시설을 분석하고 있으며 최근엔 화학 산업의 기본 원료인 염소의 전기 집약적인 생산에서 온실가스 배출을 30% 수준을 줄인 바 있다. 또한 유엔환경계획(UNEP)와 장기적 협력관계를 구축하여 세계 환경 문제에 관심을 가지고 문제해결에 참여하고 있으며, 어린이를 대상으로 하는 환경소망 그리기 대회를 주관하고 있다. 독일 레버쿠젠 라인강 주변에 위치한 바이랩엔 매일 학생들이 수업을 마치고 와 하얀 실험복을 입고 고글을 낀 채음식 속의 비타민C 수치를 측정하고 샬레에 효모를 떨어뜨려 직접 배양한다. 독일의 다국적 제약회사인 바이엘이 청소년을 위해 만든 무료 과학체험관 바이랩은 1998년에 설립되었고, 5만여 명이 다녀갔다. 특히 바이엘은 도시에서 라인강으로 이어지는 하수관에 특수시설을 설치해 레버쿠젠에서 발생하는 모든 하수를 정화하고 있다.

둘째는 교육과 연구분야·환경과 자연·스포츠와 문화 부분에 프로그램을 운영하며, 지원하는 금액은 전 세계적으로 연간 4,400만 유로에 이른다. 성인들을 위해서도 수준 높은 공연과 스포츠클럽을 지원하며 지역 주민의 화합을 이끈다. 그 결과 바이엘 후원 선수들은 수많은 올림픽 메달과 챔피언 메달을 획득했다. 또한 한국의 축구선수 손흥민이 소속된 바이엘 레버쿠젠 축구클럽은 분데스리가 최고의 클럽으로 성장했다.

마진 데커스 회장은 "혁신과 지속가능성은 바이엘 성공의 원동력"이라며 "지속가능성을 중시하는 이유는 사회적 책임과 경제적 필요 사이의 균형이 필요하기 때문"이라고 설명했다. 바이엘처럼 단순한 봉사와 기부 등 이벤트 중심의 시혜성 사회공헌을 넘어 사회문제 해결에 적극 나서는 '기업시민' 모델이 주목받고 있다. 기업도 사회를 구성하는 시민의 일원이기 때문에 사회문제에 참여하고 책임지는 모습을 보여야 하는 것이다.

인도 진출하면서 농촌 4,200만 명에 보건교육한 노바티스

스위스 제약회사 노바티스의 경영철학은 '책임지는 기업시민'이다. 실제로 노바티스는 2007년 인도에 진출하면서 가장 먼저 농촌 지역을 위한 의료봉사를 시작했다. 현지인들을 '건강한 가족' 프로그램을 통해 훈련시키고 이들이 건강 카운슬러가 되도록 지원했다. 또한 인도 내 여러 주에 보건 및 질병 예방교육을 하고 기업시민으로서 노바티스의 실천은 이곳에만 그치지 않았다. 이 프로그램에서 주민들에게 결핵약, 설사치료제 등 일반의약품을 마진을 남기지 않고 공급했다. 이런 방식으로 노바티스는 인도 진출 3년 만에 흑자로 올라섰다. 지역 주민과 상생하는 노바티스 방식은 2003년 잠비아에 말라리아 처방약을 보급할 때도 여실히 나타났다. 처방약 4,000만 개를 보급하면서 병에 일일이 그림으로 복용법을 그려 넣은 것이다. 한국에서도 중증 심장질환자를 위한 수술비를 지원했다. 그래서 지난 3월 복지 사각지대에 놓인 어려운 이웃을 도운 공로로 한국경영자총협회 등이 주최한 2015 행복 더함 사회공헌 대상을 받기도 했다.

노바티스는 자국뿐 아니라 해외 시장에 진출할 때도 기업시민 정신을 강조한다. 이는 노바티스 본사가 있는 스위스가 기업시민 지수 1위 국가로 선정된 것과 무관치 않다. 특히 상위 7위 안에 든 국가 모두 북유럽과 그 주변 나라들이다. 이들 국가는 세계경제포럼에서 매년 발표하는 기업윤리지수에서도 상위권에 속한다. 기업윤리지수는 기업의 가치를 매출액뿐 아니라 사회적, 환경적 성과를 종합적으로 분석해 평가한다. 서울대 한국정치 연구소 미우라 히로키 교수는 기업윤리지수가 높다는 건 기업에 대해 지역 주민들이 신뢰하고, 기업 역시 투명하게 운영한다는 의미라고 설명했다.

P&G의 A.G. 래플리를 통해보는 경영자의 리더십

1. 최고경영자란

최고경영자(chief executive officer, CEO) 또는 최고경영책임자는 어느 회사, 단체, 정

부 부서의 총체적인 경영을 책임지는, 가장 높은 위치에 있는 경영자를 말한다. 이렇게 회사에서 제일 중요한 역할을 하는 경영자는 회사의 중요한 결정을 내리는 역할을 하기 때문에 충분한 자질과 리더십이 필요하다. 이러한 올바른 경영자의 리더십의 예시를 P&G사의 A.G.래플리를 통해 알아보고, A.G.래플리가 경영하는 회사인 P&G에 대해 알아보겠다.

2. 회사개요

- 회사명: Producter & Gamble Co.
- 본사: 미국 오하이오주 신시내티
- 설립: 1837년
- 최고경영자: A.G. 래플리
- 직원: 12만 1,000명
- 업종: 필수 소비재
- 대표상품: SK-2, 오랄B, 듀라셀, 타이드 등(〈그림 4-5〉)

1989년 Noxwell사를 인수하면서 화장품, 미용 사업에 진출하여 1993년 '팬틴'으로 샴푸시장 매출 1위를 달성하였다. 1998년과 2002년 포츈지로부터 비누 및 화장품 부문 세계에서 존경받는 100대 기업으로 선정되었다. 전 세계 160개국에서 총 300종 이상의 브랜드(〈그림 4-5〉)를 선보이고 있으며, 연 매출 규모는 약 682억 달러이다(〈표 4-2〉).

그림 4-5 P&G 주요 브랜드와 제품

a) P&G 제품

b) P&G 주요 브랜드

표 4-1 P&G 수익성과 실적추이

(달러, %)

구분	P&G	업계평균
주당순이익	3.72	3.87
순이익률	13.40	12.16
배당	15.50	53.52
배당률(5년평균)	3.20	2.74

(억 달러)

구분	2011년	2012년	2013년
매출액	825.6	836.8	841.7
매출총이익	417.7	416.4	421.0
EBITDA	440.7	444.9	447.3

3. CEO의 올바른 의사결정(경영 전략)

"P&G의 장기적인 성공을 위해 내가 할 수 있는 가장 중요한 일은 다른 리더들을 키우는 일이다"라고 말하며, 업무 시간의 절반 정도를 미래의 리더를 발굴, 양성하는 데 쏟고 있다. 래플리가 CEO를 맡으면서 주가가 4% 급등하였고, 소비자 중심 경영 전략을 세웠다(〈표 4-2〉).

표 4-2 앨런 조지 래플리가 걸어온 길

1977~1980	P&G 마케팅 부서 입사
1980~2000	P&G 브랜드 매니저, 미용 부문 북미지역 사장
2000~2009	P&G 갬블 최고경영자(CEO), 회장
2002~	제너럴 일렉트릭(GE) 이사회 회원
2006~	델 이사회 회원
2013.5~	P&G 최고경영자(CEO), 회장

4. 후계자 양성 방법

■ 될 성싶은 나무, 빨리 찾기

차기 CEO감을 효과적으로 키우기 위해 우수한 재목들을 빨리 찾아내 후계자 pool을 구성하고, CEO로서 자질을 갖출 수 있도록 차근차근 준비시켰다. "CEO감을 제대로 키우려면 최소한 10년 정도 훈련시켜야 한다"며 후계자 발굴과 교육은 가능한 빨리 시작하는 것이 바람직하다고 강조했다.

■ 손익 책임을 맡겨 진정한 사업가로 키워라

마케팅에서부터 연구개발, 생산, 영업에 이르기까지 모든 활동을 관장할 수 있도록 책임을 부여하였다. 하나의 제품을 맡기든, 대규모의 사업을 맡기든 일단 모든 기능을 총괄하여 자신의 사업을 운영해 보도록 해야 한다. 이를 통해 후계자들이 기능 중심의 단편적 시각에서 벗어나, 전체 사업과 시장을 조망할 수 있는 전략적 마인드를 갖출 수 있는 것이다.

■ 후계자 정보, 체계적으로 관리하라

후계자 Pool을 만들어 놓고 육성하기 시작하면, 이들의 다양한 활동과 그 결과들을 체계적으로 확보·관리하였다. '인재개발 시스템'을 구축해 놓고 후계자를 포함하여 핵심 인재들에 대한 정보를 체계적으로 축적·관리하였다. 이러한 정보 체계가 잘 갖추어져 있어 필요시 후계자 검증 및 관리를 보다 효과적으로 할 수 있다.

5. A.G. 래플리가 말하는 성공방법

■선택을 두려워하지 말라(피하기만 해서는 결코 못 이긴다)

1970년에 피엔지는 세탁세제 15개와 식기세척 브랜드 5개가 있었는데, 지금은 확 줄여서 각각 5개와 3개가 되었다. 하지만 두 부분에서 이익은 예전보다 훨씬 많이 난다. 대부분의 리더는 선택하는 것을 좋아하지 않는다. 선택은 그들에게 특정한 행동을 강요하고 꼼짝 못하게 하고 위험을 만들어내기 때문이다.

■소비자가 보스다(제품을 잘 만들면 된다는 생각은 버려라)

기업의 열망은 좋은 제품보다는 고객을 염두에 두고 고안돼야 한다고 했다. 제품만 잘 만들면 된다는 생각은 '마케팅 근시안'을 낳고 고객으로부터 멀어지게 만든다. 예컨대 스마트폰 회사 종사자에게 무슨 일을 하느냐고 물으면 '우리 제품라인은 이렇고 서비스가 어떻다'라고 설명할 것이다. 그들은 우린 사람을 연결하고 언제 어디서나 의사소통을 가능하게 하는 사업을 한다고는 하지 않는다. 피부산업도 마찬가지다. "1등 피부 관리 제품을 만들어요"라고 하지, '여성이 더 아름답게 느끼게 해주는 사업에 종사한다'고 말하지 않는다.

■나만의 경기장을 찾아라(모든 고객에게 모든 걸 제공할 순 없다)

P&G에서 연간 매출액 20억~30억 달러를 올려주는 피부 관리 화장품 브랜드인 올레이가 그 예이다. P&G에서 1985년 처음 이 브랜드를 인수했을 때만 해도 골칫덩어리 였다. 당시 가격은 3.99달러로 약국에서 파는 싸구려 제품이었다. 150년 역사의 시세이도, 100년 역사의 로레알, 60년 역사의 에스티로더에서 파는 100~400달러 수준의 로션은 올레이가 쳐다볼 수 없는 높은 벽이었다. 그러나 다른 경쟁 브랜드가 모두 50대 여성에게 초점을 맞춰 브랜드를 만들 때, P&G는 35세 여성에게 초점을 맞춰 제품을 만들기로 했다.

P&G의 SK-Ⅱ는 오지 상위 1%를 공략한다. 종이타월 브랜드인 바운티는 북미의 고소득 소비자를 공략한다. 페브리즈는 어린자녀 때문에 세균에 민감한 젊은 주부를 타킷으로 한다. 이처럼 P&G의 모든 제품은 각자의 경기장에 철저히 맞춰서 마케팅 전략을 펼친다. 그러다보면 다른 소비층까지 범람 하는 긍정적 외부효과도 일어날 수 있다.

■남과 다른 길을 가라(핵심 역량 찾아 승리공식 만들어야)

P&G의 핵심역량은 소비자를 정확히 이해하는 역량이다. P&G 특유의 밀착형 소비자 조사가 이를 가능하게 했다. 2005년 P&G가 인수한 면도기 회사 질레트가 인도 시장에 진출할 때의 일화다. P&G는 자신의 방식 그대로 질레트 직원을 인도에 2주간 보내기로 했다. 인도의 가정을 방문해 소비자가 어떻게 면도를 하는지 파악하고, 이발소를 찾아가 면도하는 장면을 보고, 소비자가 함께 쇼핑도 하게 했다. 질레트 직원은 처음에 왜 굳이 인도에 가야 하나? 미국에도 인도사람이 많은데… 라고 의아해 했지만 결국 인도로 진출하였다. 그들은 인도 남자들이 대부분 찬물 한 컵만 가지고 면도한다는 사실을 알아냈다. 기존 선진국의 이

중 삼중 면도날은 뜨거운 물에 씻지 않으면 털이 날을 막히게 해 면도가 어려웠다. 그래서 인도에서는 면도날이 한 개뿐인 싱글 블레이즈 면도날 '질레트 가드'를 출시해 판매에 성공하였다.

사례 4-4 기업가정신 SK그룹
_"지금은 변방, 21세기엔 초일류" …故최종현 패기가 SK 일궜다

그림 4-6 SK그룹 자산 변동 현황

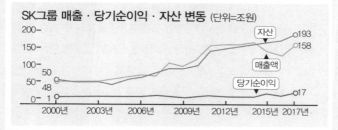

최종현 회장 타계 후에도 성장한 SK그룹 *자료: SK그룹					
연도	자산	매출	순이익	재계 순위	직원 수
1998년	34조원	37조원	1,000억원	5위	2만 1,300명
2017년	193조원	158조원	17조원	3위	9만 4,000명

세계적인 미래학자 피터 드러커는 1996년 출간한 저서 '넥스트 소사이어티'에서 기업가정신이 가장 높은 나라로 단연 한국을 꼽았다. 일제강점기와 6·25전쟁을 연이어 겪고 폐허나 다름없었던 한 나라가 단기간에 반도체·자동차 등 여러 분야에서 세계적인 수준으로 성장한 것을 높이 평가하면서 그 원동력을 기업가정신에서 찾았다. 하지만 20년이 지난 지금 한국 경제는 기업가정신의 위기를 맞고 있다. 전 세계가 빠르게 4차 산업혁명으로 달려가는 상황에서 오히려 한국 사회의 반기업 정서와 정부·지방자치단체의 각종 규제가 미래 성장사업을 준비해야 하는 기업들의 도전정신을 위축시키고 있다. 이에 매일경제는 척박한 대지위에 세계 초일류 기업을 세우고 국부(國富) 창출의 원천을 일군 '기업가정신'의 원류인 창업 1·2세대 발자취를 되짚어본다.

1. SK그룹 故최종현 선대 회장

"21세기 한국은 세계 10대 경제강국이, SK는 세계 100대 기업이 될 것이다."

일생을 한국 경제의 발전사와 함께한 고(故) 최종현 SK 선대 회장이 1970년대부터 꿈꿔온 '21세기 일등국가론'은 그의 타계 20주기를 맞아 다시 조명받고 있다. 외환위기 국난 극복 노력이 한창이던 1998년. 최 회장은 폐암 말기 판정을 받고 병마와 싸우던 와중에도 국가의 미래를 걱정하며 산소호흡기를 꽂은 채 집필 활동에 몰두했다. 그 결과물로 나온 게 그의 경영철학과 국가 경제 전반에 대한 생각을 집대성한 유고집 '21세기 일등국가가 되는 길'이었다. 그는 이 땅의 척박한 기업 풍토에서 자유주의 시장경제 기치를 내걸고 우리 경제와 기업이 나아가야 할 길을 제시했다.

최 회장은 유고집에서 "한국이 21세기 일등국가로 도약하기 위해서는 국가 존립을 위한 최우선 과제를 '국가안보'에서 '경제 발전'으로 바꿔야 한다"고 역설했다. 자유민주주의의 기본 틀 속에서 국민의 자유와 권한을 최대한 보호하는 한편 우선 경제적으로 잘사는 사회를 건설해나가는 데 기본 목표를 둬야 한다고 강조했다. 최 회장은 SK가 무자원 산유국·정보기술(IT) 강국의 기반을 닦아 오늘날 재계 순위 3위로 도약하는 기틀을 마련한 성공한 기업가로 꼽힌다. 하지만 최 회장은 SK그룹 경영에만 힘쓰지 않고 재계 목소리를 대변하는 전국경제인연합회 회장직을 맡아 국가 경제 발전을 위해 노력하는 남다른 열정을 보였다. '사업과 기술로 나라에 보답하고, 자원을 확보해 나라를 잘살게 만든다'는 그의 평소 소명처럼 기업의 본질인 이윤 추구와 사회적 책임 수행을 동시에 강조한 기업가정신이 투철한 인물이었다. 그가 국가경쟁력 강화 방안으로 제시한 글로벌라이제이션(세계화)도 그런 차원에서 나온 말이다. 그는 세계화에 대한 개념조차 생소했던 1990년대 초부터 세계 변화의 흐름이 민족주의에서 지역주의를 거쳐 세계화로 이어질 것이라고 예견했다. 그는 1993년 전경련 회장에 취임한 후 1997년까지 회장직을 세 번 연임하며 창업 1세대와 2세대가 혼재한 재계 변혁기를 성공적으로 이끌었다. 특히 취임 직후부터 경제 5단체 공동으로 국가경쟁력 민간위원회를 발족해 '미스터(Mr.) 국가경쟁력 강화'라는 별명을 얻기도 했다. 필요하다면 상대가 누구든 쓴소리도 아끼지 않았다. 미국 시카고대에서 경제학을 전공해 실물경제 이론에 해박했던 최 회장은 학자·관료들과 열띤 토론을 하며 시장경제 시스템과 질서의 중요성을 강조했다. 그는 세무조사 등 불이익을 겪으면서도 금리 인하, 규제 철폐, 쌀 시장 개방 같은 민감한 문제에 대한 고언도 서슴지 않았다. 최 회장은 또 전경련 회장 시절인 1993년 한국에도 자유주의 시장경제 이데올로기를 체계화하고, 확산시키는 핵심 연구기관이 필요하다고 판단해 미국 대표 싱크탱크인 헤리티지재단을 본떠 자유기업센터(현 자유기업원)를 발족시킨다. 자유기업센터는 애덤 스미스, 루트비히 폰 미제스, 프리드리히 하이에크 등 자유주의 시장경제학파의 명저 발간을 주도하며 경제적 자유의 대중화를 위한 활동을 펼쳤다.

2. SK그룹 기업철학

한편으로 최 회장은 '돈 버는 것만이 기업의 목적이 아니다'는 철학이 확고했던 기업인이었다. 국가나 사회가 갖고 있는 고충을 해결해 함께 발전하는 것을 기업과 기업인이 해결해야 할 진정한 책무로 본 것이다. "우리는 사회에 빚을 지고 있는 것이며, 기업의 이익은 처음부터 사회의 것이었다"는 최 회장의 생각은 아들인 최태원 회장에게 이어져 '기업의 사회적 가치 추구'로 한 단계 진화 발전하게 됐다. 사회적 가치를 창출하는 것은 지속 가능한 기업을 만들기 위한 필수조건일 뿐 아니라 기업이 더 크게 성장하기 위한 전제조건이라고 본 것이다.

최 회장은 우리나라 1인당 국민소득이 500달러도 안되던 1970년대부터 인재 양성에도 남다른 애정을 보였다. 1972년에 조림사업으로 장학기금을 마련하기 위해 서해개발(현 SK임업)을 설립했으며, 1974년에는 사재를 털어 한국고등교육재단을 세웠다. 평소 인간 중심의 경영을 강조한 최 회장은 "노사는 한솥밥을 먹는 한 식구"라는 지론을 펼치며 재계 안팎에서 큰 호응을 얻었다. 재계 관계자는 "최종현 회장의 타계 20주기를 맞는 오늘날 우리나라는 세계 수출 6위, 국내총생산(GDP) 11위 등 경제강국으로 도약하고, SK는 포천 선정 글로벌 500대 기업 중 84위에 선정되는 등 최 회장이 꿈꾸던 21세기 일등국가에 한발 다가서고 있다"고 말했다.

[자료: 매일경제] 다시 기업가 정신이다

실전경영학

Chapter **05** **경영환경 분석**

Management Practice Guide

CHAPTER

05 경영환경 분석

❶ 경영환경이란?

　오늘날 기업조직은 하나의 개방시스템(open system)으로서 자신을 둘러싼 여러 환경요인들과 밀접한 관계를 갖고 있다. 따라서 경영환경은 기업의 성장 여부는 물론이고 기업의 생존 여부와도 직결되며, 경영성과를 내는 데 매우 중요한 요인이라고 할 수 있다. 좀 더 구체적으로 살펴보면 기업은 생산에 필요한 자원을 주위의 내·외부 환경으로부터 조달받고, 생산된 제품 및 서비스를 다시 환경에 공급하는 식으로, 기업과 환경은 마치 하나의 유기체처럼 상호작용을 하면서 성장 및 발전을 도모한다. 따라서 경영자는 환경의 중요성을 충분히 인식하고 환경변화를 사전에 예측하며, 이에 적극적으로 대처할 수 있는 통찰력과 판단력을 갖추어야만 성공적인 기업경영을 이룰 수 있다.

❷ 환경요인의 분류

　경영환경은 크게 내부요인과 외부요인으로 나누어볼 수 있으며, 기업에 직접적인 영향을 미치느냐의 여부에 따라 직접요인과 간접요인으로 나눌 수 있다. 여기서 내부요인은 기업의 내부에 직접적인 영향을 미치는 요인으로서 주주, 경영자, 종업원, 조직문화 등을 들 수 있다. 그리고 외부요인은 다시 소비자, 경쟁자, 공급자, 금융기관, 지역사회, 정부 등과 같은 직접적인 요인과, 경제적, 기술적, 정치/법률적, 사회/문화적 요인처럼 기업에 광범위하고 포괄적으로 영향을 미치는 간접적인 환경요인으로 나누어 볼 수 있다(〈표 5-1〉).

표 5-1	경영환경요인	
내부요인	직접요인	주주, 경영자, 종업원(노동조합), 조직문화
외부요인	직접요인	고객(소비자), 공급업체(협력업체), 금융기관, 경쟁자, 정부, 지역사회
	간접요인	사회문화적 요인, 경제적 요인, 정치적 요인, 기술적 요인

1. 내부요인

1) 주주(stockholder)

주주는 기업의 경영과 관련하여 많은 경험과 지식을 지닌 전문경영자를 자신의 대리인으로 선임하여 경영권을 위임하고, 주가의 시세 차익이나 배당과 같은 경영성과의 배분, 의결권 등 주주로서 권리를 행사하는 데 관심을 갖는다. 주주에 의해 경영권을 위탁받은 경영자는 소유와 경영의 분리에 의해 실질적인 경영활동을 전담하며, 주주들에게 최대의 혜택이 돌아갈 수 있도록 성실한 경영활동을 수행할 의무를 부담하게 된다. 그렇지만 경영자는 자신의 이익을 위해 주주의 이익에 상반되는 도덕적 해이(moral hazard) 가능성도 있다. 그렇기 때문에 주주는 경영자의 활동을 계속해서 감시(monitoring)하며, 만약에 경영자의 능력이 부족하거나 주주의 이익에 반하는 경영활동을 한 경우에는 경영자의 교체를 위한 의결권을 행사한다.

2) 종업원(employee)

기업이 제품 및 서비스를 창출한다는 것은 종업원이 있어야 가능하고, 따라서 종업원은 자본과 더불어 가장 중요한 생산요소이다. 따라서 경영자는 종업원들이 조직목표달성에 기여할 수 있도록 동기를 부여하고 생산성을 높이기 위하여 우리사주제도, 성과급(incentive)제도, 초과이익배분제(profit sharing) 등 다양한 제도를 통하여 동기부여를 해주고 있다.

3) 경영자

경영자는 이윤창출을 통하여 기업의 지속적인 성장 및 발전을 도모하고, 종업원에 대한 지휘 및 통솔을 수행하는 매우 중요한 직접적 환경 요인이다. 경영자는 기업의 경영활동 방향을 결정하고 이를 지휘하는 사람으로서 경영목표 달성의 중심에 위치해 있기 때문이다. 더욱이 최근에는 전문경영인 체제가 많이 도입되면서 조직 내에서의 경영자의 역할이나 영향력은 더욱 커지고 있다.

4) 조직문화

조직 구성원들이 공유하는 가치관이나 신념, 사고방식 등을 의미하는 조직문화는 조직구성원들의 과업수행 과정 중에 적지 않은 영향력을 미치며 행동을 지배한다. 따라서 바람직한 형태의 조직문화 형성은 궁극적으로 조직구성원들의 기업조직에 대한 몰입을 향상시킴으로써 목표달성에 기여하게 하는 매우 중요한 기업자산이 된다. 이 때문에 경영자는 바람직한 조직문화가 형성될 수 있도록 많은 노력과 관심을 기울이고 지원 또한 아끼지 말아야 한다. 오늘날 많은 기업들이 바람직한 조직문화를 형성하기 위하여, 유연근무제도(flexible time), smart work, 수평적 조직 등을 시행하고 있다.

2. 외부요인(간접)

1) 사회·문화적 요인

사회·문화적 경영환경은 비즈니스 활동을 하는 지역의 인구특성, 사회적 태도, 가치, 규범, 신념, 행동 등을 지칭하는데, 경쟁이 치열해지고 비즈니스가 글로벌화되면서 그 중요성이 더욱 커지고 있다. 예컨대 미국의 유명 패스트푸드업체인 맥도날드는 브라질에 현지법인을 만들어 햄버거를 판매하면서, 콜라와 같은 탄산음료 대신 브라질 사람들이 좋아하는 아마존 딸기로 만든 청량음료를 개발하여 판매함으로써 현지로부터 많은 호평을 받고 있다.

2) 경제적 요인

경제적 요인은 기업의 성공에서 매우 중요하다. 인건비, 공급자와 경쟁자에 의해 결정되는 가격, 상품 또는 서비스 가격에 영향을 미치는 정부의 재정정책, 세금, 경제관련 규제 등이 경제적 요인의 대표적인 예이다. 오늘날의 기업은 경영의사결정에 국내경제의 건전성은 물론 세계경제의 일반적 상태를 고려하지 않으면 안 되므로, 기업 활동을 수립할 때 국내·외 경제상황의 변화와 추이에 대한 면밀한 검토가 이루어져야 한다.

3) 정치적 요인

정치적 요인은 "국내·외 정치적 분위기가 비즈니스에 협력적인가 아니면 적대적인가? 정부 정책이 경영의 자유를 방해하는가 아니면 힘을 주는가?"라는 질문과 관련이 있다. 이러한 정치적 요인이 기업에 미치는 영향은 경영 투명성 및 부패와 크게 관련이 있다.

4) 기술적 요인

기술적 요인은 제품, 공정, 원료의 개발뿐만 아니라 기초과학의 발전도 포함하고 있다. 사회나 산업에서의 기술수준은 생산될 재화나 서비스, 사용될 장비 그리고 경영 방식 등에 크게 영향을 미친다. 문화기술(CT), 정보통신기술(IT), 환경기술(ET), 우주기술(ST), 나노기술(NT), 생명과학기술(BT), 인공지능기술(AT)이 주목받고 있다. 이들 기술이 결합된 융합(fusion)기술 역시 활성화되고 있다.

3. 외부요인(직접)

1) 고객(customer)

기업이 판매하는 제품이나 서비스를 구매함으로써 기업의 목적과 목표를 달성할 수 있게 하는 가장 중요한 요인이다. 공급자 간의 경쟁이 치열해지면서, 고객은 저렴한 가격으로 좋은 품질의 제품을 요구하는 것은 물론 완벽한 애프터서비스(after service)도 요구하고 있다. 기업 입장에서 경쟁에서 살아남기 위해서는 자발적으로 고객을 만족시키고 나아가 고객을 감동시키는 경영활동을 실행해야 한다. 고객의 요구를 제대로 파악하지 못하는 기업은 존속·발전할 수 없다. 고객들은 그들의 가치와 욕구를 실현하기 위하여 소비자단체를 결성하여 제품불량에 대한 정신적·물질적·신체적 보상 등을 요구하기도 한다. 소비자 단체는 자신들의 요구가 잘 이행되지 않으면 제품의 불매운동을 전개하거나 법적 소송을 제기하기도 한다.

2) 공급업체

공급자(supplies)도 외부 직접요인으로 매우 중요하다. 공급자는 제품을 생산하는 데 필요한 자원을 기업에 제공하는 기업을 말한다. 만약에 기업이 공급자로부터 유리한 조건으로 원자재를 확보할 수 있다면 기업이 생산하는 제품이나 서비스는 품질과 가격 측면에서 경쟁력을 갖게 된다. 반면에 공급자와의 관계가 악화되어 원자재를 불리한 조건으로 제공받거나 아예 제공받지 못하게 된다면 기업의 경쟁력은 떨어진다.

3) 금융기관

기업은 경영활동에 필요한 자금을 시중은행, 투신사, 보험사, 증권사, 종합금융사, 신용금고와 같은 금융기관(financial institutions)으로부터의 대출을 통하여 조달한다. 이렇게 조달된 자금은 단기적으로 운영자금에 사용되거나 장기적으로는 시설투자에 사용하게 된다. 기업에 있어서 돈, 즉 자금은 사람에 있어 혈액과 같기 때문에 원활한 순환이 이루어져 마비되는 부분이 없게 해주지 않으면 안 된다. 따라서 기업경영에 있어 자금조달의 원천인 금융기관과의 긴밀한 유대관계는 기업의 경영활동에 막대한 영향력을 미치기 때문에 경영자는 원만한 관계를 유지하도록 노력해야 한다.

4) 경쟁자(competitor)

고객에게 동일한 제품이나 서비스를 판매하는 같은 산업에 속하는 기업을 말한다. 공급이 수요를 초과하고 있는 현재의 경쟁 구도에서 경쟁자 역시 중요한 외부 요인이다. 기업경영에 있어 경쟁자에 대한 경영활동의 결정과 실행은 기업의 경쟁력을 결정짓는 중요한 변수이다. 즉, 오늘날 기업이 성공하는가 실패하는가 하는 갈림길은 고객들로 하여금 고객만족의 수준을 넘는 고객 감동을 창출함으로써 경쟁자를 제치고 시장점유율을 높이는가 그렇지 못하는가에 달려 있다고 하여도 과언이 아니다. 따라서 기업은 경쟁자가 제공하는 제품이나 서비스의 품질, 가격, 고객서비스, 공급원, 시장점유율, 기술혁신, 임금, 인력개발 및 기타 활동에 지속적인 관심을 갖는다. 경쟁기업과의 과다한 경쟁은 시장에서 질서를 교란시킨다든지, 가격체계를 붕괴시키는 등의 부정적인 결과를 초래하기도 하지만, 경쟁자와의 선의의 경쟁은 장기적으로 가격 인하에 따른 전체 시장 규모의 확대와 기술혁신을 통한 신제품의 개발과 같은 긍정적인 측면도 있다.

5) 정부(government)

정부나 규제기관(regulatory institutions)도 중요한 외부 이해관계 집단이다. 이들은 고객, 근로자 안전, 환경보전, 공정한 거래 등 공익을 보호하기 위하여 규정과 규칙을 제정하고 강화하여 왔을 뿐만 아니라 자유경쟁을 통한 시장경제 원리를 증진하기 위하여 규제를 강화하고 있다. 예를 들어 식품위생법, 환경보전법, 독과점금지법, 공정거래법, 각종 세법 등을 통하여 기업을 규제하고 감독하는 기능을 수행한다. 물론 이들은 기업을 규제하는 역할을 하기도 하지만, 기업 활동을 촉진하고 지원하는 정책적인 역할을 수행하는 경제정책을 입안하여 실행한다. 예컨대 산업을 활성화시킬 목적으로 중소기업 진흥정책, 벤처기업활성화 지원제도 등 다양한 기업 활동을 정책적으로 지원하고 육성하는 역할을 수행하면서 기업경영에 영향을 미치기도 한다.

6) 지역사회(community)

지역사회는 지역의 소득창출을 위해 각종 세제상의 혜택이나 저렴하게 공장부지의 제공 등과 같은 편의를 제공하여 기업 활동에 영향을 미치고 있다. 따라서 기업은 지역사회 주민들에게 고용의 기회를 제공하거나 지방정부에 세금을 납부하고, 주민을 위한 각종 문화행사나 체육활동 등을 지원한다. 그러나 기업이 친환경적인 경영이 제대로 이행되지 않거나 지역사회에 피해를 입힌다면, 그 기업은 오히려 지역사회의 공격대상이 되며 불매운동 등 많은 손실을 감수해야 할 것이다.

III 환경의 분석

1. 외부환경의 분석

1) 외부환경의 두 차원

기업조직의 외부환경은 '변화의 정도'와 '복잡성의 정도'의 두 가지 차원에서 분석해 볼 수 있다. 복잡성의 정도가 단순하고 변화의 정도가 안정적이면 낮은 불확실성을 갖고 있고, 복잡성의 정도가 복잡하고 변화의 정도가 동태적이면 높은 불확실성을 갖고 있다.

- **변화의 정도**: 환경이 안정적인 상태이거나 동태적인 상태의 정도를 나타낸다.
- **복잡성의 정도**: 환경의 단순성, 복잡성을 연속선상에서 살펴보는 것으로 기업조직이 상호작용해야 할 환경요인의 수 내지는 다양성과 환경에 대한 정교한 지식의 필요성 정도의 영향을 받는다. 따라서 많은 수의 소비자, 공급자, 경쟁자 등이 존재하거나 제품, 소비자 등에 정교한 지식을 가지고 있을 필요성이 높은 환경일수록 복잡성의 정도는 높아진다.

2) 외부환경의 분석

경영자는 외부환경 분석을 통하여 사업의 기회(opportunities), 위협(threats), 제약요인(constraints) 등과 같은 기업경영활동의 효과성에 매우 중요한 일련의 요인들을 파악할 수 있다. 즉 경영자는 외부환경 분석을 통해 기업조직이 제공할 수 있는 제품이나 서비스의 사업기회를 판단할 수 있다. 뿐만 아니라 기업조직의 효과성에 대한 위협요인들을 식별할 수 있으며 기업조직의 경영활동에 대한 제약요인을 알 수 있게 된다. 이처럼 환경분석으로부터 파악된 사업의 기회, 위협요인, 제약요인 등을 종합적으로 고려하여 경영자는 미래의 경영활동방향을 결정하게 된다.

2. 내부환경의 분석

기업 조직의 경영활동 영역과 존속의 기반을 제공해 주는 것이 외부환경분석의 결과였다면 기업조직이 외부환경적인 기회를 이용하여 구체적인 경영활동을 수행하고 일정한 목적을 달성할 수 있는 능력과 역량을 가지고 있는지의 판단은 내부환경분석의 결과이다. 이와 같은 능력과 역량은 기업조직의 자원과 밀접하게 관련되어 있기 때문에 경영자는 기업조직의 여러 자원들을 분석해봄으로써 기업조직의 강점과 약점을 파악해 볼 수 있다. 경영자는 내부 환경분석을 통해 파악된 기업조직의 강점과 약점 위에 자신의 가치시스템(value system)을 결합하여 기업조직이 무엇을 할 수 있는가를 결정하게 된다.

Ⅳ 전략적 대응

1. 전략의 도출

경영자는 외부환경의 분석 및 예측을 통해 기업경영활동의 기회와 위협요인, 그리고 제약요인 등을 파악함으로써 기업조직의 활동가능영역을 찾아낼 수 있다. 그리고 내부환경을 분석·평가하여 기업조직이 무엇을 할 수 있는가를 결정하였다. 물론 이때 경영자의 가치관이 크게 영향을 미친다는 것도 살펴보았다. 경영전략을 기업의 목표달성을 위한 경영활동의 방향과 내용을 결정하기 위한 포괄적이고 통합적인 틀이라고 볼 때 경영자는 외부환경과 내부환경의 분석을 통해서 기업조직의 활동영역(제품이나 시장)을 결정하는 전략적 의사결정을 하게 된다. 이와 같이 경영전략이 결정되면 이어서 전략의 실천계획을 수립하게 된다(〈그림 5-1〉).

2. 환경에 대한 대응

환경요인을 내부환경요인과 외부환경요인으로 나누어 볼 때 내부환경요인은 경영자가 통제할 수 있는 환경요인이기 때문에 능동적으로 대응할 수 있다. 반면 외부환경요인은 경영자가 통제할 수 없는 환경요인으로 수동적으로 적응해야 한다. 특히 외부환경요인들은 기업조직의 경영활동에 불확실성을 초래하기 때문에 효과적으로 관리하지 않으면 기업조직의 존재 여부까지도 위협받을 수 있다. 불확실성이란 경영자가 환경을 이해하고 변화를 예측하기 위한 충분한 정보를 가지고 있지 못하는 상황이며 환경요인들의 수와 그 같은 요인들이 변화하는 정도에 따라 달라진다. 이와 같은 고도의 불확실성에 대처하기 위해서는 기업조직이 환경변화에 적응하든가 아니면 환경에 영향을 미쳐 기업조직과 양립할 수 있도록 하여야 한다.

1) 외부 환경에 대한 적응

① 경계역할의 증대

경계역할이란 기업조직을 외부환경의 핵심적인 요인과 연결 및 조정하는 역할이다. 경계 역할의 담당자는 외부환경요인에 대한 조사를 통해 자료를 수집, 분석하고 여러 요인들과의 접촉이나 거래를 통해 조직의 이익을 대변한다.

그림 5-1 환경 분석과 전략도출

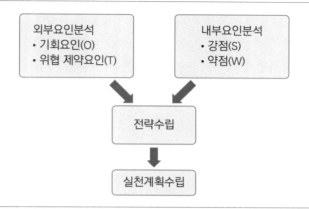

② 기획부서의 강화

환경의 불확실성이 높을수록 기업조직은 계획 또는 기획 부서를 강화하고 추세분석 및 계량적 경제모형 등을 활용하여 미래를 보다 정확하게 예측할 수 있어야 한다. 또한 환경변화에 대한 예측정보를 기업조직의 내부 구성원들에게 제공함으로써 환경변화에 대응할 수 있도록 한다.

③ 조직구조의 변경

기업조직이 환경변화에 의한 불확실성을 경험하거나 기업조직의 혁신이 요구될 때에는 유연한 조직구조가 효과적이라고 할 수 있다. 유연한 조직구조(유기적 조직구조)는 정보의 흐름이 자유롭고 규칙과 규제는 최소로 유지되며, 의사결정의 분권화 및 폭넓은 권한위양, 그리고 팀워크의 고무 등을 추구하기 때문에 환경이 급속하게 변화할 때 가장 효과적인 조직구조라고 할 수 있다.

2) 외부 환경에 대한 통제

① 광고 및 홍보활동

광고를 통해 기업조직의 제품 및 서비스에 대한 수요를 창출하거나 홍보활동을 통해 기업조직 자체에 대한 일반대중이나 소비자의 이미지를 높임으로써 고객에 대한 불확실성을 줄일 수 있다.

② 정치적 활동

정치적 활동을 통해 기업조직이나 기업경영활동에 유리하도록 정부의 입법이나 규제의 완화에 영향을 미칠 수 있다. 기업들 가운데는 로비스트를 통해 합법적으로 비용을 지불하면서 정부기관에 영향력을 행사하는 경우도 있다.

③ 협회활동

대부분의 기업조직들은 자신들이 이익을 보호하기 위해 동업자협회를 결성하고 이를 통해 자금 및 인력을 결집하며 환경에 영향을 미친다.

④ 공동운영

경쟁회사나 원료공급업체 또는 유통업체 등과의 합병이나 조인트 벤처 등을 통해 공동운영함으로써 그 회사들로부터 가해지는 위협을 감소시키고 기회를 증대시킬 수 있다.

- **조인트 벤처(joint venture):** 둘 이상의 당사자가 공동지배의 대상이 되는 경제활동을 수행하기 위해 만든 계약구성체를 의미한다.
- **합병(merger):** 합병이라 함은 2개 이상의 회사가 상법상의 특별규정에 의하여 하나의 회사가 되어 청산절차를 거치지 않고 1개 회사 이상의 소멸과 권리의무의 포괄적 이전을 생기게 하는 일단의 행위로서 이루어지는 법률요건을 말한다.

사례 5-1 코닥(Kodak)은 왜 망했을까?

1. 코닥은 한때는 필름 시장의 90%를 차지하던 공룡기업이었다.

롤필름, 컬러필름, 코닥카메라와 같은 독보적 기술 개발을 주도해온 코닥은 1970년대 미국 필름시장의 90%, 카메라 시장의 85%를 점유했던 공룡기업이었다. '사진으로 남기고 싶은 인생의 소중한 순간을 코닥의 순간(Kodak moment)이라고 합니다'가 코닥의 전성기 시절 세계에 울려 퍼진 광고문구이다. 하지만 1980년대 디지털 기술이 도래한 것을 과소평가했다가 치명타를 맞는다.

코닥은 마치 디지털카메라의 존재를 예상하지 못하여 몰라서 몰락하였다고 생각할 수도 있지만, 세계 최초로 디지털 카메라 기술을 개발한 것은 코닥이었다. 그러나 시장을 선점한 기존 사업에 매달려 미래를 내다보지 못하고 오히려 디지털 카메라가 필름 시장을 잠식할까 봐 개발과 마케팅에 소홀히 했다. 심지어 소니가 디지털카메라 '마비카'를 출시한 1981년에도 코닥 경영진은 필름 시장의 80%를 차지하고 있었기에 디지털카메라를 기회가 아닌 위협으로 받아들였다. 결국, 코닥은 디지털카메라 시장이 활성화된 상황에서 필름에만 의존하여 결국 몰락하게 되었다.

2. 코닥이 망한 다섯 가지 이유

① 사진에 갇히다

고화질 종이 사진의 가치는 변치 않을 것이라는 착각.

② 무대를 빼앗기다

디지털카메라 등장으로 오프라인 네트워크(현상소)는 유명무실화.

③ 남성을 이해하지 못하다

남성 카메라 고객이 증가하는데도 여성 중심 마케팅에 집착.

④ 수명만 연장하다

필름과 디지털의 시너지 효과에 대한 과도한 집중.

⑤ 비현실에 빠지다

코닥 브랜드의 카메라, 메모리, 프린터를 사용할 것이라는 맹신.

사례 5-2 벤처 창업신화, 팬택의 기업 청산

1. 수직적 통합 전략

2005년 10월 6일 ㈜팬택과 ㈜SK텔레텍 흡수합병에 이어서 2009년 10월 16일 합병결정 보고서에 의하면 ㈜팬택은 ㈜팬택앤큐리텔을 흡수합병하며, 합병 후 존속회사는 ㈜팬택이고 소멸회사는 ㈜팬택앤큐리텔이다. 주식회사 팬택은 주식회사 팬택앤큐리텔과의 본 합병을 통해 CDMA방식 기반/GSM방식 기반, 내수시장에서의 인지도가 높은 SKY브랜드의 휴대폰 생산 및 판매를 영위하는 양사간의 사업시너지 창출로 외형확대에 따른 매출액 증대 및 신규 시장 진출, 고객기반 확장 등이 기대되었다. 또한 사업관리와 경영의 일원화를 통한 안정적이고 효율적인 경영활동 및 양사가 기존에 활동해오던 사업영역에서의 노하우 공유 등으로 사업기반 확보 및 사업규모의 확대를 통해 투자여력을 강화함으로써 미래성장기반을 확보하고 재무구조를 개선하는 등의 효과를 창출해낼 수 있을 것으로 기대되었다. 이를 통해 주식회사 팬택은 궁극적으로 채권단의 채권회수 및 주주가치 극대화를 도모할 수 있을 것으로 예상되었다. ㈜팬택은 합병을 통하여 수출방식에 있어서의 GSM과 CDMA방식과 내수시장에서의 SKY브랜드의 통합관리를 통해 기존에 양사가 가지고 있는 시장우위의 요소들을 합병의 시너지효과를 통해 더욱 공고히 하고 중첩되어 있는 경영 및 제반운영방식을 효율적으로 영위하게 됨으로써, 보다 균형 있고 일관성 있는 경영 및 영업 방식의 구축이 가능할 것으로 예상되었다. 합병 이후 ㈜팬택은 기존 시장에서의 우위를 입증 받은 디자인과 고객만족의 기능성에 덧붙여 ㈜팬택앤큐리텔의 시장 점유력과 휴대폰 생산의 노하우를 접목시켜 한층 커진 사업규모와 함께 시장에서의 영향력을 키워 나갈 것이며 이를 통해 보다 안정적이고 발전적인 영업현금흐름을 달성할 수 있을 것으로 판단되었다.

그러나 무리한 합병에 따른 자금난과, 통신사들의 대기업 제품으로의 전환, 고객의 빠른 변화에 대응하지 못하고 경쟁력의 약화 등 요인이 겹치면서 워크아웃 절차를 밟게 된다.

2. 해산(청산)전략

2007년 워크아웃에 이은 2014년 8월에 2차 워크아웃 & 매각이 이루어졌다. 1, 2차 매각에 실패하였으며 3차 매각공고에는 총 3군데의 기업이 참여한 것으로 알려졌다. 한 사람은 개인 투자자, 한 곳은 Ayo Talk라는 미국의 한인 벤처, 또 한곳은 사모펀드라는 이야기가 가장 유력하다. 하지만 법원은 세 인수의향자 모두 인수자격 부적격 판정을 내렸고, 결국 3차 매각 역시 실패하였다. 결국 2015년 5월 26일 팬택은 기업회생절차 폐지 신청을 하였고 2015년 5월 팬택 김포공장을 끝으로 모든 제품 생산이 중지되었으며 파산절차를 밟다가, 청산 직전에 마지막 단계에서 쏠리드, 옵티스 컨소시엄에 매각 되었다. 쏠리드, 옵티스 컨소시엄은 "모바일 시장과 더불어 빠르게 성장하는 글로벌 사물인터넷(IoT) 시장 가능성을 염두에 두고 뉴 팬택의 청사진을 그리고 있다"면서 "뉴 팬택은 기존 팬택의 기술력과 가치를 넘는 더 높은 가치를 추구할 것"이라고 밝혔다.

그러나 결국 팬택은 누적된 적자를 견디지 못하고, 2017년 기업 청산 절차를 밟고 역사의 뒤안길로 사라져 갔다.

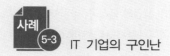

사례 5-3 IT 기업의 구인난

1. 게임·플랫폼 '임금인상' 도미노

크래프톤은 연봉을 2,000만원씩 일괄 인상했으며 직방은 "초봉 6,000만원, 경력 보너스"를 내세웠다. 인력 부족에 빅5싹쓸이, 몸값 급등의 현상이 벌어지는 중이다.

#1. 지난해 이커머스 업체로 옮긴 7년차 개발자 A씨는 '사이닝 보너스'(새로 합류하는 직원에게 주는 일회성 인센티브)로만 7,000만원을 받았다. 연봉도 10% 이상 올랐다. A씨는 "여러 군데서 제안을 받고 고민 끝에 현 직장으로 옮겼다"고 말했다.

#2. 게임 개발자로 일하다 지난해 중순 퇴직한 B씨는 최근 전 직장 인사팀으로부터 "다시 돌아올 생각이 있느냐"는 연락을 받았다. 회사가 제시한 연봉은 과거보다 1,000만원 이상 높았다.

2021년 3월 정보기술(IT)업계에 따르면 개발자 인력난이 심해지면서 기업들이 앞다퉈 '연봉 인상' 카드를 제시하고 있다. 입사 선호도가 높은 '네카라쿠배'(네이버·카카오·라인·쿠팡·배달의 민족) 기업들이 유능한 개발자를 '싹쓸이'하는 가운데, 넥슨·크래프톤 같은 게임회사들이 가세하는 모양새다. 부동산 플랫폼 직방은 대졸 초봉 6,000만원과 경력자 사이닝 보너스 최대 1억원을 제시했다. 이달 1일 넥슨이 전 직원의 연봉을 800만원씩 인상하겠다고 발표한 후 한 달 내내 게임·플랫폼·IT 업계에선 '개발자 모시기' 도미노가 벌어졌다.

게임업계는 시장 규모가 15조원대로 성장하면서 경쟁적으로 인재 영입에 나서고 있다. 특히 지난해 사상 최대 실적을 기록한 엔씨소프트의 연봉 인상안에 관심이 집중되고 있다. 엔씨소프트는 매년 3~4월 신규 연봉을 책정해 4월부터 적용한다. 업계 '빅3'로 불리는 넥슨과 넷마블 모두 800만원씩 연봉을 인상한 바 있다. 지난달 25일엔 김창한 크래프톤 대표가 개발자 연봉을 2,000만원 일괄 인상한다고 발표하면서 정점을 찍었다. 김 대표는 "이제 '프로젝트 중심'이던 조직 운영방식이 '인재중심'으로 이동하고 있다"며 "유능한 개발 인재가 기업 경쟁력의 원동력이 되는 시대"라고 설명했다.

큰 틀에서 보면 개발자는 컴퓨터에 명령을 내리는 과정인 코딩(coding)을 수행하는 인력이다. 개발언어인 C/C++나 C#, 자바(JAVA) 등을 다룰 수 있어야 한다. 게임 개발자 (프로그래머)는 기획자나 디자이너가 구상한 배경·캐릭터 등이 실제로 컴퓨터나 모바일에서 구현하는 역할을 한다. 창업에 나선 '스타 개발자'도 꽤 된다. '바람의 나라'와 '리니지'를 탄생시킨 송재경 엑스엘게임즈 대표는 여전히 개발 일선에서 활약하는 1세대 개발자다. 김창한 대표도 '배틀그라운드'를 만들어 세계적으로 흥행시켰다.

개발자가 '귀하신 몸'이 된 건 수급 불일치 때문이다. IT 산업의 몸집이 커지면서 개발자에 대한 수요는 꾸준히 늘었다. 공급도 늘어난 건 맞다. 과학기술정보통신부에 따르면 국내에서 개발자로 분류되는 인력은 약 13만 6,000명이다.

그런데 현장에서는 "유능한 개발자 찾기가 갈수록 어려워진다"고 호소한다. 소프트웨어정책연구소에 따르면 국내 SW기업의 47.9%는 "필요한 역량을 갖춘 인력을 구하기 어렵다"고 답했다.

2. S/W 개발직군 임금 인상 현황

표 5-2 IT 기업 임금 인상 현황

개발직군	임금 인상 (2021년)
직방	연봉 2,000만원 일괄 인상, 초봉 6,000만원 경력 입사 최대 1억원 보너스
크래프톤	연봉 2,000만원 일괄 인상, 초봉 6,000만원
쿠팡	신입 2년차 연봉 6,000만원, 경력직원 입사 보너스 5,000만원
게임빌·컴투스	전직원 연봉 800만원 일괄 인상
넥슨	연봉 800만원 일괄 인상, 초봉 5,000만원
넷마블	연봉 800만원 일괄 인상, 초봉 5,000만원

3. 구인난의 원인

전문가는 인재 부족의 주요한 원인으로 교육 시스템을 꼽는다. 미국 스탠퍼드대 컴퓨터공학과 입학 정원이 2008년 141명에서 10년 새 745명으로 늘어나는 동안, 서울대는 55명으로 묶여 있다가 올해(2021년)는 겨우 70명으로 늘었다. 1990년부터 SW교육센터를 운영 중인 조현정 비트컴퓨터 회장은 "앞으로 5년간 30만 명의 SW인재가 나와도 부족하다"며 "현장에서는 수만 라인의 코드를 짤 수 있는 사람이 필요한데 1,000라인짜리 졸업프로젝트만 해본 학생들이 대부분"이라고 말했다.

[자료: 중앙일보] 개발자 구인 '쩐의 전쟁'

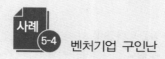

사례 5-4 벤처기업 구인난

1. 빅테크 인력 싹쓸이에 구인난 가속

쏘카·컬리·왓챠의 CEO가 잡페어에 출연하여 "기술력 있다, 함께 성장하자" 설득했다. 이에 대하여 사람들은 "대표가 좀 아네, 초봉 얼마냐"는 댓글을 작성했다.

"개발자님이 저희 회사에 오시면…." 한 인터넷·벤처기업 최고경영자(CEO)의 말이다. 최근 저녁마다 유튜브에선 여섯 개 기업 CEO나 임원들이 돌아가며 온라인 채용 박람회를 열고 있다. 브랜디·쏘카·컬리(마켓컬리)·왓챠·버킷플레이스(오늘의집)·번개장터가 지난 4일부터 하루씩 번갈아 유튜브에서 진행하는 '스타트업 코딩 페스티벌 잡페어'라는 행사다. 각 회사의 CEO나 임원들은 오후 8시부터 2시간가량 유튜브 생방송으로 회사 사업 내용 등을 설명하고 실시간 질문에 답변한다. 지난 4일은 서정민 브랜디 대표, 5일은 박재욱 쏘카 대표, 6일은 김슬아 컬리 대표가 출연했다. 7일은 왓챠 최고운영책임자(COO)와 최고기술책임자(CTO), 8일은 오늘의집 기술리더, 9일은 이재후 번개장터 CEO가 나선다.

최근 인터넷·벤처업계에는 소프트웨어 개발자의 구인난이 심하다. 웬만큼 고연봉을 제시해도 유능한 개발자를 구하기 어려울 정도다. 패션·물류기업 브랜디의 서 대표는 경영학과 출신 창업자다. 개발자 경력은 없다. 그는 지난 4일 "우리는 브랜디 서비스를 만드는 회사가 아닌 커머스(상거래) 플랫폼 빌더(만드는 회사)"라고 말했다. 서 대표가 전문적인 용어를 쓰며 "다양한 기술을 내재화했다"고 설명하자 실시간 댓글 창에는 "대표가 좀 알긴 하네"라는 반응이 올라왔다.

2. 벤처기업의 위기 및 노력

쏘카의 박 대표는 지난 5일 데이터 분석을 기반으로 자동차 보험사기를 적발하는 등 쏘카 서비스에 기술을 적용한 사례를 설명했다. 그는 "지난해 신종 코로나바이러스 감염증(코로나19)과 '타다 금지법'으로 타격이 있었다. 하지만 이런 기술로 서비스를 최적화한 덕에 회사가 성장했다"고 말했다.

인터넷·벤처기업들은 공통의 위기감으로 움직였다. '네카라쿠배'로 불리는 대형 기술기업들이 연봉 인상과 스톡옵션(주식매수선택권)을 내세워 개발자를 빨아들이고 있어서다. 네카라쿠배는 업계에서 네이버·카카오·라인·쿠팡·배달의민족을 가리키는 말이다.

브랜디는 지난해 소프트웨어 개발자들을 대상으로 '코딩' 대회를 처음 열었다. 지원자는 2,300명이 몰렸다. 올해는 대회 규모를 더 키웠다. 여섯 개 회사가 대회를 함께 연다. 브랜디와 협업하는 아마존웹서비스(AWS)는 후원사로 참여했다. 올해 지원자는 7,100명이다. 윤석호 브랜디 CTO는 "역량 있는 개발자들이 이런 기회를 얼마나 원했는지 실감했다"고 말했다.

이런 분위기는 CEO가 직접 출연하는 온라인 채용 설명회로 이어졌다. 회사별 유튜브 설명회 접속자가 몇 명인지 비교될 수 있다는 부담에도 특유의 빠른 의사결정이 작용했다. 대기업은 신입사원 공개채용을 갈수록 줄이고 있지만 인터넷·벤처업계에선 채용이 활발한 상황이다. 쿠팡과 티몬은 올해 상반기 세 자릿수의 공채를 진행한다.

온라인 채용 설명회에선 전통적인 인사 관리의 틀을 벗어난 발언도 나왔다. '연봉 수준은 대외비'라는 관행도 달라졌다. 지난 5일 쏘카의 채용 설명회에선 "그래서 초봉이 얼마냐"라는 질문이 나왔다. 박 대표는 주저 없이 "4,200만원이 기본이고 잘하는 분에겐 비정기적으로 올린다"고 말했다. 이날 쏘카 설명회에는 이종건 데이터1그룹장도 나왔다. 그는 "월 78만명의 쏘카 사용자가 전국 110개 도시에서 50여 종의 차량 1만2,000대를 다양한 장소와 기간에 이용한다"며 "쏘카에서 이런 복잡한 데이터를 처리하면 어딜 가서든 문제를 해결할 수 있다"고 말했다. '우리 회사를 거치면 당신이 성장할 수 있다'는 뜻을 담았다.

지난 4일 브랜디 설명회에는 개발자들도 나왔다. 이들은 "브랜디는 개발자가 즐겁게 일할 수 있는 곳"이라며 "다른 곳과 비교도 해 보고 많이 둘러보고 오시라"고 말했다. 충성심이나 간절함보다 합리적 선택을 권하는 메시지다.

[자료: 중앙일보] 벤처 CEO 6명 애끓는 구애

사례
5-5 반도체 시장의 기회와 위기
_ '화웨이 STOP' 트럼프 견제 틈타, 삼성은 '비메모리 GO'

시장 규모는 330조로 메모리의 두 배이며 미국의 제재로 중국산 AP·모뎀을 제동했다. 화웨이 자회사 하이실리콘이 직격탄을 맞았고 "새로운 칩 개발 3년은 지연될 것"이라고 밝혔다. 중 업체들은 "퀄컴 대신 삼성 제품"을 선호했고, 이미 지센서·파운드리도 도약 기회가 생겼다.

중국 통신장비업체 화웨이에 대한 미국의 제재로 모바일 프로세서(AP)와 통신칩 등을 생산하는 하이실리콘이 궁지에 몰렸다. 미국 퀄컴과 영국의 반도체 설계업체 ARM이 잇따라

거래를 중단했기 때문이다. 2004년 화웨이 자회사로 설립된 하이실리콘은 지난해 매출(79억 달러)의 90%를 화웨이에 공급했다. 월스트리트저널은 "하이실리콘이 ARM 설계를 기반으로 한 기린 프로세서를 만들고 있지만 제재가 1년 이상 이어질 경우 차세대 반도체칩을 내놓는 것은 매우 어렵다"며 "새로운 칩 개발이 36개월 정도 지연될 것"이라고 보도했다.

1. 비메모리 한국 업체 점유율 아직은 3%

삼성전자의 엑시노스 9820.

세계반도체시장통계기구(WSTS)에 따르면 지난해 4,634억 달러(약 545조원)인 반도체 시장에서 메모리 반도체는 1,568억 달러(약 170조원)를 차지한다. 개별소자와 시스템반도체를 포함한 비메모리는 3,066억 달러(약 330조원)로 메모리 시장의 두 배에 달한다. 삼성전자와 SK하이닉스 등 한국 업체들이 D램의 70%, 플래시메모리의 50%를 차지할 정도로 메모리 분야에서 강세다. 하지만 비메모리 분야에서 한국 업체들의 점유율은 3%에 불과하다. 인텔·퀄컴 등 미국 기업들이 70%, 유럽이 9%, 대만이 8%를 차지하고 있다. 하지만 화웨이 제재로 시장이 흔들리면서 한국 기업들이 비집고 들어갈 여지가 생겼다.

삼성전자가 최근 미국 반도체업체 AMD와 전략적 제휴에 나선 것은 시스템반도체 분야를 강화하기 위한 노력의 일환이다. 삼성전자는 ARM의 설계를 바탕으로 자체 AP인 엑시노스를 생산한다. 그동안 CPU 성능은 준수하지만 ARM의 말리 GPU 성능이 퀄컴의 스냅드래곤이나 애플의 A시리즈보다 미흡하다는 평가를 받아왔다. 삼성이 AMD의 차세대 GPU인 라데온DNA를 활용해 엑시노스의 성능을 끌어올릴 수 있게 된 것이다.

하이실리콘의 실족으로 삼성이 움직일 여지가 커졌다. 시장조사업체 스트래티지애널리틱스(SA)에 따르면 지난해 AP 시장 점유율은 퀄컴(37%)·미디어텍(23%)·애플(14%) 순이다. 삼성(12%)은 하이실리콘(10%)과 비슷한 수준이다. 퀄컴 제품 수입이 막히고 자체 생산도 어려워진 중국 스마트폰 제조업체들이 엑시노스 도입을 검토하고 있다. 중저가 스마트폰 '모토로라원 비전'에 처음으로 엑시노스를 탑재했던 레노버는 내년에 엑시노스 적용 모델을 늘릴 계획이며, 중국 스마트폰 제조업체 비보 등도 탑재를 검토 중인 것으로 알려졌다.

스마트폰용 카메라 등에 들어가는 이미지센서도 전망이 밝다. 스마트폰에 이미 3~4개의 이미지센서가 들어가고, 쏘나타에도 블랙박스용으로 두 개가 탑재되는 등 시장이 급성장하고 있다. 전문가들은 앞으로 승용차 주행보조장치, 웨어러블 기기, 로봇청소기 등 가전제품은 물론 사물인터넷(IoT)에도 이미지센서를 비롯해 청각·후각·미각 등 다양한 센서가 들어갈 것으로 전망하고 있다.

2. 삼성 "2030년 1위 목표, 숙제는 인재난"

시스템반도체뿐 아니라 파운드리도 유망한 분야다. 대규모 시설투자가 필요한 메모리 반도체 분야는 삼성·하이닉스·인텔 등 종합반도체업체들의 몫이다. 하지만 다품종 소량생산을 하는 경우가 많은 비메모리 분야는 퀄컴·AMD·엔비디아 같은 설계 전문업체(팹리스)가 제조만 전담하는 파운드리에 생산을 맡기는 경우가 많다. 시장조사업체 트렌드포스에 따르면 올 1분기 기준으로 파운드리 시장은 대만 TSMC가 점유율 48%로 선두를 차지한 가운데 삼성(19.1%)과 미국 글로벌파운드리(8.4%) 등이 뒤를 따르고 있다. 정보기술(IT) 전문매체인 디지타임스는 "엔비디아가 TSMC 대신 삼성 7나노미터(nm, 1nm는 10억분의 1m) 극자외선(EUV) 공정으로 차세대 GPU를 생산할 것"이라고 보도했다. TSMC에 생산을 맡기고 있는 AMD의 물량 일부분까지 가져올 수 있다면 격차를 크게 줄일 수 있다.

비메모리 분야 육성의 가장 큰 걸림돌은 전문인력 양성이다. 정부는 연 1조원을 비메모리 반도체 연구개발(R&D)에 투입하고 1만 7,000명의 전문인력 육성에 나선다. 2021년부터 연세대(삼성)와 고려대(SK하이닉스)에 반도체 계약학과도 만들기로 했다. 삼성 관계자는 "133조원을 투자해 2030년까지 비메모리 1위에 오르겠다는 목표를 달성하는 데 가장 큰 숙제는 인력부족"이라고 말했다.

3. 메모리와 비메모리

메모리는 데이터 저장에 쓰이는 반도체. D램과 플래시메모리가 대표 제품. 비메모리는 메모리 칩을 제외한 반도체를 통칭하는 말로 데이터 처리·연산·추론 등에 쓰임. 시스템반도체라고도 부른다. CPU, 이미지센서, 모뎀 등이 대표적이다.

애플리케이션 프로세서(AP)

중앙처리장치(CPU), 그래픽처리장치(GPU), 통신용 모뎀을 합친 스마트폰의 두뇌.

그림 5-2 비메모리/메모리 시장점유율

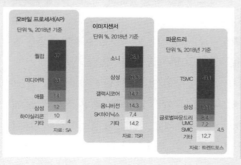

[자료: 중앙SUNDAY] 무역전쟁 위기 속 '반도체 기회'

사례 5-6 한국 제조업 위기 극복_ 디지털 전환이 해법

1. 국내 제조업의 위기

고객 경험과 시장의 요구를 민첩하게 제품 설계에 반영해야 한다. '디자인 싱킹'이 필요한 시점이다. 제조부터 서비스까지 융합하여 제조업 부가가치를 높여야 한다.

"한국 제조업의 위기를 '디자인 싱킹(design thinking)'으로 극복해야 합니다."

두산그룹 최고기술책임자(CTO) 이현순 부회장(68)은 '현재 한국 제조업이 위기인가'라는 질문에 그는 1초도 망설이지 않고 "그렇다"고 답했다. 국산 엔진 개발을 주도해 한국 자동차 산업을 세계적 수준으로 끌어올린 주역인 이 부회장은 제조업 르네상스를 위한 가장 효과적인 해결책으로 '디지털 전환(Digital Transformation)'을 제시했다. 이를 실행하는 액션플랜으로 디자인 싱킹이 필요하다고 강조했다. 디자인 싱킹이란 고객의 경험과 시장의 요구 등을 모두 설계에 녹아들 수 있도록 적용하는 사고를 말한다. 3D프린팅 등을 활용해 '애자일(민첩)'한 방법으로 빠른 시간 안에 테스트하면서 소비자가 원하는 제품을 시장에 발 빠르게 출시하는 것이 디지털 전환의 핵심이라는 설명이다.

이 부회장은 1984년 현대차에 입사해 현대·기아차의 엔진 개발을 이끈 한국 자동차 산업의 거목이다. 한국 최초의 국산 엔진 '알파엔진'을 탄생시켰고 D, 람다, 세타월드, 타우엔진 등 세계 최고 수준의 엔진 개발을 주도한 한국 제조업의 산증인이다. 혁신적 기업가정신으로 현대·기아차를 글로벌 완성차 브랜드로 성장시켰다. 이 같은 업적을 인정받아 2009년 대한민국최고과학기술인상을 수상하기도 했다. 2011년 두산그룹에 합류해 현재 박정원 두산그룹 회장을 도와 그룹의 기술 혁신을 주도하는 CTO로 활약하고 있다.

이 부회장은 현재 한국 제조업이 처한 상황에 대해 "한국은 국내총생산(GDP)에서 제조업이 차지하는 비중이 전 세계에서 아일랜드와 함께 가장 높은 국가"라며 "그런데 임금이 오른 만큼 생산성을 올리지 못한 데다 혁신이 더뎌 중국에 뒷덜미가 잡혔다"고 말했다.

그는 고도화 노력의 부족을 한국 제조업의 위기 원인으로 진단했다. 공정을 자동화하고 고부가가치 제품을 생산해야 하는데 그러지 못했다는 것이다. 또한 창의적인 제품이 개발되도록 연구개발(R&D)을 더 강화했어야 했지만 정부의 규제 철폐 노력이 제대로 뒷받침하지 못했다고 말했다.

이 부회장이 제시한 수치도 이를 증명한다. 한국 제조업의 연간 노동생산성 증가율은 2001~2007년 7.9%를 기록한 반면 2011~2015년에는 2.2%로 급격히 악화됐는데, 이 수치의 차이 중 4.6%포인트가 '기술적 효율화'의 부진에서 초래됐다는 것이다. 이는 제조업 전반에서 공정 혁신이나 기술과 관련한 투자가 위축됐음을 의미한다.

이 부회장은 "한국 제조업이 전 세계 아무 곳에도 없는 새로운 제품을 내놓으려고 해도 규제에 꽁꽁 묶여 꼼짝 못 한다"며 "제조업을 하기 참 어려운 나라라는 생각이 든다"고 말했다.

이 부회장은 현재 몸담고 있는 두산그룹을 예로 들어 디지털 전환을 통한 제조업과 서비스업의 융합 필요성을 설명했다. 두산그룹은 발전소 건설, 건설장비 제조 등 전통적 제조업을 영위하는 기업이지만 제품 설계·제조에 그치지 않고 관리 서비스에 디지털을 접목해 고객사에 데이터 분석을 통한 추가 혜택을 제공하고 있다. 그는 "예전엔 발전소를 잘 건설해 키만 넘겨주고 끝이었다면 지금은 발전소를 최고의 효율로 운영할 수 있도록 관리도 해주고 있다"면서 "두산중공업의 발전소 건설 사업을 운영·유지 분야로 서비스 사업화하는 데 주력하고 있다"고 말했다.

대표적인 예로 두산중공업은 인도에 구축한 석탄화력발전소에 운영 최적화 솔루션을 공급해 발전소 효율 극대화 서비스 매출을 올리고 있다. 두산중공업은 이를 위해 창원에 데이터센터를 구축하고 1만개가 넘는 센서를 통해 초 단위로 발전소 현장의 데이터를 수집하는 시스템을 구축했다. 두산인프라코어도 자사가 생산하는 건설장비에 사물인터넷(IoT) 솔루션인 '두산커넥트'를 적용해 실시간으로 장비를 모니터링하고, 효율을 극대화하고 고장을 예측하는 서비스를 제공하고 있다.

2. 디지털 전환

이 부회장은 두산그룹이 제품 생산 단계에서도 디지털 전환에 가장 앞서 있다고 강조했다. 두산인프라코어는 프랑스 3D플랫폼 제공업체인 다쏘시스템의 플랫폼을 채용해 제품 설계, 생산에 일괄 활용하고 있다. 예전에는 2D 디자인을 기반으로 해 엔지니어링이 어려웠지만 새로운 시스템을 적용해 3D 모델링이 가능해졌고, 더 빠르고 정확한 설계 해석을 할 수 있게 됐다는 것이다.

이 부회장은 "디지털 전환은 4차 산업혁명과 같은 수준의 용어이지만 대부분 사람들은 단순히 공장 자동화 정도로 생각한다"며 "제품을 설계하는 사람부터 무슨 제품을 어떻게 설계할 것인지, 시장과 고객의 요구가 무엇인지 등 생각을 바꾸고 지금껏 해왔던 방식을 바꾸는 것이 디지털 전환의 시작"이라고 말했다. 그는 디지털 전환이 제조단계에서도 근본적인 변화를 초래하고 있다고 말했다. 예를 들어 이전에는 프로토타입 제품을 직접 실물로 제작해 시험했지만 이제는 가상공간에서 제품을 구성해 시험을 진행하고, 모든 것이 완벽해지면 실물을 제작해 최종 확인 후 스마트팩토리 단계에서 실제 생산에 들어간다. 설계부터 생산까지 모두 하나의 플랫폼으로 연결돼 있기 때문에 모든 관계자들이 협업할 수 있다.

이 부회장은 "디지털 목업(실물 모형), 디지털 어셈블리 기능을 통해 컴퓨터상에서 조립해보고, 공정 설계를 시뮬레이션해 가장 효율적인 시스템을 구축할 수 있다"며 "기존보다 시간을 절반 이하로 단축하고 비용도 상당히 절감하고 있다"고 말했다. 그는 디지털 전환으로 제조업과 서비스를 결합해 훨씬 많은 부가가치를 창출해야 제조업 부활을 이끌 수 있다고 거듭 강조했다. 그는 "제조업과 서비스업을 구분지어 선진국 수준으로 서비스업 비중을 끌어올려야 한다는 생각은 산업 간 경계가 무너지고 융복합 시대가 도래한 현실에 한참 뒤처지는 발상"이라고 지적했다. 이 부회장은 국내 중소기업 전반에서 디지털 기반으로 체질이 개선되기 위해서는 데이터를 수집하고 활용할 수 있는 능력이 필수라고 강조했다. 그는 "데이터를 체계화하고 그중에서 고객에게 의미 있는 데이터를 뽑아내야 디지털 전환을 시작할 수 있다"며 "이것은 금전적 지원으로 해결될 문제가 아니라 실질적 교육이 필요한 부분이기 때문에 이를 도울 수 있는 컨트롤타워가 필요하다"고 말했다.

[자료: 매일경제] CEO

실전경영학

Chapter **06** **계획 및 전략수립**

Management Practice Guide

계획 및 전략수립

I 목표관리

목표란 조직이 실현하고자 하는 바람직한 상태나 달성하고자 하는 최종성과를 말한다. 따라서 조직목표는 그 조직의 최고경영자 및 주요 경영진들의 열망을 반영하고 있다.

기업의 목표는 관리단계(계획수립, 조직화, 지휘 및 통솔, 조정 및 통제)에 영향을 미치며, 조직 내 개인이나 집단의 노력방향에 지침을 제공하는 역할을 수행한다 (〈그림 6−1〉). 또한, 구성원들에게 효과적이고 효율적으로 과업을 수행할 수 있도록 동기를 부여하고, 조직 활동을 평가하고 통제할 수 있는 기반을 제공한다. 이와 같이 조직의 목표는 계획화, 조직화, 지휘, 동기유발, 통제 등의 기반을 제공함으로써 관리과정 전반에 걸쳐 중요한 역할을 수행하게 된다.

따라서 경영자가 어떠한 가치관과 비전을 갖고 목표를 어떻게 설정하느냐에 따라서 직원들에게 동기부여가 될 뿐만 아니라 그에 따라 과업의 결과(성과) 또한 다르게 나타날 수 있다.

그림 6-1 목표의 역할

1. 목표의 특성

목표의 특성은 기본적으로 측정 가능한 방법으로 표현되어야 하고(measureable), 최고경영자부터 하부사원까지 단절되지 않고 연결되어야 하며(hierarchy), 또한 관련 부문간(사업부 또는 팀)에 수평적으로 연결되어야 한다(network). 기업(최고경영자)의 목표는 전사원, 전체 부문이 공유하고, 한 방향으로 힘을 합쳐서 나아갈 때 실현가능성이 높다고 할 수 있다.

1) 측정가능성

조직 목표는 계량적으로 표시되어야 한다. 이처럼 목표에 어떤 수치를 부여하는 것은 조직구성원들에게 명확한 목표를 제공해줄 수 있을 뿐만 아니라, 실행한 후에 달성 정도를 평가하기가 간편해진다. 수치로 표현되지 못하는 추상적인 목표는 실행 후 평가시 평가자와 피평가자 상호간에 평가 결과에 대하여 납득하기 어려운 경우가 발생할 수 있다. 따라서 측정이 어려운 지표는 간접적인 방법으로라도 지수화하는 것이 바람직하다. 예를 들어 조직원의 업무 만족도와 같이 계량적으로 표시하기 어려운 목표들은 지각률, 참여율 등을 통해 간접적인 방법으로 조직목표를 계량적으로 표시해주면 된다.

2) 계층성

최고경영자의 목표는 수직적으로 단절되지 않고 전사원에게 연결되어져야 한다. 최고경영자의 목표는 중간경영자에게 목표달성을 위한 수단이 되고, 중간경영자의 목표는 하위경영자에게 목표달성을 위한 수단으로 서로 연결되어 있어야 한다. 이와 같이 한 계층의 목표가 다음 계층의 목표달성을 위한 수단이 되고, 최고경영자의 목표는 모든 사원에게까지 단절되지 않고 연결되어야 한다.

아래 그림(〈그림 6-2〉)에서 볼 수 있듯이 운영계획은 전술적 계획과 수단-목표관계를 이루며, 전술적 계획은 전략적 계획과 수단-목표관계를 형성한다. 어떤 한 계층의 최선의 목표가 반드시 조직 전체를 위한 최선의 목표가 될 수는 없기 때문에, 관리자는 조직의 목표와 전체 목표를 같이 보고 조정하는 작업이 필요하다.

그림 6-2 계획의 계층구조

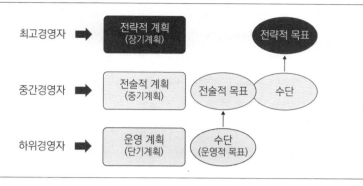

3) 네트워크 특성

조직의 목표는 수평적으로도 관련 부문간에 서로 연결되어 있어야 한다. 즉 제조부문에서 제품을 생산하려면 구매자재 부서의 원활한 공급, 재무관리의 필요한 자금지원, 인사관리 부서의 필요한 인력충원 등이 적기에 이루어져야 차질 없이 목표를 달성할 수 있다. 또한 제조부문에서 필요한 제품이 생산되어야 영업부문에서 매출목표를 차질 없이 달성할 수 있다. 이와 같이 회사의 목표를 달성하기 위하여 전 부문이 한 방향으로 일사불란하게 움직여야 한다.

2. 목표의 조건

목표를 설정할 때 일반적으로 다음의 조건을 충족할 때 좋은 목표설정이라고 할 수 있다. 첫째, 조직의 목표는 분명해야(clearity) 하고, 구체성(specification)을 가져야 한다. 만약 목표가 계량화되지 못하고 추상적으로 표현된다면, 그 과정도 명확하지 않고 결과도 또한 추상적인 결과로 나타날 것이다. 둘째, 조직의 목표는 달성되어져야 할 시기(timing)를 포함해야 한다. 목표가 목표로서의 의미를 가지려면 달성해야 할 일정이 들어가야, 그 일정에 맞추기 위한 힘과 노력이 집중될 수 있다. 셋째, 조직의 목표는 조직원들의 노력을 자극할 수 있을 정도의 어려움(difficulty)을 포함해야 한다. 누구나 추가의 노력 없이도 달성 가능한 일상적인 수준의 목표를 설정한다면, 조직원들에게 동기부여가 될 수 없고 성과도 극히 미미한 수준에 그칠 것이다. 따라서 목표는 도전적(aggressive)으로 설정하는 것이 바람직하지만, 동시에 달성 가능해야 한다. 도저히 불가능한 목표를 설정해놓고 실행하고 관리를 한다면 그 결과는 보지 않아도 뻔한 것이다.

예를 들어서 생산부서에서 생산목표를 전년도와 동일하게 설정하거나 추가의 노력 없이도 달성가능한 수준의 목표를 설정한다면, 최고경영자 입장에서는 받아들이기 어려울 목표가 될 것이다. 매년 임금상승 및 물가인상을 고려한 비용증가분를 감안할 때, 생산의 증가는 그 이상으로 설정되어야 기업이 적정이윤을 낸다고 할 수 있다.

3. 목표에 의한 관리(MBO: management by objectives)

MBO란 목표 중심의 참여적 관리기법이다. 즉 조직 전 구성원의 참여와 합의하에 조직목표, 개인목표를 설정하고 그 목표에 따라 업무를 수행한 다음, 실행결과를 평가하고 피드백 하는 관리방식이다. MBO는 1954년 피터 드러커(Peter Drucker)가 그의 저서 "관리의 실제(the practice of management)"에서 기본개념을 처음 제시하였다. 드러커는 달성하고자 하는 목표가 명확할수록 목표의 성취도도 커진다는 원리하에 기업의 계획 과정을 개선하는 데 중점을 두고 목표관리를 주장하였다.

목표관리의 핵심적인 특징은 조직 전 구성원의 참여 과정을 통한 명확한 목표 설정과 공정한 성과 평가에 있다. 목표관리의 구체적 특성을 살펴보면 다음과 같다.

첫째, 목표관리의 초점은 목표의 달성이다. 이는 업적의 평가를 전제로 하는 결과 지향적 관리기법으로, 관리의 효과성 내지 생산성을 높일 수 있다. 즉 주먹구구식 관리가 아니라 구체적 목표와 구체적 계획에 의한 관리가 이루어진다.

둘째, 목표설정 과정에 부하가 참여하여 목표수준과 일정을 설정한다. 이와 같이 부하가 직접 참여하여 목표를 설정함으로써, 목표달성에 대한 동기부여 및 팀워크를 올리는 데 기여할 수 있다. 같은 목표를 설정한다고 해도 상사가 일방적으로 지시해서 실행하는 것과, 조직원들이 참여해서 목표수준과 일정을 설정하는 것은 그 결과에 있어서 많은 차이를 갖는다.

셋째, 업무수행 결과는 사전에 정의된 평가 기준에 따라 측정되고, 평가 결과는 피드백되어야 한다. 이러한 피드백 과정을 통하여 목표와 성과를 비교하여 차이를 분석하고 개선방안을 도출할 수 있다.

MBO의 기본과정은 목표설정, 업무수행, 평가 및 피드백이라는 순환과정으로 구성된다. 계획수립 단계의 조직목표는 조직구성원의 참여를 통해 설정되며, 목표는 최대한 측정 가능해야 하고, 도전 가능한 수준으로 설정되고, 반드시 일정을 가져야 한다. 업무수행 단계는 구성원들은 실행계획에 따라 직무를 수행하면서 목표달성의 진행상황을 수시로 점검한다. 관리자는 진척사항을 점검할 뿐만 아니라, 구성원들에 과업을 수행하는 데 필요한 자원을 지원해주어야 한다. 업무가 종료된 다음에는 실적에 대한 결과 평가 및 피드백이 이루어진다. 이때 주의할 점은 사전에 정의된 평가기준에 따라 평가가 이루어지지만 구성원과 관리자의 평가기준에 차이가 있을 수 있으므로 평가결과는 반드시 피드백되어야 하고, 차이분석 및 개선을 통해서 조직원들이 더 발전하는 계기로 삼는 것이 바람직하다(〈그림 6-3〉).

그림 6-3 목표에 의한 관리

‖ 계획관리

1. 계획의 중요성

계획이란 기업을 둘러싸고 있는 내·외부환경을 분석하여 목표를 설정하고 목표를 달성하기 위한 전략을 수립하며, 전략실행을 위한 세부계획을 작성하는 데까지 이르는 하나의 과정이라고 할 수 있다. 이와 같은 계획은 조직화, 지휘 및 통솔, 조정 및 통제에 이르는 관리과정의 출발점이자 가장 근본적인 활동으로서 계획을 수립하게 되면 다음과 같은 이점을 갖는다.

① 계획수립은 조직과 조직구성원의 집중도와 유연성을 높여준다.

즉 계획수립이 잘되면 미래에 해야 할 일이 분명해지기 때문에, 조직 및 조직구성원의 역량을 분산시키지 않고 집중(focus)시킬 수 있다. 뿐만 아니라 잘된 계획에는 미래에 일어날 수 있는 환경변화에 대한 적절한 대응과 그 자신을 변화시킬 수 있는 능력을 갖출 수 있게 된다.

② 계획수립은 조직구성원들이 목표달성을 위하여 한 방향으로 행동할 수 있도록 지침을 제공한다.

즉 계획수립은 달성해야 할 성과를 사전에 제시함으로써 조직구성원들을 결과 지향적으로 행동하게 만든다. 따라서 조직구성원들은 모든 자원이 회사의 이익을 극대화하는 방향으로 사용되도록 이익 지향적 행동, 우선순위에 의한 업무관리, 미래의 기회와 문제점을 예측하고 이에 효과적으로 대응할 수 있는 행동 등을 하게 된다.

③ 계획수립은 한 조직 내에서 조직 전체의 목표와 세부조직의 목표가 일관성을 갖도록 연결해준다.

이는 조직 내의 많은 개인이나 집단, 하부조직들이 자신의 목적을 추구하더라도 그 결과는 최종적으로 조직 전체의 목표를 달성하는 데 기여하도록 계획수립이 이루어지기 때문이다. 이를 위해 조직의 목표는 최상위 단계의 목표가 먼저 정해지고 다음 하위단계에서는 최상위 단계의 목표에 근거하여 목표를 수립이 이루어지며, 이어지는 그 다음 하위 단계에서도 이러한 일은 반복되게 된다. 또한 계획은 각 세부 조직 간의 목표에도 조화가 이루어지도록 수립함으로써 하부 조직 간에 갈등이 발생할 때는 전체 목표에 근거하여 조정이 이루어지도록 할 수 있다. 결국 계획수립은 조직의 상하 간 또는 하부 조직 간의 조정을 사전에 하고 있는 셈이며 사후적인 갈등이 발생할 때도 그 해결의 근거가 된다.

④ 계획수립은 성과의 측정 및 평가활동, 그리고 이에 대한 보상/처벌활동이 합리적으로 이루어질 수 있다.

성과가 계획에 미치지 못하면 통제과정에서는 목표를 달성할 수 있도록 행동을 수정하거나 계획수립 시 세웠던 목표를 수정한다. 물론 두 가지를 병행할 수도 있다. 이러한 측면에서 계획수립과 통제는 매우 밀접한 관계를 갖는다.

2. 계획의 조건

앞서 설명한 계획수립의 이점을 최대한 활용하기 위해서는 다음과 같은 전제 조건이 필요하다.

① 계획은 의사결정의 기준으로서 수립되어야 한다.

경영자는 조직의 목표를 달성하기 위해 조직구조의 개편, 가용자원의 활용 및 배분, 직무의 할당 및 성과의 점검 등 여러 가지 의사결정에 직면하게 된다. 이때 경영자의 의사결정은 계획수립의 근거가 되었던 목표나 기대성과를 충족하 도록 이루어져야 한다. 이는 계획이 경영자의 의사결정의 기준으로서 작용될 수 있도록 수립되어야 함을 의미한다.

② 계획은 유연성을 갖추어야 한다.

기업을 둘러싸고 있는 내·외부의 환경은 항상 변화하기 때문에 완벽한 계획 수립보다는 경영환경변화에 대한 지속적인 모니터링과 수정을 통해 외부환경의 변화 또는 기업 내부 여건의 변경에 따라 발생할 수 있는 뜻하지 않은 상황에 대 해서도 적절히 대응할 수 있도록 유동적인 계획을 수립하여야 한다.

③ 계획은 통제를 전제로 하여 수립되어야 한다.

조직의 통제기능은 조직의 목표와 계획에 대한 추진상황을 검토하고 평가함 으로써 이루어지기 때문이다. 조직은 (조직)계획을 조직구성원들에게 공개하여 공 감대를 형성하고 계획수립과정에 조직구성원들을 직접 참여시킴으로써 계획과 통 제를 원활히 연결시킬 수 있다. 앞서 살펴본 '목표에 의한 관리(MBO)'처럼 계획 수립과정에 조직구성원을 참여시키는 것은 조직구성원에게 동기부여의 수단이 될 뿐만 아니라 계획추진과정에서 발생할 수 있는 여러 가지 오류들을 줄여 주는 역 할을 한다.

3. 계획의 분류

계획은 일반적으로 조직의 계층 및 유형, 시간, 내용에 따라 분류할 수 있으며, 계층구조별 목표는 다음과 같다(〈그림 6-4〉).

그림 6-4 계획의 계층구조

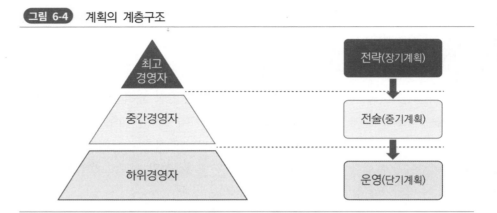

1) 위계수준에 의한 구분

계획은 계획을 수립하는 계층의 위계수준에 따라 전사적 계획, 사업부 계획, 단위 부서 계획으로 나눌 수 있다.

① 전사적 계획

전사적 계획은 최고경영자가 장기적으로 조직이 나아갈 방향을 설정하고, 이를 달성하기 위한 구체적인 방안을 수립하는 것이다. 따라서 전사적 계획은 전략적이고 포괄적인 계획으로서 사업부 계획의 목표가 된다. 또한 장기적인 관점에서 계획을 수립하게 된다.

② 사업부 계획

사업부 계획은 전사계획에 근거하여 전사 목표를 달성하기 위하여 사업부 차원에서 해야 할 일을 정의하고 추진계획을 수립하는 것을 의미한다. 즉 전사의 경영목표에 맞추어 개발, 생산, 영업 부문별로 목표를 재설정하고 해야 할 일과 계획을 수립하는 것을 의미한다. 예를 들면 전사의 매출과 이익목표를 달성하기 위하여 생산에서는 생산목표를 수립하고, 영업에서는 판매목표, 그리고 개발에서는 신제품 개발목표를 설정하여 달성계획을 수립하게 된다.

따라서 사업부 계획은 전사목표를 달성하기 위한 전술과 중기적인 관점에서 수립하게 된다.

③ 단위부서 계획

단위부서 계획은 가장 낮은 계층의 계획으로서 사업부 계획을 실천하기 위한 각 단위부서의 실행계획을 의미한다. 즉 사업부의 목표를 달성하기 위한 사업부 내 단위부서별 구체적이고 단기적인 관점의 운영계획이라고 할 수 있다. 예를 들어서 제조사업부 내의 생산부서인 경우는 제조사업부의 생산목표를 달성하기 위하여 일간, 주간, 월간 생산계획을 수립하고, 각 공장별, 라인별, 공정별로 세부 목표를 할당하여 실행하고 진척사항을 점검한다. 따라서 단위부서 계획은 단기적이고 운영 관점의 실행계획이라고 할 수 있다.

2) 시간에 의한 구분

일반적으로 계획은 기간에 따라 장기, 중기, 단기계획으로 나누어 볼 수 있다.

장기계획은 주로 전사적 계획, 전략적 계획으로 조직의 나아갈 방향이나 경쟁력 강화, 자원의 배분, 투자 및 신규공장 건설, 신규 사업의 진입 등에 관련되어 있다. 장기계획은 조직이 속한 산업에 따라 그 기간이 다양하지만(5년, 10년, 15년) 공통적으로 조직의 목표 또는 전략과 일치되어야 하고, 계획기간의 중간중간에 상황변화를 반영하여 연동계획을 수립해야 한다. 뿐만 아니라 동태적 환경하에서의 장기계획은 불확실성을 수반하게 되므로 계획에 융통성을 부여하여야 한다.

그리고 중기계획은 보통 2~5년간의 계획으로서 주로 전사 전략을 실행하기 위한 사업부 단위의 계획을 수립할 때 사용되며, 전사 전략을 실현하기 위한 전술적 측면의 계획이라고 할 수 있다.

단기계획은 1년 이내의 계획으로서 사업부 단위의 목표를 실현하기 위한 단기적인 운영계획이라고 할 수 있다. 즉 제조사업부 내 생산부서인 경우에는 사업부의 생산목표를 달성하기 위한 일간, 주간, 월간 계획을 수립하여 현장에서 실행하고 진척사항을 관리한다.

각 계층별 계획을 수립할 때는 장기계획, 중기계획과 일관성이 있어야 하고, 상위의 목표는 하위의 계획을 수립할 때 수단으로 연결되어 있어야 한다.

3) 내용에 의한 구분

조직의 계획은 여러 가지 다양한 요소(내용)로 구성되어 있으며 일반적으로 전략 및 전술, 정책, 절차, 규칙 등이 거론된다.

① 전략 및 전술

전략은 무엇을 할 것인지(what to do) 방향을 설정하고, 목표를 설정하는 것을 의미한다. 따라서 기업의 전략은 기업이 나아갈 방향을 설정하고, 달성해야 할 목표를 설정하는 것이다.

반면에 전술은 정해진 목표를 어떻게 달성할 것인지(how to do), 목표를 달성하기 위한 구체적인 방법을 설정하는 것을 의미한다. 예를 들어서 어느 전자제품회사에서 제품을 100만대 생산한다는 전략을 세웠다고 하면, 전술은 어떻게 100만대를 생산할 것인가 하는 것이다. 즉 공장별, 라인별, 기종별, 월별로 세부 생산계획을 수립하여 전체 생산 목표량을 달성하는 것이다.

② 정책(policy)

정책은 전략보다는 영향의 범위가 넓지 못하지만 상용적인 지침이 된다. 이러한 정책은 조직의 전략에 의해 도출되며, 의사결정의 준용기준으로 작용하기 때문에 조직구성원의 행동범위를 제약하기도 한다. 조직의 정책에는 제품정책, 마케팅정책, 재무정책, 인사정책, 구매정책 등이 있다.

③ 절차(procedure)

절차는 정책과는 달리 정확하게 무엇을 해야 하는지 명시하는 단계적인 지시이다. 따라서 절차는 정책보다 범위가 더 좁고 구체적인 행동지침이라고 할 수 있으며 개인이 문제해결에서 사용할 수 있는 개별적인 판단의 범위를 축소시킨다.

④ 규칙(rule)

규칙은 조직구성원들에게 용인될 수 있는 행동의 범주, 즉 해야 할 것과 해서는 안 될 것에 대한 정확하고도 구체적인 지시사항을 말한다. 따라서 이 규칙을 무시하는 경우에는 처벌이 뒤따르게 된다.

4) 반복성에 의한 구분

계획은 사용빈도에 따라 표준계획 또는 상용계획, 단일계획으로 나누어 볼 수 있다. 상용계획에는 정책과 절차, 그리고 규칙 등이 있으며, 단일계획은 비교적 짧은 기간 내에 어떤 구체적인 목적을 달성하기 위하여 수립되는 계획으로 예산안, 프로그램 및 프로젝트 등이 있다.

예산안이란 미래의 계획을 화폐단위로 표현해 놓은 것으로 일정기간 동안 경영상의 활동 지침이 된다. 상황이 매년 변화하기 때문에 해마다 요구 및 필요를 반영하는 새로운 예산이 만들어진다. 가장 빈번하게 사용되는 (재무)예산으로는 판매예산(제품별, 부서별, 개인별 판매 예상액), 제조예산(판매예산을 기초로 작성되며 재료비, 노무비 및 기타 간접비 등), 현금흐름예산(미래현금의 유출입), 자본예산(미래의 설비나 건물 등의 구입) 등이 있다. 이 밖에도 예산에는 각 부서에서 소요되는 노동시간, 기계작동시간 등도 나타낼 수 있는데 이와 같은 예산상의 숫자는 하위경영층(일선감독자들)으로 하여금 보다 효과적인 계획을 수립할 수 있게 해준다. 그리고 이와 같은 모든 예산들은 조직의 목표달성을 위해 통합 및 조정되어야 하고 이를 위해 각 예산은 조직목표 달성에 적합한 것이어야 한다.

프로젝트 및 프로그램은 정해진 날짜까지 단 한 번밖에 하지 않는 활동을 완성하는 데 필요한 일회성 계획이다. 이러한 프로젝트계획은 수행해야 할 일이 조직 내의 일상의 활동과 크게 다르고, 복잡하며, 높은 비용이 소요되고 완성시기가 중요할 때 수립된다. 따라서 한 프로젝트가 완성되고 나면 그 프로젝트에서 종사했던 사람들은 당연히 다른 일에 재배치된다. 이와 같은 프로젝트계획은 항공 산업분야에서 흔히 활용되며, 새로운 공장의 건설이나 신제품의 개발, 정보시스템의 설계 등에도 활용된다.

5) 초점에 의한 구분

초점에 의한 구분은 경영계층별 계획으로 전사계획, 사업부계획, 기능부서 계획으로 구분할 수 있다. 여기서 사업부는 국내사업부, 해외사업부 또는 반도체사업부, 모바일사업부, 가전사업부 등으로 나눌 수 있고, 사업부 밑의 기능에는 개발, 생산, 영업, 마케팅, 재무와 같은 단위부서 등이 있다(〈그림 6-5〉). 지금까지 살펴보았던 조직계획을 차원별로 정리하면 〈표 6-1〉과 같이 요약할 수 있다.

그림 6-5 초점에 따른 계획

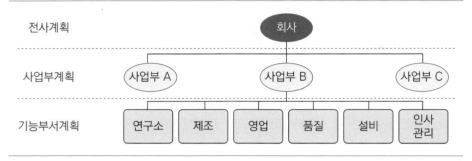

표 6-1 계획의 분류

기준 조직계층	유 형	시 간	초 점	요 소
최고경영자	전사적 계획 (전략적 계획)	장기계획 (5년 이상)	조직전체	전사적 차원의 전략, 정책
중간경영자	사업부 계획 (전술적 계획)	중기계획 (2~5년)	사업부	사업부 차원의 전략, 정책
하위경영자	기능부서 계획 (운영 계획)	단기계획 (1년 이내)	단위, 기능부서	부서 차원의 정책, 절차, 규칙

Ⅲ 계획수립기법

계획수립은 경영의 관리과정에서 성공의 핵심적인 요소이다. 따라서 목표를 달성하기 위해서는 계획을 쉽게 이해할 수 있도록 하고 타당한 근거를 제시해야 한다. 계획수립에 많이 이용되는 기법으로는 미래에 대한 예측을 기반으로 하는 예측기법(상황대응 계획법, 시나리오 계획법)과 외부조직을 기반으로 하는 벤치마킹, 그리고 조직 내부의 구성원을 기반으로 하는 계획수립기법이 있다.

1. 예측기법

예측(forecasting)은 미래에 어떤 일이 발생할 것인지에 관한 가정을 만드는 과정이다. 모든 계획에는 명시적 또는 암묵적으로 예측이 포함되어 있다. 계획을 수립할 때는 항상 내외부 환경(특히 정치적, 경제적, 사회적인 외부환경)을 분석하여 미래에 일어날 일들을 예측하여 계획을 수립해야 하고, 미래가 예측된 대로 전개되었을 경우에 조직에서는 어떻게 대응할 것인지에 관한 내용도 포함되어 있어야 한다.

예측기법은 두 가지 계획법으로 나뉘는데 먼저 상황대응 계획법(contingency planning)은 환경변화로 인하여 당초 계획이 부적절하다고 판단되는 경우 새로운 환경에 적절이 대응할 수 있도록 그때그때 대안을 찾아 행동을 수정하는 과정이다. 따라서 환경변화의 식별시점은 빠를수록 좋으며 이를 위해 조직을 둘러싸고 있는 환경의 변화 여부를 수시로 확인해야 한다. 예를 들어 한국에 고고도미사일 방어체계(THAAD) 배치에 따른 중국의 보복성 정책으로 관광업, 자동차수출, 화장품 등 관련업계가 많은 타격을 받고 있으며, 이러한 상황변화에 맞추어 대응책을 수립하는 것이 대표적인 상황대응 계획법이라고 할 수 있다.

다음으로 시나리오 계획법(scenario planning)은 장기적인 예측기법으로서 미래에 일어날 일을 미리 예측하고 각 시나리오에 해당하는 계획을 수립함으로써 환경변화에 유연하게 대응할 수 있는 방법이다. 물론 시나리오 계획법이 미래의 모든 발생 가능한 상황에 대한 대비책을 준비할 수 있도록 해주는 것은 아니지만 조직구성원, 특히 계획수립 담당자들에게 미래를 한 번 더 생각하게 해주고 미래에 충격적인 변화가 발생하더라도 의연하게 대처할 수 있게 해주는 장점이 있다. 예를 들어서 미국의 금리가 인상되면 국내의 금리도 인상될 가능성이 매우 높아지게 된다. 따라서 기업들은 현재의 금리(1.25%), 그리고 1.5%, 1.75%, 2%일 때 기업의 대출금에 대한 상환, 손익이나 매출 등을 달리하여 계획을 세우게 된다. 또한 미국의 달러당 원화가치가 950원, 1,000원, 1,050원, 1,100원일 때 기업의 매출, 이익 등 시나리오를 수립하고 그에 맞추어 투자, 고용, 신규사업 등의 규모를 조정하게 된다.

2. 벤치마킹

벤치마킹(benchmarking)은 동종업계의 가장 경쟁력 있는 기업(선두기업)을 대상으로 그 기업이 갖는 경쟁우위의 원천을 알아내어, 혁신활동을 추진함으로써 자사의 경쟁력을 한 단계 끌어올리는 방법을 말한다. 벤치마킹의 시초는 일본기업에 밀려 고사상태에 놓여있던 미국의 제록스사가 경쟁업체인 일본기업의 경영노하우(know-how)를 파악하기 위해 직접 일본에 건너가 조사활동을 벌인 뒤 조사결과를 경영 전반에 활용, 다시 경쟁력을 회복하면서부터이다. 이처럼 벤치마킹은 주로 자기 분야에서 가장 우수한 성과를 내고 있는 최고의 회사를 모델로 삼아, 그 회사 경쟁우위의 원천(개발, 생산, 기술, 품질, 원가, 마케팅)이 무엇인지 알아내어 창조적 모방을 통해 발전해 나간다는 개념이다. 벤치마킹은 대상 기업에 접촉하는 경로를 공식적인 경로와 비공식적인 경로를 통해서 대상업체에 접촉하여 진행한다. 공식적인 경로는 직접접촉, 관련학회, 전시회, 세미나, 컨설팅 회사를 통하여 이루어지며, 비공식적인 경로는 공급업체나 설비업체, 또는 제품(또는 서비스)을 판매하는 업체를 통하여 이루어진다. 하지만 어떠한 경우이든 그 분야 최고 회사의 경쟁력의 원천을 알아낸다는 것은 결코 쉽지 않은 일이며, 가장 바람직한 방법은 서로 상대방이 필요로 하는 정보를 주고받는 방법이다(give and take).

3. 참여적 계획수립기법

참여적 계획수립기법(participatory)은 계획을 수립하는 과정에 계획에 영향을 미치는 관련부문 및 이를 실행해야 하는 조직구성원들이 참여하여 계획을 수립하는 방법을 말한다. 참여적 계획수립기법은 계획을 수립할 때 다양한 계층의 조직구성원들이 다수 참여함으로써 다양한 정보와 창의적인 아이디어를 많이 수집할 수 있다. 뿐만 아니라 조직구성원들이 계획에 대한 사전 참여를 통하여 목표에 대한 긍정적인 효과를 가져오며, 책임감을 부여하고 조직구성원들의 동기부여와 업무성과를 향상시킨다. 이는 최고경영층에서 이루어지는 전략적 계획수립에 있어서도 예외는 아니다. 전략적 계획수립에 보다 많은 계층의 중간경영자들이 참여할수록 조직의 목표를 달성하기 위한 조직구성원의 몰입 정도가 커질 수 있기 때문이다.

그러나 이 방법은 계획을 수립할 때 너무 많은 시간이 소요된다는 단점이 있다. 다수 참여자들의 의견을 수렴하여 의사결정을 하게 됨으로서 시간과 노력이 소요되지만, 그럼에도 불구하고 이 방법이 효율적으로 사용되기만 한다면 시간의 지연으로 발생하는 비용의 크기보다 참여적인 계획수립기법 자체가 제공하는 이익이 더 크기 때문에 많은 조직에서 활용되고 있다. 특히 최근에는 많은 기업들이 일방적이고 독단적인 하향식 의사결정보다는, 조직구성원이 참여하여 의견을 수렴하는 상향식 의사결정기법이 많이 활용되고 있다.

Ⅳ 계획수립의 단계

일반적으로 조직의 계획수립은 크게 5단계로 나누어 설명할 수 있다(〈그림 6-6〉).

그림 6-6 계획수립 5단계

1단계는 계획과정의 사전 단계로서 앞서 살펴본 조직의 내·외부 환경을 분석하여 나아갈 방향을 설정하는 단계이다. 기업의 경영활동은 기업을 둘러싸고 있는 내·외부 환경에 따라서 많은 영향을 받기 때문에, 목표를 수립하기 위해서는 사전에 내·외부 환경분석을 통하여 나아갈 방향을 설정하고 목표를 수립해야 한다.

2단계는 1단계에서 내·외부 환경을 분석하여 나아갈 방향을 설정하고, 조직의 목표를 명확하게 설정하는 단계이다. 계획수립은 조직이 어떻게 하면 조직의 목표를 달성할 수 있을 것인지에 초점이 맞춰져 있기 때문에, 조직의 목표가 분명하게 정리되어 있어야 한다.

따라서 조직이 달성해야 할 목표를 구체화시키고 계량화하여, 관리할 수 있는 지표를 포함한 목표를 수립한다.

3단계는 각 목표에 대한 문제점 및 대안을 수립하는 단계이다. 예를 들어서 매출액이나 이익 또는 생산량 등의 목표를 수립하였으면, 이를 달성하기 위하여 예상되는 문제점들을 사전에 찾아서 분석해보고 검토해야 한다. 또한 예상되는 문제점에 대한 대안을 검토하여 목표달성에 기여할 성공가능성이 가장 높은 최적의 대안을 선택해야 한다. 아무리 좋은 대안이라 하더라도 전제조건이나 가정이 까다로우면 대안으로서의 효용가치가 떨어지기 때문에, 조직의 목표와 각 대안의 전제조건을 고려하여 실현가능하고 효율적인 대안을 선택한다.

4단계는 설정된 목표에 대한 세부 실행계획을 수립하는 단계이다. 즉 앞에서 예상되는 문제점을 검토하여 최적의 대안을 선택하였고, 이를 실행하기 위해서는 여러 가지 후속적인 세부 계획수립이 요구된다.

5단계는 4단계의 내용을 실천 및 피드백하는 단계이다. 이 단계에서는 조직의 설계 및 통제시스템의 설정 등이 필요하다. 즉 계획이 아무리 잘 수립되었다고 하더라도 이를 실제로 실행하지 않으면 무의미하고, 실행을 통제(평가)하고 피드백하는 프로세스가 갖추어져야 한다. 실행 결과를 어떻게 통제하고 피드백할 것인지는 목표를 수립하는 단계에 반영되어 설계하는 것이 바람직하다고 할 수 있다.

Ⅴ 경영전략

전략적 계획의 수립(strategic planning)이란 기업조직 전체를 대상으로 장기적인 계획을 수립하는 것이다. 전략(strategy)은 장기적인 목표를 달성하기 위한 광범위하고 일반적인 계획이라고 할 수 있으며, 전략적 계획수립의 결과물이라고 할 수 있다. 전략적 경영 또는 전략경영을 정의해 보면 전략적 계획과정을 통해 수립된 전략에 근거하여 전개되는 경영활동이라고 할 수 있다. 즉 전략경영은 경쟁적 환경 속에서 조직의 목표 달성을 위해 수행해야 할 조직의 활동 영역 및 내용, 그리고 방향을 결정짓는 선택에 지침이 되는 포괄적이고 통합적인 틀로 정의할 수 있다.

첫 번째 기업의 경영환경 분석은 앞장에서 살펴보았기 때문에 이 장에서는 생략하기로 한다. 두 번째 단계인 기업조직의 방향 설정은 환경 분석의 결과에 근거하여 조직이 나아가야 할 방향을 설정하는 것인데, 이 개념은 크게 조직의 사명과 조직의 목표로 나누어볼 수 있다. 조직의 사명(mission)이란 특정 조직이 존재하는 목적(purpose)이나 이유를 말한다. 일반적으로 조직의 사명에는 생산할 제품이나 창출한 서비스의 유형과 같은 사업영역(business domain)의 규정, 고객에 대한 태도, 그리고 어떻게 하는 것이 가치 있는 것인지 등과 같은 시장지향성, 그리고 실현 가능성 및 동기부여의 내용들이 포함되며 사명 기술서(mission statement)에 잘 나타나 있다. 반면에 조직의 목표(objective)는 (기업)조직의 사명을 실천하기 위한 구체적인 비전(vision)이라고도 한다. 즉 비전인 (기업)조직의 목표는 사명을 구체적으로 전환하여 목표에 의한 경영이 수행되도록 하는 것이다. 세 번째와 네 번째 단계는 전략을 수립하고 실행하는 단계로 전략의 유형과 함께 전략의 선택 및 실행으로 나누어 살펴볼 것이다. 그리고 통제단계는 장(Chapter)을 달리하여 과거의 평가(제10장)에서 살펴보기로 한다.

기업의 위계수준별 경영전략은 다음 〈그림 6-7〉과 같이 나누어 볼 수 있고, 각 수준별로 내·외부 환경과 사업의 내용에 맞추어 전략의 유형을 달리하여 적용할 수 있다.

 전략의 수준

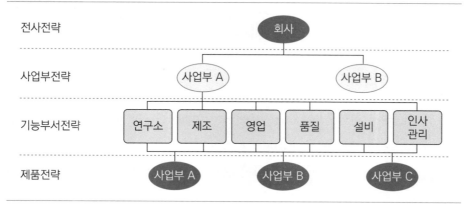

1. 전략의 수준

경영전략은 본질적으로 경영능력과 내·외부 환경 변화와의 적응을 통하여 경영성과를 극대화할 수 있는 구체적인 내용을 다루고 있지만, 경영전략 방안은 계층별 위계수준에 따라서 달라진다(〈그림 6-8〉).

1) 전사 전략(corporate level strategy)

핵심은 "어떤 비즈니스에 집중하느냐?"를 다루는 전략이다. 주로 최고경영층에 의해 이루어지는 전략으로서 가치창출을 목적으로 기업이 나갈 방향, 즉 기업이 사업을 수행할 영역, 경쟁의 장소를 결정하고, 기업 전체 조직 구조를 어떤 형태로 갖출 것인가를 다룬다. 기업전략 과정에서 다각화된 사업 포트폴리오 관리, 다양한 사업 단위들의 목표를 수행하는 데 필요한 자원배분, 사업영역에 관한 의사결정이 주요과제가 되며 기업전략의 핵심이 된다.

2) 사업부 전략(business unit strategy)

핵심은 조직의 각 개별적 사업에 대해서 시장에서 어떻게 경쟁할 것인가를 다루는 구체적 경쟁방법과 관련된 전략이다. 시장에서 어떻게 경쟁을 할 것인가? 어떤 제품·서비스를 생산할 것인가? 어떤 고객을 주 대상으로 할 것인가? 등을 결정한다. 사실상 대부분의 기업들은 많은 사업부를 가지고 있다. 따라서 최고경영층은 사업부의 다양화에 따른 복잡하고 변화되는 활동을 조직하고 관리하는 데 어려움을 겪는다. 따라서 보다 중요한 사업부는 별도로 관리할 필요가 있다. 이 경우 별도 관리되는 사업부를 SBU(strategy business units)라 부른다. 만일 단일 품목만을 취급하는 기업이면 사업부 전략과 기업 전략을 구분할 필요가 없이 본질적으로 이들은 같다.

3) 기능부서 전략(functional level strategy)

비즈니스 전략을 어떻게 지원할 것인가를 다루는 전략이다. 따라서 기능별 전략은 기업의 목표와 전략을 달성하기 위해, 각 기능 부문이 취하는 하위전략이다. 기능별 전략의 핵심은 기업 혹은 사업 단위에 경쟁우위를 제공해줄 수 있는 독특한 능력을 개발하고 육성하는 것이라 할 수 있다. 사업부 전략을 수행하기 위한 기능적 전략으로는 마케팅, R&D, 재무, 회계, 생산, 기술, 정보, 사업연속성, 글로벌화, 반부패 등의 전략이 있다. 기능별 전략은 경쟁우위 결정에서 매우 중요하게 활용된다. 기능별 전략은 경우에 따라서는 독립적이어서는 안 되고 상호보완적이어야 한다. 어느 한 제품의 경쟁력은 단독 기능별 전략만으로는 안 되기 때문이다. R&D, 생산, 마케팅 등 여러 기능들이 서로 연계되어야 한다.

4) 제품 전략(product strategy)

제품 전략은 제품 중심으로 만들어지는 전략이다. 애플이나 삼성과 같이 스마트폰을 회장이나 사장이 직접 시연하면서 신제품을 소개하는 전략은 제품 전략의 일환이다. 기업이 판매하기 위하여 생산하는 제품의 총체적 집합인 제품믹스(product mix)를 응용한다. 제품믹스란 마케터가 시장에 제공하는 모든 품목의 목록을 말하며 폭과 깊이, 길이, 일관성이라는 네 가지 차원을 갖는다. 폭(너비)은 제품계열의 수를 말하고, 깊이는 제품계열 내 품목의 수를, 길이는 제품믹스 내 모든 품목의 수를 말한다. 일관성은 제품 믹스 내의 다양한 제품들이 최종 용도, 생산 시설, 유통 경로 등의 측면에서 밀접하게 결합된 정도(결합 효과로 비용의 절약과 기술 축적)이다. 최근에는 제품이름 및 브랜드 관련 전략 개발이 보다 중요시되고 있다.

2. 전략의 유형

〈그림 6-7〉에서 제시한 기업의 위계수준별 전략유형은 크게 성장전략(growth strategy), 축소전략(retrenchment strategy), 안정전략(stability strategy), 그리고 결합전략(combination strategy)의 4가지 유형으로 구분할 수 있다.

1) 성장전략

성장전략은 기업의 장기적인 존속을 위해 필요한 전략으로 외적 성장전략과 내적 성장전략으로 나눌 수 있다. 외적 성장전략은 새로운 사업, 새로운 제품을 통해 성장을 추구하는 전략으로 다시 집중화 전략과 다각화 전략으로 나눌 수 있다. 내적 성장전략은 조직의 특성을 변경하지 않고 제품을 통하여 시장을 확대해 나가는 전략이다.

① 외적 성장전략

현재의 사업 혹은 새로운 사업을 통하여 기업이 제품 또는 시장점유율을 확대할 때 사용하는 전략으로, 조직은 수익·종업원 수·시장점유율 등을 높힐 수 있다. 외적 성장전략은 다시 집중화, 수직적 통합, 수평적 통합, 다각화 등으로 나눌 수 있다(〈그림 6-8〉).

그림 6-8 집중화 전략

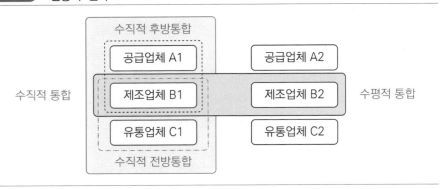

㉠ **집중화(focus strategy)**: 집중화 전략은 세분화된 영역에서 비용우위 또는 차별화를 통하여 성장하는 전략으로, 수직적 통합 또는 수평적 통합으로 나눌 수 있다.
집중화 전략을 사용하여 성장하는 기업들은 핵심 제품에 회사의 자원을 집중하여 육성한다.
예를 들어 삼성전자가 세계최대의 전자회사가 되기 위해서는 많은 제품들 중에서 핵심 가전제품, 반도체, 모바일 사업에 집중하였다.
㉡ **수직적 후방통합**: 수직적 후방통합은 제조업체가 자사에 원자재를 공급하는 공급업체를 통합하여, 자체적으로 투입을 통제할 수 있도록 만드는 것이다. 예를 들어 메모리 반도체 제조업체인 SK 하이닉스에서 반도체 원료인 웨이퍼를 생산하는 LG 실트론을 인수하였다. SK 하이닉스는 반도체 핵심원료인 웨이퍼를 안정적으로 공급받음으로써, 경쟁업체에 비하여 제조경쟁력을 확보할 수 있다고 발표하였다.
㉢ **수직적 전방통합**: 수직적 전방통합은 제조업체가 자사제품을 판매하는 유

통업체를 통합하여 자체적으로 판매망을 확보하고 통제하는 것을 의미한다. 예를 들어 삼성전자와 LG전자는 자체적으로 유통망(디지털프라자, LG 베스트샵)을 통하여 자사제품을 판매하고 있다.

② **수평적 통합:** 수평적 통합의 경우 기업은 경쟁업체와 결합함으로써 성장한다. 수평적 통합은 특히 동종 업계의 경쟁업체를 인수하여 시장점유율을 늘리고자 할 때 많이 사용된다. 예를 들어 KB국민은행은 2016년 현대증권을 인수하여 매출 1위 기업으로 올라섰다. 이와 같은 수평적 통합은 최근 수십 년 간 금융서비스, 소비제품, 항공사, 백화점, 소프트웨어사 등 많은 산업에서 사용되어 왔다.

⑩ **다각화 전략:** 다각화 전략은 새로운 제품을 갖고 새로운 시장에 진입하는 전략으로, 집중적 다각화와 콩글로머리트 다각화 전략으로 나눌 수 있다. 집중적 다각화는 자사제품과 관련 있는 제품이나 서비스를 취급하는 사업체를 인수하거나 새로운 사업을 확장하는 전략이고, 콩글로머리트 다각화는 자사제품과 관련 없는 제품이나 서비스를 취급하는 사업체를 인수하거나 새로운 사업을 확장하는 전략을 의미한다.

② 내적 성장전략

내적 성장전략은 특정의 단일제품이나 서비스, 기술 및 시장에 초점을 맞추어 동일한 사업영역 내에서 경영자원을 집중하는 전략이다. 기업은 이러한 전략을 통해 전문성을 확보하고 자사 제품에 대한 브랜드를 활용하여 지속적인 성장을 도모할 수 있다.

이때 많이 사용하는 제품−시장 매트릭스 전략은 신시장 기회를 포착하기 위하여 시장을 기존시장과 신시장, 그리고 제품을 기존제품과 신제품으로 분류하여 전략을 수립하는 방법이다(〈표 6−2〉). 제품−시장 매트릭스를 펼치면 다음과 같은 네 가지 전략이 가능하다.

• 기존시장으로 기존제품을 가지고 침투하는 시장침투전략
• 신제품을 개발하여 기존시장에 침투하는 신제품개발전략
• 기존제품으로 신시장을 개척하는 신시장개척전략
• 신제품으로 신시장을 진출하는 다각화전략(외적 성장전략에 포함)

기업은 자사의 강점과 약점을 분석하여 최적의 전략을 선택해야 할 것이다. 예를 들면 자사 제품의 브랜드 가치가 높다면 새로운 시장을 개척해 나가는 것이 바람직하다고 할 수 있다.

표 6-2 제품-시장 확장 그리드

	기존시장	신시장
기존제품	시장침투전략	시장개척전략
신제품	제품개발전략	다각화전략

* 다각화 전략: 외적성장전략

2) 축소전략

축소전략은 경영상에 심각한 문제가 발생하거나 환경이 갑작스럽게 변화하는 등 정상적인 경영이 어려운 경우에 조업을 단축하거나 생산을 축소하는 경영전략을 말한다. 이와 같은 축소전략은 방향전환(turnaround), 부분매각(divestiture), 해산 또는 청산(liquidation)전략으로 나눌 수 있다.

① 방향전환전략

방향전환(turnaround)전략은 경영상의 문제점을 해결하고 운영상의 능률을 제고하기 위해 인건비와 그 밖의 경비를 절감하거나 조직을 재편성(restructuring)하는 것이다. 리스트럭처링은 주로 조직의 규모나 사업구조, 운용내용을 바꿈으로써 효율성을 높이거나 조직성과를 개선하기 위해 사용된다. 방향전환전략 중에서 특히 비용절감과 영업효율성 제고를 기대하고 조직규모를 줄이는 리스트럭처링을 다운사이징(downsizing)이라고 한다.

② 부분매각전략

부분매각(divestiture)전략은 비용을 절감하고 운영상의 능률을 개선하며 핵심사업에 노력을 집중할 목적으로 내부 조직을 떼어내어 분리설립(spin-off)하거나, 독립적인 영업부분을 매각(sell-off)하는 전략이다.

③ 해산전략

해산(liquidation)은 기업조직의 자산을 완전매각하거나 파산선언을 통하여 경영활동 자체를 중단하는 전략이다.

3) 안정전략

안정(stability)전략은 현재의 경영활동을 그대로 유지하는 전략으로 현상유지 전략이라고도 한다. 이 전략은 기업조직이 현재의 경영환경 속에서 이미 성과를 올리고 있거나 새로운 사업진출로 인한 위험부담의 회피, 또는 축소전략으로 인한 내부반발을 야기하지 않기 위하여 활용되는 전략이다. 따라서 안정전략은 성장전략이나 축소전략 등 새로운 전략의 시행 이전에 적응을 위한 시간이 필요할 때 활용할 수 있는 비교적 단기성 전략이라고 할 수 있다.

4) 결합전략

결합전략은 하나 이상의 다른 전략을 동시에 사용하는 전략으로, 기업 내 각 사업부가 각기 다른 전략을 사용하는 것을 의미한다. 예를 들어서 같은 기업 내에서 제조사업부는 성장전략을 사용하고, 영업 및 마케팅 사업부는 안정전략을 사용하는 것을 말한다. 오늘날 기업의 규모가 커지고 경쟁이 치열해 지면서, 각 사업부별로 각각의 사업에 적합한 다른 전략을 사용하는 경우를 많이 볼 수 있다.

Ⅵ 전략모형

전략의 수립 및 실행은 앞서 살펴본 여러 가지 전략 중에서 적절한 것들을 선택하여 그 조직의 실제적인 환경에 적합시켜 나가는 과정이다. 전략의 선택(개발)은 원가, 품질, 혁신능력과 신속성, 진입장벽, 자본 등 여러 변수들이 복합적으로 고려된다. 이처럼 경영전략수립과정에서 여러 변수들을 복합적으로 고려한 경영전략모형은 매우 다양하지만 전사적 전략으로서의 포트폴리오 분석모형(portfolio model)과 5-force모델, 전사적 차원과 사업부 차원 모두에서 활용가능한 SWOT 분석모형, 그리고 사업부 수준의 전략으로서 M. Porter의 경쟁모형(competitive model)에 대하여 살펴보기로 한다.

1. 전사적 경영전략

1) 포트폴리오 분석모형

제품포트폴리오관리(PPM; product portfolio management)기법은 1970년대 미국의 보스턴컨설팅그룹(BCG; boston consulting group)에 의해 개발된 것으로 BCG 매트릭스(BCG matrix)라고도 한다. 이 기법은 특정 사업 분야의 매출액(상대적 시장점유율), 그 사업이 속한 시장의 성장률, 그리고 그 사업의 추진으로 인한 현금의 유입과 유출, 이 세 가지 요인에 의해 사업이나 제품의 다각화 순서와 정도를 결정하고, 때에 따라서는 자금을 필요로 하거나 자금창출능력이 있는 상이한 사업부서 간의 균형을 유지할 목적으로 사용되기도 한다. 따라서 이 기법은 사업 활동이 다각화되어 있거나 제품계열이 다각화되어 있는 경우에 유용한 경영전략모형이다. 〈그림 6-9〉는 상대적 시장점유율(relative market share)과 시장성장률(market growth rate)이라는 두 변수를 사용하여 특정사업 또는 제품의 위치를 지정한 PPM기법이다.

그림 6-9 BCG매트릭스

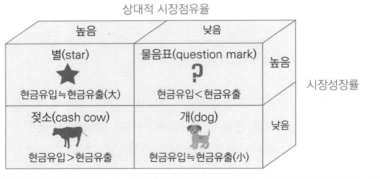

각 영역별 특징과 전략은 〈표 6-3〉과 같다.

① 젖소(cash cow, ₩) 영역은 이미 지속적인 투자결과로 관련시장에서 시장 지배적인 위치를 구축하고 있으나, 시장 전체의 성장률 또는 성장가능성이 낮은 경우이다. 이때의 전략은 유지전략이나 수확전략으로 최대한 현금을 확보하여, 여기서 발생하는 현금은 새로운 캐쉬카우 제품을 발굴하기 위하여 물음표나 스타 영역으로 투자하는 것이 바람직하다.

표 6-3 영역별 특징과 전략

스타	상황	• 높은 시장성장률, 높은 상대적 시장점유율 • 물음표 부분의 지속적인 투자가 성공을 거두어 시장지배력이 확보된 결과 • 시장점유율 유지를 위한 상당한 투자소요: 현금유입 ≒ 현금유출.
	전략	• 육성/성장 전략 또는 유지전략
물음표	상황	• 높은 시장성장률, 낮은 상대적 시장점유율 • 미래의 성장가능성이 높은 사업에 후발업체로 참여하는 경우 • 후발업체의 취약성을 극복하기 위해서 막대한 투자소요: 현금유입 < 현금유출
	전략	• 육성/성장 전략, 수확 또는 철수 전략
젖소	상황	• 낮은 시장성장률, 높은 상대적 시장점유율 • 지속적인 투자결과로 관련시장에서 시장지배적인 위치를 구축하고 있으나 시장 전체의 성장률 또는 성장가능성이 낮은 경우 • 시장성장률 저하로 새로운 투자를한 자금은 필요치 않음: 현금유입 > 현금유출
	전략	• 유지전략 또는 수확전략 • 별이나 물음표에 재투자
개	상황	• 낮은 시장성장률, 낮은 상대적 시장점유율 • 적은 금액의 현금유입이나 유출: 현금유입 ≒ 현금유출
	전략	• 수확 또는 철수 전략

② 물음표(question mark, ?) 영역은 시장 자체의 지속적인 성장으로 전망이 좋고 상당한 투자의 매력이 있으나, 후발업체의 취약성을 극복하기 위해서는 막대한 투자가 소요된다. 이때의 전략은 육성/성장전략 또는 철수전략이다. 시장의 성장 가능성을 보고 최대한 공격적으로 자원을 투입해서 단계별로 추진하되, 원하는 결과를 얻기 어렵다고 판단되면 철수하는 것도 같이 염두에 두고 전략을 세우는 것이 바람직하다.

③ 스타(star, ☆) 영역은 물음표 부분의 지속적인 투자가 성공을 거두어 상당한 시장지배력이 확보된 상태이나, 시장자체의 팽창으로 시장점유율 유지를 위한 지속적인 투자가 요구된다. 이때의 전략은 육성/성장전략 또는 유지전략을 통하여 시장지배력을 지속적으로 유지해 나가는 것이 바람직하다.

④ 개(dog, X) 영역은 시장의 성장가능성이 극히 낮고 시장점유율도 낮아 상대적으로 적은 금액의 현금유입이나 유출이 일어난다. 전략은 최대한 수확할 수 있는 열매는 따먹고 철수하는 것이 바람직하다.

2) 산업구조 분석(5-force)

Michael Porter에 의해 개발된 경쟁전략 모형으로는 전사적 수준의 경쟁구조 분석(산업구조분석, 5-force) 모형과 사업부 수준의 본원적 경쟁우위전략이 있다. 본원적 경쟁우위전략은 사업부 수준의 전략에서 살펴보기로 한다.

산업구조분석(경쟁구조분석) 모형은 외부환경 중 특히 현재 또는 미래의 잠재적인 경쟁업체에 초점을 맞추고, 기업조직의 수익성 또는 기업조직이 속한 산업의 매력도를 결정짓는 다섯 가지 요인을 제시하였다. 즉 기업조직의 경쟁력 결정요소로 산업 내 기존경쟁업체 간의 경쟁, 잠재적 경쟁자의 진입가능성, 대체재의 위협, 구매자의 교섭력, 그리고 공급자의 교섭력의 5가지 요소를 들고 있다.

산업구조분석 모형이 주는 의미는 특정 산업에서의 경쟁은 기존 기업 간의 경쟁자는 물론이고 그 산업의 잠재 이익을 결정하는 여러 집단구성원들과의 경쟁 상태에 의존한다는 것이다. 따라서 기업조직이 경쟁력강화를 위한 전략계획을 수립하기 위해서는 우선 산업 내의 다양한 구성 집단들의 상호 관계를 분석하고 그들의 경쟁강도를 파악해야만 한다. 각 경쟁요인별 산업구조의 구성요인들은 다음의 〈표 6-4〉와 같이 정리해 볼 수 있다.

M.Porter는 이러한 요인들이 산업경쟁의 상태를 좌우하기 때문에 효과적인 전략형성을 위해서는 이러한 요소들이 적절하게 고려되어야 한다고 주장하였다.

표 6-4 5-force 모형

기존경쟁업체 간의 경쟁	산업성장률, 고정비용, 초과설비, 제품차별화, 브랜드 인지도, 교체비용, 다른 사업부와의 관련성 등
잠재경쟁자의 진입가능성	절대적 원가우위, 제품차별화, 브랜드 인지도, 교체비용, 소요자본량, 경로에의 접근성, 기존기업의 보복, 정부정책 등
대체재의 위협	대체품의 상대적 가격, 교체비용, 대체품에 대한 구매자 성향 등
공급자의 교섭력	공급량, 차별화 정도, 교체비용, 대체재 존재여부, 전방통합 가능성 등
구매자의 교섭력	구매량, 차별화 정도, 교체비용, 대체재 존재여부, 구매자 정보력, 후방통합 가능성 등

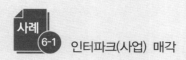

사례 6-1 인터파크(사업) 매각

1. '여행·티켓 1등' 인터파크, 매물로 나온 까닭

인터파크는 2002년 한일 월드컵 티켓판매에서 시작하여 국내 최다 뮤지컬, 콘서트 및 연극, 클래식 등 다양한 공연 영역과 영화, 전시, 레포츠 등 문화예술 전반을 포괄하는 플랫폼으로 성장한 기업이다. 더불어 공연장 운영과 공연 제작 영역까지 아우르는 종합적인 문화산업 리더의 역할을 수행하고 있다.

여행·티켓 지배력 높아 사업 전환에 무게가 실리고 낮은 몸값에도 불구하고 매각 성사 여부는 미지수이다. 최근 쿠팡 IPO(기업공개), 이베이코리아의 매각을 전후해 이커머스 시장에 거대 자본이 투입되면서 게임의 룰이 완전히 바뀌었다. 인터파크는 이익 기반 성장 원칙을 추구해 왔지만 지금의 룰에서 더 이상 이 원칙을 지켜나가기 어려운 것이 사실이다. 강동화 인터파크 대표는 이커머스 사업 매각 추진 사실이 알려진 2021년 7월 임직원에게 이같은 내용의 메시지를 보냈다. 강 대표는 이 메시지에서 매각 배경과 향후의 계획을 간략하게 밝혔다. 또 직원 고용 승계를 우선 고려할 것이라는 점도 강조했다.

1세대 이커머스 인터파크가 M&A(인수합병) 시장에 나왔다. MRO(소모성자재 판매업) 자회사 아이마켓코리아와 바이오 신사업에 집중하기 위한 결정으로 보인다. 인터파크의 유력한 인수자로는 카카오·롯데 등이 거론된다. 일각에서는 쇼핑·도서·티켓·여행 부문을 분할 매각하거나 매각이 무산될 수 있다는 비관적 전망도 나온다.

2. 내실 있는 플랫폼, 지금 왜 파나

최근 인터파크는 경영권 매각을 결정하고 인수 후보군에 투자 안내문을 배포했다. 매각 대상은 최대 주주 이기형 회장과 특수관계인의 지분 28.41%다. 매각 주관사로는 NH투자증권을 선정했다. 시가총액을 고려하면 몸값은 경영권 프리미엄을 고려해도 2,000억원 안쪽으로 전망된다. 인터파크는 이커머스 시장에서 더 이상 승산이 없다고 판단한 것으로 보인다. 물론 인터파크는 내실이 탄탄한 플랫폼이다. 전체 시장점유율은 2%에 불과하지만 여행·티켓 분야의 점유율은 70%가 넘는다. 이를 바탕으로 2019년까지 흑자를 기록했다. 그런만큼 코로나19 이후 여행·티켓 시장만 회복된다면 충분히 반전을 꾀할 수 있는 기반은 갖췄다.

인터파크의 시장점유율은 2% 수준이지만, 여행·티켓 분야에서는 70%대 점유율을 기록

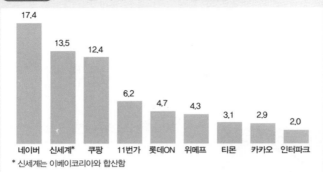

그림 6-10 2020년 국내 이커머스 시장점유율(단위: %)

17.4 네이버
13.5 신세계*
12.4 쿠팡
6.2 11번가
4.7 롯데ON
4.3 위메프
3.1 티몬
2.9 카카오
2.0 인터파크

* 신세계는 이베이코리아와 합산함

하고 있다. 다만 시장 상황이 인터파크에게 불리하다. 현재 이커머스의 핵심 전략은 물류 투자와 규모를 기반으로 한 사업 영역 확장이다. 네이버·신세계·쿠팡은 물류 인프라에 1조원 이상을 투자하고 있다. 패션 등 전문몰 M&A도 활발하다. 인터파크에는 이를 따라갈 여력이 없다. 1분기 말 기준 인터파크의 현금 및 현금성 자산은 약 1,300억원에 불과하다. 아이마켓코리아가 매년 수백억원대 영업이익을 내고 있지만 경쟁사의 투자 규모를 따라잡기에는 역부족이다.

게다가 인터파크는 바이오 신사업에 대한 투자도 진행하고 있다. 인터파크는 지난해 7월 사내 바이오융합 연구소를 분사해 인터파크 바이오컨버전스를 설립했다. 이 곳에서 줄기세포 기술을 활용한 신약 개발과 헬스케어 사업 등을 준비 중이다. 이에 앞서 체외진단 기업 피플바이오 등 바이오 기업에 지속적으로 투자해 왔다. 바이오 사업은 성과를 내기까지 많은 시간과 막대한 투자가 필요하다. 인터파크의 재무 구조를 고려하면 이커머스와 바이오 분야에 동시 투자하기는 어렵다. 반면 이커머스 사업을 매각한다면 바이오 사업 투자 여력을 확보할 수 있다. 더불어 '캐시카우'인 아이마켓코리아의 부담도 줄일 수 있다. 이커머스 사업 매각은 인터파크에게 '최선의 선택'인 셈이다.

3. 합리적 가격이지만 매력은 '글쎄요'

인터파크의 몸값은 상대적으로 낮은 편이다. 쿠팡은 상장 당시 100조원의 가치를 인정받았다. 최근 신세계에 매각된 이베이코리아 지분 80%의 가치는 3조 4,000억원이었다. 쿠팡과 이베이코리아의 지난해 이커머스 시장점유율은 20% 내외였다. 2%의 시장점유율과 티켓·여행 시장 내 지배력, 경영권 프리미엄 등을 감안하면 2,000억원 수준인 인터파크의 몸값은 '합리적'이라는 분석이다.

인터파크의 새 주인으로는 카카오와 롯데 등이 거론된다. 카카오는 오는 9월 멜론컴퍼니와 카카오엔터테인먼트를 합병한다. 멜론의 음원서비스·뮤지컬·티켓 사업과 카카오엔터테인먼트의 공연 사업 등을 통합 관리하겠다는 구상이다. 카카오는 카카오모빌리티를 통해 여행

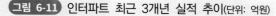

그림 6-11 인터파트 최근 3개년 실적 추이(단위: 억원)

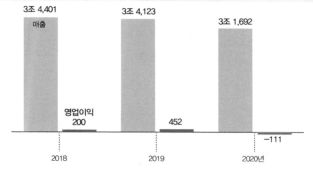

자료: 금융감독원 전자공시시스템

사업도 시작했다. 인터파크와의 사업상 접점이 있다. 롯데도 눈여겨볼 만하다. 강희태 롯데쇼핑 대표는 이베이코리아 인수 포기 당시 '버티컬 플랫폼' 구축에 나서겠다고 밝힌 바 있다. 이를 위한 M&A도 적극 추진하겠다고 강조했다. 버티컬 플랫폼은 무신사(패션)·오늘의 집(인테리어)처럼 특정 분야를 집중 공략하는 전문 플랫폼을 의미한다.

인터파크는 지난 2019년까지만 해도 흑자를 내 왔다.

롯데쇼핑은 통합 이커머스 플랫폼 롯데ON 내에 식품·명품·패션·가전 등 카테고리를 보유하고 있다. 하지만 티켓·여행·도서 등 분야의 경쟁력은 약하다. 인터파크는 이를 보완할 수 있는 카드다. 롯데그룹은 일본 JTB와의 합작 여행사 롯데JTB를 계열사로 보유하고 있다. 샤롯데씨어터·롯데월드 등 문화 사업도 진행 중이다. 인터파크와의 시너지가 가능하다. 비관적인 시각도 있다. 카카오와 롯데는 자체 플랫폼에서 티켓·여행 분야의 경쟁력을 키울 수 있다. 투자 여력도 충분하다. 최근 하나투어·노랑풍선 등 일선 여행사들도 자체 플랫폼을 선보이고 있다. 이는 인터파크의 시장 경쟁력이 언제 약화될지 모른다는 이야기다. 일각에서 쇼핑·도서·티켓·여행 분야를 분리 매각하거나 매각이 무산될 수 있다는 전망이 나오는 것도 이 때문이다. 실제로 인터파크는 교보문고와 도서 분야 매각을 논의했던 것으로 알려졌다. 업계 관계자는 "인터파크와 이베이코리아 등 1세대 이커머스 플랫폼들은 20년의 경험을 기반으로 현재 시장 상황을 잘 분석하고 있을 것"이라며, "이들의 매각 결정은 거래액 규모와 물류 인프라 기반 출혈 경쟁이 이미 시장에 자리잡아 돌파구가 없다고 판단한 것이나 마찬가지"라고 말했다.

[자료: BUSINESS watch]

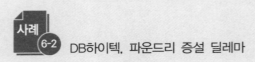

사례 6-2 DB하이텍, 파운드리 증설 딜레마

1. DB하이텍 생산 현황

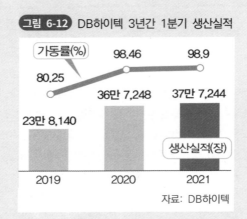

그림 6-12 DB하이텍 3년간 1분기 생산실적

가동률(%)
80.25   98.46   98.9

23만 8,140   36만 7,248   37만 7,244

생산실적(장)

2019   2020   2021

자료: DB하이텍

2. 증설 딜레마

지금(2021년 6월) 공장을 지어도 3년 뒤에나 가동이 가능하며, 반도체 호황이 지속될 지도 미지수이다. 충북 공장 부지를 산단으로 분양할 예정이다. DB하이텍이 '증설 딜레마'에 빠졌다. 8인치 파운드리(반도체 수탁생산) 수요가 늘고 있지만 무턱대고 설비 투자에 나설 수 없는 상황이다. 파운드리 호황이 예상보다 빨리 끝날 가능성이 있어서다. 27일 반도체업계에 따르면 DB하이텍은 최근 고객사들로부터 충북 음성에 있는 상우공장 파운드리 라인을 증설해달라는 요청을 받았다. 회사 측은 "검토해보겠다"고 답했지만, 쉽게 결정을 내리지 못하고 있는 것으로 알려졌다.

8인치 파운드리 반도체는 지난해부터 시장에서 '없어서 못 파는' 제품이 됐다. 특히 차량용 반도체는 수급난이 심각하다. 파운드리 가격은 이미 천정부지로 올랐다. DB하이텍 사업보고서에 따르면 1분기 0.13마이크로미터(1μm=100만분의 1m) 고급제품의 가격은 5,511달러로 지난해(1,500달러)보다 2.6배 뛰었다. 주문이 몰리면서 지난해부터 DB하이텍 파운드리 공장은 쉼 없이 돌아가고 있다. 1분기 기준 가동률은 98.9%에 달했다. 같은 기간 생산실적은 웨이퍼 377,244장으로 2019년 1분기보다 58% 증가했다. 올해 생산물량에 대한 수주는 이미 끝났다.

수요가 공급을 초과하면 공장을 더 짓는 게 당연하지만 DB하이텍은 섣불리 증설에 나서지 않는 모양새다. 완공 시기 때문이다. 업계에서는 호황기가 2023년까지 갈 것으로 보고 있다. 하지만 파운드리 라인을 지금 증설해도 3년 뒤인 2024년에야 공사가 끝난다. 설비를 안정화하고 본격 양산에 들어가는 시점에는 시장이 다운 사이클에 접어들 가능성이 있다는 얘기다. 시장 안정기에는 기존 공급사에 수주 물량을 늘릴 수 없기 때문에 새 고객사를 찾아야 한다. 하지만 장기적 관계가 중요한 파운드리산업 특성상 새로운 고객사를 발굴하는 것이 쉽지 않다. 반도체 업체들은 가격을 좀 더 주더라도 믿을 만한 파운드리 업체와 계약하기 때문이다.

'실탄'도 문제다. 파운드리 공장 하나를 짓는 데만 2조원 이상 비용이 들어 DB하이텍으로선 적지 않은 부담이다.

3. 대응방안

DB하이텍이 내놓은 절충안은 '산단 분양'인 것으로 전해졌다. 2021년 초부터 음성 공장 부지를 산업단지로 개발하고 있다. 공장 부지를 빌려주는 것이 원칙이지만, 직접 공장을 짓는 방안도 완전히 배제하지 않고 있다. 일단 '터'를 파놓고 상황을 지켜보겠다는 의미다.

[자료: 한국경제]

사례 6-3 전기차 배터리 시장의 5-force model

1. 잠재적 경쟁자

전기차 배터리 시장 점유율은 파나소닉이 제작한 닛산의 리프(Leaf)와 테슬라 모터tm의 '모델S'가 1, 2위를 다투고 있으나, 효율이 작은 원통형 배터리를 납품하고 있으며, 테슬라 외에는 대부분 일본 자동차 업체에 납품하고 있어, 배타성이 높은 자동차 업체 특성상 일본 자동차 외 업체에 수주가 어려울 것으로 보인다. 우리나라의 경우 삼성 SDI, LG화학, SK이노베이션 등의 대기업이 리튬이온전지 분야에 대해 세계적으로 높은 기술력을 갖고 있으며, 여러 글로벌 자동차 기업에 납품하고 있어 2018년에는 일본 기업의 점유율을 앞서게 될 것으로 전망하고 있다. 하지만 파나소닉이 캐시카우인 테슬라를 통해 대규모 자산을 확보하고,

이를 연구개발에 투자할 경우 기술 경쟁력 또한 금방 따라잡힐 수 있고, 배터리 원자재에 대한 대부분의 특허기술이 일본에 있기 때문에 방심할 수 없는 실정이다. 현재 가장 큰 잠재적 경쟁자는 BYD 업체를 중심으로 급성장하고 있는 중국으로, 대규모의 내수시장과 중국 정부의 적극적인 정책 및 방어 외교를 통해 앞으로 시장점유율의 대부분을 추격할 것으로 예상된다. 중국의 경우 특히 가격과 제작 속도에 있어 큰 경쟁력을 가지고 있기 때문에 전기차 배터리 연구뿐만 아니라 시장의 흐름과 중국 자본의 유입들을 사전에 대비해야 하고, 인프라 확충 및 통합 솔루션 제공 등 다양한 경쟁력을 통한 시장 진입을 고려해야 한다.

2. 구매자의 교섭력

현재 우리나라에서 판매되는 전기차는 일반 승용차에 비하면 여전히 판매가 부진한 상태이다. 전기차의 장점이 아직 부각되지 않고 있어 소비자의 인식이 저조한 편이며, 낮은 정부지원 보조금과 충전 인프라 시설 부족 및 관리 부족 등의 문제점이 있기 때문이다. 대부분의 소비자들은 전기차 구매 요소에 있어 친환경적 부분보다는, 전기차로 교체함으로서 줄어드는 유류비 및 세금 감면, 보조금 지급 등에 더욱 관심이 있다. 때문에 친환경적인 마케팅을 유도하되, 자동차 자체의 연비를 조작하거나, 소비자의 신뢰를 저버리는 마케팅(전기 배터리로만 700km를 간다는 허위광고-사실 80km 내외)은 지양하는 것이 좋고, 충전 인프라 확충과 IoT 기술 등을 통한 자동차 관리 상태 정보, 주변 정보 등 다양한 이점들을 제공해주어야 한다.

3. 대체제의 위협

친환경자동차로 분류된 자동차는, 하이브리드 전기차와 순수 전기차, 수소차로 나뉜다. 하이브리드 전기차의 경우 전기차의 과도기적인 모델로, 초기 개발 업체의 기술 폐쇄주의와 기존 내연기관 자동차 비교 경제성이 크지 않아, 시장이 크게 성장하지 않았다. 수소 자동차의 경우 완벽한 환경 친화적 자동차라고 불리지만 연료의 촉매인 백금의 비싼 가격과 기술력 부족으로 아직 실용화가 현실적이지 않다. 이 밖에 리튬이온전지의 기술 발달이나 새로운 타입의 배터리 기술이 개발되지 않는 한 전기차 배터리 시장에 위협이 될 만한 대체재는 없을 것으로 본다.

4. 공급자의 교섭력

2차 리튬이온전지의 재료는 크게 양극재, 음극재, 전해질, 분리막으로 나뉘며 이러한 재료의 필수 원료로는 흑연, 리튬, 코발트, 니켈, 망간 등이 있다. 이들의 공정 방법이나 합금 제조 방법 등에 의해 배터리의 성능이 좌우된다.

양극재의 경우 리튬전지 소재비의 24%를 차지하는 핵심 소재로, 한국과 일본 업체가 선두 기술을 지니고 있고, 미국과 중국의 후발업체들이 추격하고 있다. 양극재의 핵심 원료인 리튬은 주로 바다나 염호에서 추출되며 대부분의 추출기술 및 시장점유율이 일본 기업에 있으나 점차 한국 및 중국의 경쟁력과 시장점유율이 상승하고 있는 추세이다. 또한 고부가가치 시장이기 때문에 여러 글로벌 기업들의 시장 진입이 증가하고 있어 향후 공급과잉이 심화될 것으로 예상된다.

음극재의 경우 주로 흑연, 규소 등이 사용된다. 현재 열처리 기술이 뛰어난 일본 업체들이 시장을 점유하고 있으나, 풍부한 자원을 확보하고 있어 재료 조달에 강점이 있는 중국 업체의 점유율이 점차 상승하고 있는 추세이다.

분리막의 경우 높은 기술력이 요구되는 시장이며 매년 시장규모가 가장 크게 성장하고 있다. 삼성SDI, LG화학, 소니 등 한국과 일본의 5개 선도 기업이 시장의 86%를 차지하고 있다. 전해액은 기술 진입 장벽이 낮아 원가 경쟁력이 뛰어난 중국 업체가 난립하는 상황이며, 국내의 경우에도 여러 중소기업들이 공급하고 있다.

이처럼 리튬이온전지의 소재 시장은 전체적으로 기술적 진입 장벽이 약화되고, 경쟁이 심화되고 있다. 따라서 향후 공급 과잉이 예상되므로 안정적이고 저렴한 원자재 수급이 가능할 것으로 보인다.

5. 산업 내 기존 업체 간의 경쟁

국내 전기차 배터리를 생산하고 있는 기업은 크게 보자면 LG화학, 삼성SDI, SK이노베이션이다. 이들 모두 다양한 글로벌 자동차 업체와의 계약을 통해 배터리를 납품하고 있으며, 높은 리튬이온전지 기술을 통해 시장점유율을 높여나가고 있다. 또한 중국 시장 진출을 위해 중국에 대규모 생산 공장 건설을 통해 시장 지배력을 높여나가고 있는 중이다.

이들 업체 모두 여러 계열사와 자회사를 통해 다양한 관련 산업으로 진출을 할 수 있고, 대기업의 브랜드 이미지 및 글로벌 네트워크라는 장점을 가지고 있기 때문에 전기차 배터리 시장 진입을 위해서는 단순한 배터리 기술력뿐만 아니라 관련 서비스 및 인프라 구축을 통한 차별성을 갖추어야 한다.

사례 6-4 삼성전자의 고민…TSMC 날아가고 마이크론 뛰어온다

1. 삼성전자의 고민

'반도체 우등생' 삼성전자의 고민이 깊어지고 있다. 삼성전자가 지켜온 메모리반도체 시장 1위, 반도체 위탁생산(파운드리) 시장 2위 경쟁이 점점 치열해지고 있기 때문이다. 세계 1위 TSMC를 따라잡겠다는 계획은 점점 더 멀어지고, 30년 가까이 지켜온 메모리반도체 시장 1위는 까마득한 3위가 맹추격하고 있다. 20일 반도체업계에 따르면 대만 파운드리기업 TSMC는 올해 3분기 회로선폭 3나노미터(㎚, 10억분의 1) 반도체를 시범 생산한다. 생산 결과에 따라 내년에 출시될 애플의 '아이폰14' 채택 여부를 결정하기 위해서다.

애플이 오는 9월 출시할 '아이폰13'용 모바일 애플리케이션 프로세서(AP) 'A15'는 이미 양산 중이다. TSMC는 회로선폭 5나노 미만 첨단 반도체 개발에 애플과 협력해왔다. 3나노 미만 반도체를 가장 먼저 공급받을 곳도 애플이다. TSMC는 2014년 삼성전자가 독점해온 아이폰·아이패드용 반도체 생산을 가져왔다. 삼성전자는 아직 5나노 반도체 수율 높이기에 골몰하고 있다. 오는 2022년 3나노 양산에 돌입하겠다고 밝혔지만, 5나노 제품의 원활한 양산이 우선인 상황인 셈이다. 생산시설 투자 속도와 규모도 TSMC가 앞서고 있다. TSMC는 이달 초 미국 애리조나주 신규 팹 공사에 착수했다. 대만 반도체 인프라 전문 직원들이 애리조나에 도착한 지 오래다. 삼성전자는 미국에 19조원대 투자를 단행할 예정이지만, 아직 지역 정부와 협상이 끝나지 않은 것으로 알려졌다. TSMC가 첫 삽을 뜬 것과 비교하면 아쉬운 대목이다.

2. 경쟁사 위협 요인

TSMC의 생산시설 확대 발표는 추격자 삼성전자에 큰 부담이다. 파운드리 기업의 생산시설 확대는 미리 3년 후의 물량을 약속받은 상황에서 이뤄지는 경우가 많아서다. TSMC가 확보한 대형 팹리스 고객사를 삼성전자로 데려오기 더 어려워졌다는 의미로도 풀이된다. 세계 최대 팹리스인 퀄컴은 삼성전자와 TSMC를 오가며 가격협상을 벌이는데, 이 과정에서 삼성전자에 TSMC보다 더 낮은 가격을 요구하는 것으로 알려졌다. 다만 미국 최대 투자은행 모건 스탠리는 최근 "TSMC의 공격적인 자본 지출이 회사의 총 수익을 손상시킬 수 있다"며 목표주가를 655대만달러에서 580대만달러로 낮췄다.

투자 계획을 아직 확정하지 않은 삼성전자가 급변하는 시장 상황에 적절히 대응할 수 있다는 분석도 있다.

메모리반도체 분야에서는 미국 마이크론 테크놀로지의 추격이 거세다. 마이크론은 지난해 11월 176단 3D 낸드플래시를 양산한다고 발표한 데 이어, 지난 4월 세계 최초로 회로선폭 14나노의 D램을 개발했다고 밝혔다. 삼성전자가 현재 생산하는 128단 V낸드와 15나노 D램을 뛰어넘는 기술을 3위업체 마이크론이 발표한 것이다.

반도체 업계 한 관계자는 "마이크론의 실제 양산 제품의 품질이 삼성전자가 현재 생산하는 제품보다 떨어질 가능성이 크다"면서도, "삼성전자가 그동안 강조해온 초격차 기술 전략이 힘을 잃었다는 점에서는 적지 않은 충격"이라고 귀띔했다.

송재혁 삼성전자 디바이스솔루션(DS)부문 메모리사업부 플래시 개발실장 부사장이 최근 기고문에서 "삼성전자가 이미 200단이 넘는 8세대 V낸드 동작 칩을 확보했고, 시장 상황에 따라 출시할 예정"이라고 밝힌 점 역시 마이크론을 의식한 것 아니냐는 해석이 나왔다. 삼성전자가 과거에는 영업비밀을 이유로 발표하지 않을 법한 내용이었기 때문이다. 마이크론은 낸드플래시 시장에서도 1위 삼성전자를 위협할 가능성이 높다. 도시바가 내놓은 낸드플래시 원조기업 '키옥시아'를 마이크론이 인수 검토 중인 것으로 알려졌다. 마이크론은 삼성전자, SK하이닉스, 키옥시아 등에 낸드 기술이 뒤떨어지는 5위 업체로 평가받았지만 인수에 성공한다면 시장 2위로 껑충 뛰어오를 수 있다.

시장조사업체 트렌드포스에 따르면 삼성전자의 낸드플래시 시장점유율은 33.5%, 마이크론은 11.1%다. 키옥시아(18.7%)를 마이크론이 인수하면 점유율은 29.8%로 30%에 육박한다. 삼성전자와 격차가 3%포인트대로 줄어든다.

[자료: 아시아투데이]

사례 6-5 ACE technology 전략 분석

1. ACE technologies 기업 개요

ACE Technologies는 5G 기지국 안테나·RF 필터 등을 개발하고 제조하는 국내 대표 통신장비 전문기업이다. 5G·LTE 기지국 안테나, 기지국 라디오 시스템, 전장용 안테나 및 레이더, RF 필터 등을 개발, 제조하는 통신장비 전문 기업이다. 삼성전자·에릭슨 등의 파트너를 확보하였고, 해외 주요 이통사에 안테나를 공급하였다. 그리고 중국·인도 등의 나라에서 공장 및 연구소를 운영하고 있는 기업이다.

1) 에이스 주가 및 실적현황

표 6-5 에이스 주가 및 실적현황

주가(2021.4.15)	시가총액	PBR
20,000원	8,192억원	12.67배

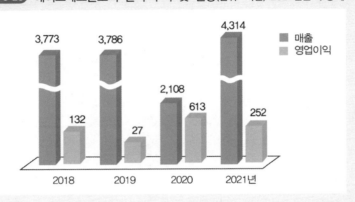

그림 6-13 에이스테크놀로지 실적 추이 및 전망(단위: 억원, 2021년은 추정치)

2) 주요 제품

에이스테크놀로지는 국내 대표 통신장비 전문 기업으로 5G·LTE 기지국 안테나, 기지국 라디오 시스템, 전장용 안테나 및 레이더, RF 필터 등을 개발, 제조한다. 삼성전자와 에릭슨 등이 주요 파트너다. 이 밖에도 SK텔레콤, KT, LG유플러스, 미국 AT&T, 일본 소프트뱅크·라쿠텐, 인도 릴라이언스 지오·에어텔, 멕시코 AT&T, 인도네시아 스마트프렌, 싱가포르싱텔, 베트남 비텔, VNPT, 아랍에미리트 에티살랏 등 이동통신사에 기지국 안테나를 공급하고 있다.

전장 분야에서는 현대기아자동차, 방산 분야에서는 한화 등에 RF 제품을 공급한다. 사업 지원을 위해 미국, 영국, 일본, 스웨덴, 베트남, 중국, 인도, 독일, 아랍에미리트, 프랑스 등 해외 20개국에 비즈니스 네트워크를 보유했다. 한국, 베트남, 인도, 중국에 자동화된 제조기지와 세계 6개국에서 연구소를 운영하고 있다. 이 밖에도 베트남 민간 최대 기업인 빈그룹에 모바일 및 차량용 안테나를 제공하는 자매 회사 형식으로 조인트벤처(JV)를 운영하고 있으며, 차세대 혁신 기술로 불리는 세라믹 도파관(CWG) 분야 글로벌 선두 업체와 JV를 설립, 성장 모멘텀을 확보했다. 강력한 글로벌 네트워크를 기반으로 주요국 1위 기업과 협력 관계를 유지하며 사업을 확장하고 있다.

2. SWOT 분석

1) Ace technology SWOT 분석

■ 강점(strength)
41년간 동안 RF통신장비 노하우가 구축되어 있으며, 안테나 설계기술의 경쟁력이 독보적이다.

■ 기회(opportunity)
수동형에서 능동형 제품으로 전환하는 것에 앞장섰으며, 세라믹 필터 등 차세대 기술을 갖췄다.

■ 약점(weakness)
연구인력·전문 경영인 확보가 어렵고 코로나에 투자환경의 불확실성이 증가했다.

■ 위협(threat)
세계 5G 주도권 다툼이 갈수록 치열해지고, 국내외 기술협력으로 대응력이 제고된다.

표 6-6 SWOT 분석

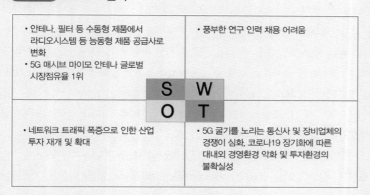

• 안테나, 필터 등 수동형 제품에서 라디오시스템 등 능동형 제품 공급사로 변화 • 5G 매시브 마이모 안테나 글로벌 시장점유율 1위	• 풍부한 연구 인력 채용 어려움
• 네트워크 트래픽 폭증으로 인한 산업 투자 재개 및 확대	• 5G 굴기를 노리는 통신사 및 장비업체의 경쟁이 심화, 코로나19 장기화에 따른 대내외 경영환경 악화 및 투자환경의 불확실성

2) 강점과 기회

① 수동형(passive) 제품에서 능동형(active)제품으로 패러다임 시프트
글로벌 이동통신 산업은 아날로그에서 디지털로 빠르게 전환하고 있다. 한정된 주파수를 이용하는 형태에서 광대역 서비스로 진화했으며, 전 제품군에서 소형화·경량화·통합화 트렌드가 뚜렷하다. 에이스테크는 41년간 RF통신 기술을 가능하게 하는 핵심 네트워크 장비 사업을 지속해왔다. 다양한 5G 첨단 기술 선행 개발과 상용화로 글로벌 통신장비사 및 이동통신사를 고객으로 확보한 세계적 RF 기업으로 자리매김했다. 에이스테크는 안테나와 필터 등 수동형 제품에서 라디오 시스템과 같은 능동형 제품 공급사로 패러다임 전환을 추진하고 있다.

라디오 시스템은 통신 사업자가 네트워크 운영을 하는 완제품 일부로 까다로운 기준 테스트를 통과해야 하는 등 진입장벽이 높다. 최첨단 기술력과 제조 경쟁력을 보유한 기업만이 수행 가능하다. 라디오 시스템은 수익성이 높고 5G 시대를 맞이해 글로벌 통신 사업자의 수요 또한 가파르게 늘어나고 있다. 에이스테크는 2019년 글로벌 통신장비 기업에 라디오 시스템 장비의 글로벌 단독 벤더로서 지정된 이후 3월 유럽, 아시아, 미국 등에서 이동통신에 필요한 5G·LTE 라디오 시스템 5가지 제품을 수주, 상용화에 나섰다. 현재 또 다른 2개 통신장비 기업으로부터 기지국 라디오 시스템 관련 3가지 제품 수주가 나올 가능성이 짙다.

② 5G 매시브(massive) MIMO 안테나 글로벌 시장 1위, 신기술 선행 개발도 활발

에이스테크는 2018년 글로벌 통신장비업체 최초로 5G 안테나와 필터를 통합한 제품을 상용화했다. 큰 폭으로 늘어나는 수요에 따라 베트남에 신규 공장을 준공, 생산능력을 기존 대비 2.3배 늘렸다. 현재 안테나와 RF필터 기술을 동시에 확보해 세계 시장에 대향 공급을 할 수 있는 업체는 몇 되지 않는다. 에이스테크는 안테나와 RF필터 기술을 동시에 확보해 대향 공급을 할 수 있는 기업으로서 한국을 비롯한 미국, 중국, 일본 등 5G 시장에서 시장 점유율 상위 기업으로 자리매김했다.

안테나 필터 유닛(AFU)뿐만 아니라, 글로벌 시장 환경에 최적화된 5G 하이브리드 제품과 5G와 LTE 성능을 동시에 확보할 수 있는(interleaved) 안테나 설계 기술을 확보, 독보적 기술경쟁력을 선보이고 있다. 기지국 안테나는 글로벌 통신사업자에 직거래로 공급하고 있다. 미국, 중국, 독일, 프랑스, 캐나다, 이스라엘 경쟁사를 제치고 글로벌 3위에 올랐다. 한국 기업으로서는 유일하게 순위에 포함돼 있다.

AFU는 32개 또는 64개의 안테나와 RF필터를 일체화해 초고속 무선 통신을 가능하게 하는 5G 통신 장비의 핵심 모듈이다. 5G 이동통신, 빅데이터, 인공지능(AI), 가상현실(VR), 사물인터넷(IoT), 스마트 시티, 스마트 팩토리, 자율주행, 원격 의료 등이 가능하다. 에이스테크는 2017년 세계 최초로 AFU 장비 개발을 완료한 바 있다.

③ 국내 유일 5G 핵심 기술인 세라믹 소재 차세대 필터 개발

5G 기술을 실현하는 '매시브 마이모(MAssive MIMO)' 장비는 안테나와 RF필터, 라디오를 융합한 게 특징이다. 장비 내부에 최대 64개 안테나와 64개 RF 필터가 탑재되기 때문에 장비 무게를 줄이는 것이 경쟁력이다. RF 필터는 금속 재질로 제작돼 상대적으로 부피가 크고 무겁다. 에이스테크는 국내 최초로 안테나 필터 소재를 금속에서 세라믹으로 바꾸는 데 성공했다. 크기, 무게를 40~50% 가량 축소한 세라믹 필터를 시장에 선보였다. 100%

튜닝 공정 자동화를 실현해 튜닝 시간을 30% 이상 단축시키는 등 기술력과 제조 경쟁력을 확보했다. 에이스테크는 지난해 글로벌 통신장비 2개사의 글로벌 벤더로 선정됐다.

④ 자율주행 시대, 전장사업 경쟁력 확보를 위한 꾸준한 개발

에이스테크는 지능화, 안전 부문 관련 전장 사업에 집중하고 있다. 현재 개발중인 멀티 GNSS(global navigation satellite system) 기반 샤크핀형 통합안테나가 대표 제품이다. GNSS는 인공위성을 이용, 지구에 있는 물체의 위치나 속도에 관한 정보를 제공한다. 미국에서는 GPS로, 러시아에서는 GLONASS로, 중국에서는 BeiDou로 부르는 등 나라마다 각각 다른 이름을 쓰고 있으며 이것을 통틀어 GNSS로 부른다.

GNSS 안테나는 기존 라디오, 지상파 DMB/DAB, 위성파 DAB방송, 멀티 GNSS 및 글로벌 LTE 주파수 대역의 서비스를 동시에 지원한다. 멀티 GNSS는 다중 주파수 대역 (L1, L5)을 동시에 서비스함으로써 차량의 위치 추적 오차를 획기적으로 줄여 안전성이 필수인 자율주행 지원에 중요한 역할을 할 제품으로 기대를 모으고 있다. 에이스테크는 전장 사업을 통해 안테나 분야뿐만 아니라 방송, 텔레매틱스 등 분야에서 글로벌 기업과 협력 관계를 구축, 사업 영역을 확장하고 있다.

그림 6-14 Ace technology 기업 전경

3) 약점과 위협

① 5G 네트워크 시장을 선점하기 위한 글로벌 경쟁 심화

미래 경쟁력 기반으로 평가받고 있는 5G는 세계적으로 주도권 다툼이 치열하다. 5G 이니셔티브를 선점하려는 통신사 및 장비 제조사 경쟁이 심화하고 있고, 혁신 기술도 앞다퉈 선보이고 있다.

에이스테크는 심화되는 경쟁에서 주도권을 확보하기 위해 5G와 LTE를 동시 지원하는 안테나 및 라디오 시스템 설계 기술을 개발, 글로벌 주요 통신 장비사에 상용 공급하고 시스템 공급업체로의 사업 확장을 통해 경쟁력을 강화한다는 전략이다.

② 통신분야 인력 채용의 어려움

선제 기술 개발이 필수인 분야로 양질의 풍부한 연구 인력 채용이 절실한 상황이지만 코로나 19 장기화에 따른 대내외 경영환경 악화 및 투자환경의 불확실성이 증가하고 있다. 에이스테크는 5G 상용화가 세계적으로 본격화되고 코로나19에 따른 데이터 수요가 급증하고 있는 시장을 메가트렌드에 맞춰 수원 광교에 5G 연구소를 개소했다. 연구개발 역량 확보를 위해 인천대·연세대·순천향대 등과 협력 관계를 추진하고 베트남 하노이 공대(HUST)와 RF 기술 교류 및 계측장비 대여 등 다양한 연구협력을 진행하고 있다. 에이스테크는 2022년까지 100여 명이 넘는 R&D 전문 인력을 확보, 연구 역량을 강화한다. 또, 삼성전자, 에릭슨, 콤스코프, 컨티넨탈 등 개발, 품질, 제조, 영업, 전장 분야 전문 기업 경영인을 대거 영입해 위기 대응능력을 제고한다는 전략이다.

3. 향후 전망

에이스테크는 RF 부품 및 라디오 시스템, 기지국 및 모바일 안테나 등 무선 통신에 필요한 통신기기 등을 제조/판매한다. 주요 고객사인 삼성전자와 에릭슨향 매출 비중이 가장 높고, 글로벌 주요 이동통신사를 거래처로 확보했다. 지난해 코로나19 확산과 함께 전방 산업 투자 감소 및 투자 지연이 지속되면서 영업손실을 기록했다. 올해는 전방 산업의 투자 재개와 함께 큰 폭의 실적 회복을 기대한다.

[자료: 전자신문] 상장기업 분석

사례 6-6 Webcash 전략 분석

1. Webcash 기업 개요

Webcash는 핀테크 전문기업으로 업계 최초로 B2B 핀테크 연구센터를 설립하였다. 상품 개발부터 컨설팅 전반에 걸쳐 지원하며 中企용 경리SW '경리나라' 등 기업 규모별 특화 솔루션을 선보였다. 이뿐만 아니라 중국·캄보디아·일본에 법인을 설립하였으며 글로벌 시장 진출 본격 시동을 걸고 있다.

웹케시는 국제통화기금(IMF) 외환위기 이전 부산, 경남 지역을 연고로 전자 금융을 선도

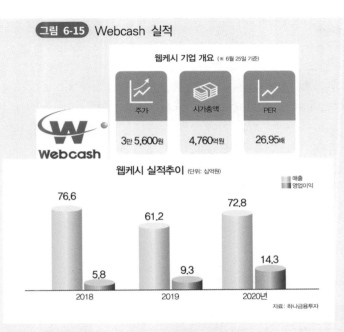

그림 6-15 Webcash 실적

웹케시 기업 개요 (※ 6월 25일 기준)

주가	시가총액	PER
3만 5,600원	4,760억원	26.95배

웹케시 실적추이 (단위: 십억원)

■ 매출
■ 영업이익

76.6 / 5.8 (2018)
61.2 / 9.3 (2019)
72.8 / 14.3 (2020년)

자료: 하나금융투자

하던 동남은행 출신들이 설립한 핀테크 전문 기업이다. 웹케시는 웹케시 그룹 관계사다. 웹케시는 1999년 설립 이후 20년간 국내 최고 기술과 전문 인력을 바탕으로 비즈니스 소프트웨어(SW) 분야 혁신을 선도하고 있다. 웹케시는 설립 이래 지금까지 다양한 혁신 기술과 서비스를 선보여 왔다. 2000년 편의점 ATM과 가상계좌 서비스, 2001년 국내 최초 기업 전용 인터넷뱅킹, 2004년 자금관리서비스(CMS) 등을 선보이며 금융 혁신을 주도했다. 이는 현재 보편화한 기업 금융 서비스로 자리잡았다. 업계 최초로 기업간거래(B2B) 핀테크 연구센터를 설립했다. 사례 조사, 비즈니스 상품 개발·확산, 금융 기관 대상 핀테크 전략 수립 컨설팅 등 분야 전반에 걸친 연구 및 컨설팅 업무를 수행하며 B2B 핀테크 사업에 박차를 가하고 있다.

웹케시의 대표 서비스인 기업 CMS는 초대기업부터 공공기관, 대기업, 중소기업까지 특화해 있다. 인하우스뱅크(공공기관·초대기업용), 브랜치(중견·대기업용), 경리나라(중소기업용) 등을 공급하고 있다. 특히 기존 시장에 중소기업을 위한 마땅한 경리 SW가 없던 상황에서 경리나라를 출시해 인기를 얻고 있다.

중소기업용 금융 플랫폼인 경리나라는 금융기관을 하나의 플랫폼에 통합해 기업 인터넷뱅킹에 일일이 접속할 필요 없이 금융·회계 업무를 볼 수 있게 한 통합 솔루션이다. 경리나라는 국내 15개 은행 전산망과 직접 연결돼 있다. 은행에 직접 방문할 필요가 없어 코로나19가 악화된 상황에서 필수인 비대면 솔루션으로 조명 받았다. 경리나라의 대표 기능은 △ 증빙 △영수증 관리 △통합 계좌 관리 및 급여지급 △명세서 관리 △거래처 관리 △결제

△송금 △지출결의서 관리 △시재 및 영업 보고서 등이 있다. 언제 어디서든 업무를 볼 수 있는 클라우드 기반 프로그램으로 제공해 재택근무 환경에서도 경리업무를 볼 수 있다.

인하우스뱅크는 공공기관과 연구기관을 위한 통합 자금관리 솔루션이다. 모든 은행 업무를 기업·기관 내에 설치한다. 전 은행 계좌 조회, 대량·급여 이체, 자금 집금 등 금융정보를 전사자원관리 (ERP)와 연계해 업무효율을 높이고 자금사고를 사전에 예방한다. 현재 병원 20개, 대학교 산학협력단 70여 개가 도입했다. 웹케시는 글로벌 시장 진출을 위해 중국, 캄보디아, 일본에 3개의 현지 법인을 운영하고 있다.

웹케시그룹의 경우 비즈플레이, 세모장부 등 비대면 협업을 지원하는 다양한 솔루션을 제공한다. 또 세무사 지원 플랫폼 '위 멤버스 클럽'으로 핀테크 기술을 세무사 업무에 적용시켰다.

2. SWOT 분석

1) Webcash SWOT 분석

표 6-7 SWOT 분석

• 강력한 록인(Lock in) 효과 • 경리나라 월 5만 4,000원 저렴한 수수료와 낮은 해지율 바탕, 지속적 매출 성장세 • 쿠콘, 비즈플레이 등 탄탄한 성장 및 비정상 계열사 보유 **S** **W**	• ERP와 회계 소프트웨어 프로그램을 보유한 동종 분야 타기업과 경쟁
O **T** • KT로부터 투자유치 및 계열사와 시너지 기대(KT는 웹케시, 비즈플레이, 로움아이티 등 3개사에 236억원 지분투자) • KT와 이달 'KT세모가게' 출시	• 다양한 핀테크 기업의 시장 진입 변수

■ **강점(strength)**

강력한 '록인효과'로 안정적 수익을 확보하였으며 발전가능성 높은 계열사를 다수 보유하고 있다.

■ **기회(opportunity)**

KT로부터 투자를 유치해내 데이터 성장성을 확보했고, 경영지원 'KT세모가게' 출시를 기대 중이다.

■ **약점(weakness)**

더존비즈온 '위하고' 시리즈, ERP 등 동종분야의 기업 경쟁이 치열하다.

■ 위협(threat)

B2B 핀테크 선두기업이지만, 다양한 신생업체의 도전이 이어지고 있다.

2) 강점과 기회

웹케시의 가장 큰 장점은 강력한 록인(Lock in) 효과를 가졌다는 점이다. 웹케시 제품들은 한 번 사용하게 되면 계속 사용하는 록인 효과가 높다. 회사 ERP 시스템과 자금결제시스템이 연결되므로 한 번 설치하면 다른 시스템으로 바꾸기가 쉽지 않기 때문이다. 웹케시의 인하우스뱅크는 SAP가 23년 만에 국내에 새롭게 출시한 차세대 ERP시스템인 S/4HANA에 기본 탑재 뱅킹시스템으로 채택됐다. 2020년부터 2025년까지 1,000개 제품 전환을 추진하는 SAP의 프로모션에 힘입어 고객수가 빠르게 늘고 있다. 현재 인하우스뱅크 이용기관은 약 540개다. 매출기준 연 10% 이상 성장을 기록했다.

경리나라는 2017년 출시 이후 지난달 기준 고객수 4만 1,000개를 돌파했다. 특히 월 5만 4,000원 저렴한 수수료와 낮은 해지율을 바탕으로 매출이 지속 증가하고 있다.

웹케시그룹이 향후 발전가능성이 높은 상장사, 비상장사 등 여러 계열사를 보유한 점도 웹케시에 강점으로 작용한다. 웹케시그룹은 지난 4월 상장한 쿠콘과 다수의 비상장 사업 법인을 보유했다. 비상장사로는 비즈플레이, 마드라스체크, 로움아이티, 웹케시벡터, 웹케시네트웍스, 웹케시글로벌 등이 있다. 비즈플레이는 향후 5년 내 코스닥 상장을 준비할 계획이다.

이와 함께 최근 KT로부터 투자를 유치한 것은 향후 데이터 분야 성장성을 확보하는 기회로 작용할 수 있다. KT는 전략적 협업 관계 구축을 위해 웹케시그룹에 속한 웹케시, 비즈플레이, 로움아이티 등 3개사를 대상으로 총 236억원의 지분 투자를 한다. KT와 웹케시그룹은 우선 협력 과제
로 웹케시의 '경리나라'와 '비즈플레이' 서비스를 고도화할 예정이다.

KT는 각각의 서비스에 인공지능(AI)과 클라우드 기술을 결합한다. KT가 웹케시 솔루션을 기반으로 출시하는 'KT경리나라'와 'KT비즈플레이'는 기가지니 인사이드를 적용한 AI기반 '아바타' 솔루션을 추가, 음성으로 요청하면 원하는 데이터를 분석해서 화면으로 보여주도록 업그레이드한다. 양사는 소상공인을 위한 토털 경영 지원 솔루션 'KT세모가게'도 이달 출시한다. KT 소상공인(SOHO) 통신·솔루션 상품을 연계해 소상공인 통합 디지털 플랫폼으로 발전시킬 계획이다. 양사는 기술 협력뿐만 아니라 마케팅, 데이터 등 전 분야에서 협력한다.

웹케시그룹 비즈니스 데이터 플랫폼 '쿠콘'마켓에 KT 잘 나가게 응용프로그램 개발환경(API)을 연계해 상권, 인구, 관광 등 KT 빅데이터 플랫폼 서비스를 제공한다. 웹케시그룹 고객이 KT 엠하우스가 제공하는 '기프티쇼비즈' 구매 시 간편 지출 결의를 연동하는 등 편의를 강화할 방안을 지속 발굴한다.

3) 약점과 위협

웹케시가 강력한 기업용 SW를 다수 보유했지만, ERP와 회계 SW 프로그램을 보유한 동종 분야 기업과의 경쟁은 약점으로도 작용한다. 경쟁사인 아이퀘스트는 B2B SW 공급이 주력 사업이다. 소상공인부터 중소·중견기업까지 사용할 수 있는 ERP 서비스가 핵심이다. 이 회사는 회계 기능을 기반으로 재고관리 등 여러 업무를 처리할 수 있는 '얼마에요' 프로그램을 개발했다. 10억~100억원 매출 규모의 중소기업 대상으로 구축된 형태를 제공하고 있다. 더존비즈온도 기업금융서비스 위하고(WEHAGO)를 출시하는 등 기업금융서비스에 뛰어들며 웹케시와 경쟁하고 있다. 위하고에 가상계좌·전자지갑 등 서비스를 탑재, 대금 수납은 물론 입·출금까지 가능하도록 지원한다. 더존비즈온은 세무회계사무소를 위한 전용 ERP 프로그램 위하고T를 웹케시보다 먼저 시장에 출시하기도 했다.

다양한 핀테크 기업의 시장 진입 변수는 위협요인이다. 현재는 웹케시가 B2B 핀테크 시장에서 선두기업으로 꼽히지만 기술력을 바탕으로 한 신생 핀테크 기업의 도전도 염두해야 한다. 다만 웹케시가 수년간의 노하우와 기술력으로 국내유수 금융회사에 핀테크 플랫폼을 보급하며 성장했다는 점에서 진입장벽은 높다. 웹케시는 국내 모든 금융기관과 실시간으로 연결돼 있다. 은행 전산망과 기업 내부 시스템을 연동시켜 자금관리, 입출금 급여이체, 물품 결제 등 기업의 다양한 자금업무를 온라인으로 처리할 수 있도록 지원한다. 이미 은행 22개, 증권사 24개, 카드사 18개와 핀테크 플랫폼이 연결돼 있다. 이와 같은 네트워크를 확보하기 위해서는 수년간의 노력과 비용이 뒤따르기 때문에 타사 진입이 쉽지 않다. 특히 보수적인 금융사와 결제망을 연결한다는 것은 높은 기술 수준과 신뢰 없이는 불가능하다.

3. 향후전망

웹케시의 모든 솔루션은 높은 록인 효과에 클라우드 판매를 통한 낮은 고정비로 영업 레버리지 효과가 극대화되는 사업모델을 지니고 있다. 올해는 물론 내년에도 꾸준한 외형 성장세와 영업이익률 개선세는 지속될 것으로 보인다. 위멤버스클럽(WMC) 비즈니스 센터 확장을 위해 취득한 자산으로 세무사를 위한 공유 오피스를 개설해 현재 강남역삼센터, 부산 서면센터를 운영하고 있다. 웹케시는 WMC를 통해 세무사들에게 저렴한 가격으로 오피스를 제공해지고, 경리나라 판매시 보상 포인트를 부여해 세무사들이 자발적으로 마케팅을 할 수 있는 선순환 구조를 완성했다.

[자료: 전자신문] 상장기업 분석

2. 전사적/사업부 경영전략(SWOT분석)

SWOT분석은 조직 내부의 강점(S: strength)과 약점(W: weakness)을 외부의 기회(O: opportunity)요인과 위협(T: threats)요인에 대응시켜 조직의 미래 발전방향을 모색하는 전략개발 기법이다. 이 방법은 네 가지 요인의 머리글자를 따서 SWOT분석이라고 부르고, 전사적 차원과 사업부 차원 모두에 적용할 수 있다.

SWOT분석(〈표 6-5〉)에서 중요한 것은 외부환경의 기회와 위협요인의 파악, 그리고 기업 내부 환경의 강점과 약점을 정확하게 파악하는 일이다. 예를 들어 외부 환경요인의 경우, 경제의 호황, 새로운 기술의 등장, 시장의 지속적 성장, 경쟁자의 도태, 그리고 새로운 시장의 발견 등은 기회요인이라고 판단할 수 있으며, 자원의 고갈, 정부나 공공기관의 새로운 규제, 소비자 기호의 변화, 우수한 대체재의 등장, 그리고 강력한 경쟁자의 등장 등은 위협요인이라고 볼 수 있다. 또한 내부 환경요인의 경우에는 우수한 제조기술, 높은 생산효율성, 숙련된 노동자, 높은 시장 점유율과 우수한 마케팅 조직, 자금 조달의 원활 및 금융기관과의 원만한 관계유지 등은 경쟁사에 비하여 내부적으로 강점이 있다고 할 수 있는 반면, 무능한 경영자 및 관리자, 경쟁력 없는 기획팀, 뒤떨어진 기술 등은 내부적으로 약점이 있다고 판단 할 수 있다. 이러한 외부 환경과 내부 환경에 대한 분석을 토대로 매트릭스를 만들 수 있으며 각 셀에는 대안적 전략들이 제시되어 있다.

표 6-8 SWOT 분석과 대응전략

내부요인 외부요인	강점(strength)	약점(weakness)
기회(opportunity)	SO전략: 성장전략	WO전략: 우회전략
위협(threat)	ST전략: 안정전략	WT전략: 해산전략

3. 사업부 경영전략(본원적 경쟁우위전략)

M.Porter에 의해 개발된 또 하나의 경쟁전략모형으로는 사업부 수준의 본원적 경쟁우위전략이 있다. Porter는 SWOT 분석이 조직의 내부 환경의 분석부터

그림 6-16 경쟁우위 확보전략

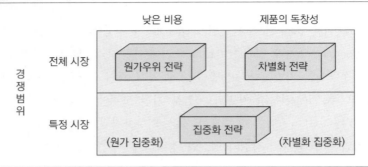

시작되어야 한다고 주장한다. 즉, 기업조직의 전략은 먼저 조직 내부의 경쟁요인 분석을 통해 조직의 강점과 약점을 파악한 후에, 어떤 전략이 경쟁업체에 비해 상대적으로 우위를 제공하는가에 따라 선택되어야 한다는 전략이 본원적 경쟁우위 전략이다. 기업조직이 경쟁적 우위를 확보하기 위해서는 다른 기업이 가지지 못한 희소한 경영자원을 확보하거나 산업에 적합한 핵심역량을 가지고 있어야 한다고 주장하면서, 다른 경쟁기업에 비해 높은 경쟁력을 얻기 위해 택할 수 있는 세 가지의 전략 유형을 시장의 범위와 경쟁우위의 원천이라는 두 가지 요소를 대응시켜 제시하였다(〈그림 6-16〉).

1) 차별화 전략

차별화(differentiation) 전략은 기업조직의 제품이나 서비스가 경쟁업체의 그것들과 확연히 구분될 수 있도록 고객이 독특하다고 지각할 수 있는 요인을 제공함으로서 그 조직 제품의 '독특성'을 만드는 전략이다. 이 전략은 그 조직의 제품에 충성도가 강한 소비자집단을 개발하는 데 목적이 있으며, 이를 통해 기업조직은 가격 프리미엄을 얻을 수 있고 잠재적 경쟁자들에게는 진입장벽으로 활용할 수 있다. 차별화 전략은 제품의 독창성을 무기로 하며 시장 전체를 대상으로 한다. 따라서 차별화 전략을 사용하는 기업조직은 전체 시장을 다시 작은 시장으로 세분화하여 각 시장에 적합한 제품을 공급해야 하기 때문에 일반적으로 원가가 높고, 그 결과 원가우위기업에 비해 가격경쟁력이 떨어진다. 그러나 최근에는 유연 제조 시스템(FMS; flexible manufacturing system) 등과 같은 새로운 생산기법의 출현으로 이러한 한계점들이 차츰 극복되어 가고 있다.

2) 원가우위 전략

원가우위(cost leadership) 전략은 생산, 유통 및 그 밖의 조직시스템상의 능률 향상을 통해 경쟁업체들보다 제품의 가격을 저렴하게 함으로써 경쟁력을 확보하려는 전략이다. 이 전략은 규모의 경제, 학습효과, 투입요소 비용의 통제, 단순한 제품설계, 전문화된 생산 공정들을 통해 원가상의 우위를 확보하고 산업평균 이상의 이익을 올릴 수 있는 기반을 확보하려는 목적을 가진다. 물론 이 과정에서 품질이나 고객만족을 유지하기 위하여 심혈을 기울이지 않으면 안 된다. 이러한 노력들이 지속적인 원가우위로 이어지고 잠재적인 경쟁기업들에 대한 진입장벽으로 나타날 수 있기 때문이다.

3) 집중화 전략

집중화(focus) 전략은 자원이 제한된 기업조직이 한정된 특수시장(소비자집단, 지역시장, 제품계열 등)에 집중하여 원가우위전략(원가중심 집중화전략)이나 차별화전략(차별화중심 집중화전략)을 집중적으로 전개하는 것을 의미한다. 이 전략의 목적은 조직의 자원과 전문성의 집중적인 투입을 통해 표적시장에 더 나은 서비스를 제공하자는 데 있다. 즉 시장규모는 크지만 실체파악이 어려운 전체시장을 대상으로 하는 것보다 시장규모는 작지만 대상이 분명한 특정시장만을 대상으로 전략을 수립하고 시행하는 것이 경쟁력이 있다는 기본인식이 깔려 있는 전략이다.

 사례 6-7 삼성 초격차, 파운드리에서 안 통하는 이유

1. 삼성전자–TSMC 매출 추이

세계 1위 삼성 반도체가 기로에 섰다. 메모리 분야의 초격차를 유지하면서 파운드리 부문 경쟁력을 강화해야 하는 어려운 숙제를 풀어야 한다. 삼성전자가 2030년까지 파운드리를 포함한 시스템반도체 세계 1위를 달성하겠다는 비전을 내세운 지 2년이 지나가지만 세계 1위 파운드리업체 대만 TSMC의 벽을 넘기가 여전히 쉽지 않다는 평가가 나온다. TSMC가 메모

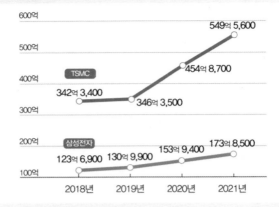

그림 6-17 삼성전자-TSMC 매출 추이(단위: 억원)

* 삼성전자는 비메모리사업부, 2021년은 추정치

리반도체 부문에서의 삼성전자처럼 초격차 전략에 속도를 내면서 시장점유율을 40%대에서 50%대로 끌어올린 반면, 삼성전자는 10% 후반대 점유율에서 제자리걸음을 하면서다.

2. 삼성전자 파운드리 사업의 문제

업계에서는 삼성전자의 숙제로 투자, 노하우, 신뢰의 3박자를 꼽는다. 거꾸로 말하면 TSMC가 이 3가지에서 모두 삼성전자를 크게 앞선다는 얘기다. 삼성전자가 메모리반도체에서 쌓은 초격차 기술력이 파운드리 부문에서 좀처럼 힘을 쓰지 못하는 이유도 바로 여기 있다.

투자 규모에서 TSMC는 매년 삼성전자를 3배가량 앞선다. 반도체 부문의 전체 투자 규모는 삼성전자가 더 많지만 삼성전자가 파운드리 부문에 투자할 수 있는 몫이 작기 때문이다. 메모리반도체 시장의 초격차를 유지하면서 TSMC와의 격차를 줄여야 하는 삼성전자가 감당해야 하는 짐이다. 투자 규모의 차이는 노하우 격차로 나타나고 있다. 공정 기술에서 TSMC는 올 들어 5나노미터 제품 양산에 들어갔다. 2022년 양산을 목표로 3나노미터 시설을 대만에 건설하고 있고 현존하는 기술력의 극한으로 평가되는 2나노미터 공정도 2024년 양산을 목표로 연구개발을 진행 중이다.

삼성전자도 올해 5나노미터 공정 양산 성공을 발표했지만 시장의 평가가 호의적이지 않다. 수율(전체 생산에서 제품 출하가 가능한 고품질 제품이 차지하는 비율)이 떨어져 양산 성공이라고 말하기 어렵다는 게 업계의 평가다. 파운드리 시장에서는 애플이나 퀄컴 같은 고객사에서 주문한 제품을 제때에 제대로 공급하는 것이 생명이다. 양산능력이 완벽하게 검증되지 않은 삼성 파운드리에 주문을 넣을 업체가 없는 상태다.

고객사와의 신뢰에서도 삼성 파운드리는 태생적인 약점을 안고 있다. 스마트폰용 AP(애플리케이션프로세서) 등의 설계·판매를 담당하는 시스템LSI사업부가 한지붕 아래 있다. 반도체 설계도를 넘겨야 하는 고객사 입장에서는 정보 유출 등을 우려하느니 파운드리를 전업하는 TSMC를 선호할 수밖에 없다. 삼성전자 파운드리 분사설이 끊이지 않는 이유다. 하지만 파운드리 부문을 떼어 낼 경우 메모리 반도체 사업에서 벌어들인 돈을 파운드리에 투자할 수 없게 된다. 파운드리 부문이 자체 역량을 어느 정도 갖출 때까지는 요원한 선택지인 셈이다.

3. 대응 방안

반도체업계에서는 시스템반도체 생태계 구축을 대안으로 제시하고 있다. 팹리스, 파운드리, 후공정(패키징) 등 각 분야의 국내 업체를 키워 원윈하는 방식으로 갈 수밖에 없다는 전략이다. 삼성전자도 2~3년 전부터 생태계 구축의 필요성을 깨닫고 전후방 업체와의 협업을 강화하고 있다.

[자료: 머니투데이]

사례 6-8 LG 스마트폰 사업 철수

1. LG 스마트폰 사업 철수 배경

LG전자가 2021년 4월 이사회를 열고 스마트폰 사업(MC사업본부)에서 철수를 결정했다. 지난 1월 20일 권봉석 사장이 사업 재검토를 발표한 지 75일 만이다. 그동안 베트남 빈그룹이나 독일 폴크스바겐, 미국 구글 등에 스마트폰 사업을 매각하는 협상을 벌였지만 모두 무산됐다고 한다.

LG폰은 1995년 LG정보통신이 개발한 화통으로 첫선을 보였다. LG정보통신은 2000년 LG전자와 합병했다. 이후 10년가량 LG전자는 삼성전자와 함께 세계 휴대전화 시장의 점유율을 놓고 치열한 경쟁을 벌였다. 2005년 초콜릿폰, 2007년 프라다폰은 당시 소비자들에게 큰 인기를 끌었다. LG전자는 2010년 3분기에 2800만 대를 팔며 세계 휴대전화 시장 3위를 차지했다. 하지만 거기까지였다. 2007년 애플이 아이폰을 내놓은 이후 스마트폰 열풍이 불었지만 LG전자의 대응은 소극적이었다. LG전자는 2010년 첫 스마트폰인 옵티머스를 출시한 이후 G와 V시리즈, 벨벳, 윙 등을 선보였지만 뚜렷한 성과를 내지 못했다. 익명을 원한 업계 관계자는 "피처폰의 영광을 잊지 못한 LG전자 경영진이 기술이 아닌 마케팅에 집중한 것이 '악수'였다"고 지적했다. 2010년대 들어 스마트폰 사업이 부진하자 LG의 고민은 깊어졌다. 스마트폰 사업은 2015년 2분기 이후 23분기 연속으로 영업 적자를 냈다. 누적 적자는 5조원대였다. 하지만 LG전자는 스마트폰 사업을 쉽게 접지 못했다. 스마트폰이 가전을 비롯해 전기차와 미래형 모빌리티(이동수단)의 허브 역할을 하기 때문이다. 이번 철수 결정엔 구광모 LG 회장의 결단이 중요하게 작용했다고 회사 안팎에선 보고 있다. 구회장은 2018년 취임 이후 선택과 집중을 강조해왔다.

실제로 구 회장은 연료전지와 액정표시장치(LCD), 전자결제 등 적자 사업의 과감한 철수를 선언했다. 구 회장은 권 사장 등 LG전자 경영진과도 오랜 논의를 거쳤다고 한다. LG전자 고위 관계자는 "모든 가능성을 검토한 결과 사업을 종료하는 게 중·장기 관점에서 전략적 이득이란 판단을 내렸다"고 말했다.

앞으로 LG전자는 자동차 전장과 인공지능(AI)·로봇 등 미래 신사업에 집중할 계획이다. 이 회사가 보유한 스마트폰·이동통신 분야의 특허 2만 4,000여 건은 신사업과 연계한다. LG전자의 스마트폰 철수 결정으로 업계가 주목했던 롤러블폰은 볼 수 없게 됐다. 롤러블폰은 지난 1월 미국의 소비자 가전 전시회인 'CES 2021'에서 5초가량 티저 영상으로 공개했다. 화면이 접히는 폴더블폰보다 우수하다는 평가를 받았다. LG전자는 앞으로 진행할 신사업에 롤러블 기술을 연계할 계획이다. LG전자는 "스마트폰 사업을 종료해도 6세대(6G) 이동통신과 카메라, 소프트웨어 등 핵심 모바일 기술의 연구개발은 계속할 것"이라고 밝혔다.

2. LG 스마트폰 사업실적 및 역사

그림 6-18 LG 스마트폰 사업 현황

스마트폰 글로벌 점유율
(2021년 3월 기준)

LG전자 스마트폰 사업부 실적
(단위: 원, 2020년은 3분기까지 자료: LG전자)

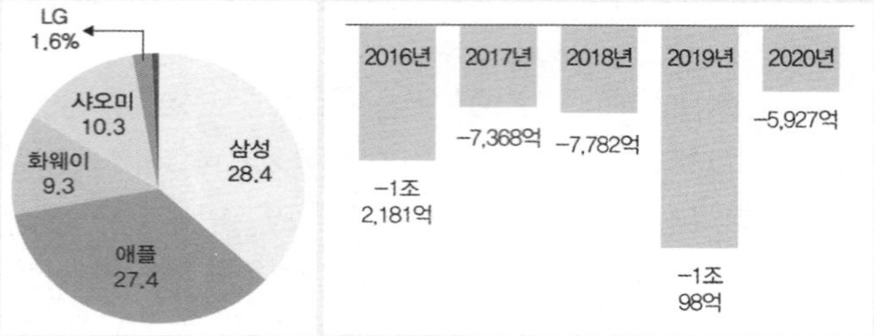

스마트폰 글로벌 점유율 (2021년 3월 기준):
- LG 1.6%
- 샤오미 10.3
- 화웨이 9.3
- 애플 27.4
- 삼성 28.4

LG전자 스마트폰 사업부 실적:
- 2016년: -1조 2,181억
- 2017년: -7,368억
- 2018년: -7,782억
- 2019년: -1조 98억
- 2020년: -5,927억

표 6-9	LG폰 출시부터 철수까지
연도	내용
1995	LG정보통신 '화통' 출시
1997	'싸이언' 출시
2000	LG전자·LG정보통신 합병
2005	'초콜릿폰' 출시
2007	'프라다폰' 출시
2009	'아레나폰' 출시
2010	첫 스마트폰인 '옵티머스' 출시
2012	'G' 출시
2015	'V10' 출시
	MC사업본부 1,196억원 적자
2018	구광모 LG 회장 취임
2019	평택 생산라인 베트남 LG 하이퐁 캠퍼스 통합 이전
2020	'벨벳', '윙' 출시
	MC 사업본부 누적적자 4조7,000억원 돌파
2021.1	휴대폰 사업 전면 재검토
2021.4	휴대폰 사업 종료 발표
2021.7	휴대폰 사업 종료

3. 결론

"LG 스마트폰 사업 26년 만에 철수"

구 회장은 취임 뒤 계속 '선택과 집중'을 강조해왔다. 연료전지·LCD 등 적자사업은 접고 롤러블 등 2만 건이 넘는 특허를 활용하며 차 전장, AI·로봇 미래사업에 집중할 계획이다. 또한 3,700명을 고용승계하면서 AS는 계속 제공할 것이다. 이제 세계 스마트폰 시장에서 한국 기업은 삼성전자만 남는다. 삼성전자도 시험대에 놓여 있다. 여전히 세계 1위지만 10년을 지켜왔던 20%대 점유율이 지난해 무너졌다. 시장조사업체인 스트래티지 애널리틱스(SA)에 따르면 지난해 삼성전자의 스마트폰 점유율은 19.5%였다. 그 뒤를 애플(15.5%)과 화웨이(14.4%)가 추격하고 있다. 익명을 원한 업계 관계자는 "(국내의) 유일한 경쟁자였던 LG전자가 철수하면서 '원톱'인 삼성전자에도 악재"라며 "인재 공급이나 연구개발, 부품 공급 등에서 차질을 빚으면 '한국 폰 생태계'가 흔들릴 수 있다"고 말했다.

[자료: 중앙일보] 될 사업만 키운다, 구광모 결단

삼성전자 평택 P3 반도체 공장

1. 초격차로 경쟁사 따돌릴 비장의 무기

축구장 25개 규모의 세계 최대 규모 반도체 공장에 50조원을 투자했다(2021년). 2022년 하반기 완공할 예정이다. 평택 P3는 작년 9월부터 기초 터 닦기를 시작하였고 상부 골조 공사가 진행 중이다. 2022년 3월 장비 반입을 시작할 예정이다. 최첨단 메모리를 우선 양산하여 2021년 하반기 시험 생산과 2023년 칩 생산을 본격화할 것이다. 평택에 공장 3기를 더 지을 계획이며 2025년까지 P4~6 공장 착공이 목표이다.

'메모리 반도체'에 이어 '비메모리 반도체'(시스템 반도체)에서도 글로벌 1위를 목표로 삼은 삼성전자가 막대한 자금을 투자해 공장을 건설 중인 P3는 규모부터 매머드급이다. P3 근처에 있는 P1과 P2 공장과 비교해서도 압도적인 사이즈를 자랑한다. 50조원을 투자해 건설 중인 P3의 전체 길이는 700m로 P2(400m)보다 1.75배 크다. 클린룸(먼지·세균이 없는 생산시설) 규모는 축구장 면적의 25개 크기로 현존하는 단일 반도체 라인 중 세계 최대 규모다.

P3는 지난해 건설허가를 받아 9월부터 기초 터 닦기와 상부 골조 공사를 하고 있다. 엄밀히 말하면 공사는 이미 시작됐다. 하지만 삼성전자는 기초 공사를 끝낸 뒤 건물을 올리는 시점을 착공으로 규정하고 있으며 이미 착공 단계에 돌입한 것으로 평가하고 있다. 현재 상부 골조 공사가 진행 중이라 P3는 붉은 뼈대만 앙상한 모습이다. 외형은 연내 웬만큼 갖춰질 것으로 전망된다. 삼성전자는 이르면 내년 4월까지 P3의 외관 공사를 끝내고 반도체 장비를 반입하는 계획을 검토 중이다. 이미 업계에서는 내년 4~5월에는 건물을 모두 올리고 장비를 반입할 것으로 보고 있으며 빠르면 3월에 장비 반입이 시작될 것으로 전망한다.

2. 초격차 전략

P3 라인이 내년 하반기까지 완공하게 되면 삼성전자의 반도체 부문의 초격차 전략을 가속화할 것으로 전망된다. P3의 본격적인 가동 시기는 2023년 초부터 양산에 돌입할 것으로 기대된다. 이와 관련해 올해 말이나 내년부터는 전력과 용수 등 유틸리티 시설 구축, 설비 반입, 배관 연결 등을 거쳐 내년 하반기부터는 시험 생산도 본격화할 것으로 예상된다.

우선 삼성전자는 P3에서 7세대 적층(V) NAND flash memory(낸드 플래시) 메모리 반도체와 극자외선(EUV) 기술이 적용된 노광장비 기반 10나노미터급(㎚·10억분의 1m) DRAM

(디램·dynamic random access memory) 제품의 생산을 확정했다. 또 14나노 DRAM 과 5나노 로직 제품을 비롯한 최첨단 공정의 반도체를 생산한다. P3의 전체 투자 규모는 각 각 30조원 가량이 투입된 P1, P2보다 훨씬 클 것으로 관측된다. 대당 2,000억원이 넘는 EUV 장비를 많이 쓰는 삼성전자의 라인 특성을 고려할 때 P3 전체 투자비가 50조원을 넘 어설 것이라는 예상이 나온다.

평택은 삼성전자 반도체 사업의 핵심 생산기지로 꼽히는 곳이다. 삼성전자는 2012년 평 택시 등과 평택 고덕산업단지 투자 계약을 체결했다. 이어 2015년 1캠퍼스(P1) 공사를 시 작해 2017년 준공했으며 2018년 P2도 상업 가동을 시작했다. 2015년부터 경기도 평택시 고덕면 일대에 조성된 삼성전자 평택캠퍼스 부지는 총 289만㎡(약 87만 4,000평) 용지를 갖추고 있다.

여의도 면적(약 290만㎡)과 비슷하다. 캠퍼스 안에는 반도체공장 6개를 지을 수 있는 부 지가 있다. P1은 메모리 반도체 위주 생산라인이지만 P2는 EUV DRAM과 6세대 V NAND Flash Memory 메모리 반도체, 5나노급 EUV 기반 초미세 파운드리 제품까지 양 산하는 복합 생산라인이다. 특히 P2는 연면적 12만 8,900㎡로 축구장 16개 크기에 이르는 세계 최대 규모 반도체 공장이다. P1과 P2는 각각 30조원 이상 대규모 투자가 집행됐다. P2에서 직접 고용하는 인력은 약 4,000명이며 협력사 인력과 건설인력을 포함하면 약 3만 명 이상의 고용창출이 발생했다. P2의 파운드리 라인과 NAND flash memory 메모리 반 도체 라인은 원래 올해 하반기 본가동할 예정이었다. 하지만 삼성전자는 가동 일정을 최대 한 당겨 상반기 중 완전한 양산을 시작하기로 최근 방침을 바꿨다. P2 라인의 조기 가동은 전세계적 반도체 공급 대란과 반도체 슈퍼사이클에 대응하기 위한 조치다. 삼성전자가 P3 착공을 서두르는 것은 경쟁사들의 맹추격 때문이기도 하다. P3 공사가 탄력을 받으면서 삼 성전자는 평택에 장기적으로 공장 3기를 더 지을 계획이 있다는 소식이 흘러나오고 있다. 이미 다음 차례인 P4도 예정보다 일찍 조기 착공할 가능성이 커지는 분위기다. 이르면 내년 에 공사가 시작될 것으로 보이며 반도체 수요의 급증에 따른 대응 차원에서 일찍 공사가 진 행 될 것으로 예상된다.

추가 공장을 모두 짓는 데 투입될 자금은 총 100조원 이상으로 추정된다. 업계에 따르면 삼성전자는 P4~P6 건설에 대비해 이미 평택시에 2025년까지 하루 25만t(톤)의 공업용수 확보를 요청한 상태다. 반도체 업계는 P4~6라인이 첨단 메모리뿐 아니라 3나노급 이하 초 미세 파운드리 제품까지 양산하는 거점이 될 것으로 본다.

[자료: 뉴스워치]

사례 6-10 신세계 이마트 노브랜드 전략

1. 신세계 이마트 경영현장

"위기는 생각보다 빨리 오고 기회는 생각보다 늦게 온다."

정용진 신세계그룹 부회장이 2019년 6월 이마트 하반기 경영전략회의에서 한 말이다. 정용진 부회장의 말대로 이마트는 지난 2분기 사상 최초로 영업손실(-299억원)을 기록했다.

이마트·롯데마트 등 국내 대형 유통기업이 위기에 부딪힌 배경 중 하나는 쿠팡·티몬 등 이커머스(e-commerce) 공세가 꼽힌다. 손가락만 클릭해서 온라인으로 제품을 사는 소비자 비중이 갈수록 확대하면서 '생각보다 빨리' 위기가 닥쳤다. 8월 19일 첫 매장을 개점한 노브랜드버거에는 위기를 돌파하려는 정부회장의 전략이 고스란히 녹아있다.

2. 노브랜드 전략-노브랜드 버거

첫째, 초저가다. 불고기버거 단품은 1900원, 대표메뉴인 시그니처버거 단품은 3,500원에 불과하다. 경쟁 제품과 비교하면 반값에도 못 미친다. 정용진 부회장의 일관적인 경영 전략 중 하나가 초저가다. '노브랜드'라는 자체 브랜드(private brand) 상품부터 상시 초저가를 내세운 '에브리데이(everyday·일상) 국민가격'까지 그는 가격 경쟁력을 내세운다. 온라인으로 장보는 소비자의 발길을 다시 오프라인 매장으로 유인하기 위해서다.

둘째, 소비자 만족도다. 정 부회장은 소비자 만족도를 좌우하는 핵심가치에는 돈을 아끼지 않으면서, 만족도가 크지 않은 분야에서 과감하게 원가를 낮췄다. 예컨대 노브랜드버거 햄버거 패티는 가격 대비 품질이 우수하다. 경쟁 제품 대비 촉촉하고 육즙도 살아있어 정크푸드(junk food)라는 생각이 들지 않는다. 정용진 부회장이 개발에 참여했다는 소스도 마찬가지다. 햄버거빵(번·bun) 밑에 살짝 발라둔 치즈소스가 패티의 감칠맛을 배가한다. 이렇게 상승한 원가는 소비자 선호 차이가 크지 않은 부분에서 만회했다. 경쟁사의 번(12mm)보다 NBB시그니처버거(10.5mm)의 번을 14% 작게 만들었다. 호밀 등 고가 재료도 배제했다.

셋째, 유통 강자 이점을 충분히 활용했다. 이마트는 다양한 식자재를 전문적으로 취급하는 국내 최대 유통 기업이다. 전문성을 보유한 공장에 일부 제조 공정을 맡겼다. 실제로 신세계푸드 이천공장이 노브랜드버거의 햄버거용 채소를 제조·관리·가공한다. 덕분에 노브랜드버거 토마토·양배추 등 야채는 신선도가 경쟁 제품보다 돋보인다.

넷째, 시장 재정의다. 정 부회장은 맥도날드·롯데리아가 대표하는 중간 가격대 시장이 점차 축소한다고 본다. 그는 신년사에서 "앞으로 유통시장은 '초저가'와 '프리미엄'의 두 가지

형태만 남게 될 것"이라고 예상했다.

그가 저렴한 노브랜드 버거와 함께 미국 햄버거 체인 '자니로켓' 한국매장을 운영하는 배경이기도 하다. 신세계푸드 외식사업부가 진행하는 자니로켓은 1인분 가격이 최대 17,000원이다(베이컨 체다더블). 프리미엄 버거(자니로켓)와 가성비 버거(노브랜드)로 중간 가격대 시장을 잠식할 수 있다고 판단한 것이다. 유통 산업 트렌드 변화를 파악하려면 밀레니얼(millennials)의 소비 성향을 파악해야 한다. 그런데 햄버거 시장을 찾는 소비자는 주로 20·30대다. 초저가 실험을 진행하는 일종의 테스트베드로 햄버거를 선택한 배경이다.

3. 결론

지금까지 정 부회장의 전략은 성공적이다. 9월 말까지 10만개가 팔렸고, 2호점(부천점)은 스타필드시티 식음료 매장 매출액 1위를 기록했다. 3호점(코엑스점)은 햄버거가 하루에 1,200(평일)~1,500개(주말)씩 팔린다. 통상 일일 판매량이 1,000개 이상이면 특A급 매장으로 분류한다. 정연승 단국대 경영학부 교수는 "햄버거 매장을 통해서 이들의 소비 패턴·데이터를 수집하면, 오프라인 기반 유통업계 전반의 수익성을 제고하는 데 도움이 된다"며 "노브랜드버거는 단순한 햄버거 시장 진출이라는 의미를 뛰어넘어, 치열한 생존 경쟁 속에서 유통기업이 수익성을 실험하는 공간"이라고 분석했다.

[자료: 중앙일보] 노브랜드버거 10만개 팔렸다는데

실전경영학

Chapter 07   조직화 및 평가

Management Practice Guide

07 조직화 및 평가

I 조직화란?

기업조직에서 수행하여야 할 일을 누가 실행할 것인가를 결정하는 과정이 조직화 과정이다. 조직화는 계획과정에서 설정된 기업의 목표를 효율적이고 효과적으로 달성할 수 있도록 과업을 관리가능 단위로 세분화하고, 그 세분화된 과업활동들을 조정하는 '시스템'을 만드는 작업이다. 즉 목표달성을 위해 수행해야 할 업무의 내용을 편성하고, 직무수행에 관한 권한과 책임을 명확하게 하며, 수평적, 수직적으로 권한관계를 조정함으로써 상호관계를 설정하는 과정이라고 할 수 있다. 따라서 조직화 과정은 〈그림 7−1〉과 같이 요약해볼 수 있다.

그림 7-1 조직화 단계

* R&R: role and responsibilities

〈그림 7−1〉에서 알 수 있듯이 기업목표 달성을 위한 조직화는 다양한 구성요소들을 일정한 기준에 따라 전문화시키는 분업과, 나누어진 작업을 공동목표를 지향하도록 조정하는 통합의 문제에 부딪치게 된다. 이때 분업은 기업의 목표를 달성하기 위해 통합을 전제로 이루어지지만, 그 정도가 너무 많아지면 통합이 어

려워지기 때문에 분업과 통합의 정도를 어떻게 유지할 것이냐가 조직화과정에서 가장 중요한 문제라고 할 수 있다.

ⅠⅠ 조직화의 원칙

조직구조를 설계하는 데 필요한 원칙 및 단계는 다음과 같이 정리할 수 있다.

1. 분업(전문화)

분업은 과업을 세분화하여 사원들이 전문적인 지식 및 기술에 따라서 가능한 하나의 특정업무를 전문적으로 맡아서 수행하도록 업무를 할당하는 것을 말한다. 즉 과업을 세분화하여 논리적, 체계적으로 연결하고, 그 업무에 적합한 자원을 활당하는 것을 의미한다.

분업은 전문화라고도 하는데, 사원들이 특정 업무를 전문적으로 맡아 수행함으로써 직무수행의 효율과 능률을 올릴 수 있고 업무성과를 높일 수 있다는 장점이 있다. 그러나 분업은 같은 업무를 반복 수행함에 따라 업무에 대한 지루함, 의욕저하, 불평불만을 야기할 수 있고 개인의 성장을 저해한다는 점이 문제점으로 지적되고 있다.

2. 책임과 권한의 명확화

분업 및 전문화를 통하여 조직이 수행해야 하는 업무를 세분화하고, 체계적으로 분류하고 논리적으로 연결하는 작업을 한다. 그리고 세부 업무별로 직책, 사람, 자원을 할당하는 과정이 이루어져서 각 구성원의 직무가 확정되면, 각 구성원에게 할당된 직무에 대하여 책임과 권한이 명확히 정립되어야 한다. 이는 조직구성원에게 직위에 따른 직무가 할당되면, 그 직무를 수행할 수 있도록 상사에게는 수행하는 데 필요한 권한이 주어져야 하고, 권한행사의 결과에 대한 책임도 함께 수반되어야 한다는 것이다. 즉, 부하에게 위임되는 권한은 책임, 보고의 양과 일치하여야 하는데, 이를 삼면등가의 원칙이라고 한다.

3. 권한위양

권한위양은 권한을 가지고 있는 관리자가 하위자에게 직무수행에 관한 일정한 권한을 위임하는 것을 말한다. 권한위양은 조직의 규모가 커지고 업무의 영역이 넓어질수록 관리자에게 권한이 집중되는 경우, 관리자는 일상적이고 반복적인 업무에 관한 권한은 하위자에게 위양함으로써 관리자는 본연의 중요한 업무에 전념할 수 있다. 일반적으로 기업에서 직급이 올라갈수록 업무 영역이 넓어지고 책임과 권한이 확대되는데, 관리자가 권한의 일부를 하위자에게 위양함으로서 본인은 본연의 중요 업무에 보다 충실할 수 있고, 하위자는 위양 받은 범위 내에서 권한을 행사함으로서 사기를 올릴 수 있는 장점이 있다.

4. 관리의 범위

관리의 범위는 한 사람의 관리자가 효과적으로 관리할 수 있는 적정 사원의 수를 의미한다. 즉 조직에서 효율적인 지휘, 감독을 하기 위해서는 한 사람이 지휘, 감독할 수 있는 부하의 수를 적정하게 운영하도록 한다는 것이다. 관리의 범위가 너무 광범한 경우는 상하간의 의사소통 및 감독과 조정이 곤란해져서 조직능률이 저하된다. 반면에 감독의 범위가 너무 작으면 지나친 감독으로 인해 하위자의 창의성과 자율성이 떨어지고, 관리비용을 낭비하는 결과를 초래할 수 있다. 일반적으로 적정한 관리범위는 상위경영층에서는 5~10명, 하위경영층에서는 10~20명이 적당하다고 할 수 있다.

5. 명령일원화

명령일원화는 한사람의 부하는 본인의 조직라인에 따라 1인의 상위자로부터만 지시를 받아야 한다는 개념이다. 여기서 말하는 상위자는 본인의 직속상사로, 본인에 대한 1차적인 평가권한을 갖고 있는 상위 직급자를 의미한다. 즉 조직에서 수명은 1차 상사로부터 받고, 수행한 결과도 역시 1차 상사에게 보고한다는 의미를 갖고 있다. 조직에서 지휘체계가 일원화 되어 있지 않으면, 업무를 수행하는데 중복된 명령-보고 관계에서 불필요한 갈등이 유발될 수 있고, 업무의 효율성은 떨어지게 된다. 또한 부하의 지휘, 통솔을 불가능하게 하여 조직의 체계적인 업무수행을 방해하는 문제가 생긴다.

6. 직능화

직능화는 업무의 능률을 기할 목적으로 분업의 원리를 적용하여 전문화를 실현할 경우 채택되는 방법이다. 전문화에 따라서 업무를 세분화하고, 업무의 종류와 성질에 따라 업무를 분류하는 것을 직능화라고 한다. 예를 들면 기업의 조직기능에 맞추어 세분화된 업무를 개발, 생산, 품질, 영업, 인사 등으로 분류하는 것을 의미한다. 전통적인 방법은 직무를 세분화하고 사람을 그 직무에 맞추었다고 하면, 현대적인 방법은 직무를 사람에 맞추어 설계하는 방향으로 점차 변화하고 있다.

7. 조정의 원칙

앞에서 분업에 의해 세분화된 업무는 기업 전체적인 관점에서 가장 효과적으로 수행될 수 있도록 상호 통합되어야 한다. 즉 조직의 능률을 향상시키기 위하여 전문화와 직능화를 추구하지만, 이로 인하여 각 부문간의 상이한 목표로 인한 마찰이 불가피하게 된다. 이러한 마찰을 최소화하고 조직의 공동목표를 지향하도록 하기 위하여 조정이 필요하며, 조정에는 동일 계층상의 활동을 조정하는 수평적 조정, 그리고 계층 상하간의 활동을 조정하는 수직적 조정이 있다.

Ⅲ 조직의 형태

조직구조는 기업의 규모와 수행하게 되는 조직기능에 맞추어 설계하는 것이 가장 효율적이라고 할 수 있다. 즉 기업의 규모와 제공하는 제품 또는 서비스의 형태에 따라서 조직구조 및 규모를 설계해야 한다. 또한 기업 내에서 수행하는 업무의 성격에 따라서 어떤 형태가 적합한지가 고려되어야 한다. 그리고 기업이 추구하는 전략, 경쟁력이나 생산성 향상 등과 같은 경영환경의 변화에 맞추어 지속적으로 조직구조를 개선해 나가야 한다. 일반적으로 조직구조를 설계할 때 고려할 요인들을 살펴보면 다음과 같다.

- **환경:** 조직구조는 기업이 제공하는 제품이나 서비스 그리고 외부환경에 적합하도록 설계되어야 한다. 즉 기업이 외부환경의 급격한 변화와 치열한 경쟁에서 살아남으려면, 내부에서 그에 대응할 수 있는 적합한 조직구조로 설계되는 것이 바람직하다.
- **전략:** 조직구조는 경영목표와 전략을 달성하기 위한 수단으로 설계되어야 한다. 즉 조직구조는 기업전체의 목표와 그것을 달성하기 위한 전략과 일치되어야 하고, 그것을 달성하기 위한 수단으로 활용되어야 한다.
- **조직구성원:** 조직구조는 조직의 필요한 기능에 맞게 설계되어야 한다. 즉 기업의 경영활동에 필요한 조직기능에 맞게 조직이 설계되어야 하고, 조직 구성원들의 전공 및 적성, 그리고 기대치를 반영하여 배치가 이루어져야 한다.
- **기업규모:** 조직구조는 기업조직의 규모에 맞게 설계되어야 한다. 즉 기업의 규모, 수행하는 업무, 특성에 맞추어 설계되어야 한다. 기업의 규모가 큰 조직에서는 직능식 조직 또는 사업부제 조직이 바람직하고, 규모가 작은 중소기업에서는 라인조직이 바람직하다고 할 수 있다.

1. 조직구조의 형태

조직구조의 기본형태로는 라인조직, 직능식조직, 라인－스텝조직, 사업부제 조직, 위원회 조직, 프로젝트 조직, 매트릭스 조직 등이 있다. 과거에는 라인조직, 직능조직 위주로 조직설계가 이루어졌지만, 최근에는 조직을 슬림화하고 고객의 요구에 유연하고 빠르게 대응하기 위하여 사업부제 및 팀제 조직이 많이 적용되고 있다. 이러한 구조는 조직 내 결재단계를 최소화하여 의사결정 단계를 줄이고, 권한을 하부에 위임하여 신속한 의사결정이 이루어지도록 변화하고 있다.

💚 기업의 조직구조가 팀제로 변경되기 전에는 결재단계가 6~7단계로 이루어졌다(사원-대리-과장-차장-부장-상무-전무). 따라서 교육이나 출장품의 등의 필요한 결재를 받으려면 건당 최소한 7일 정도가 소요되었다. 그러나 팀제로 조직구조가 변경되면서 프로세스가 개선되어 결재가 3단 결재로 변경되었다(입안-심사-결정). 여기서 입안은 기안자인 본인을 의미하며, 심사는 1차상사(파트장 또는 그룹장), 결정은 2차상사(그룹장 또는 팀장)를 의미한다. 따라서 결재기간이 1~2일로 획기적으로 단축되고, 전 부문의 업무가 효율화되었다.

2. 라인조직

라인조직은 직계, 직선, 군대식 조직구조라고도 하며, 각 조직구성원이 한 사람의 직속 상위자의 지휘, 명령에 따라 활동하고 동시에 그 상위자에 대해서만 책임을 지는 가장 오래된 조직형태이다. 이 조직은 지휘, 명령계통이 단순하고 명확하므로 명령일원화의 원칙(principle of unit of command)이 잘 지켜진다. 따라서 책임과 권한 소재가 명백하고 의사결정이 신속하며 주어진 권한 범위 내에서 임기응변적 조치를 취하기 쉽다는 장점이 있다.

이러한 조직구조는 경영자나 관리자의 작업 내용에 대해서 포괄적인 지식과 경험을 가지고 있고, 인간관계 면에서도 상위자가 하위자를 완전히 장악할 수 있는 조직에 적합하다.

기업에서는 산업화 초기 단계에 많이 볼 수 있었던 조직 형태로 오늘날에는 중, 소규모 기업에서 많이 적용하고 있다. 군대조직이나 정부조직도 이와 유사한 형태의 조직이라고 할 수 있다.

3. 기능별 조직

F.W.Taylor가 라인조직의 결점인 전문화의 원리를 활용하기 위해 수평적 분화에 중점을 두고 고안한 형태로 흔히 기능조직 이라고 한다. 이러한 조직구조는 부문별로 전문 관리자를 두고 여러 명의 전문 관리자가 하위자를 지휘, 감독하게 된다. 기능별 조직의 가장 큰 특징은 분야별로 전문적인 기능을 가진 상위자의 명령을 받기 때문에 전문화의 원리가 잘 적용되고 예외사항의 처리를 원활히 할 수 있다는 장점이 있다. 또한 각 기능이 전문화되기 때문에 해당 분야의 전문가 양성이 비교적 수월할 수 있다. 그러나 한 사람의 작업자에게 복수의 명령이 내려짐으로써 명령일원화의 원칙(principle of unit of command)이 파괴될 수 있어 조직 전체적인 통제가 어렵고 전반 관리자 양성이 어려우며, 기술혁신의 촉진이 이루어지지 않는다는 단점이 있다. 따라서 이 조직의 형태도 대규모 조직에는 적용하기 어렵다. 다음의 〈그림 7-2〉는 기능별 조직구조의 예시이다.

그림 7-2 기능별 조직

4. 라인-스태프 조직

H.Emerson이 창안한 라인－스태프(line－staff) 조직은 라인조직에 스태프를 보강함으로써 직계조직이 갖는 명령, 지휘 계통의 일원성을 유지하고 동시에 직능식 조직의 전문화 이점을 살리려는 조직형태이다. 참모식 조직이라고도 하는 이 조직구조는 오늘날 가장 일반적인 조직 구조로 거의 모든 기업이 이 형태를 따르고 있다. 조직의 스태프 전문가들이 라인의 관리자들에게 전문적인 지식과 기술을 제공하므로 라인의 업무 부담이 줄어들고, 업무 수행에 관계없는 문제에 소용되는 시간 낭비를 방지할 수 있다는 장점이 있다. 그러나 라인부서의 의사결정이 지연될 수 있고, 스태프는 조언 및 권고는 할 수 있지만 명령권한이 없기 때문에 스태프와 라인 간의 갈등이 야기될 수도 있다. 〈그림 7－3〉은 라인－스태프 조직구조의 예시이다.

그림 7-3 라인-스태프 조직

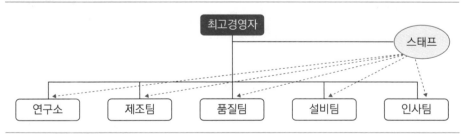

5. 사업부제 조직

오늘날 기업규모가 증대되고 제품과 시장이 다양하게 확장되면서 제품이나 시장, 지역 또는 고객별 등으로 사업부가 부문화 되어 만들어진 조직구조를 사업부제 조직(divisional organization)이라고 한다. 오늘날 다국적 기업 및 국내 대기업들이 가장 보편적으로 많이 채택하고 있는 조직구조 형태이기도 하다. 이 조직구조는 각 사업부문의 책임자들에게 특정 사업부문에 관련된 경영활동에 대해서 대부분의 권한을 부여하고 독립성을 인정해주면서 책임의식 또한 강하게 부여하는 조직구조 형태이다. 따라서 각 사업부는 독립적인 수익단위 및 비용단위, 그리고 인력운영도 독자적으로 운영되고, 경우에 따라서는 하나의 독립적인 기업처럼 운영된다.

사업부제 조직은 사업부문별로 전문경영자에게 권한과 책임을 부여함으로써 시장변화 또는 소비자 욕구변화에 빠르게 대처할 수 있으며, 성과에 대한 책임소재를 분명히 할 수 있다. 그러나 사업부문 간에 중복된 기능이 존재하며 전사 측면에서 비효율적인 낭비요소가 될 수 있으며, 사업부 간에 지나친 경쟁을 유발하여 사업부간 상호 조정이나 기업 전체적인 목표 달성을 어렵게 할 수도 있다는 단점이 있다. 다음의 〈그림 7-4〉는 사업부제 조직구조 형태를 보여준다.

그림 7-4 사업부제 조직

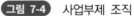

6. 위원회 조직

위원회 조직(committee organization)은 부문 간의 협조와 조정을 확보하고 전사적인 관점에서의 의사결정을 위하여 기존의 조직구조위에 설치되는 또 하나의 조직기구이다. 따라서 위원회는 어떤 특정한 문제의 해결을 위해 조언, 조정 및 의사결정을 하는 계획적인 집단이라고 말할 수 있다. 위원회조직은 집단 토의(group discussion) 방법을 도입함으로써 조직의 제 활동에 유익한 창의적인 아이디어를 창출해 낼 수 있으며, 보다 건전한 결론에 도달할 수도 있다. 또한 여러 부문에 공통적으로 해당되거나 한 사람의 권한과 권력으로 해결할 수 없는 문제들을 보다 현실적으로 해결할 수도 있다. 그러나 위원회 조직은 여러 사람으로 구성되기 때문에 회의과정에서의 시간낭비 및 기동성의 결여, 타협의 위험, 책임의 분산 및 책임부재의 결정 등 집단사고(group thinking)에서 나타나는 단점들이 나타날 수도 있기 때문에 이를 활용하는 데 있어서는 운영의 묘를 기해야 한다.

7. 프로젝트 조직

프로젝트 조직(project organization)이란 특정 과제나 목표를 달성하기 위해 구성되는 임시적이고 동태적인 조직구조로서 태스크 포스 팀(task force team)이라고도 한다. 팀은 기존 조직에서 프로젝트 수행에 적합하다고 판단되는 사람을 차출하여 구성한다. 이 조직은 정태적인 기능별 조직 또는 부문별 조직이 환경변화에 능동적으로 대처하지 못하는 문제점을 극복하기 위하여 등장한 보완적 성격의 조직으로서, 특정 경영상황에서 활동하는 한시적, 동태적 성격의 조직이다. 프로젝트팀의 구성원은 프로젝트의 소기의 목적을 달성하면 원래의 소속된 부서로 돌아가거나 새로운 프로젝트팀에 배치된다. 따라서 프로젝트 조직은 프로젝트 수행을 위해 새로운 조직을 만들지 않아도 되기 때문에 기업조직의 인력운영에 유연성을 확보할 수 있다. 반면에 프로젝트팀은 일시적인 조직이기 때문에 원래 소속되어 있던 부서와의 관계설정이 모호할 수 있고, 여러 부서에서 차출된 사람들로 구성되기 때문에 팀 내의 조화 및 유효성 유지가 어려운 단점이 있다. 따라서 팀장의 능력과 역할이 프로젝트 성과에 결정적이라고 할 수 있다. 〈그림 7-5〉는 프로젝트 조직구조의 예시이다.

그림 7-5 프로젝트 조직

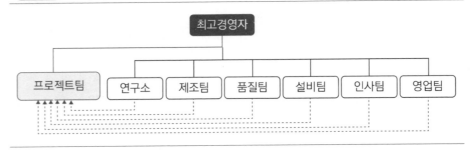

8. 매트릭스 조직

사업부제 조직은 다양한 환경변화에 적절하게 대응할 수 있는 장점을 가지고 있는데도 불구하고 기능의 중복 등으로 비효율성을 초래할 수도 있기 때문에, 기업조직의 경영자나 관리자는 새로운 환경변화에 적극적으로 대처하지 않는 경우가 발생한다. 매트릭스 조직(matrix organization)은 이러한 문제점을 해결하고자 직능식 조직의 장점과 프로젝트 조직의 장점만을 결합시켜 만들어진 조직구조라고 할 수 있다. 즉 한쪽에는 생산, 마케팅, 재무, 인사 등과 같이 기능부문이 존재하고 다른 한쪽에는 프로젝트 부문이 존재하여 프로젝트의 목적이 효율적으로 달성될 수 있도록 기능부문으로부터 파견된 종업원들로 구성된 일시적 형태의 조직구조이다. 따라서 매트릭스 조직의 구성원은 2개 이상의 조직부서에 속함으로써 수직적 명령체계(직능부문의 상급자)와 수평적 명령체계(프로젝트 책임자)가 동시에 존재하는 복합명령체계에 속하게 된다. 이러한 조직구조는 많은 회사들이 인력의 효율적 운영을 위하여 많이 사용되고 있다.

매트릭스 조직구조는 인적자원을 효율적으로 사용할 수 있고 새로운 환경변화에 융통성 있게 대처할 수 있는 구조로서 동시에 여러 가지의 프로젝트를 실행할 수 있는 등의 장점이 있다. 그러나 매트릭스 조직구조는 두 명 이상의 상급자를 갖게 되기 때문에 이들로부터 서로 다른 명령이나 지시를 받을 경우, 또 출장이나 교육 등 상급자의 결재를 받을 경우에 혼선이나 갈등이 유발될 수 있는 등의 단점이 있다. 따라서 조직을 설계할 때 관리자와 팀원의 역할과 책임을 명확히 규정하는 것이 필요하다. 〈그림 7-6〉은 매트릭스 조직구조의 예시이다.

그림 7-6 메트릭스 조직

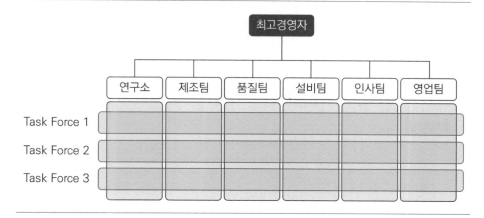

9. 팀조직

오늘날과 같은 치열한 경쟁상황에서 전통적인 피라미드 구조를 갖는 계층적 또는 기능적인 단일의 조직은 점점 그 효용성이 떨어지고 있다. 의사결정 단계를 줄이고, 관리비용의 낭비를 제거하며, 급변하는 시장상황에 신속히 대응하기 위하여 많이 사용하는 조직이 팀(team) 조직이다. 팀(team)이란 상호보완적인 기술 혹은 지식을 가진 둘 이상의 조직구성원이 서로 신뢰하고 협조하며 헌신함으로서 공동의 목표를 달성하기 위해 노력하는 자율권을 가진 조직이다. 따라서 팀조직은 라인조직 또는 기능조직의 대안으로 많은 기업에서 사용되고 있다.

사례 7-1 삼성물산의 사업부제 조직

1. 사업부제 조직이란

기업의 성장과 경영규모의 확대에 따라 단위적 분화(=목적별 전문화)에 따라 제품별, 시장별, 지역별로 사업부가 부문화되어 형성된 조직이다. 또한 경영상의 독립성을 인정해 주고, 책임의식을 가지게 함으로써 경영활동을 효과적으로 수행할 수 있도록 형성된 조직형태이다. 각 사업부문별로 업무의 통일성은 유지하되, 독자적인 의사결정 권한을 갖고 이익책임 단위로 활동을 하는데, 주로 글로벌 기업에서 많이 적용한다. 사업 다각화에 따라서 내부조 직의 비효율성을 감소시키기 위한 조직구도인데, 사업부제 조직구조는 하나의 사업부가 기 능별 조직구조를 갖는 하나의 작은 회사와 유사한 체제를 갖고 독립적으로 운영된다고 볼 수 있다(〈표 7-1〉).

2. 사업부제 조직의 장·단점

표 7-1 사업부제 조직의 장·단점

장 점	단 점
• 각 사업부별로 책임과 권한을 부여하여 시장 변화, 소비자 요구에 빠르게 대응가능 • 상호작용이 밀접하여 효율 향상 • 실전에 유능한 경영자 양성 • 각 사업부는 이익 및 책임 중심점이 되어 경영 성과 향상	• 부서/기능 중복으로 관리비 증가 • 사업부 간 이익 대립 가능성 • 각 사업부의 이기주의로 회사 전체 이익희생 • 각 사업부 간 활동 조정 곤란(조정이 안 될 시는 CEO가 조정 가능함)

3. 사업부제의 핵심사항

① 어떤 기준으로 사업부를 분류할 것인가?
  • 매출발생단위 또는 시장별로 구분함이 일반적임
  • 지원부서도 하나의 사업부로 간주할 수 있음
  • 회사별 상황에 따라 여러 기준을 설정할 수 있음

② 어떻게 사업부제를 운영할 것인가?
  • 통제가능하고 합리적인 재무회계 처리기준 설정 필요
  • 공통경비, 비매출부서의 경비 등에 대한 합리적 배부기준 설정
  • 책임과 권한의 확실한 이양, 독자적인 의사결정 인정

③ 사업부별 성과를 어떻게 평가할 것인가?
  • 객관적 재무재표 위주로 평가하되 회사 이익을 극대화시킬 수 있는 지표를 평가지표로 활용
  • BSC(Balanced Score Card, 균형성과 기록표) 관점에서의 평가 실시

4. 사업부제의 도입효과
① 회사의 사업 중 가장 경쟁력 있는 사업이 어떤 것인지 파악 가능

② 성과가 저조한 사업의 자생력 부여 가능(독립, 책임주의, 성과주의)
③ 핵심영역에 대한 효과적인 관리 가능
④ 내부 통제 측면이 아닌 시장 중심으로 운영 가능
⑤ 임직원들의 기업가 마인드 함양 가능

5. 사업부제의 한계
① 각 사업부의 독자적인 의사결정과 권한과 능력이 있어야 함
② 최고경영자의 전략적 의사결정 능력이 반드시 필요
③ 공통비의 배부기준 및 사업부 간 이해관계 조정능력, 정보취합능력 필요

6. 삼성물산 사례

① 1995년 삼성건설 합병이후 사업 다각화 실시
  • 매출과 단기 순이익 급성장
  • 효율적인 관리 문제 제기

② 단기 순이익은 흑자, 경제적 부가가치는 적자
  • 대대적인 조직개편
  • 성과급제 실시

삼성물산(〈그림 7-7〉)은 기존의 상사, 건설 주택개발, 유통, 인터넷 등 5개 부문으로 구성된 대규모 사업부조직을 보다 자세히 구분된 40개의 사업 유닛으로 재편성하였다. 기존 사업부 조직의 문제점을 보완하고 한 단계 더 발전시켜서 사업 유닛 조직을 구성하였다(〈표 7-2〉).

그림 7-7 삼성물산의 조직구조

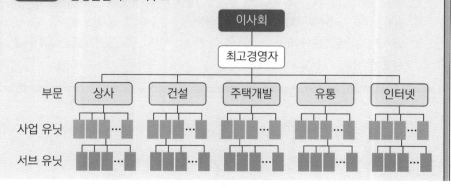

7. 삼성물산 사업 유닛제의 특징

표 7-2 삼성물산 사업 유닛제 특징

과거의 사업부제 조직	새로운 사업 유닛제
• 사업부장에게 인력, 경비, 자금 등에 관한 주요한 권한이 주어져 있지 않음 • 보상체계가 명확하지 않음 • 해외경비와 지원부서의 경비가 명확하지 않음 • 과거에 누적된 부실과 당해연도의 성과가 혼재 • 손익관리 불투명 • 사람위주의 조직운영과 온정주의적 인사관리 • 사업부장은 임원만이 할 수 있었기 때문에 사업부의 숫자를 임원수로 제한	• 개별사업 유닛이 독자적인 대차대조표와 손익계산서를 갖는 별도의 회사와 유사한 조직 • 삼성물산의 최고경영자는 개별 사업 유닛의 경영자를 임명하고 자본금을 투자 • 사업 유닛장은 직원채용과 인력배치, 평가, 보상, 승진에 대한 모든 인사권을 행사 • 본사가 정해준 한도 이내의 자본투자 및 영업에 대한 모든 자율권을 행사
구체적 사례	
• 본사 최고경영자에게 사업계획을 설명하고 필요한 자본을 조달한다. • 투자가능 자금 한도와 필요 인력을 결정한다. • 사업 유닛을 소규모 사업단위인 서브 유닛(sub-unit)으로 나누고 서브 유닛장을 임명한다. • 처분가능이익 일부를 제외한 나머지 모두를 직원 성과 인센티브로 배분한다. • 직원 실적평가를 통해 개인적 성과급을 지급한다. • 실적이 부진할 경우 사업 유닛 자체가 퇴출된다.	

8. 사업부제에 대한 비판

① 단기적인 경영성과에 의한 평가를 실시하게 되면 성장산업에 대한 장기적인 투자가 이루어지지 않을 수 있으며, 이에 대한 대책은 전략적 투자를 요하는 사업부제는 최고 경영자가 별도로 평가한다는 정책이 필요하다.

② 개별 사업 유닛이 서로 경쟁적이 되어 사업 유닛 간의 시너지 창출이 어려운 경우는, 상사부문에 같은 산업에 있는 여러 개의 사업 유닛들을 묶은 division company를 만듦으로써, 동종 산업 내의 사업 유닛 간 시너지 창출을 용이하게 한다.

③ 삼성물산의 관리자들이 사업부제조직을 철저하게 운영할 수 있을 만한 능력을 보유하고 있는가의 문제는, 지금가지 권한이양이 제대로 이루어지지 않은 경영환경에서 성장한 관리자에 대한 근본적인 회의이다.

사례
7-2 매트릭스 조직을 효과적으로 운영한 ABB

유럽 최대의 중전기 메이커인 ABB(asea b개주 Boveri)사는 매트릭스 조직을 효과적으로 운영하여, 전 세계 고객들의 다양한 니즈에 신속히 대응할 수 있었다. ABB사는 제품과 지역을 두 개의 축으로 하는 글로벌 매트릭스 조직을 운영하며, 작고 기동력 있는 이익센터를 핵심으로, 현지 기업들이 무색할 정도로 신속하게 빠르게 의사결정을 실행하였다. 로터스 노츠(Lotus Notes)로 그룹 통신망을 구축하여, 내부 커뮤니케이션은 모두 이를 활용하도록 하고 있으며, 전 세계 21만 명의 직원 중 4만 2천여 명이 활용하고 있는 이 자체 네트워크는 결재단계를 4단계로 줄이는 ABB의 경영시스템을 가능케 하는 기술적 수단으로서 기능하고 있다.

사례
7-3 21세기에 대비하는 GE의 인적자원관리 전략

이것은 21세기 무경계 조직을 달성하기 위해 GE와 관련된 모든 인적자원구조를 재설계(re-architecting)하고자 하는 개념에서 출발하였다. 즉, 조직간 벽과 계층 간 명령체계의 벽, 더 나아가 고객, 공급자, 지역사회와 GE와의 벽을 허물어 무엇이든 개발된 곳에서 필요한 곳으로 쉽게 전달되는 체제를 유지하고자 하는 의지를 담고 있다. 그러나 이의 실천을 위해서는 어떤 조직이든 규모에 따른 스피드와의 갈등문제를 해결해야 하며, 이를 위해서는 현재 기업을 둘러싼 환경 내에서 파괴해야 할 '경계'가 어디에 존재하고 있는지, 그리고 이러한 경계를 어떻게 제거할 수 있느냐에 대한 인적자원관리 측면에서의 대안을 마련해야 한다.

GE는 이러한 경계발생의 주원인으로 부문 간 물리적 거리, 표준화·분권화에 근거한 조직 내 계층구조, 스탭 조직의 통제 마인드, 고객과는 상관없이 경영층에게만 잘 보이도록 길들여진 관리자, 소규모 공급업자에 위압감을 줌으로써 신뢰감을 상실하는 파트너십, 내부 통제중심의 관리방식, 그리고 마지막으로 한 가지 사업경력에만 익숙한 관리자들의 좁은 시야와 인적 자원 간 네트워크의 부족이라고 보고 무경계 실천전략을 시행하고 있다.

이러한 인적 자원 간 무경계달성을 위해 먼저 실천되어야 할 것은 물리적인 구조의 재설계분만 아니라 사람들이 어떤 방식으로 업무를 수행해야 하는지, 의사결정의 대상과 방법은 무엇인지, 업무와 관련된 동료와 상사 그리고 부하와의 관계는 어떻게 설정되어야 하는지 등에 대한 기본적인 구조의 재구축에 관한 것이다. 이를 위해서 GE가 진행하고 있는 가장 중요한 통합 HR 전략 중의 하나는 비전과 공유가치를 전파시키는 가장 중요한 역할모델이자 구태의연한 행동패턴을 뿌리 깊게 가지고 있을 확률이 많은 조직 최상층부의 임원급들에 대한 급진적인 기능변화를 추구한다는 것이며, 이것은 어떤 회사이든 새로운 인적자원관리 실행전략의 성공적 출발점은 바로 이들부터 시작되어야 함을 보여주고 있다. 4) GE의 대표적인 인적자원개발기구인 크로톤 빌 리더십 센터에서 20~30명의 임원들이 참가하여 3~4일간 풀 타임(full-time)으로 각사의 미해결 문제들에 대해 토의하는 라운드 워크숍이나 EDC(executive development course), BMC(business management course) 과정 등은 이들 경영진에 대한 행동패턴의 변화를 위해 얼마나 많은 노력하고 있는가를 방증해 주고 있다. 5) 그리고 GE는 최근 사람(people), 시간(time), 공간(space)에 대한 세 가지 개념적 부분을 통합 HR 전략의 일부분으로 재구축하고 있으며 사람에 대해서는 적재적소의 개념을, 시간에 대해서는 적기의 전략적 업무수행을 위해 선택되어야 할 과제와 사이클 타임을, 그리고 마지막으로 공간에 대해서는 업무 활동과 사람의 물리적 배치의 재구축을 위해 노력하고 있다. 이를 위해 사소하게는 부서 간 커피포트(coffee pot)의 공동사용을 통한 커뮤니케이션의 활성화(무경계 달성)에서부터 본부차원의 글로벌 네트워크 재구축까지의 전사적인 운동을 끊임없이 전개하고 있다.

IV 통제(평가)

통제는 관리과정의 마지막 단계로 기업경영활동의 성과(실적)와 계획(목표)을 비교하여 차이를 분석하고 피드백하여 효율적으로 목표를 달성하는 과정을 의미한다. 즉 기업의 목표달성을 위한 각 부문별 활동들이 계획대로 진행되고 있는지를 확인하고, 차이가 있으면 원인을 분석하여 피드백하고 수정행동을 취하는 과정이라고 할 수 있다. 기업에 따라 다르지만 대부분의 기업들이 연간 또는 반기별로 계획 대 실적을 평가(역량평가, 업적평가)하고, 그 결과를 개인별 연봉등급, 승진 등에 반영한다.

1. 통제의 효과적인 수행

경영통제는 경영계획을 선행 조건으로 한다. 즉 기업목표에 따른 여러 활동들의 바람직한 업무수행기준을 설정해야 한다. 즉 목표수준은 계량화되어야 하고, 합리적 기준에서 수준이 설정되고, 명확한 측정방법이 제시되어야 한다(〈그림 7-8〉).

그림 7-8 경영통제의 과정

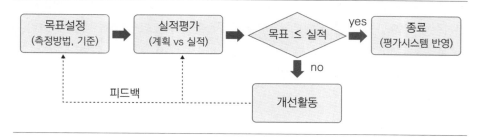

2. 통제의 중요성

통제는 관리과정의 마지막 단계로 계획 대 실적을 점검하고 차이를 분석하여, 다음 계획 수립에 피드백하는 중요한 활동이다. 성과표준의 근거가 되는 경영계획이나 기업의 목적은 미래지향적, 불확실성이 높음에 따라 시간의 경과에 따른 통제기능이 필요하다. 경영활동뿐만 아니라 경영계획 및 기업의 목표까지도 건설적인 조정이 필요하다. 기업의 규모가 커지고 활동범위가 다양해지고 업무 복잡성이 증가함에 따라 체계적이고 합리적인 통제를 통한 조정과 통합이 필요하다. 업무목표는 내부·외부의 여러 가지 요인에 의해서 차질이 생길 수 있고 문제가 발생한다. 이것을 방지하려면 업무의 진행사항을 중간중간에 점검하고 문제를 찾아 분석하여 개선하고 피드백하는 프로세스가 필수적으로 요구된다.

3. 통제의 전제조건

통제활동을 실행하기 위한 하나의 지침 또는 기준을 제공하는 계획기능과, 계획 대 성과의 차이에 대하여는 책임소재를 명확하게 해주는 조직구조가 수반되어야 한다.

4. 통제의 종류

1) 사전통제

사전통제는 과제를 시작되기 전에 투입단계에서 이루어지는 점검을 의미한다. 즉 추진하고자 하는 과제의 목표가 적절하게 설정되었는지, 그리고 과업을 추진하는데 필요한 자원이 제대로 준비되었는지 확인하는 과정이다. 따라서 여기에는 목표 수준의 재점검, 필요한 자원(자금, 설비, 자재 등), 필요한 인력의 확보, 과업을 수행할 인력의 교육 및 훈련 등이 포함된다.

2) 과정통제

과업을 진행하면서 중간에 진척사항을 점검하고 차이를 분석하여 개선하고 피드백해주는 활동을 의미한다. 이것은 수행하는 과제의 성격이나 관리자의 관리 스타일, 그리고 과제를 수행하는 인력의 업무숙련도에 따라서 어떠한 빈도로 어떻게 관리하는 것이 바람직한지 결정된다. 하지만 목표를 원활히 달성하기 위해서는 관리자가 진행사항을 점검해보고 앞으로 예상되는 문제들을 찾아서 피드백 해주거나, 실무자가 해결할 수 없는 문제들을 사전에 해결해준다는 측면에서 중요한 과정이라고 할 수 있다.

3) 사후통제

계획한 과업의 모두 과정이 완료된 후에 이루어지는 성과(output)에 대한 통제활동이다. 즉 계획했던 성과지표 측정방법에 의해 성과에 대한 평가 및 차이가 발생했을 때 그에 대한 원인분석 및 개선방안 수립, 다음 계획에 대한 피드백 등이 이루어진다. 또한 개인의 업적평가를 위한 자료를 제공하고 유사한 성질의 과업을 계획하는 데 유용한 정보 제공한다.

Ⅴ 평가

경영통제의 유형 중에서 사후통제가 일반적으로 대부분의 기업조직에서 가장 많이 사용되고 있는 통제유형이다. 따라서 본절에서는 사후통제에 초점을 맞추어 경영자원을 투입해서 변환과정을 실행하는 중요한 요소인 생산(제품 또는 서비스), 사람, 자금(돈), 정보 네 가지에 대한 평가방법을 설명하고자 한다(〈그림 7-9〉).

그림 7-9 경영활동의 평가대상

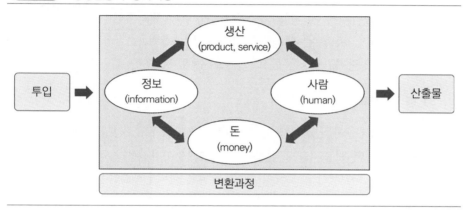

1. 생산활동의 평가

생산활동의 가장 주된 활동은 넓은 의미로 생산 활동 전반의 평가, 품질관리, 설비관리, 원가관리, 공정관리, 제품관리 등을, 협의적 의미로는 생산관리 내의 생산계획, 제조운영관리 등 세부업무를 포함한다.

생산활동을 평가할 때 가장 많이 사용되는 생산성의 개념은 생산을 위하여 사용한 생산요소(input)의 양과 그 결과 생산된 생산물(output)의 양의 비율을 생산성이라고 한다. 또한 생산성비율은 재화생산의 투입량과 산출량의 비율로 나타내고, 노동생산성, 총자본투자효율, 설비투자효율, 부가가치율, 자본집약도, 노동소득분배배율 등으로 나타낼 수 있다.

1) 종업원 1인당 부가가치생산액(노동생산성)

노동의 단위당 성과로 측정하며, 노동이 얼마만큼 효율적으로 이용되었는가를 측정하는 지표이다. 종업원 1인당 부가가치생산액이 높을수록 노동의 효율성이 높아 많은 부가가치를 생산했다는 의미로 기업의 경쟁력을 측정하는 지표로 많이 활용된다. 노동생산성은 경상이익, 인건비, 순금융비용, 임차료, 세금과 공과, 감가상각비, 종업원 수 등으로 평가가 이루어진다.

2) 총자본투자효율(자본생산성)

기업에 투자된 자본 1단위의 일정기간 동안 창출한 부가기치의 정도를 측정하는 지표로 총자본의 효율적 정도를 분석할 수 있다. 자본생산성이 높을수록 노동생산성 또한 높아지게 되므로, 노동생산성과 함께 대표적인 기업의 생산성 측정지표로 활용된다. 총자본투자효율은 경상이익, 인건비, 순금융비용, 임차료, 세금과 공과, 감가상각비, 총자본 등으로 구할 수 있다.

3) 설비투자효율

기업의 설비자산이 일정기간 동안 창출한 부가가치의 정도를 나타내는 비율로서, 자본생산성의 보조지표로 활용된다. 또한 설비자산은 노동의 효율에 직접 영향을 미치므로 노동생산성 분석의 한 요소이다. 설비투자효율성은 경상이익, 인건비, 순금융비용, 임차료, 세금과 공과, 감가상각비, 유형 자산, 건설중인 자산 등으로 구할 수 있다.

4) 부가가치율

매출액 중 새로 창출한 가치가 생산요소의 제공자에게 귀속되는 비율을 의미하며 소득률이라고도 한다. 기업의 부가가치율 계산은 경상이익, 인건비, 순금융비용, 임차료, 세금과 공과, 감가상각비, 매출액 등이 사용된다.

5) 자본집약도

노동력 1단위가 소요하는 자본금액을 나타내는 지표로서 총자본, 종업원 수, 노동소득분배율 등으로 구한다.

6) 노동소득분배율

노동소득분배율은 부가가치 중 얼마만큼이 인건비에 분배되었는가를 나타낸다. 노동소득분배율은 성과배분의 합리성을 분석하는 데 쓰이며, 경상이익, 인건비, 순금융비용, 임차료, 세금과 공과, 감가상각비 등으로 구할 수 있다.

2. 재무관리

1) 재무제표

기업 활동은 크게 영업활동, 투자활동, 재무활동으로 구분할 수 있는데, 재무활동이란 기업의 영업활동과 투자활동에 필요한 자금을 조달하는 활동으로, 이 활동이 원활하게 이루어지기 위해서는 자금조달과 관련한 차입비용, 차입자금의 투자에서 얻어지는 수익률 등 다양한 정보가 필요하다. 재무활동(재무통제)이란 이러한 정보를 구하기 위한 관리기능이다.

재무통제를 실행하기 위해서는, 기업은 경영활동 과정에서 발생하는 경제적 사건을 복식부기 원리에 따라 기록하고, 경영활동을 과정별로 분류하고, 요약하여 재무제표(financial statements)라는 정보를 작성해야 한다. 재무제표는 투자활동과 재무활동을 요약한 재무상태표, 영업활동을 요약한 포괄손익계산서, 경영활동으로 인한 현금의 증감을 설명하는 현금흐름표, 자본의 크기와 그 변동에 관한 정보를 제공하는 자본변동표, 재무상태표나 포괄손익계산서 등의 이해를 돕기 위해 세부적인 내용에 대한 추가적인 설명을 하는 주석으로 구성된다.

복식부기원리에 입각하여 기록한 자료들은 일정한 시점과 기간을 기준으로 하여 재무적 정보로 요약하여 정보이용자들에게 전달되게 되는데, 요약하는 절차를 결산(closing)이라고 하며 결산과정을 통하여 만들어지는 정보가 재무제표인 것이다. 재무제표는 기업의 재무상태와 경영성과에 관한 여러 가지 표(statement)인 것으로 현행 한국채택국제회계기준(K-IFRS)에서 정하고 있는 기본재무제표는 재무상태표, 포괄손익계산서, 현금흐름표, 자본변동표, 주석 등이 있다. 핵심은 재무상태표와 포괄손익계산서이다.

① 재무상태표(balance sheet)

재무상태표는 기업이 결산하는 시점에 갖고 있는 자산, 부채, 자본이 어떻게 구성되어 있는가를 나타내는 보고서이다. 재무상태표의 작성은 자산을 부채와 자본을 더하여 계산하게 되는데 이를 재무상태표 등식 혹은 회계등식이라 한다.

$$자산 = 부채 + 자본: 회계등식$$
$$자본 = 자산 - 부채: 순자산(net\ assets)$$

재무상태표의 대변은 기업 활동을 하는 데 필요한 자금을 어떻게 조달하였는가? 즉, 자금조달의 원천을 나타내는 것으로 이에는 부채와 자본이 관련된다. 부채는 과거 거래나 사건의 결과로 기업이 미래 어느 시점에 현금, 재화나 용역을 타인에게 제공해야 할 의무를 나타내며, 자본은 기업이 발행한 주식가치인 자본금과 기업이 영업활동을 통해 창출한 순이익에서 배당을 통하여 사외와 유출하고 남아 있는 금액인 이익잉여금으로 구성된다. 한편, 차변인 자산(assets)은 조달된 자금을 운용한 결과를 나타내는 것으로 과거 거래나 사건의 결과로 기업이 현재 보유하고 있는 미래의 경제적 효익을 창출할 수 있는 자원을 말한다(〈표 7-3〉).

표 7-3 재무상태표

재무상태표

승리기업		20××년 00월 00일 현재		(단위: 천원)
과 목	금 액	과 목		금 액
자산		부채		
현금	150,000		단기차입금	200,000
토지	100,000	부채총계		200,000
설비자산	150,000			
금융자산	100,000	자본		
			자본금	300,000
		자본총계		300,000
자산총계	500,000	부채 및 자본총계		500,000

② 포괄손익계산서(income statement)

포괄손익계산서는 기업이 일정기간 동안의 경영성과인 이익(=수익-비용)을 보고하는 회계보고서이다. 여기서 수익은 재화 또는 용역을 고객에게 제공하고 받았거나 받을 대가를 의미하며, 비용은 수익을 얻기 위하여 사용한 재화와 용역의 구입금액을 의미한다. 기업의 경영성과는 기업 활동을 통하여 벌어들인 총수익에서 수익을 얻기 위하여 사용한 총비용을 차감하여 순이익 혹은 순손실과 같

표 7-4 포괄손익계산서 양식

포괄손익계산서

승리기업	20××년 00월 00일 현재	(단위: 천원)

과 목		금 액	
수익			500,000
	매출수익	300,000	
	금융수익	200,000	
비용			-300,000
	종업원급여	-100,000	
	임차료	-100,000	
	금융비용	-100,000	
당기순이익			200,000

은 순손익으로 나타낸다(당기순이익, 당기순손실(〈표 7-4〉)).

총수익 > 총비용 = 당기순이익 또는 총수익 < 총비용 = 당기순손실

포괄손익 = 당기순손익 + 기타포괄손익

포괄손익은 한 회계기간 동안 벌어들인 모든 수익에서 모든 비용을 차감한 금액을 의미하며, 기타포괄손익은 포괄손익에는 포함되지만 당기순손익에 포함되지 않는 수익과 비용을 나타낸다.

2) 재무통제

자금운용 결과로 나타난 재무제표상의 개별 수치는 그 자체로는 별 의미가 없을 수 있다. 기업의 자금관리가 효율적으로 운영되었는가를 통제하는 기초자료로 활용하기 위해서는 특정 방식으로 개별 수치를 분석하여야 한다. 그러면 어떤 방식으로 재무제표를 분석하여 재무통제를 하는가? 보편적으로 많이 활용되는 기법은 비율분석이다. 그러나 이외에 수평분석, 추세분석 및 수직분석도 있다.

① 수평분석

전년도와 당해 연도의 재무제표상의 각 항목을 비교하여 경영성과를 평가하

는 방식이다. 각 항목의 증감액과 증감률을 계산하여 평가한다. 증감액보다는 증감률이 더 많이 유용하다.

② 추세분석

수평분석을 확대시킨 방식으로 수평분석은 단지 지난 연도와 현재 연도의 증감 변화를 분석하는 데 비하여 추세분석은 연속적인 몇 년간의 재무제표 수치를 활용한다. 추세분석에서는 일정기간 동안의 특정 항목의 증감을 나타내는 지수(indes number)를 이용한다. 기준연도를 100으로 본 특정 연도의 상대적 양이 지수이다. 예컨대, 2005년 대비 2010년의 수익 지수가 205.3으로 계산되었다면 이는 수익이 5년 사이 2배를 약간 상회하였음을 의미한다.

③ 수직분석

어느 한 회계연도의 재무제표 각 구성 항목이 특정 합계액에서 차지하는 비율을 구하여 경영성과를 분석하는 방식이다. 즉, 수직분석에서는 총금액을 100으로 하여 각 구성 항목이 차지하는 비율이 계산된다. 재무상태표에서는 총 자산금액이 총금액이 되며, 포괄손익계산서에서는 수익이 총 금액으로 사용된다. 수직분석은 조직 간의 비교에서도 유용하게 사용될 수 있다.

④ 비율분석

재무제표상의 회계정보는 절대 수치로 제공되고 있다. 따라서 그 자체로는 별다른 의미가 없을 수도 있다. 예컨대 당기순이익이 높아졌다고 무조건 경영성과가 좋은 것은 아니다. 투입된 자산대비 비율이 높아야 이익률이 좋다고 평가할 수 있는 것이다. 그래서 항목간의 비율을 구하는데 이 비율을 재무비율이라 한다. 재무비율분석이 조직의 재무적 성과를 통제하는데 가장 오랫동안 널리 이용되어 온 데에는 다음의 3가지 이유가 있다.

첫째, 재무비율은 쉽고도 가장 저렴하게 구할 수 있는 재무제표로부터 논리적 연관성 있는 두 항목을 서로 나누어 구해지므로 계산이 쉽다는 점이다.

둘째, 재무제표를 구성하는 항목은 매우 많으므로 재부비율도 수없이 구성할 수 있겠지만, 경제적 의미와 논리적 관계성이 분명하여 의사결정자에게 실제로 의미 있는 정보로 이용되고 있는 것은 50여 가지를 넘지 않는다. 따라서 이용하기에 간편하다는 장점이 있다.

셋째, 재무제표의 두 항목으로 구성되지만 기업의 지급능력, 안정성, 효율성,

표 7-5 다양한 재무비율

유 형	비 율	계산공식	비 고
유동성	유동비율	유동자산/유동부채	당기부채에 대한 지급능력
	당좌비율	당좌자산/유동부채	단기적인 유동성에 직면할 때의 부채처리 능력
수익성	매출액 이익률	경상이익/순매출액	매출액 단위당 이익
	자기자본 이익률	경상이익/자기자본	투자로부터 얻는 이익
	총자산 이익률	순이익/총자본	총투자 수익률
	주당 순이익	(당기순이익-우선주배당) /유통주식수(보통주)	보통주 1주당 순이익
안정성	고정비율	비유동자산/자기자본	자기자본의 장기성자산에 대한 투자비율
	고정장기 적합률	비유동자산 /(자기자본+고정부채)	경기변동에 빠른 장기 대응 능력
	차입금 의존도	차입금/총자본	차입금 대비 총자본
성장성	매출액 증가율	(당기매출액-전기매출액) /전기매출액	기업의 외형적 신장세를 나타냄
	총자산 증가율	(당기총자산-전기총자산) /전기총자산	기업규모의 성장성을 나타내는 비율
	순이익 증가율	(단기순이익-전기순이익) /전기순이익	순이익의 증가 정도
활동성	총자산회전율	매출액/총자산	기업이 보유하는 전체 자산의 이용효율성
	자기자본 회전율	매출액/자기자본	자기자본의 매출기여도
	재고자산 회전율	매출원가/재고자산평균잔액	자산 대비 원가

수익성 등에 다양한 정보를 제공함으로써 여러 형태의 의사결정에 도움이 되는 비교적 풍부한 의미의 정보를 제공하기 때문이다.

이러한 기업의 경영성과를 평가하는 데 사용되는 재무비율에는 유동성 비율, 안정성 비율, 성장성 비율 및 활동성 비율이 가장 일반적이다. 〈표 7-5〉는 현장에서 널리 활용되는 재무비율을 정리한 것이다.

그러나 재무비율 역시 한계가 있다. 재무통제 관리자는 다음 사항을 참조하여 활용하여야 한다.

- 재무비율분석은 결국 재무제표를 근간으로 하여 이루어지는 것이므로 재무제표 그 자체가 신빙성 있는 회계자료여야 한다. 만약 그렇지 못하면 분석

결과는 의미를 상실하고 만다. 또 신빙성이 있는 회계자료라 하더라도 자료의 특성을 고려하여 수정 내지 조정하는 작업이 필요하다.

- 재무비율은 조직의 재무적 건강상태를 나타내는 하나의 신호 또는 징후로서의 의미일 뿐이다. 확정적인 결론으로 사용해서는 안 된다.
- 재무비율에 담겨진 정보 내용은 분석 목적에 따라 상대적으로 해석할 필요가 있다.
- 비율분석은 과거 일정기간의 재무제표에 근거한 재무적 건전성에 대한 평가이므로, 미래에 대한 예측에 활용하는 데는 한계가 있다. 사실 경영자에게 필요한 정보는 조직의 미래 경영성과나 재무상태에 대한 정보이다.
- 재무비율은 분석기간 사이에 발생하는 조직의 환경변화나 회계정책 변경에 영향을 받는다.

3. 인적자원관리

1) 인적자원관리 구성요소

인적자원관리란 기업조직의 중요한 구성요소인 인적자원으로서의 종업원의 잠재능력을 최대한으로 발휘하게 하여 그들 스스로가 최대한의 성과를 달성하도록 하며, 종업원들이 인간으로서의 만족을 얻게 하려는 일련의 체계적인 관리활동들을 의미한다.

내·외부 경영활동의 빠른 변화에 맞추어 기업의 인적자원관리에도 많은 변

그림 7-10 인적관리의 구성

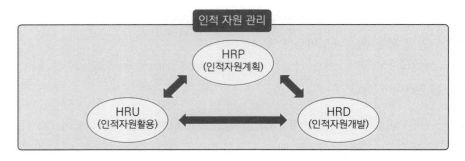

화가 일어나고 있다. 과거에 강조되었던 단기적 목표, 업적위주의 관리보다는 회사의 경쟁력과 개인의 경쟁력 향상, 조직목표와 개인목표의 조화, 개인의 경력개발 등이 점점 중요시되고 있다.

이러한 현대적 개념의 인사관리를 인적자원관리라고 하며, 인적자원관리는 크게 HRP(인적자원계획), HRU(인적자원활용), HRD(인적자원개발)로 나눌 수 있다 (〈그림 7-10〉).

① HRP(human resource planing, 인적자원계획)

경영비전과 경영전략에 결부된 인재의 장기계획으로, 구체적으로 인재의 채용, 선발, 조직과 직무의 설계, 조직계발과 career 개발 등 주로 인재전략, 인사기획에 관련된 업무이다.

② HRU(human resource utilization, 인적자원활용)

인재의 현재능력 및 가능성 파악과, 인재의 효율적 활용으로, 구체적으로는 업적관리와 처우 시스템, 배치와 Location, 인사고과 등 주로 인사제도와 운영에 관련된 업무이다.

③ HRD(human resource development, 인적자원개발)

인재의 현재의 능력과, 조직 Needs의 통합과 가능성의 개발에 관련된 것으로, 구체적으로는 직무훈련과 교육연수, 능력개발, 자기개발 지원 등 주로 인재의 육성, 개발에 관한 업무이다.

2) 사람의 평가

오늘날 기업경영은 점점 어려워지고 기업 간 경쟁은 갈수록 치열해지고 있다. 기업이 지속적으로 성장하고 발전해나가고 경쟁력을 갖추기 위해서는 인적자원이 가장 중요한 요소의 하나라고 할 수 있다. 즉 우수한 인력을 채용하고, 채용된 인력의 역량을 개발하여 최고의 경쟁력을 갖도록 만드는 것이야말로 경쟁력의 원천이라고 할 수 있다. 그래서 많은 기업들이 인적자원을 계획하고(HRP), 인적자원을 활용하고(HRU), 인적자원을 개발(HRD)하는 일에 많은 노력을 기울이고 있다. 이러한 기업 경쟁력의 원천인 인적관리, 즉 사람에 대한 평가에 대하여 알아보자.

① 평가방식

직장인들에게 있어서 평가는 가장 강력한 동기부여 수단으로, 사람에 대한 평가는 객관적이고 공정하게 이루어져야 한다. 평가결과는 연봉등급 결정 및 승진시 사용되고, 능력개발에 사용되며 조직의 목표달성에도 많은 영향을 미친다. 일반적으로 가장 많이 사용되는 평가 방법은 다음과 같은 방법들이 있다.

- 서열법
- 대인비교법
- 분류등급법
- 도식척도법
- 체크리스트법(행동기준척도법)
- 자유기술법

평가방식의 선택에 있어서 고려할 점은 어떤 평가 척도가 타당성이 우수하고 평점오차의 영향을 덜 받는가 하는 것이다. 이와 같은 평가에서 중요한 것은 평가의 목적이 직원들이 조직의 목표달성을 하도록 지원하는 데 있는 만큼, 직원들의 행동과 사고를 원하는 방향으로 몰고 갈 수 있어야 한다는 점이다. 조직의 수행하는 업무와 종업원에 따라 적합한 방법을 선택해야 하지만, 일반적으로 목표수립 시에 사원들을 참여시키고 목표수준 및 측정방법을 공유하며, 업무성과(output)에 대하여도 같이 공유하고 평가결과를 피드백해주는 것이 중요하다. 결국 평가는 등급을 나누어 보상을 적게 하고 많이 해주는 것이 목적이 아니라, 조직의 목표달성을 위하여 모두가 한 방향으로 노력하며, 지속적인 관심과 자기개발을 통하여 사원들이 능력을 키울 수 있도록 도와주는 것이다.

■ 평가요소

- 직무수행에 관련된 것으로 한정되어야 한다.
- 평가되어야 할 직무특성은 담당하고 있는 직무에 맞게 설정되어야 한다.
- 평가요소는 단순하면서도 명확한 것이어야 한다.
- 중복되는 평가요소는 피하고 피평가자 간에 차이가 없는 요소는 제외해야 한다.
- 평가요소의 특성과 평가결과 간에 일치도가 높아야 한다.

4. 정보관리

현대사회는 흔히 지식정보화 사회라고 애기하고 있다. 여기서 말하는 지식정보화 사회는 정보자원에 IT(information technology)를 사용해서 지식을 매개로 전환해 서비스나 지식을 산출하는 사회다. 즉 농경사회에서는 농장이, 공업사회에서는 공장이 가치생산의 공간이었다면, 지식사회에서는 조직(혹은 시스템)이 가치생산의 공간이 된다. 오늘날 인터넷의 발달과 디지털 매체의 발달로 전 세계를 하나의 가상공간으로 엮어서 원하는 정보를 시간과 장소에 구애 받지 않고 손쉽게 획득 할 수 있다. 즉 정보를 손쉽게 공유하고 활용할 수 있는 기업, 국가의 인프라를 만드는 것이 향후의 중요한 과제라고 할 수 있다.

〈그림 7-11〉은 기업 내 발생하는 정보에 대한 흐름을 보여주고 있다. 기업의 중요한 기능인 생산, 제조, 개발(설계), 구매&경리, 공장, 영업&마케팅, 경영지원 부문에서 발생하는 수많은 데이터들을 어떻게 보관하고 관리하고 활용한 것인지가 중요한 이슈라고 할 수 있다.

David Coleman은 지식은 순환적 특성을 가지고 있다고 말했다. 데이터가 어떤 과정을 거쳐 우리의 머릿속에서 정보가 되고, 정보가 지식이 되는지는 기업의 정보관리 측면에서 중요한 문제이다. 특히 최근에 화두가 되고 있는 빅데이터(big data), 인공지능(artificial intelligence: AI), 4차 산업은 모두 정보관리의 궁극적인 나아갈 방향이라고 할 수 있다.

그림 7-11 정보관리의 흐름

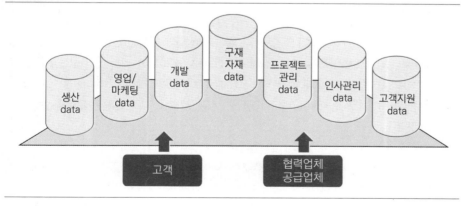

최대 32억 손실이 예상되는 경인아라뱃길 풍력사업

경인아라뱃길 인천터미널에는 총 용량 3,000KW의 풍력발전 설비가 있다. 지난 2011년 9월 한국수자원공사(수공)에서 75억 4,100만원을 투입해 설치한 것이다. 하지만 수공이 연평균 풍속을 부풀려 무리하게 사업을 강행해 최소 17억원, 최대 32억원의 손실이 예상된다는 지적이 나왔다. 강동원(국회 국토교통위) 의원이 수공으로부터 제출받은 '경인아라뱃길 풍력개발 사업에 대한 감사원의 감사' 자료에 따르면, 수공은 풍속이 가장 높은 6개월만 풍속을 측정한 뒤, 비용 대비 수익(B/C)이 1.02라며 사업을 밀어부쳤다. 하지만 감사원에서 사업타당성을 다시 분석한 결과 최소 17억 1,100만원, 최대 32억 2,000만원의 손실이 예상됐다.

1년 이상 풍속을 관측하지 않고, 6개월만 관측한 결과다. 수공은 지난 2011년 4월 경인항 북측 컨테이너 부두와 남측 물류단지 창고시설 예정지에 지상 60m 높이에 풍속 관측 장비를 설치했다. 이렇게 6개월간 풍속을 관측한 뒤 연평균 풍속을 초당 4.29m(4.29m/s)로 산출했다. 실제 높이(70m)를 적용할 경우 연평균 풍속이 초당 4.4m(4.4m/s)가 될 것이라고 추정했다. 이를 바탕으로 연간발전량을 3,633MKWh, 연간이용률을 14%로 예상했다. 수공은 경제성 분석 방법인 비용 대비 수익(B/C)과 순현재가치(NPV=B−C)를 각각 1.02와 1억 7,600만원으로 산출했다. 91억 9,100만원을 투자하면 93억 6,700만원의 수익이 생겨 1억 7600만원의 차익을 얻을 수 있다는 얘기다. 내부수익률(IRR)도 6.29%로 추정했다. 이렇게 사업타당성을 분석해 투자 심사를 요청했고, 수공 이사회는 지난 2011년 5월 사업 추진을 의결했다.

하지만 감사원이 투자 심사 당시 기준으로 사업타당성을 재분석한 결과는 수공의 사업타당성 분석 결과와 크게 달랐다. 감사원이 ▲인천기상대의 10년간 연평균 풍속 ▲2012년 3월부터 2013년 2월까지 1년간 실제 관측한 풍속 ▲2012년 실제 연간 발전량 등을 각각 적용하자, 순현재가치(NPV)가 각각 −32억 2,000만원과 −20억 5,500만원, −17억 1,100만원으로 나왔다. 최소 17억 1,100만원, 최대 32억 2,000만원의 손실이 예상된다는 얘기다.

수공의 사업타당성 분석 결과와 감사원의 재분석 결과가 서로 달랐던 것은 수공이 사업을 강행하기 위해 풍속이 가장 높은 6개월간만 풍속을 측정해 연평균 풍속을 초당 4.4m로 부풀렸기 때문이다. 경인항 개항시점인 2011년 10월에 맞추기 위해 풍력발전 사업을 무리하게 강행한 것이다. 수도권매립지관리공사가 지난 2009년 4월 경인항과 가까운 인천국제공항고속도로 톨게이트 부근에서 풍력사업을 추진하려고 검토했다가 연평균 풍속이 낮아 사업을 추진하지 않는 것과 대비된다.

[자료: 오마이뉴스]

실전경영학

Chapter **08** 지휘 및 통솔

Management Practice Guide

지휘 및 통솔

앞장에서 수립한 기업의 경영목표, 경영계획을 어떻게 실행할 것인가 하는 문제는 경영관리의 순환과정 중 지휘과정과 관련되어 있다. 즉 기업조직이 목표를 수립하고 이를 달성하기 위하여 계획을 수립하고(planning), 이를 실행할 조직을 구성(organizing)한 후에는 리더와 조직구성원 간의 지휘관계(directing)가 확립되어야 한다. 지휘관계에서는 다음의 〈그림 8−1〉과 같이 경영자의 리더십 발휘, 구성원에 대한 동기부여, 그리고 경영자와 구성원 간의 커뮤니케이션을 다룬다.

그림 8-1 지휘과정

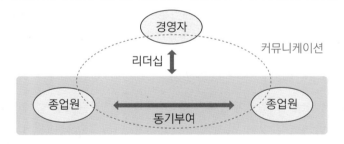

Ⅰ 동기부여 이론(theories of motivation)

동기부여(motivation)란 개인이 바람직한 행동을 하도록 유도하고 그것을 통하여 조직의 목표를 달성하도록 유도해가는 과정이라고 할 수 있다. 인간의 행동은 목표를 달성하고자 하는 욕구에 의해서 유발된다. 따라서 욕구와 동기 간의 관계 측면에서 동기부여의 과정을 살펴보면 〈그림 8-2〉와 같다. 인간행동의 동인이 인간의 욕구라는 가정하에서 1950년대 이후 많은 동기부여 이론이 나타났다. 동기부여 이론은 내용이론(content theory)과 과정이론(process theory), 강화이론(reinforcement theory)으로 나누어볼 수 있다.

그림 8-2 동기부여 과정

1. 내용이론

동기부여 이론 중 내용이론은 인간의 행동을 유발하는 동기요인으로서의 욕구를 이해하고 그 중요성을 강조하는 이론이다. 이러한 내용이론에는 욕구단계이론, ERG이론, 2요인이론, 그리고 성취동기 이론 등이 있다.

1) 욕구단계이론(A. H. Maslow)

A. H. Maslow는 인간에게 동기를 부여할 수 있는 욕구가 계층을 형성하고 있으며 상위단계의 욕구는 하위단계의 욕구가 충족되어야만 동기부여가 된다고 주장하였다. 〈그림 8-3〉은 계층을 형성하고 있는 인간의 욕구를 다섯 단계로 나누어 설명하고 있다.

① 생리적 욕구

생리적 욕구란 의·식·주 등의 기본적인 생활과 관계된 욕구로서 누구에게나 존재하며, 기본적으로 이 욕구가 충족되어야 다른 상위의 욕구를 느끼게 된다.

② 안전(안정) 욕구

두 번째 단계인 안전(안정) 욕구는 신체적, 심리적 위험으로부터 보호되고 안

그림 8-3 매슬로우의 욕구단계이론

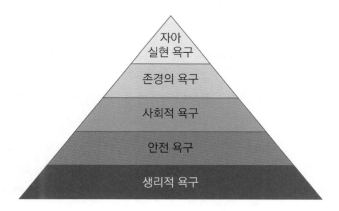

전이나 안정을 찾으려는 욕구이다. 이와 같은 욕구에는 고통의 부재, 병이나 위협, 그리고 해고 등으로부터 회피 등이 포함되며 욕구충족을 위한 대안들로는 안정적 연봉제, 생명보험, 개인연금제도, 안전한 승용차의 구입, 작업 안전수칙의 준수, 사내헬스클럽 운영 등을 들 수 있다.

③ 사회적(소속) 욕구

사회적인 욕구는 인간은 혼자서 존재하기보다는, 소속 및 애정에 관한 욕구로서 집단을 만들고 싶다거나 동료들로부터 받아들여지기를 원하는 욕구이다. 따라서 재산을 많이 소유하고 있어도 어딘가에 소속이 되어 사회적 존재감을 드러내기를 원한다거나, 회사에 근무하는 개인은 직장 내의 비공식 조직을 포함한 여러 그룹에 참여하고자 하는 동기를 가진다.

④ 존경의 욕구

인간은 소속의 욕구가 어느 정도 충족이 되고 나면 그 집단에서 구성원 이상의 욕구를 추구하게 된다. 즉 내적으로 자존을 성취하려 하거나(내적존경욕구) 타인으로부터 인정을 받고 지위를 확보하려는 욕구(외적존경욕구)가 나타난다. 조직에서는 조직에 기여도가 높은 직원을 선발하여 포상을 한다거나, 목표설정 및 의사결정에 참여, 책임과 권한부여 등을 통하여 이와 같은 욕구를 충족시킬 수 있다.

⑤ 자아실현 욕구

매슬로의 욕구단계 중 최상위에 해당하는 욕구로 자기가 지니고 있는 잠재적인 능력을 최대한 발휘하여 성취감을 충족시키고자 하는 것이다. 이 욕구는 결코 충분히 충족될 수 없는 연속적인 것으로 성취, 잠재력 실현, 재능과 능력의 발휘 욕구 등이 포함된다.

매슬로의 욕구단계 이론을 구분해보면 크게 하위단계욕구, 상위단계욕구로 나눌 수 있고, 대부분의 직장인들은 하위단계 욕구의 맨 위의 계층인 사회적 욕구 또는 그 윗 단계인 존경의 욕구까지 이르는 것이 대다수라고 할 수 있다. 인간이 진정 삶의 가치를 부여하고 자기가 원하는 삶을 살아가려면, 자기경영계획을 수립하여 개인의 비전과 미션, 목표를 설정하고 이를 달성하기 위한 실천계획을 세워서 실행해 나가는 것이 중요하다.

매슬로의 욕구단계 이론은 인간의 욕구에 대한 체계적인 인식을 최초로 갖게 해준 이론이다. 이 이론에 의하면 일단 만족된 욕구는 더 이상 동기부여 요인이 될 수 없으며, 하위욕구가 충족되어야 상위욕구에 대한 동기부여가 이루어진다는 것이다. 따라서 경영자는 종업원들의 욕구수준을 파악하고 상위욕구를 충족시켜 줄 수 있는 조직 분위기를 조성함으로써, 종업원들이 지속적으로 동기를 갖고 상위욕구를 성취해 나갈 수 있도록 지원해주는 것이 바람직하다.

2) 2요인 이론(F. Herzberg)

F. Herzberg는 1950년대 말 심층면접을 통하여 전혀 다른 2가지 범주의 요인들, 즉 일에 대한 만족감을 느껴 동기부여(motivation) 정도를 높이는 요인과, 일에 대한 불만족을 느껴 동기부여 정도를 낮추는 요인들이 있음을 주장하였다.

① 동기부여 요인, 만족 요인, 내적 요인

일에 대한 만족감을 느껴 동기부여 정도를 높이는 요인은 직무 자체에 관련된 것으로 동기부여 요인 또는 만족요인, 내적요인(intrinsic factors)이라고 불렀다. 이 요인들에는 성취감, 성취에 대한 타인의 인정, 도전적이고 보람 있는 일, 책임감, 성장과 발전(승진), 자아실현 등이 포함되며, 사람들에게 내적보상을 제공한다.

② 위생요인, 불만족 요인, 외적 요인

일에 대한 불만족을 느껴 동기부여 정도를 낮추는 요인은 작업조건이나 환경에 관한 것으로 위생요인 또는 불만족요인, 외적요인이라고 명했다. 이 요인들은 직무상의 불만족을 예방하는 기능으로, 회사의 정책 및 관리방법, 감독자와의 관계, 작업조건, 대인관계, 급여, 직장의 안정성 등이 포함된다.

F.Herzberg의 연구결과는 만족과 불만족 요인은 별개의 독립된 연속선상의 (dual continum) 개념으로 존재하며, 직무에서 불만족 요인들을 제거한다고 해서 그 직무가 반드시 만족스러운 것이 되는 것은 아니라는 의미이다.

2요인 이론은 직무에서 내재적 특성과 관련된 동기 유발요인에 대한 강조를 통해 직무확대·직무충실화·직무재설계 등에 대한 관심을 고조시켰다는 데 큰 의의가 있다. 그러나 개인차를 어떻게 반영할 것인지, 만족－불만족 요인이 모든 사람에게 별개의 독립적인 차원인지, 높은 직무만족이 높은 성과로 이어지는지에 대한 의문들이 제기되고 있다.

3) ERG 이론

ERG이론은 알더퍼(C. P Alderfer)가 주장한 이론으로서 욕구의 수직적인 계층성을 인정한다는 측면에서는 매슬로우의 욕구 5단계설과 일치한다. 그러나 ERG 이론은 근본적으로 두 가지 면에서 욕구 5단계설과는 다르다.

첫째, ERG의 욕구는 다음의 세 단계로 구분된다. 이 세 가지 욕구의 첫 글자를 따서 ERG이론으로 지칭되었다.

- **존재의 욕구(existence needs):** 이는 매슬로우가 언급한 생리적 욕구 등 기본적인 욕구가 이에 속한다.
- **관계의 욕구(relatedness needs):** 이는 사람들과의 관계에 대한 욕구를 말한다.
- **성장의 욕구(growth needs):** 이는 자아실현과 자기계발에 대한 욕구를 말한다.

둘째, 상위의 욕구가 좌절되었을 경우에는 비록 하위의 욕구가 이미 충족되었다고 할지라도 다시 그 하위의 욕구로부터 동기부여가 된다. 이것은 매슬로우의 욕구 5단계 설에서처럼 일단 하위욕구가 충족되면 그것은 더 이상 동기부여 요소로서 작용하지 않는다는 내용과는 다르다.

지금까지 살펴보았던 동기부여의 내용이론을 정리하면 〈표 8－1〉과 같이 요약할 수 있다.

표 8-1 욕구단계, 2요인 이론, ERG 이론의 비교

욕구단계이론	2요인이론	ERG이론
자아실현 욕구	동기요인	성장욕구
존경의 욕구		
사회적 욕구	위생요인	관계욕구
안전 욕구		존재욕구
생리적 욕구		

2. 과정이론

인간은 자기목표를 달성하기 위하여 특정 행동방향 및 행동방식을 선택한다. 예를 들어 자신의 성과에 충분한 보상이 기대되지 않거나, 동일한 성과에 대해 다른 사람보다 불리한 처우를 받는다고 생각되면 더 이상의 노력을 기울이지 않을 것이다. 또는 반대로 더 열심히 하려는 동기가 발생할 것이다. 이처럼 어떤 과정을 거치면서 동기부여 되는가를 연구하는 이론들이 동기부여의 과정이론이다. 동기부여의 과정이론에는 기대이론과 공정성이론 등이 있다.

1) 기대이론(=가치이론)

기대이론 또는 가치이론이라고도 하는 이 이론은 동기요인들이 상호 작용하는 과정에 관심을 둔 이론이다. 기대이론은 V. H. Vroom에 의해서 완성되었으며, L. W. Porter & E. E. Lawler에 의해 수정·발전되었다.

① Vroom의 기대이론

Vroom의 기대이론(expectancy theory)에 의하면 행위의 방향을 결정하는 힘, 즉 동기는 기대(노력하면 성과를 얻을 수 있다는 믿음), 수단성(성과와 보상의 연결정도), 그리고 유의성(보상에 대한 매력정도)의 3요소에 의해서 영향을 받는다.

〈그림 8-4〉는 여러 가지 가능한 행동 대안들을 인지적으로 평가하여 가장 유리한 결과를 가져오리라고 믿어지는 대안을 선택하여 행동하게 된다는 Vroom의 기대이론을 설명한 것이다. Vroom의 기대이론에서는 종업원들의 동기부여를 M(동기부여) = E(기대) × I(수단성) × V(보상의 가치)와 같은 등식으로 표시하고 있다. 즉 사원들은 자신이 노력(E)하면 성과(P)를 낼 수 있다는 기대감(E)이 있어야

하는데, 이때 기대에는 자원이용이나 자신의 능력도 포함된다. 또 성과(P)를 내면 그에 상응하는 보상(R)으로 이어진다는, 즉 수단으로 작용해야 동기부여가 된다는 것이다. 이 등식은 경영자나 관리자에게 종업원을 동기부여하기 위해서는 세 가지 요인 모두를 극대화시키는 조치를 취해야 한다는 것을 제시하고 있다.

그림 8-4 브룸의 기대이론

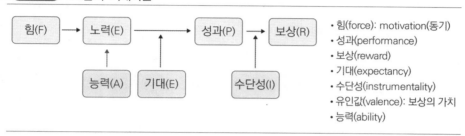

② Porter & Lawler의 기대이론

Vroom의 기대이론을 기초로 한 Porter & Lawler의 기대이론은 노력, 즉 동기부여의 정도가 보상의 가치와 노력에 대해 기대되는 보상의 주관적 확률에 의해서 결정된다는 가정에서 출발하였다. 〈그림 8-5〉는 Porter & Lawler의 기대이론을 도식화한 것이다.

그림 8-5 Porter & Lawler의 기대이론

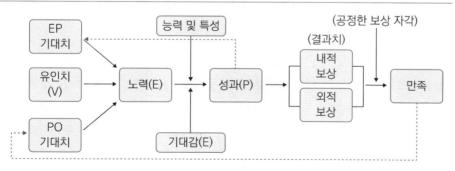

Porter & Lawler의 기대이론은 Vroom의 기대이론과 비교했을 때 다음과 같은 차이점을 보이고 있다.

첫째, 노력과 성과의 관계는 종업원의 능력과 특성, 그리고 역할 지각에 따라 달라지기 때문에 완전한 비례관계를 갖지 못한다.

둘째, 보상은 내재적 보상과 외재적 보상으로 구분할 수 있으며 내재적 보상이 성과와 더 직접적으로 연결되어 있다고 주장하였다. 뿐만 아니라 성과는 보상이 매개되어야만 만족으로 연결될 수 있다.

셋째, 보상과 만족의 관계는 공정한 보상에의 지각에 따라 달라질 수 있다.

2) 공정성 이론(equity theory)

애덤스(John Stacey Adams)의 공정성 이론은 직무에 대한 동기부여의 주요한 요소는 개인이 받는 보상의 공정성 또는 형평성의 평가에 달려 있다고 가정한다. 공정성은 개인의 작업상의 투입(노력이나 기술)과 산출(봉급 또는 승진) 사이의 비율로 정의된다. 공정성 이론에 의하면 개인은 그들이 기여한 노력에 대해 보상받는 것에 만족스러움을 경험할 때 동기유발을 얻는다고 주장한다. 그리고 각 개인들은 다른 사람들이 똑같은 직무에 대해 받는 보상의 비율과 비교하여 자신들의 보상에 대한 공정성을 평가한다고 주장한다.

공정성 비교에는 두 가지가 있다. 첫 번째는 주어진 상황에 따른 형평비교이고, 두 번째는 자신의 선호 기준과의 형평비교이다. 예를 들어 여러분이 동료와 판매촉진전략을 기획하는 프로젝트에 참가했다고 가정해 보자. 당신이 담당한 제품은 최근에 개발된 신제품이고, 그 제품의 시장은 매우 복잡하고 경쟁이 치열하다. 반면에 당신 동료가 담당한 제품은 안정적으로 10년 동안 잘 팔려 왔다. 여러분이 직면할 불확실성은 상대적으로 더 크기 때문에 여러분의 노력은 아마도 당신 동료의 노력보다 더 많이 필요할 것이다.

형평이론에 따르면 만약 여러분이 친구와 같은 수준으로 판매촉진을 했을 경우 이에 따르는 보상이 같다면, 여러분은 덜 동기부여될 것이다. 왜냐하면 투입 면에서 당신이 훨씬 더 많은 노력을 투입했다고 느끼기 때문이다. 이것이 상황에 따른 비교인 첫 번째 형평비교이다. 만약 당신이 이 프로젝트에 60시간을 투자했다고 하자. 그런데 이 시간을 당신이 좋아하는 부분에 투자했다면 보상에 대한 차이가 있을까? 이렇게 자신이 선호하는 어떤 기준에 근거하여 지금 현재의 보상을 비교하는 것이 두 번째 형평비교이다. 어떤 경우든 형평이론은 욕구이론과 결합된다.

공정성 이론의 한계는 다음과 같다.

① 공정성에 대한 판단이 주관적이다. 즉, 일정한 규칙성을 보장할 수 없다.

② 사람은 마땅히 받아야 할 것 이상을 받는 것보다 더 적게 받는 것에 민감하다. 더 받는 것을 합리화하기 용이하므로 균형적 판단에 문제가 될 수 있다.

③ 공평성과 정의는 많은 사람에게 중요한 동기가 되는데, 오히려 공정성을 높이는 방향으로 행동이 집중될 수 있다.

3. 강화이론(reinforcement theory)

학습이론 심리학자 스키너(B. F. Skinner)의 강화이론은 과거행동의 결과에 다라서 미래행동의 패턴이 결정된다는 것을 설명한다. 따라서 과거 어느 행동의 결과가 긍정적이었다면 개인은 미래에 비슷한 상황에서는 유사한 행동으로 반응할 것이며, 이때 만약 결과가 부정적이었다면 다음 기회에는 부정적 결과를 피하기 위해 자신의 행동을 수정한다고 주장한다. 즉, 행동과 결과의 관계를 강화의 법칙에 의해서 설명하고 있다.

스키너는 외부적 자극에 초점을 맞추어 이전에 연구된 고전적 조건화를 S(stimulus)형 조건화라고 칭하면서, 그는 어떤 유기체가 능동적으로 환경에 작용을 가하는 행동으로 형성되는 조건을 조작적 조건화, 일명 R(response)형 조건화를 제안했다. 조작적 조건형성은 Skinner 상자(box)를 통해 실험되고 증명되었고, 이 실험을 통해 강화(reinforcement)가 중요하다고 밝혔다(〈그림 8-6〉).

그림 8-6 스키너 상자

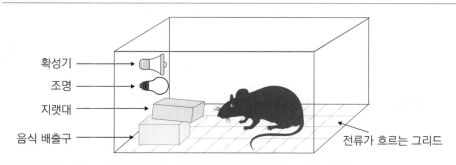

확성기

조명

지렛대

음식 배출구

전류가 흐르는 그리드

자료: 김병윤 외 6(2017), 경영학 원론, 명경사, p.355.

스키너 상자 안에 지렛대가 하나 들어 있으며, 이 지렛대는 먹이통과 연결되어 있어 지렛대를 누르면 먹이가 나오도록 되어 있다. 이 상자를 가지고 조작적 조건형성을 실험했는데, 배고픈 상태의 흰 쥐를 스키너 상자에 넣는다. 흰 쥐는 상자 안에서 돌아다니다가 우연히 지렛대를 누르게 되는데 그때 먹이가 나온다. 지렛대와 먹이 간의 상관관계를 알지 못하는 쥐는 다시 상자 안을 돌아다닌다. 다시 우연히 지렛대를 누른 흰 쥐는 또 먹이가 나오는 것을 보고 지렛대를 누르는 행동을 자주 하게 된다. 이러한 과정이 반복되면서 흰 쥐는 지렛대를 누르면 먹이가 나온다는 사실을 학습하게 된다. 이러한 실험에서 흰 쥐가 지렛대를 누르는 행동은 먹이에 의해 강화된 것이다. 만약 지렛대를 눌렀을 때 먹이가 나오지 않았다면 지렛대를 누르는 행동을 학습하지 못했을 것이다. 이렇게 어떤 행동을 한 뒤에 신체가 원하는 것을 제공하는 것을 강화(reinforcement)라고 한다. 고전적 조건화에서는 강화를 '조건화의 과정에서 무조건 자극(unconditioned stimulus)을 부여하는 것'으로 명명했지만 조작적 조건화에서는 '조건화의 과정에서 부여하는 보상'을 의미하는 것으로 쓰는 것이다. 조작적 조건화가 이루어지기 위해서는 강화가 중요한 역할을 한다.

버튼을 우연히 누른 쥐가 벨 소리와 함께 항상 음식물이 떨어진다는 사실을 알게 된 쥐는 음식을 찾아다니지 않고 배고프면 버튼을 누른다는 사실을 발견한 스키너는 일반적으로 사람이 열심히 일하려고 하는 것은 다름이 아니라 그들이 열심히 하면 보상받는 것을 배웠기 때문이라고 주장한다. 따라서 조직 구성원이 과거에 어떤 보상을 받았는지를 알아서 그 패턴에 따라서 이에 맞는 동기부여를 제공하면 그는 동기부여를 받게 된다고 주장한다. 그리고 행동의 수정을 강화하기 위해 긍정적 강화, 부정적 강화, 소거, 벌이라는 네 가지 방법을 제시했다.

사례 8-1 반도체인의 신조를 매일 복창하는 삼성반도체

1983년 반도체 산업에 후발주자로 진입한 삼성반도체에서는 선두업체를 따라잡고 업계 일등을 목표로 다음과 같은 크레도를 설정해 놓고 매일 아침 조회시간에 전 사원이 자리에서 일어나 큰소리로 복창하였다. 반도체 업계에 진입은 늦었지만 일등이 되겠다는 비전과 목표를 세워놓고 이를 달성하기 위한 다양한 전략을 수립하여 시행하였다. 그중의 대표적인 사례로 전 사원을 한 방향으로 모으고 일등이 되기 위해서는 내가 일등이 된다는 신념을 심어주었다. "내가 일등이 되어야 일등 제품을 만들 수 있고, 회사가 일등이 될 수 있다. 그래야 일등에 맞는 최고의 대우를 해주고 일등으로 살 수 있다. 우리는 할 수 있다"는 강한 긍정의 메시지를 심어주고 동기를 부여하였다.

> **"반도체인의 신조"**
> ① 안 된다는 생각을 버려라.
> ② 큰 목표를 가져라.
> ③ 일에 착수하면 물고 늘어져라.
> ④ 지나칠 정도로 정성을 다하라.
> ⑤ 이유를 찾기 전에 자신 속의 원인을 찾아라.
> ⑥ 겸손하고 친절하게 행동하라.
> ⑦ 서적을 읽고 자료를 뒤지고 기록을 남겨라.
> ⑧ 무엇이든 숫자로 파악하라.
> ⑨ 철저하게 습득하고 지시하고 확인하라.
> ⑩ 항상 생각하고 확인해서 신념을 가져라.

Ⅱ 리더십(leadership)

1. '리더십의 여섯 가지 조건'

리더십은 도대체 어디에서 나오는가? 리더십의 요건은 무엇이며 리더십을 지닌 지도자란 어떤 인물인가? 리더십은 이를 바라보는 시각에 따라 다양한 형태를 표출한다. 어떤 사람들은 기병대를 이끄는 대장을 리더십의 모범으로 꼽기도 하고, 심포니오케스트라를 지휘하는 지휘자가 리더십을 대변한다고 주장하기도 한다. 그런가 하면, 어떤 사람은 감동적인 연설을 하는 저명한 정치가로부터 리더십의 일면을 읽기도 하고, 종교집단주의의 열광적인 설교를 리더십의 전형이라고 평가하는 사람들도 있다. 이처럼 리더십은 이것을 바라보는 사람들의 관점에 다라 각양각색이다. 그럼에도 불구하고 일반인들의 머릿속에 "리더십"하면 보편적으로 떠오르는 공통분모가 있다는 사실은 상당히 흥미롭다고 할 것이다. 그리고 이들의 리더십을 높이 산 이유를 분석해 보면 크게 여섯 가지 특징으로 요약된다.

첫째, 리더십을 발휘한 지도자들은 결코 우유부단하지 않다. 리더십이 있는 지도자들은 머릿속으로 생각만 하고 실천에 옮기지 못하는 나약한 햄릿으로 머물기를 거부한다. 이들은 행동하는 지도자를 지향한다. 이런 과감성을 바탕으로 조직 내 구성원들에게 모범을 보임으로써 이들의 신뢰를 얻을 수 있다.

둘째, 위기에 강하다. 리더십이 있는 지도자는 위기상황에 봉착했을 때 더욱 진가를 발휘한다. 나아가 그들은 단순히 위기상황을 효과적으로 극복하는 데 만족하지 않고 일부러 조직 내에 위기를 조장하기도 한다. 이들은 위기를 극복하는 과정에서 조직이 한 단계 더 도약할 수 있음을 알고 있다.

셋째, 지도자들은 카리스마를 가지고 있다. 지도자들은 부하들을 일사불란하게 자신이 의도하는 방향으로 움직이게 하고 이들에게 자신의 권위를 내세울 수 있어야 한다. 가끔 이런 모습이 조직구성원에 대한 지도자의 독선으로 받아들여져 부정적인 면이 부각되기도 한다. 하지만 진지한 의미의 카리스마는 무력에 의한 강요와 지배가 아니라 구성원들로 하여금 자발적으로 따를 수 있는 분위기를 조성하는 것이다.

넷째, 지도자는 용기를 가지고 있다. 진정한 지도자는 조직과 구성원을 위해 옳은 일이라는 확신이 설 경우에는 어떤 위험이 있더라도 굳건히 신념을 지킨다. 이로 인한 비판에 대해서는 자신이 전적으로 책임진다는 용기로 맞서야 한다.

다섯째, 지도자는 뚜렷한 비전을 가져야 한다. 비전을 갖지 못한 지도자는 조직구성원들에게 이들이 지향해야 할 목표와 방향을 분명히 제시해줄 수 없다. 훌륭한 지도자는 자신이 지향하는 목표에 보다 많은 조직구성원이 동참할 수 있도록 하는 능력을 지니고 있어야 한다. 결과적으로 부끄러운 역사를 남겼지만 히틀러가 독일의 세계지배를 합리화하기 위해 독일민족에게 제시한 "청년왕국"이나, 미국 내 개척자 정신을 부활시킨 케네디의 "개척자 정신"은 국민에게 확실한 변화의 메시지를 전달했기 때문에 지지를 얻을 수 있었다.

여섯째, 지도자들은 인내를 갖고 목표달성에 매진한다. 비록 당초에 세운 목표를 달성하기 힘들지라도 쉽게 의지를 굽히지 않는 끈기를 가져야 한다.

2. 리더십이란?

조직의 목표를 효율적으로 달성하기 위해서는 조직구성원의 동기유발 및 성과에 크게 영향을 미치는 리더십에 관한 체계적인 관리가 필요하다. 리더십은 어떤 상황하에서 조직목표를 효율적으로 달성하기 위하여 리더가 개인 또는 집단의 활동에 의도적으로 영향력을 행사하는 과정이라고 할 수 있다. 리더십은 일찍이 정치학이나 사회학의 커다란 문제로 취급되어 왔으나, 기업이 사회적 조직으로서 중요하게 되자 그 반영으로 경영 관리면의 문제가 되었고, 경영자의 리더십은 기업의 발전을 좌우하는 것으로서 중요시되고 있다. 리더십의 유효성은 리더에 대한 부하들의 만족도·과업성과·목표의 달성도·목표에 대한 부하들의 충성심 등의 결과로 나타난다. 예컨대, 이러한 리더십을 가장 잘 이해할 수 있는 방법은 종속변수라 할 수 있는 리더십의 효과성(조직의 성과, 구성원의 만족도), 그리고 독립변수라고 할 수 있는 리더의 특성과 스타일, 부하의 특성, 리더의 행동, 리더십의 상황 등을 살펴보는 것이다. 리더십의 발전과정은 〈그림 8-7〉과 같이 특성이론, 행동이론, 그리고 상황이론으로 변화 및 발전해오고 있다.

그림 8-7 리더십의 발전과정

3. 특성이론(trait theory)

리더십 특성이론은 유능한 리더의 특성을 추출하고, 그러한 특성과 리더십 효과성 간의 관계를 분석하였다. 이러한 연구들은 리더십의 성공여부가 리더 개인의 뛰어난 특성(자질)에서 연유된 것이라 가정한다. 특성이론은 1904년부터 1948년까지 약 100여 건의 연구가 이루어졌으며, 대표적인 연구자로는 O. Tead, R. M. Stogdill 등이 있다. 그러나 이들은 1) 리더의 특성과 리더십 효과성 간의 상관관계가 약하고 일관성이 없는 것으로 나타났으며, 2) 상황변수들의 존재 여부에 따라 상관관계가 달라지는 것으로 나타났다. 이는 곧 어떤 특성을 가진 리더가 어떤 상황에서 높은 리더십 효과성을 나타냈다고 해서 반드시 다른 상황에서도 똑같은 효과성을 나타낸다고는 볼 수 없다는 것을 의미한다.

4. 행동이론(behavioral theory)

리더십 행동이론은 리더십의 효과성을 결정하는 것은 리더의 특성이 아니라, 리더의 행위 스타일이라는 시각이다. 즉 리더십 행동이론은 리더의 실제행동에 초점을 맞춰 리더가 나타내는 반복적인 행동패턴(리더십 유형)을 찾아내고, 어떤 유형이 효과적인지를 규명하는 것이다.

리더십 행동이론에서 나타나는 행위는 기본적으로 2가지 유형으로 나누어 볼 수 있다. 첫째는 집단이나 조직의 성과에 더 많은 관심을 두는 것이고(ex, 과업 지향적, 구조 주도적, 직무 중심적 리더십), 둘째는 집단이나 조직에서 일하는 종업원에 더 많은 관심을 두는 것이다(ex, 종업원 지향적, 고려 지향적, 관계 지향적 리더십). 행동이론에 대한 연구들은 미국의 오하이오(Ohio) 주립대학교, 미시간(Michigan)대학교, 그리고 텍사스(Texas)대학교를 중심으로 진행되었다.

1) 오하이오 주립대의 연구

오하이오 주립대학교의 리더십 연구진은 1,800여 개에 달하는 리더십 행동의 실례를 수집하고, 문헌이나 실무에 비추어 중요하다고 합의된 150문항의 답변을

그림 8-8 성과와 관계 중심

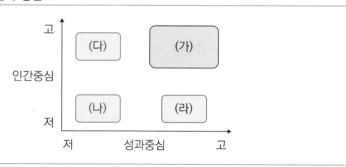

이용하여 실증분석을 시행하였다. 실증분석 결과 다음의 성과중심과 인간중심 두 개의 독립된 행위차원이 발견되었다(〈그림 8-8〉).

오하이오 주립대 연구결과 가장 효과적인 리더는 높은 성과(과업) 및 사원과의 관계를 동시에 중요하게 행동하는 리더로 나타났다(〈그림 8-8〉의 (가) type). 그러나 다른 행동에 대해서는 후속적인 연구결과 일관적인 결과를 보여주지 못했다.

2) 미시간 대학의 연구

미시간 대학의 리더십 연구는 리더의 행동과 집단과정 및 직무특성 간의 관계파악에 중점을 둔 연구로서 성과중심 리더십 스타일과 인간중심 리더십 스타일, 두 개의 리더십 유형을 동일차원에서 확인하였다(〈표 8-2〉). 이는 리더가 성과중심 스타일과 인간중심 스타일을 동시에 보여줄 수 없다는 것으로 오하이오 주립대의 리더십 연구와는 다른 차이점이다.

미시간 대학교의 연구결과는 리더가 성과중심 스타일과 인간중심 스타일을 동시에 보여줄 수는 없고, 인간중심적 스타일의 리더십이 성과중심적 스타일의 리더십보다 효과적이라는 의견을 제시하였다.

표 8-2 미시간대 리더십 스타일

인간중심	상하간의 원활한 의사소통
	목표설정 및 계획수립의 참여
	상하간의 신뢰
	의견수렴을 통한 의사결정
성과중심	과업목표 달성 최우선
	일방적인 의사소통
	권한의 상위층 집중

3) 리더십 격자이론

미국 텍사스대학교의 R. R. Blake & J. S. Mouton 교수팀은 리더십 격자 (leadership grid)라고 하는 2차원적 리더십 이론을 제시하였다. 이 모형은 관리자의 생산에 대한 관심과 인간에 대한 관심 2차원을 각각 9등급(1은 각 차원에 대한 낮은 관심, 9는 높은 관심을 의미)으로 세분화하여 총 81개의 스타일로 구분하였다 (〈그림 8-9〉).

그림 8-9 리더십 격자이론

① 무관심형(1,1)

(1,1)형의 리더는 사람과 생산업적에 대한 관심이 모두 최소인 무관심형이다. 이런 리더는 단순히 윗사람의 지시를 수동적으로 받아들여 소극적인 자세로 직무를 수행하려고 한다.

② 사교형(1,9)

(1,9)형의 리더는 사람들과의 원만한 인간관계를 중시하는 사교형이다. 이러한 리더는 아랫사람들이나 종업원들에게 안전하고 즐거운 직무환경을 제공하려고 노력하지만, 업무 수행에 있어서는 단지 주어진 일을 수동적으로 이행하는 모습을 보인다.

③ 과업형(9,1)

(9,1)형의 리더는 목표달성을 위해 매우 전제적이고 자신의 진두지휘에 복종하기를 원한다. 조직관리는 업무목표 달성에 맞춰져 있고, 조직원과의 관계보다 과업에 대한 성취도가 매우 높다.

④ 이상형(9,9)

(9,9)형의 리더는 조직의 목표달성과 조직구성원 개인의 목표인 욕구충족을 조화롭게 실현시킬 수 있는 가장 이상적인 리더이다. 조직의 목표달성도 중요하지만 동시에 조직원과의 원만한 관계가 중요하다는 것을 인식하고 2가지 목표를 조화롭게 추구한다.

⑤ 중간형(5,5)

(5,5)형의 리더는 조직의 목표와 조직구성원 개인의 목표 사이에 균형을 이루게 하려고 노력하는 편이나 결과는 최소도 최대도 아닌 중간 수준에 그친다.

관리격자 모형은 경영 관리자들로 하여금 자신의 리더십이 어느 유형에 해당되는지를 점검하게 해줄 뿐만 아니라, 가장 이상적인 (9,9)형에 도달하기 위해서 어느 측면을 보강하도록 노력해야 하는지를 파악할 수 있게 해주므로 리더십 개발 프로그램에 폭넓게 활용되고 있다.

5. 상황이론(contingency theory)

리더십 상황이론은 앞에서 살펴본 리더십 행위이론이 상황에 따라 효과적일 수도 있고 비효과적일 수도 있다는 것을 전제로 리더십 스타일과 리더십 상황과의 관계를 설명하였다. 대표적으로 피들러의 상황적합이론, 허쉬 & 블랜차드의 리더십 상황이론, 에반스 & 하우스의 경로-목표 이론 등이 있다.

1) F. E. Fidler의 상황적합이론

Fidler는 리더십의 효과성은 리더십 스타일과 리더십 상황 간의 적합성에 의해서 이루어진다는 이론이다. 즉, 리더십이 이루어지는 상황이 리더에게 얼마나 호의적인가에 따라 효과적인 리더십이 다르다는 주장이다. 다음에서는 리더십 스타일과 그 측정, 리더십 상황요인, 그리고 리더십 스타일과 리더십 상황간의 적합관계에 대해 살펴본다.

① 리더십 스타일

리더의 리더십 스타일을 관계지향적 스타일과 과업지향적 스타일로 구분하고, 그것을 측정하기 위하여 LPC(the least preferred coworker: 함께 일하기 가장 싫은 동료작업자) 척도를 사용하였다. 여기서 LPC 점수가 낮으면 과업지향적 스타일이고, LPC 점수가 높으면 관계지향적 스타일의 리더로 구분하였다.

② 리더십 상황요인

리더와 구성원과의 관계를 구성원들이 리더를 신뢰하고 존경할 때는, 리더—

구성원간의 관계가 매우 좋은 호의적인 상황이고, 그렇지 않을 때는 비호의적 상황이라고 구분하였다.

과업구조는 조직의 업무가 일상적이고 구체화된 과업은 구조화의 정도가 높은 호의적 상황이고, 창의적인 노력을 필요로 하는 과업은 구조화의 정도가 낮다 (비호의적 상황).

리더의 직위권한이 높을 때는 호의적인 리더십 상황이고, 리더의 직위권한이 낮을 때는 비호의적인 상황으로 구분하였다.

여기서 가장 호의적인 상황은 리더와 구성원과의 관계, 과업구조, 리더의 직위권한 등 상황요인이 모두 호의적일 때를 의미한다.

③ 리더십 스타일과 리더십 상황 간의 적합관계

Fidler는 상황의 호의성이 아주 높거나 낮은 극단적인 경우에는 성과중심 리더십 스타일이 바람직하고, 중간 정도인 경우에는 인간중심 리더십 스타일이 바람직하다고 주장하였다. 다음의 〈표 8-3〉은 상황의 호의성과 이에 적합한 리더십 스타일의 관계를 보여주고 있다.

표 8-3 피들러의 상황이론

상황	리더-구성원 관계	좋 음				나 쁨			
	업무형태	일상적 업무		창의적 업무		일상적 업무		창의적 업무	
	직위	높음	낮음	높음	낮음	높음	낮음	높음	낮음
리더의 특성	높은 LPC	비적합	비적합	비적합	적합	적합	적합	적합	비적합
	낮은 LPC	적합	적합	적합	비적합	비적합	비적합	비적합	적합
상황		1	2	3	4	5	6	7	8

2) Hersey & Blanchard의 리더십 상황이론

허쉬 & 블랜차드의 리더십 상황이론의 특징은 종업원들의 성숙도에 따라 리더십 스타일을 달리해야 한다고 주장한다. 그들은 과업지향 행위와 관계지향 행위의 두 차원을 축으로 하여(오하이오 주립대의 고려와 구조주의 모형 활용), 네 가지 리더십 스타일을 제시하였다. 그리고 이와 같은 리더십 스타일은 각각 종업원의 성숙도와 결합된다.

① 리더십 스타일

- 지시적 스타일(telling, S1)
  부하에게 구체적인 작업지시를 하고 과업수행 과정을 철저하게 감독하는 유형이다.
- 설득적 스타일(selling, S2)
  리더의 결정내용을 부하에게 설명해 주고, 부하가 이해하지 못하는 부분은 명확히 알 수 있도록 기회를 부여하고 지원하는 유형이다.
- 참여적 스타일(participating, S3)
  의사결정과정에 부하를 참여시켜 의견을 교환하고, 의견의 제출을 권장하는 리더십 유형으로 리더는 업무를 촉진하고 의사소통을 한다.
- 위임적 스타일(delegating, S4)
  위임적 리더십 스타일은 의사결정 및 그 실행책임을 부하에게 넘기는 리더십 유형으로 권한과 책임을 부하사원에게 위임한다.

② 리더십 상황요인: 종업원의 성숙도

허쉬 & 블랜차드는 상황변수로서 종업원의 성숙도를 강조하였다. 종업원의 성숙도는 업무수행능력과 업무수행의 자발성 또는 의지를 이용하여 다음의 4단계로 측정한다.

- M1: 업무수행능력도 없고 자발성도 없는 종업원(미성숙)
- M2, M3: 업무수행능력이나 자발성 중 하나가 결여된 종업원(중간정도의 성숙)
- M4: 업무수행능력도 있고 자발성도 있는 종업원(성숙)

③ 리더십 스타일과 리더십 상황 간의 적합관계

허쉬 & 블랜차드(〈그림 8-10〉)는 가장 이상적이고 최선의 리더십 스타일은 없으며, 종업원의 성숙도가 높아감에 따라 리더는 직무상의 지시나 명령 등과 같은 과업 지향적인 행동을 감소시키고, 관계 지향적 행동을 증대시켜야 한다고 주장했다. 즉, 종업원의 성숙도에 맞춰 리더십 스타일을 선택해야 한다. 즉 종업원의 성숙도가 M1이라면 리더는 S1 리더십 스타일을 선택하여 종업원에게 직무를 구체적이고 정확하게 지시하고 그 직무가 제대로 수행되고 있는지를 밀착관리 해야 한다. 반면에 종업원의 성숙도가 M4라면 리더는 일반적인 목표만 제시하고 과업수행에 대한 의사결정과 실행책임을 종업원에게 위양하는 것이 바람직하다.

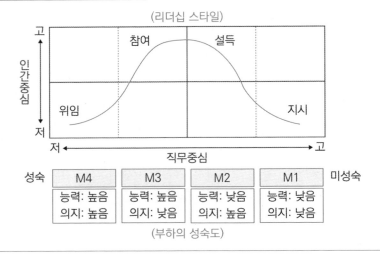

그림 8-10 Hersey & Blanchard의 상황이론

(리더십 스타일)

성숙	M4	M3	M2	M1	미성숙
	능력: 높음 의지: 높음	능력: 높음 의지: 낮음	능력: 낮음 의지: 높음	능력: 낮음 의지: 낮음	

(부하의 성숙도)

6. 현대적 리더십

1) 카리스마적 리더십과 변혁적 리더십

① 카리스마적 리더십(M. Weber)

리더가 다른 사람들이 갖고 있지 못한 천부적인 특성을 갖고 있다고 부하 직원들이 느끼게 될 때 발휘되는 리더십을 의미한다. 카리스마적 리더의 특성은 확고한 신념, 기존질서의 재편, 변화지향적인 비전의 제시, 개인권력의 활용 선호, 자신감 있는 커뮤니케이션, 위험부담, 부하의 권한 확대를 통한 동기부여 등을 들수 있다.

② 변혁적 리더십(B. M. Bass)

리더의 카리스마적 특성으로 인하여 부하직원들을 리더에게 이끌리게 함으로써 그들의 이해관계를 초월하게 하고, 부하직원들에게 비전을 제시하여 그 비전 달성을 위해 함께 협력할 것을 호소하는 리더십이다.

2) 슈퍼 리더십과 서번트 리더십

① 슈퍼 리더십(super leadership)

부하직원들이 자기 자신을 스스로 관리하고 통제할 수 있는 힘과 기술을 갖도록 하는 데 초점을 두고 있다. 슈퍼 리더는 부하직원들에게 본보기가 되는 모델이 되어야 하며, 부하직원들이 스스로 자신들의 목표를 설정하고 이를 추진하도록 유도함으로써 자율적 리더십의 개발이 촉진되도록 해야 한다.

② 서번트 리더십(servant leadership)

섬기는 자세를 가진 봉사자로서의 역할을 먼저 생각하는 리더십이다. 부하직원들의 창조성을 최대한 개발하고, 완전한 헌신과 학습을 자연적으로 유도하는 학습조직에 유용한 리더십이다.

성공적인 현대적 리더십은 상위계층 리더에게는 서번트 리더십을 갖도록 하고, 하위계층 부하직원들에게는 슈퍼 리더십을 통해 자율적인 리더십을 갖도록 하는 것이다. 중요한 것은 리더십은 타고난 것이 아니라, 끊임없는 노력과 학습, 그리고 훈련에 의해서 개발되어지고 점점 발전해 나간다는 것이다.

3) CEO리더십

오늘날 급격하게 변화하는 환경 속에서 기업을 경영해나가는 데 리더십의 중요성은 점점 더 증가하고 있다. 이에 13장에서 CEO리더십에 대하여 추가로 다루고자 한다. 리더십 개요 및 글로벌 선진기업에서 체계적 리더양성을 위한 모델로 많이 사용되는 리더십 파이프라인에 대하여 소개한다.

✓ 서번트 리더란

서번트 리더십은 그린리프(R. Greenleaf)에 의해 소개되었다. 그린리프는 헤세(H. Hesse)가 쓴 '동방 순례'라는 책에 나오는 서번트인 레오(Leo)의 이야기를 통해 서번트 리더의 특성을 설명하였다. 레오는 순례자들의 허드레 일이나 식사 준비를 돕고, 때때로 지친 순례자들을 위해 밤에는 악기를 연주하는 사람이었다. 레오는 순례자들 사이를 돌아다니면서 필요한 것들이 무엇인지 살피고, 순례자들이 정신적으로나 육체적으로 지치지 않도록 배려했다. 그러던 어느 날 갑자기 레오가 사라져 버렸다. 그러자 사람들은 당황하기 시작했고, 피곤에 지친 순례자들 사이에 싸움이 잦아졌다. 그때서야 비로소 사람들은 레오의 소중함을 깨닫고, 그가 순례자들의 진정한 리더였음을 알게 되었다. 서번트 리더는 레오와 같이 다른 구성원들이 공동의 목표를 이루어 나가는 데 있어 정신적·육체적으로 지치지 않도록 환경을 조성해 주고 도와주는 리더다. 결국 인간 존중을 바탕으로 다른 구성원들이 잠재력을 발휘할 수 있도록 도와주고 이끌어 주는 것이 서번트 리더의 핵심이다.

서번트 리더는 기본적으로 방향 제시자, 파트너, 지원자의 세 가지 역할에 초점을 두고 구성원들을 리드해 나가는 특성을 가진다. 방향 제시자 역할은 조직의 비전을 제시해 주는 역할을 의미한다. 서번트 리더가 조력자이면서도 '리더'인 이유는 다른 구성원들이 보지 못하는 미래를 바라보고 비전을 보여줄 수 있는 능력을 갖고 있기 때문이다. 파트너 역할은 구성원들 간의 합의를 이끌어내기 위해 의견들을 조율하는 역할을 말한다. 파트너로서 서번트 리더는 재능 있는 음악가들로 이루어진 오케스트라의 지휘자 모습에 비유할 수 있다. 마지막으로 지원자 역할은 구성원들이 업무 수행을 원활히 할 수 있도록 지원하고, 업무 외의 개인적인 삶에 있어서도 업무와 균형을 이룰 수 있도록 돕는 역할이다. 즉, 일과 삶의 균형(work & life balance)을 이룰 수 있도록 배려하는 것도 서번트 리더의 중요한 특징이다.

* 자료: Don M Frick(2011), Robert K. Greenleaf: A Life of Servant Leadership, Berrett-Koehler Pubilsher.

사례 8-2 꼰대 리더십

1. 꼰대 리더십이란

선다 피차이(구글)와 마리사 메이어(야후)는 어린 시절부터 '수학 천재'로 불리며 미국 최고 명문대학을 졸업하고 실리콘밸리에서 일하게 된다. 성공 가도를 달리던 두 사람은 실제 최고경영진으로 일하기 시작하면서부터 운명이 갈린다. 피차이는 '수평적 리더십'으로 구글의 성공을 이어가고 있지만, 38세에 화려하게 야후 CEO로 등극한 메이어는 '불통'과 '꼰대 리더십'으로 추락의 길을 걷는다.

굳이 미국의 유명 CEO 두 사람을 거론하지 않더라도 한국 사회, 한국 기업에서도 현재 '꼰대 리더십'은 조직문화를 망치고 유능한 인재를 떠나게 하는 원인으로 지적되고 있다. 꼰대, 특히 '중증 꼰대'의 가장 큰 문제는 본인이 '꼰대라는 사실조차 모른다는 것'이다. 같은 지적을 하더라도 말하는 방식과 접근하는 방법을 바꾸고, '비교의 대상'을 '예전 그 시절의 나'로 변화시키며, 스스로 코치 받기를 두려워하지 않는 것에서부터 '리더십의 변화'는 시작된다.

꼰대란 은어로, '늙은이'를 말하며 학생들의 은어로 '선생님'을 이르는 말을 뜻하기도 한다. 과거의 꼰대란 나이 많은 남자를 가리켜 학생이나 청소년이 쓰던 은어였다. 하지만 현재에는 의미가 점점 넓어져 자신보다 나이가 어리거나 지위가 낮은 사람에게 자신의 생각이나 기대치를 강요하는 사람에게도 꼰대라고 부르기 시작했다. 이러한 의미의 꼰대와 리더십이 합쳐져서 '꼰대 리더십'이라는 단어가 만들어졌다.

2. 수평적 리더십

1) 수평적 리더십이란

수평이란 높고 낮음이 없음이 고르다는 것을 의미한다. 인간관계에서의 수평적 관계란 어느 한 쪽이 모가 나서 마음에 걸리거나 신경이 쓰여 부담스러운 상태가 아니라 위아래가 협력적 관계로 소통하는 것을 말한다. 즉 수평적 리더십이란 상사가 아랫사람의 의견을 더욱 열심히 경청하고 그들의 입장에서 성장과 지원에 대한 고민을 하는 것이다.

2) 선다피차이(Sundar Pichai)

선다 피차이는 1972년 7월 12일 전기공학자 아버지와 속기사 어머니 사이에서 태어나 인도의 전형적인 중산층 가정에서 성장했다. 피차이는 말수가 적고 수줍음이 많았지만 수학에는 큰 재능이 있어 인도의 MIT라 불리는 IIT(indian institute of technology)에서 공학 석사 학위를 받은 후 미국 스탠퍼드대에서 공학 석사와 펜실베이니아대에서 MBA를 취득했다. 피차이는 대학원을 졸업한 후 맥킨지에서 잠시 컨설턴트로 일하다 2004년 구글에 입사해 큰 성공을 거두게 된다. 구글 입사 초기 구글 크롬을 개발하는 데 결정적인 역할을 했다. 또한 구글 드라이브, 지메일(Gmail), 구글맵(Google Maps), 안드로이드(Android) 등 현재 우리가 자주 사용하는 많은 기술이 그의 손을 거쳐 탄생했다 해도 과언이 아닐 정도로 많은 업적을 만들어 냈다. 구글 이사회는 회사의 혁신과 성공에 큰 공헌을 한 피차이를 2015년 10월 24일 회사의 CEO로 임명한다.[1]

3) 취임 2년 만에 실리콘밸리의 아이콘이 된 피차이

피차이는 탁월한 능력과 미래를 내다보는 통찰력으로 구글에서 파격적인 승진을 거쳐 CEO가 됐다. 피차이를 아는 많은 이는 그를 한결같이 겸손하고 배려심이 많으며 직원들의 성장과 발전에 다양한 지원과 노력을 아끼지 않는 사람으로 평가한다. 그는 CEO가 되기 전부터 자기의 입장이 아니라 직원들의 입장에서 얘기하고 유능한 인재를 뽑아 최고가 될 수 있도록 지원하고 장점을 잘 활용할 수 있는 업무를 줘 직원을 성장시키려고 노력하던 상사였다. 그가 이끌던 팀원들은 인재들이 많이 모여 있기로 소문난 구글에서조차도 최고라는 평가를 받았으며 많은 직원이 그와 함께 일하기를 원했다고 한다. LA타임스는 피차이가 구글의 CEO로 선정됐다는 발표가 난 직후 한때 그의 보스였던 마리아 메이어의 사무실 앞에서 자신의 팀원들이 정당한 성과 평가를 받을 수 있도록 몇 시간이고 대기하면서 직원들에 대한 정보를 알려줬다는 일화를 소개하며 피차이의 조용하지만 직원들의 성장과 성공에 최선을 다하는 그의 리더십을 소개하기도 했다.

'조용한 사람'이 별명인 피차이는 '나를 따르라!'식의 강압적인 리더십보다 '존중과 성장의 리더십'을 바탕으로 수평적 리더십을 통해 조직 구성원들의 잠재력을 끌어내는 리더십을 발휘하며 CEO로 임명된 지 불과 3년이 채 되지 않았지만 이미 실리콘밸리의 아이콘이 돼가고 있다.

3. 불통과 꼰대 리더십

1) 불통과 꼰대 리더십이란

직원들의 의견을 듣지 않고 독단적으로 실행하는 불통의 리더십은 많은 직원들의 반발을 살 가능성이 높다. 자신의 능력에 대한 과신은 자신의 생각과 결정이 무조건 옳고 정답이라는 잘못된 확신과 요즘 유행하는 '답정너(답은 정해져 있으니 너는 대답만 하면 돼)' 스타일의 '꼰대 리더십'으로 변질됐다.

2) 마리사 메이어(Marissa Mayer)

마리사 메이어는 1975년 5월 30일 위스콘신에서 환경공학자인 아버지와 미술교사 어머니 사이에서 태어나 피차이와 마찬가지로 어렸을 때부터 수학과 과학에 두각을 나타낸다. 또 어렸을 때부터 발레, 수영, 토론, 피아노, 어학 등 다양한 분야에서 탁월한 재능을 보였고 고등학교를 졸업할 무렵에는 위스콘신주에서 단 2명만 선발되는 전미청소년과학캠프(national youth science camp)에 선발되는 등 천재성을 과시하며 스탠퍼드대에 입학한다. 대학에서도 철학, 인지심리학, 언어학과 컴퓨터공학 등의 학문을 응용하는 학문인 symbolic system이란 분야를 전공하고 컴퓨터공학으로 석사 학위를 받으며 인공지능을 연구하게 된다.[2]

스탠퍼드대를 졸업한 메이어는 맥킨지를 포함한 14개의 기업에서 일자리를 제안했지만 1999년 구글의 20번째 직원으로 입사해 부사장까지 빠르게 승진한다. 메이어는 초창기 구글 검색 엔진의 많은 부분을 개발했고 구글 시작 페이지의 디자인을 개발하는 과정을 이끌었다. 이후 메이어는 구글 수입의 큰 부분을 차지하는 구글 애드워즈(Google AdWords)를 개발하는 데 결정적인 역할을 했는데 개발 직후인 2011년 1분기에는 애드워즈가 구글 전체 매출의 96%를 차지할 정도로 메이어는 큰 성과를 냈다. 메이어는 이런 천재성과 혁신 역량으로 2012년 7월 16일 불과 38살의 나이에 미국 500대 기업 최연소 CEO란 기록을 세우며 야후의 최고경영자로 스카우트된다. 메이어는 포브스(Forbes)에 의해 2012년 '올해를 빛낸 가장 매력적인 여성 12명'과 포천(Fortune)의 'Most powerful businesswoman' 16위에 선정되는 등 언론의 찬사를 한몸에 받는다.

① 혼자 빛나려 했던 '꼰대 리더십'의 상징, 메이어의 몰락과 야후의 매각

고전하던 야후가 2012년 메이어를 CEO로 스카우트하자 시장의 기대는 높아졌다. 이에 부응이라도 하듯 메이어는 CEO로 부임하자마자 많은 변화를 만들기 시작했다. 하지만 이런 변화들을 추진해 가면서 메이어는 '나를 따르라'식으로 모든 결정을 혼자 내렸다. 그리고 이를 직원들에게 일방적으로 통보한 후 이를 따르지 않으면 해고를 해버리는 방식으로 많은 직원의 반발을 사게 된다. 예를 들면 메이어는 취임하자마자 IT업계에 폭넓게 시행되던 재택근무를 허용하지 않는다는 결정을 내렸다. 그런데 직원들의 의견을 전혀 수렴하지 않고 일방적으로 통보해버림으로써 많은 갈등을 야기했다. 또한 2013년에는 성과 평가 방식을 바꿔 매니저가 직원들을 종모양(bell curve)으로 나열해서 하위 10%로 평가된 직원들을 해고하는 정책을 실시했다. 이런 평가 방식은 직원들의 반발을 불러왔고 해고된 직원들은 2016년 캘리포니아주와 연방법을 어겼다며 야후를 상대로 소송을 제기했다.

메이어는 회사 운영을 위해 많은 변화를 실행했지만 동시에 30억 달러나 되는 천문학적인 금액을 투자해 50여 개의 기업을 인수한다. 하지만 대부분의 M&A는 실패로 끝나고 만다. 예를 들면 2013년에는 11억 달러를 투자해 텀블러를 인수했지만 그 후 텀블러의 가치는 2억 3,000만 달러가 돼 '5분의 1토막'이 나는 사태가 벌어진다. 야후의 기업가치는 계속 하락했고 2016년 포천은 메이어를 전 세계에서 가장 실망스러운 CEO로 선정했다. 메이어가 CEO를 맡았던 5년 동안 50% 이상의 야후 임직원들이 회사를 떠났고 회사는 버라이즌(Verizon)이란 통신회사에 48억 달러라는 헐값에 매각되기에 이른다. 이 매각 금액은 야후의 전성기였던 2000년 당시 시가총액의 4%에 불과한 금액이었고 메이어는 이에 대한 책임을 지고 2017년 6월에 CEO 자리를 사임하고 회사를 떠났다.

② 메이어, 무엇이 문제였나?

야후의 구원투수로 많은 기대를 한 몸에 받고 불과 38살의 나이에 300억 달러 기업에 CEO로 스카우트된 메이어는 어떻게 5년 만에 회사에서 쫓겨나다시피 사임을 하고 기업은 헐값에 매각되는 상황이 일어났을까? 일관된 전략의 부재 등 회사의 전략과 혁신 과정에서 발생한 여러 가지 문제는 논외로 하고 메이어의 리더십과 관련한 이슈들에만 초점을 맞춰보자.

첫째, 메이어는 자신의 능력을 과신한 나머지 직원들의 목소리에 귀를 기울이지 않고 혼자 거의 모든 결정을 내린 후 직원들에게 통보하는 일방적인 소통을 하며 많은 갈등을 야기했다. 재택근무를 폐지하고 직원들을 수직적으로 평가해 하위 10%를 해고하는 평가 방식은 직원들의 삶과 커리어에 큰 영향을 미치는 결정이다. 하지만 메이어는 이런 중요한 결정조차도 직원들의 의견을 듣지 않고 독단적으로 실행하는 불통의 리더십을 보여줬고 이는 핵심

직원들의 이탈과 소송이라는 부정적인 결과를 초래했다. 자신의 능력에 대한 과신은 자신의 생각과 결정이 무조건 옳고 정답이라는 잘못된 확신과 요즘 유행하는 '답정녀(답은 정해져 있으니 너는 대답만 하면 돼)' 스타일의 '꼰대 리더십'으로 변질됐다.

둘째, 메이어는 어렸을 때부터 뛰어난 재능과 외모로 인해 어디에서 무엇을 하던 '스타'가 됐고 항상 주목받는 인생을 살았다. 이런 성향은 구글에서 직장생활을 하며 점점 더 강해졌으며 지나친 자기애는 타인에 대한 공감 능력 부족이란 결과를 만들어 냈다. 구글에서 메이어와 함께 일했던 많은 동료와 부하직원들이 메이어를 '똑똑하지만 감정이 없는 로봇과 같았다'란 표현을 했다고 한다. 불과 38살의 나이에 야후의 CEO로 화려하게 등장한 메이어는 톡톡 튀는 언행으로 항상 언론의 스포트라이트를 받았으며 수백만 달러의 파티를 열고 심지어는 보그(Vogue)라는 패션잡지의 커버 모델로 등장할 만큼 자신이 주인공이 되길 원했다.

4. 꼰대 리더십 고찰

1) 보석 같은 인재가 조직을 떠나는 이유

요즘 꼰대 같은 직장 상사 때문에 어떤 애로사항을 겪고 있고, 실제 상사의 꼰대질과 수직적인 조직문화 때문에 이직을 고민하는 직장들이 많아지고 있다. 이는 데이터에서도 나타나는데 2016년 직장인을 대상으로 진행한 한 설문조사에서 기업문화로 인해 이직이나 퇴사를 결정하게 된다는 직장인들이 53.9%였으며, 3명 중 1명은 '퇴사 결정의 70% 이상이 기업문화 때문'이라고 답했다. 더 흥미로운 사실은 '퇴직 이유'에서 기업문화가 차지하는 비중이 50% 이상인 여성 직장인은 59.3%로, 남성 직장인(47.6%)보다 10%포인트 이상 높았다. 마지막으로 기업문화로 인한 퇴사 의향은 사원급이 56.2%로 가장 높았고, 이어 대리급(54.4%), 과장급(51.6%), 관리자급(42.2%) 순서로 낮아졌다고 한다.[3] 한마디로 남성 직장인들보다 여성 직장인들이, 직급이 높은 직장인들보다 낮은 직장인들이 부정적인 조직문화에 더 많은 고통을 당하며 퇴사욕구가 강해진다는 것이다. 높은 이직률은 당장 크게 눈에 보이지 않지만, 기업이 감당해야 할 미래의 가장 큰 비용이 될 것이다. 이런 측면에서 긍정적이고 수평적인 조직문화를 구축하는 것이 지속적인 경쟁우위를 창출하는 데 가장 효과적인 방법이란 사실을 리더는 잊지 말아야 한다.

2) 수평적 리더십 실천

구글의 CEO가 된 피차이는 직원들의 의견을 더욱 열심히 경청하고 항상 직원들의 입장에서 성장과 지원에 대한 고민을 하는 수평적 리더십을 실천했다. 아울러 결과에 대한 책임은 지되 공은 직원들에게 돌리는 솔선수범의 행동을 통해 구글 직원들의 전폭적인 지원을 이끌어냈다. CEO가 된 후에도 언론의 화려한 스포트라이트를 여전히 부담스러워하는 '조용한 사람(quite guy)'이란 자신의 본질과 정체성이 조금도 흔들리지 않았다. 그리고 여전히 청바지와 티셔츠 차림으로 직원들과 격의 없이 토론하는 모습을 통해 구글의 수평적인 문화를 더욱 발전시켜 나갔다.

2016년 11월 초에 개최된 다보스포럼에서는 '수직적 리더십 시대는 끝났다'라는 선언과 함께 4차 산업혁명의 진행과 이에 따른 변화에 효과적으로 대처를 하기 위해서 '소통과 책임 리더십(responsive and responsible leadership)'을 화두로 정했다. 4차 산업혁명으로 기술 간의 융합이 더욱 활발해지며 새로운 기회와 위협이 공존하는 상황에서 '나를 따르라'식의 리더십보다는 열린 마음으로 다양성을 존중하고 조직 구성원들의 집단창의성(collective wisdom)을 이끌어 낼 수 있는 리더십이 필요하다는 메시지다.

나이가 들수록 시간이 점점 빨리 간다고 느껴지는 이유는 새로운 것들에 대한 호기심과 열정이 사라지기 때문이라고 한다. 동시에 나이가 들수록 늘어나는 것 중의 하나는 다름에 대한 편견이다. 나이가 많아지고 지위가 높아지면 나도 모르게 내 생각을 강요하게 되고 끊임없이 상대방을 가르치려 한다. 나와 다른 생각에 대한 편견, 나와 다른 행동에 대한 편견, 다름에 대한 흑백 논리와 이분법적인 사고가 나를 지배한 순간 성장은 멈추고 갈등이 시작된다는 사실을 기억해야 한다.

[자료: DBR No. 249]

1) https://en.wikipedia.org/wiki/Sundar_Pichai
2) https://en.wikipedia.org/wiki/Marissa_Mayer
3) http://news.chosun.com/site/data/html_dir/2016/03/04/2016030401301.html

사례 8-3 리더십 성공사례_삼성전자

1. 경영자의 리더십

1) 질 위주의 경영

삼성은 규모의 확대 못지않게 기술개발, 품질향상, 원가 절감 등 경영의 질적 수준 향상에 신경을 많이 썼는데, 경영의 질적 수준이 향상되지 않고서는 초일류기업이 될 수 없을 뿐만 아니라 치열한 경쟁에서도 살아남지 못하게 되기 때문이었다. 구성원들의 능력을 개발하여 경쟁상대보다 우월한 최고의 인재를, 기술 개발을 통해 새로운 창조의 과정 없이는 세계 초일류기업은커녕 이류기업군으로 전락할 것이라는 첨단과학기술 지향주의를, 그리고 고객이 상품의 만족을 느낄 때 기업이 생명력을 얻을 수 있다는 품질 최고주의의 삼위일체만이 초일류 기업화의 유일한 방도라고 믿었던 것이다.

2) 업적 및 성과를 중시하는 업적주의

삼성의 경영은 과업차원에서 초점을 맞추고 있으며, 경영전략을 거듭할수록 이를 더욱 강화시켜왔다. '열심히 일하지 않는 사람은 실적이 부진하고 실적이 계속 떨어지면 그 자리에서 오래 버티지 못 한다', '열심히 뛰는 사람은 좋은 실적으로 반드시 평가 받는다'라는 원칙에 기초하여 특유의 일에 대한 열정과 집착을 보여 왔다. 이러한 과업 위주의 경영방식은 자발적 동기부여 방식으로서 구성원들이 가져야 할 가치와 규범, 행동방식에 대한 방향을 제시해 주었다.

3) 조직의 복합화 전략에서 나타나는 문화의 총체적 융합성

삼성이 주장하는 복합화란 행정, 도시, 산업, 기업, 복지 및 기타 모든 분야에 적용할 수 있는 개념으로 서로 연관성 있는 인프라/시설/기능/기술이나 소프트를 효과적으로 결합해서 이들 간에 서로 유기적인 상승효과를 내도록 해서 경쟁력과 효율을 극대화 하는 것이다. 이에 따라 기업문화도 선에서 선, 점에서 점밖에 안 나오는 일차원적 기업문화 형태를 지양하고 눈과 귀와 입의 감각을 입체화를 통해 상승효과를 촉발하여 점 → 선 → 면 → 공간의 개념으로 전이를 방생하는 문화형태의 상승적 융합을 꾀하고 있다.

2. 경영전략

삼성은 국제적인 패러다임으로 대두한 키워드 '지속가능한(sustainable)'에 맞춰 지속가능한 경영전략을 실현하고 있으며, 크게 인간부문, 사회부문, 환경부문 3가지로 크게 나눌 수 있다.

1) 인간부문

- 인재경영: 삼성전자는 지속 성장하기 인재를 발굴하고 육성하는 것으로 '성과가 있는 곳에 보상이 있다'라는 논리에 입각하여 창조적 성과급제를 도입하였다. 또한, 다양성 관리를 위해서 여성 경력단절의 주요인으로 작용하는 보육으로 인한 불이익을 최소화하기 위해서 여성근무 배려정책을 실현하였다.

  삼성전자의 핵심역량의 구축, 도약과 발전은 기업 전체에 내면화되어 있는 '인재제일'이라는 핵심 이념이 있기에 성공할 수 있었다. 삼성의 경영철학의 중심에는 '사람'이 존재하며, 따라서 인재 경영 부문은 삼성이 생각하는 기업의 가장 중요한 경영이다. 삼성이 '1등주의'를 시종일관 표명할 수 있었던 것은 그것을 만들어낼 수 있는 인재를 확보하는 데 주저하지 않았기 때문이다. M&A 또한 좋은 인재를 확보하기 위한 수단으로만 제한된다. 삼성은 미래 비전 또한 인재에서 찾았다. 이를 위한 삼성의 인력확보 계획은 3가지로 나뉘는데, 첫째, 국적을 불문하고 세계적인 우수인력을 채용한다. 해외 유수 대학에 있는 한국계 유학생은 물론, 현지 인력을 저인망식으로 훑을 계획이다. 특히 다른 지역으로 이전을 꺼리는 외국인들을 고려하여 해외연구소 추가 설립을 진행시키고 있다. 둘째, 기존 핵심 인력의 국제화를 적극 추진한다. 임직원들에 대한 외국어 교육과 해외 문화 적응 교육을 강화시키고, 해외 지역전문가, 해외 MBA, 각종 직능연수 인원을 대폭 늘려왔다. 셋째, 재능 있는 인재를 조기에 양성한다. 현행 입시 위주 교육으로는 인재를 키우기 힘들 뿐 아니라 검증 또한 힘들기 때문에 각종 인재육성 프로그램을 확대하였다.

그림 8-11 정도경영

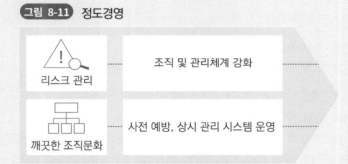

- 정도경영(〈그림 8-11〉): 삼성전자는 법과 원칙을 지키는 정도경영을 실천함으로써 기업의 사회적 책임과 역할을 실현하고 있다. 담합, 지적재산권 침해 등의 문제로 인해 발생할 있는 경영 리스크를 최소화하고 인권, 안전보건, 환경 등에 대한 책임을 강화하기 위해 사업추진 중에 기업이 자발적으로 법을 지키도록 하는 컴플라이언스 프로그램을 강화하였다.

2) **사회부문**
- 나눔경영: 삼성전자는 지속가능한 사회 발전과 인류의 더 나은 삶을 위한 사회적 책임을 다하기 위해 노력하고 있다. 나아가 대부분의 이해관계자들에게 중요한 관심사인 교육, 의료, 고용, 환경 등의 사회적 이슈들을 해결하고자 지역사회 공헌 활동을 적극적으로 추진하며 이를 위해 삼성전자는 핵심 역량인 첨단 기술을 공유하고, 임직원의 재능 기부를 통해 지역사회의 변화를 창출하는 프로그램을 운영하고 있다.
- 지속가능 혁신: 삼성전자는 지속가능한 성장을 위해 R&D 투자와 신사업 발굴에

적극적으로 개입하였다. 이를 위해 사내에 R&D 조직체계를 갖추고 있으며, 외부로부터 다양한 사업 아이디어와 기술을 발굴하는 'open innovation'에도 힘써왔다. 최근에는 IoT(internet of things)와 Well-being을 중심으로 새로운 사업 기회를 선점하기 위해 힘을 쓰고 있으며, 이러한 기술 혁신의 추구를 통해 지역사회 발전에 기여하고 사회적 약자가 혜택을 볼 수 있도록 심혈을 기울이고 있다.

3) 환경부문
• 녹색경영: 1992년 삼성 환경선언으로 시작된 삼성전자의 환경보호활동은 1996년 녹색경영선언을 통해 강화되었으며, 2009년에는 녹색경영 중장기 로드맵인 'Eco-Management 2013(EM2013)'을 발표하고 회사의 경영이념과 경영원칙에 근거한 녹색경영 가치체계를 새롭게 정립하였다.

3. 삼성전자의 내부환경

1) 이건희 회장의 오너쉽
반도체 기업으로 도약하는 기로에 섰을 때 삼성은 과감하게 투자하였다. 이는 "미덥지 못하면 맡기지를 말고, 썼으면 믿고 맡기라"는 최고경영자의 신념에 의한 것으로 파악된다.

2) 체계적 인재관리
삼성은 최고의 인적 자원을 영입했고, 이러한 인적자원을 체계적인 관리를 하였다. 물론, 이러한 관리 이전에 먼저 국내에 유례가 없는 한 달간의 합숙으로 삼성맨을 먼저 만든 것은 물론이다.

3) 고강도 구조조정 및 체계적 경영진단
비록 제살을 깎아 내는 고통이 있으나, IMF 이전에 먼저 구조조정을 실시하여 집단을 유연하게 하였고, 이러한 집단 안과 밖이 투명할 수 있도록 하고, 나아갈 방향을 제시한 체계적인 경영진단을 실시함으로 조직을 건전하고 비전이 있는 집단으로 만들었다.

4) 교육제도
입사 후에도 지속적인 교육이 제도화되어 있어서, 신기술이 유입되거나 새로운 사업에 발을 들여놓을 때 사원들을 재교육시키고 교육 내용을 일신하고 있다.

4. 삼성전자의 외부환경

1) 전략적 제휴
희비가 엇갈리는 여러 상황마다 삼성전자는 제휴를 통해서 그것을 타계해 나갔다. 사실상, 이것은 1억만 주면 1주일 만에 걸려 가져올 기술을 10억, 20억씩 들여 3-5년에 걸쳐 가져 올 필요가 없다는 이건희 회장의 실용주의적 사고와 결합되면서, 실용적 제휴전략으로 완성되면서 삼성전자를 세계적인 기업으로 이끄는 계기가 되었다.

2) 기술력

현재 삼성의 기술력은 세계 수준으로 평가되는 기술력이다. 지금도 소니를 추월하려는 삼성전자의 노력은 계속되고 있다. 모토로라에 뒤쳐졌던 삼성의 휴대폰 기술력에 대해 이건희 회장은 불호령을 한 적이 있다. 자금에 신경 쓰지 말고 최대한의 노력을 다 해서라도 모토로라를 따라 잡으라고 지시하였다. 이러한 기술력을 바탕으로 삼성의 브랜드 이미지는 세계 수준에 올라 있다.

사례 8-4 리더십 성공사례_애플

1. 기업분석

최초의 개인용 컴퓨터 중 하나이며, 최초로 키보드와 모니터를 가지고 있는 애플을 출시하였고, 애플는 공전의 히트작이 되어 개인용 컴퓨터의 시대를 열었다. 이후 매킨토시(Macintosh)로 마우스를 이용한 컴퓨터 조작과 같은 그래픽사용자 인터페이스의 보급을 선도하였다. 현재 개인용 컴퓨터인 매킨토시, MP3 플레이어, 아이팟 스마트폰, 아이폰, 가정용 멀티미디어 기기인 애플V, 태블릿 PC인 아이패드 등의 제품을 판매하고 있다. 그리고 아이팟, 재생할 수 있는 음원을 인터넷을 통해 제공하는 아이튠즈 스토어, OS X, 아이폰 사용자의 편의를 위한 인터넷 서비스인 아이클라우드(iCloud)를 제공하고 있다. 또한 2014년 Apple Special Event에서 애플워치가 공개 되었다. 현재 본사는 미국 캘리포니아주 쿠퍼티노에 소재하고 있고, 영국, 일본 등지에 지사를 두고 있다. 최고경영자는 전 애플의 COO였던 팀 쿡이다. 2011년 8월 미국 증시에서 장중 엑손 모빌을 누르고 시가총액 1위가 되었고, 8월 10일에는 종가에서도 1위가 되었다. 2015년 2월에는 세계 최초로 주식 종가 시가총액이 7,000억 달러를 넘은 기업이 되었다.

애플 로고

2. 애플의 주력 상품

애플사가 만든 많은 컴퓨터 중 주력 상품은 맥(MAC)이다.

3. 성공요인 분석

1) 경영자 리더십

① 창의적인 비전을 제시하라

스티브 잡스의 철학은 직원들에게 창의적인 비전을 제시했다. 그리하여 애플이 언제나 남들보다 좀 더 앞서 나갈 수 있게 하고, 그 다음의 꿈을 꿀 수 있게 한다. 애플은 창업 이후 30년 동안 '그 다음의 꿈'을 가지고 새로운 비전을 제시하는 길을 걸어왔다. 창의적인 비전에는 스티브 잡스의 철학이 담겨 있으며, 그는 이 비전을 추구하면서 생활하고 일하고 있다. 그는 직원들에게도 창의적인 비전을 숭고한 소명으로 삼아 일하라고 독려한다. 스티브 잡스는 한 인터뷰에서 "우리의 목표는 경쟁사를 앞지르는 것도, 큰돈을 버는 것도 아니다. 세상에서 가장 위대한 일, 심지어는 가능한 한 한계를 뛰어넘을 만큼 위대한 일을 해내는 것이 바로 우리의 목표다"라고 말했다. 애플은 작은 팀으로 이루어져 있으며 관리 층은 거의 없다. 잡스는 수백 명의 핵심 프로그래머들과 디자이너와 엔지니어들을 잘 알고 있고, 그들과 자주 대화를 한다. 또한 팀이 구성되면 우선 그들이 자유롭게 창의성을 발휘할 수 있는 환경을 조성해준다. 애플은 항상 남들보다 반걸음 정도 앞서가며, 사람들의 일상생활을 편리하고 즐겁게 만드는 데 비전을 두고, 자신들의 창의적인 제품들로 그 비전을 현실로 만들어나간다. 이것이 스티브잡스의 철학이자 애플의 사명이다.

② 진정으로 고객이 원하는 제품을 만들다

고객의 숨은 니즈, 즉 히든 니즈는 고객이 가장 잘 안다. 이를 간파한 애플은 고객 스스로 자신에게 필요한 소프트웨어를 개발하게 함으로써 또 하나의 쾌거를 이룬다. 고객을 감동시키는 제품, 다른 회사가 흉내도 내지 못할 뛰어난 제품을 만드는 것이 스티브 잡스의 제품 철학이다. 1996년 스티브 잡스가 애플로 돌아왔을 때 애플은 침몰하는 배와 다름없었다. 위기를 탈출할 수 있는 유일한 방법은 고객이 감동할 만한 좋은 제품을 만드는 것뿐이라고 생각한 스티브잡스는 당시 수십 종에 달하는 애플 제품의 생산을 과감하게 중단시키고, 한 제품에 총력을 기울였다. 그 결과 탄생한 것이 바로 파워 매킨토시 G3와 아이맥이다. 아이맥은 품귀현상을 일으킬 정도로 인기를 얻었고, 애플 역사상 공전의 히트작이 되었다. 그러나 아이맥의 성공으로 애플이 단순히 메이저 기업으로 도약한 것은 아니다. 애플의 오늘을 만드는 데 결정적인 공헌을 한 제품은 바로 아이팟이다. 애플이 MP3 플레이어 사업에 참여하기 전까지만 해도 MP3 플레이어는 가전회사들이 생산하는 오디오 제품에 지나지 않았다. 아이팟은 오디오뿐만 아니라 영화, 비디오 서비스까지 제공함으로써 디지털 엔터테인먼트

기기가 되었다. 아이팟 때문에 만들어진 신조어 중의 하나가 팟캐스팅이다. 이는 애플의 아이팟을 이용해 방송을 한다는 의미이지만 워낙 유명하다 보니 MP3를 이용해 방송을 하는 것을 가리키는 일반명사처럼 되었다. 기존의 블로그들이 텍스트나 그래픽 위주였다면 팟캐스팅은 오디오 중심의 블로그라고 할 수 있다. 사용자가 손쉽게 자신의 오디오 파일을 만들어서 블로그나 웹사이트에 올려놓음으로써 누구나 자유롭게 오디오 파일을 들을 수 있게 된 것이다. 그동안 오디오 파일을 디지털로 바꾸고, 이것을 웹에 올리는 일은 전문가들만 가능했던 기술이었으나 이제는 소프트웨어만 있으면 일반인도 손쉽게 할 수 있게 되었다. 아무리 뛰어난 마케터라도 다양한 고객의 니즈를 다 알 수는 없다. 그러나 애플은 "고객의 숨어있는, 히든 니즈는 고객이 가장 잘 안다"라는 생각으로 고객이 스스로 자신에게 필요한 소프트웨어를 개발하도록 한 것이다. 아이폰 역시 고객이 스스로 애플리케이션을 개발할 수 있도록 기술을 개방해 이 기술을 이용해 수십 만 개의 애플리케이션이 개발되었다. 그리고 수십만 가지의 애플리케이션들이 고객의 작은 니즈까지 하나하나 찾아내어 충족시키고 있다. 만약 아직도 충족되지 않은 니즈가 있다면 고객 스스로 개발해 앱스토어에 올려놓으면 누구인가가 그 애플리케이션을 무료나 유료로 다운받아 갈 것이다. 고객이 원하는 제품을 고객 스스로 만들 수 있게 한다는 스티브 잡스의 창의적인 발상은 다른 회사가 흉내도 내지 못할 만큼 뛰어난 제품을 만들어내는 애플의 힘이다.

③ 최고의 경청자가 되어라

애플은 직원과 고객이야기를 경청하고 대화하려는 노력을 끊임없이 하고 있다. 이것이 새로운 가치를 창조시킨 원동력이 아닌가 생각해본다. 애플에서는 매장에서 근무하는 직원을 '지니'라고 부른다. 지니는 천재를 일컫는 지니어스(genius)의 줄임말로, 애플 웹 사이트에는 지니어스에 대해 이렇게 설명되어 있다. "천재들이 항상 대기 중이어서 조언, 통찰, 직접적인 기술지원, 그리고 수리 서비스를 받을 수 있다." 지니는 매장을 방문하는 고객이 제품의 사용법이나 원리 등 궁금한 점이 생기면 즉시 답변을 해주고, 직접 사용법을 조작해 보인다. 직원이라고 아무나 지니가 될 수 있는 것은 아니다. 애플 본사에서 주관하는 공식 교육 프로그램을 수료해야만 자격을 얻을 수 있다. 애플은 애플센터의 수를 많이 늘리는 것이 중요한 것이 아니라 고객에게 다양한 제품을 보여주고 충분한 상담을 통해 제품의 특성과 사용법을 이해시키는 것이 더 중요하다고 생각한다. 또한 애플은 회사 내에서 직원들과 대화하고 고객의 소리에 귀 기울이며 업무에 몰두하는 것을 좋아한다. 또 신제품을 개발할 때는 협력 개발을 위해 개발, 생산, 마케팅의 파트너를 선정하고 그 회사의 책임자들과 끊임없이 대화한다. 아이팟 개발을 위해 인텔의 개발자를 만나고 아이폰을 만들기 위해 싱귤러 기술자와 대화하고, 콘텐츠 확보를 위해 콜럼비아 레코드사 CEO를 만나고, 월트디즈니와 ABC 방송, 야후, 구글의 경영자를 만나는 일도 모두 애플의 스티브잡스가 해냈다. 애플이 새로운 가치를 창조할 수 있었던 것은 직원과 고객의 이야기를 경청하고 협력회사와 끊임없이 대화를 했기 때문이다.

④ 영혼을 바쳐 일할 수 있는 환경을 만들다

많은 기업들이 일단 성공하면 규모를 늘리는 데 집중해 '혼'을 잃고 만다. 반면 애플은 최고 경영자에서 말단까지 서로 마음이 통하는 회사를 꿈꾼다. 스티브 잡스는 창의적인 직원들이 혼을 바쳐서 일하는 직장 환경을 원했다. 그는 소규모의 창의적인 팀을 갖추는 것이 평범한 많은 수의 엔지니어나 디자이너를 확보하는 것보다 효과적이라고 믿었다. 스티브 잡스는 애플에 복귀할 때 자신이 받았던 스톡옵션의 주식을 직원들을 위해 헌납했다. 스티브 잡스가 포기한 스톡옵션 주식의 주가를 지금의 애플주가로 환산한다면 수조 원에 달한다고 한다. 자신의 주식을 포기하면서까지 유능한 인재 확보에 열을 올리는 것은 평범한 열 사람보다 한 명의 창의적인 사람이 낫다고 믿기 때문이다. 많은 기업은 일단 성공하면 사업의 다각화를 꾀하기 시작한다. 회사의 초점이 흐려지고 '혼'을 잃고 마는 것이다. 이때 경영자는 오로지 각 분기별 결산을 흑자로 만들기 위해 기업을 매수하고 사업을 확대하는 등 설립할 때의 이념과는 점점 멀어진다. 회사가 거대해지면 경영자는 물론이고 직원들까지도 회사가 어떤 사업을 하고 어떤 제품을 만드는지도 모르고 헤매는 경우가 있다. 하지만 애플은 최고 경영자에서부터 말단 직원까지 서로 마음이 통하는 회사를 꿈꿔왔다. 또한 전 직원이 '세상을 바꾸고 싶다'라는 열정을 공유하고 하나가 되어서 노력하는 회사를 이상으로 삼았다. 직원들이 애플이 안고 있는 문제나 애플의 비전에 대해 자유롭고, 활발하게 토론하며 개발에 몰두하는 회사, 혼이 살아 움직이는 회사가 바로 애플이라고 할 수 있다.

⑤ 자유로운 대화를 즐겨라

애플의 혁신은 자유로운 대화를 통해 탄생할 수 있었다. 직원들과 자유롭고 창의적인 대화 나누기를 즐기는 스티브 잡스의 태도가 바로 혁신을 이끈 원동력이다. 애플은 이제 전 세계에서 가장 혁신적인 기업으로 꼽히고 있다. "애플의 혁신은 어디에서 비롯되는가" 스티브 잡스는 이 질문에 이렇게 대답한다. "혁신은 사람들이 복도를 걸어가다가 만나서 이야기를 나누거나 밤 10시 반에 전화로 대화를 나눌 때 태어난다. 새로운 아이디어가 떠올랐거나 그때까지 생각하고 있던 문제의 해결책이 떠올랐을 때 다른 사람의 의견을 듣고 싶어서 대화를 하는 것이다. 전에 없던 멋진 아이디어가 떠올랐을 때 다른 사람들은 어떻게 생각하는지 알고 싶어서 6명 정도 적합한 사람을 모아서 대화하는 가운데에서 혁신은 탄생한다." 애플의 직원들은 좋은 아이디어나 문제 해결 방법이 떠오르면 동료들과 이야기를 나누고, 토론을 하는 것을 자연스럽게 여긴다. 스티브 잡스 역시 직원들과 자유롭고 창의적인 대화를 나누는 것을 즐긴다.

⑥ 핵심집중과 외부협력을 조화시켜라

스티브 잡스는 스스로 만든 룰의 폐쇄성으로 실패를 경험했고, 이를 거울삼아 개발과 디자인의 집중, 생산과 부품의 외부협력이라는 조화를 이루어냈다. 스티브 잡스는 초기에 매킨토시를 개발 생산할 때에 하드웨어나 소프트웨어의 모든 것을 애플 내부에서 해야 한다는 'NIH(not invented here, 자사 기술에 대한 고집) 신드롬'에 빠져 있었다. 이 폐쇄성이 협력자를 끌어 모으지 못해 그는 결국 실패를 경험해야 했다. 애플에 다시 복귀한 스티브 잡스는 자신이 만든 이 룰을 스스로 깨고 핵심에 집중했고, 협력할 수 있는 부분들은 외부와 협력했다. 컴퓨터 회사였던 애플은 MP3 플레이어와 같은 가전제품을 생산할 수 있는 공장도 없었고 생산기술도 가지고 있지 못했다. 그래서 애플은 개발과 디자인에만 집중하고 생산과 부품은 전문회사와 협력하는 방식을 채택했다. 주요 부품들은 미국, 일본, 한국의 부품회사에서 공급받고 조립생산은 전자제품 생산 전문회사에게 맡겼다. 자체 공장이 없이 모든 제품의 생산을 맡긴다는 것은 어려운 결정이었지만 이 일은 성공적으로 수행한 사람은 팀 쿡(Tim Cook)이다. 팀 쿡은 애플의 혁신 사업 중 가장 중요한 생산과 물류 시스템을 획기적으로 고안해냈다. 쿡 덕분에 스티브 잡스는 골치 아픈 생산과 물류 문제에서 벗어나 개발에 전념할 수 있었다. 쿡은 부품업체의 공급망부터 손을 댔다. 대부분의 부품을 아일랜드와 중국, 싱가포르에서 공급하게 하고 업체 수도 20여 개로 대폭 줄였다. 생산 공장은 중국으로 일원화해 효율성을 기했다. 특히 부품 공급업체에 지리적인 위치도 신경을 써서 공급기간을 단축했고 부품이 공장으로 오면 곧바로 제조할 수 있도록 했다. 이러한 애플의 대대적인 정비를 통해 애플은 70일 치의 재고 물량을 2년 만에 10일 이하로 줄일 수 있게 됐다.

2) 경영 전략 분석

① 폭넓은 고객층 끌어들이기

현재의 애플은 과거의 아집을 버리고 고객층을 폭넓게 끌어들이려 애쓰고 있다. 과거 애플은 주로 고가 사양의 컴퓨터에 집중하면서 '매킨토시' 매니아만으로 만족했다. 조금 더 대가를 요구하더라도 최고의 컴퓨터만을 제공하겠다는 애플의 오랜 고집에서 비롯된 것이다. 스티브 잡스가 CEO에 복귀한 2000년대 초부터 애플의 전략 방향은 확연히 달라졌다. 제품의 속성으로 기술보다 시장성을 앞세워 일반 대중을 상대로 한 시장에 더욱 치중한다는 것이었다. 윈도 중심의 PC세계를 잠식해가며, 인터넷 중심의 기업으로 새로이 고객들에게 다가서기 위한 움직임이었다. 이를 위해 애플은 고객별로 차별화된 제품군을 갖추게 되었고 기존의 맥매니아를 위한 고가의 전문가용 '파워북', '파워맥'에서부터 일반 대중용으로 저가의 '아이북'과 500달러의 '맥미니'까지 다양하고 저렴한 버전의 제품들을 내놓으며 폭넓은 고객을 끌어안으려 한다. 공전의 히트작인 아이팟도 아이팟 미니·포토·셔플 등 다양한 제품 시리즈로 성공을 이어가고 있다.

② 기술 집착증에서 벗어남

애플은 이제 기술 이외의 디자인 측면을 중시하고 있다. 과거 애플의 기술은 시대를 상당

부분 앞서가며 혁신의 중심점에 있었다. 1977년 개인용 컴퓨터를 세상에 처음 선보였으며, 1984년에 이미 그래픽 인터페이스와 마우스를 사용하여 아이콘 클릭만으로 프로그램을 여는 매킨토시를 내놓아 컴퓨터 최대의 혁명을 일으켰다. 애플의 이 혁신적 아이디어가 없었다면 최근까지도 사람들은 컴퓨터에 도스 명령어를 입력하고 있었을 것이다. 그러나 매킨토시가 상업적으로 크게 성공하지 못한 이후에도, 애플은 고질적인 기술 집착증에 빠져 소비자의 취향 등 시장요소를 무시했다. 당시 CEO였던 스티브 잡스에게 시장조사란 아무 쓸모 없는 짓이었고, 오로지 시대를 앞서가기 위한 '혁신을 위한 혁신'만이 우선시되었다. 애플의 기술은 너무나 선도적이었지만 소비자에게 어필하기는 어려웠다. 애플의 PC는 혁신적인 컴퓨터로는 유명했지만 언론의 주목만 받았을 뿐 많이 팔리진 않았다. 2003년 세계 PC시장에서 차지한 애플의 몫은 고작 2%에도 못 미치는 수준이었다. 애플 부활의 선봉장으로 되돌아온 스티브 잡스의 생각은 달라져 있었다. 모든 혁신의 중심을 디자인에 두었다. 그는 "디자인은 디자이너에게 맡기고, 엔지니어는 그 디자인에 맞게 만든다"는 처방을 제시했다. 고질적인 기술 집착에서 벗어나 시장 대응 관점에서 디자인이 애플 혁신의 중심점으로 자리잡게 되었다.

③ 기술 발달로 제품의 기능과 품질이 엇비슷해지면서 디자인이 소비자의 선택을 좌우하는 가장 중요한 요소가 되었음을 간파했던 것이다. 이를 위해 애플은 전문가에게 디자인 개발의 전폭적인 재량권을 부여했다. 'CDO(최고 디자인 책임자)'라는 직위까지 두어 전문성과 독립성을 보장했으며 어떤 기업보다도 차별화되고 매력적인 디자인의 제품들을 시장에 내놓으며 애플은 연이은 성공을 거두게 되었다. 애플 재탄생의 주역인 아이팟, 모니터와 본체를 하나로 만든 아이맥, 작은 반구형의 새 아이맥 등이 대표적인 히트작으로 꼽힌다.

④ '홀로서기'는 이제 그만

외부와의 협력은 또 하나의 주목할 변화상이다. 과거 애플은 기술적 우위에도 불구하고 지극히 폐쇄적인 시스템에 머물렀다. 1985년 당시 운영체제 중 유일하게 그래픽 인터페이스를 갖춘 애플의 맥OS의 시장점유율은 16%까지 치솟기도 했다. 그러나 매킨토시에서만 운영되는 폐쇄형을 고집하는 사이 MS에게 컴퓨터 독점 세계를 넘겨주고 만다. IDC자료에 따르면, 2003년 전 세계 PC 중 94%가 MS 윈도 OS를 채택했다. 최근 애플이 시장의 흐름에 맞춘 개방적 협력을 통해 성공한 대표적인 예는 디지털 음반 시장을 합법적으로 상업화하기 위해 음반업계 메이저 회사들과 맺은 윈-윈계약이다. 이들과의 협력으로 아이튠즈가 성공을 거두게 되었고, 그 덕분에 애플의 뮤직스토어가 존재하게 된 것이다. 아이튠즈의 대규모 마케팅 광고를 위한 펩시와의 협력도 애플이 이제는 '홀로서기'를 그만두었음을 보여주는 사례임 디지털 음악 산업에서 주도권을 지키기 위한 외부와의 협력은 애플에게 더 이상 선택이 아닌 필수가 되어버렸다.

⑤ PC의 한계를 뛰어넘어

애플의 가장 근본적인 변화는 자사의 비즈니스 영역을 더 이상 PC만으로 한정하지 않는다는 점이다. 과거에는 애플하면 'PC 메이커'가 떠오를 정도로 PC에만 매달리는 모습이었다. 여전히 전체 매출의 절반 이상이 컴퓨터에서 일어나지만, 애플은 또한 디지털 음악 산업의 리더로도 우뚝 섰다. 아이팟과 아이튠즈를 통해 각각 MP3 플레이어와 음악 다운로드 서비스 시장에서 세계 1위 업체가 되었다.

사례 8-5 리더십 성공사례_아웃백

1. 기업분석

아웃백 스테이크하우스(outback steakhouse)는 미국의 대표적 외식업체 중 하나이다. 각 지점의 임원급인 매니저와 부매니저는 미국 아웃백 본사에서 레스토랑 경영에 대한 교육을 받는다. 레스토랑 경영 및 음식 품질유지를 위한 각 지점별 'food technician'이 수시로 그 지점 영업점을 평가하며, 3개월에 한 번씩은 각 영업점 임원들과의 미팅을 통해 문제점과 개선방안에 대해 논의를 한다. 또한 레스토랑에 관한 모든 일을 리드하는 지배인과 주방에서의 일을 책임지는 주방장에게 10%에 가까운 지분투자 의무를 요구하여 매니저와 주방장에게 동기를 부여해 주었다.

2. 경영이념

아웃백의 5대 원칙은 "환대, 공유, 품질, 즐거움, 용기"이다

① 환대(hospitality)

고객을 진심으로 환영하고, 고객을 생각하는 아웃백 정신으로 '얻기 위해서'라기보다는 주기 위해 고객에게 제공하는 것.

② 공유(sharing)

성공의 결실에 참여할 수 있도록 이해관계자들을 초대하는 것으로, 아웃백 구성원들 간에 서로 비전을 공유하고 이익을 나누는 마음.

③ 품질(quality)

목표를 가지고 향상시키기 위해 매진하는 것을 의미하며, 더 맛있고 깨끗한 메뉴를 위해 노력하는 아웃백 정신을 의미.

④ 즐거움(fun)

항상 즐겁게 일하고 고객을 대하는 아웃백의 정신으로, 유머감각을 가지고 스스로에 미소를 지을 수 있으며 함께 어울리는 것.

⑤ 용기(courage)

5가지 원칙 안에서 생활하며 절대적인 규율에 따라 스스로를 표준에 맞추려고 하는 것이며, "NO RULES JUST RIGHT"의 정신으로 다가서는 것.

또한 아웃백은 아웃백에 소속된 사람들을 잘 돌보고, 개인적인 존엄성과 다양한 가치를 인정하며, 음식 및 서비스 질의 표준 달성을 통해 아웃백 성공의 결실에 동참할 수 있도록 이익공유, 책임과 권한 그리고 신뢰를 나눈다. 아웃백(outback steakhouse)은 1987년 설립되어, 1988년 플로리다 템파시에 첫 레스토랑을 개점한 이후 2002년에는 820여 개의 레스토랑과 총매출 4조 5천억원을 달성하는 등 많은 레스토랑, 특히 디너 하우스 부분에서 두각을 드러내고 있다.

3. 성공요인 분석

1) 경영자의 리더십

정인태 사장은 평범한 샐러리맨으로 시작해 외식업계 대표에 오른 '신화적인 인물'이다. 정 사장은 지역주민 밀착 마케팅으로, 점포별로 다양한 활동을 전개하는 지역 사회의 이웃에 대한 나눔을 바탕으로 'grass-roots marketing' 경영원칙을 활성화시켰다.

'고객이 원하면 안 되는 것이 없다'는 슬로건을 내세우며 고객을 최우선으로 생각하고, 'best food quality', 즉 최상의 음식 맛은 신선한 재료에서 나온다고 믿기 때문에 아웃백 스테이크하우스 메뉴의 원재료 값은 40% 정도를 넘어서고 있다.

2) 전략분석

① 소사장제 운영방식 & 경영 관리

아웃백은 사업 초기부터 점주제, 즉 소사장제로 운영되고 있다. 자신이 운영하는 매장에 일정한 투자액을 내고 자신이 계약한 기간(5년) 동안 감가상각비, 고정비 등을 고려한 매출에 따른 배당금을 받아 투자도 하고 고정근무를 하기 때문에, 점주는 주인의식을 가지게 되었다. 현장 중심으로 운영되는 아웃백은 구매, 채용, 원가관리 등 모든 권한을 점주에게 위임함으로써 동업자로서의 오너십을 높이는 경영에 일익을 담당하고 있다.

또 각 지점의 임원급인 매니저와 부매니저는 미국 아웃백 본사에서 레스토랑 경영에 대한 교육을 받는다. 레스토랑 경영 및 음식 품질유지를 위한 각 지점별 '푸드 테크니션'이 수시로 그 지점 영업점을 평가하며, 3개월에 한 번씩 각 영업점 임원들과의 미팅을 통해 문제

표 8-4	아웃백 SWOT 분석	

강점(strength)	약점(weakness)
• 호주풍의 차별화된 매장 분위기 • 스테이크 전문점 이미지 • 부쉬맨 브레드 무한 리필 • 풀뿌리 마케팅(지역주민 밀착 마케팅) • 나눔경영(자선의 밤 행사와 각종 바자회 후원) • 한국인 입맛에 맞는 신제품 개발 • 점주 제도(인센티브 제도) • 부메랑클럽제도	• 국내 패밀리레스토랑 시장의 후발기업 • 대기업 계열사가 아님, T.G.I.F(롯데), 베니 건스(오리온그룹), 빕스(CJ) • 아웃백만의 독특한 시즈닝 향에 거부감을 느끼는 고객들이 있음 • 외국기업이라는 인식에 의한 거부감 형성

기회(opportunity)	위협(threat)
• 젊은 층에서 선호도가 높음 • 패밀리레스토랑 문화가 자리 잡고 있음 • 미국식 식습관에 익숙한 세대가 주고객층으 로 성장 • 주 5일 근무 확대 도입 • 할인서비스 이용자의 증가	• 다수 동종업체의 공격적인 촉진 활동 • 특성상 경쟁업체 간의 차별화가 힘들고, 좋 은 아이템이 생겨도 경쟁업체가 모방하기 쉬움 • 주위에 경쟁업체의 포진률이 높음 • 국내 외식업 시장의 포화상태

점과 개선방안에 대해 논의한다. 지배인과 주방장에게 10%에 가까운 지분투자 의무를 요구하여 매니저와 주방장에게 적지 않은 동기부여를 제공하고 있다.

② 제품개발 전략과 시장침투전략을 사용

한국인의 입맛에 맞는 일등급 스테이크를 사용하여 제품을 개발하였고, 고급 패밀리 레스토랑으로 차별화하였다.

③ 차별화 전략

북미, 남미, 유럽, 아시아, 오스트레일리아의 전 세계 22개 국가에서 1200개 이상의 점포를 운영하고 있다. 패밀리 레스토랑은 미국 외식산업이 발전하며 생성된 레스토랑 형태로서 국내에는 80년대 중반부터 들어오기 시작했는데 호텔 레스토랑보다는 낮은 가격으로 패스트푸드와 같은 빠른 서비스는 필요치 않으면서 높은 품격을 지향하는 외식업소로 자리 잡았다.

④ 현지화 전략

미국에서는 USDA의 초이스 등급 쇠고기에 특화된 메뉴를 취급하며, 대한민국에서는 미국산 쇠고기를 쓰지 않으며, 오스트레일리아에서 수입한 쇠고기를 사용한다. 호주풍의 인테리어와 음식메뉴를 그대로 가져온 시장침투전략과, 한국인의 입맛에 맞는 메뉴 개발을 통한 제품개발 전략을 적절히 혼용하여 사용하였다(〈표 8-5〉).

3) 내/외부환경 분석

표 8-5 아웃백의 시장 환경 분석

사회적 요인	문화적 요인	경제적 요인	기술적 요인
• 가치관의 변화 • 여성의 사회진출 증가 • 맞벌이 부부의 확산 • 여가시간의 증가 • 신세대 및 뉴패밀리층 출현 • 자기중심 현상 • 주5일 근무제 확대도입	• 문화적인 의식향상 • 식생활 패턴의 서구화 • 대화와 여가의 장인식 • 서구음식문화 도입 • 전통음식 상품화 • 고객의 욕구변화 • 외식직업의 의식 개선	• 경제성장 • 수입의 자유화 • 글로벌화 • 국가경쟁력 강화 • 대기업 외식업진출 • 자가용 보급 확대 • 가처분소득 증가	• 프렌차이즈 시스템 확충 • 주방시스템 자동화 • 효율적 업소 경영 방식 도입 • 식당용 컴퓨터 기기 보급 • 저장 및 포장기술의 발전 • 해외브랜드기술제휴

사례 8-6 리더십 실패사례_TG삼보

1. 기업 분석

삼보컴퓨터(TriGem Computer) 또는 TG(TriGem)는 대한민국 최초의 개인용 컴퓨터 전문 생산 기업이다. 삼보컴퓨터의 모태는 1980년 7월 세워진 (주)삼보전자엔지니어링이다. 창업자인 이용태 명예회장이 6명의 동업자와 함께 서울 청계천 세운상가에 자본금 1,000만원으로 회사를 세웠다. 당시 국내에는 퍼스널컴퓨터(PC) 시장이 작아 PC를 전문적으로 생산하는 업체가 없었다. 청계천을 중심으로 조립PC 시장만 형성된 상태였다. 삼보전자엔지니어링 창업자들은 해외에서 생산된 PC부품을 연구해 1981년 국내 최초의 PC로 기록된 'SE-8001'을 만들었다. 이 해 삼보 전자 엔지니어링은 국내 기업으로는 처음으로 PC를 해외(캐나다)에 수출했다. 1982년 삼보컴퓨터로 이름을 변경하였고, 1984년에는 국내 최초로 컴퓨터 전문기업 부설연구소인 삼보기술연구소를 세웠다. 삼보컴퓨터는 1989년 주식을 증권거래소에 상장했다. 1991년에는 경기도 안산시에 연간 100만 대 규모의 PC를 생산할 수 있는 안산 공장을 세웠다. 2003년 삼보컴퓨터는 원주 동부 프로미의 전신인 프로농구팀 TG엑서스를 인수했다. 이해 이후 삼보컴퓨터는 PC산업의 전반적인 침체와 대만, 중국 업체들의 저가 제품 공세에 밀려 경영난을 겪게 되고, 2003년에는 계열사였던 초고속 인터넷 서비스

업체인 두루넷이 경영난을 이기지 못하고 법정관리에 들어갔다. 이 해 4월 창업자 이용태 회장의 장남인 이홍순 부회장이 경영 일선에서 물러났다. 삼보컴퓨터는 신임사장으로 전문 경영인 박일환 씨를 임명하고 소유와 경영을 분리했다. 2005년 5월 삼보컴퓨터는 경영난을 이기지 못하고 수원지방법원에 법정관리를 신청했고, 법정관리를 신청할 경우 주식을 상장 폐지하도록 한 당시 거래소 규정에 따라 삼보컴퓨터 주식도 상장 폐지 절차를 밟게 되었다.

2. TG삼보의 주력 상품

삼보가 초기 제작한 제품은 "SE-8001"이라는 국내 최초의 개인용 컴퓨터와, Trigem-11라는 8비트 컴퓨터가 주력 상품이었다.

3. 실패 원인

삼보컴퓨터는 2005년 5월 법정관리에 들어갔다. 법정관리라 함은 부도를 내고 파산 위기에 처한 기업이 회생 가능성이 보이는 경우에 법원의 결정에 따라 법원에서 지정한 제3자가 자금을 비롯한 기업 활동 전반을 대신 관리하는 제도이다. 법정관리를 신청하여 법원의 결정에 따라 법정관리 기업으로 결정되면, 부도를 낸 기업주의 민사상 처벌이 면제되고, 모든 채무가 동결되어 채권자는 그만큼 채권행사의 기회를 제약 받는다. 법원이 회사나 주주 또는 채권자로부터 법정관리 신청을 받으면 보통 3개월 정도의 시간을 가지고 법정관리의 합당 여부를 심의하며, 법원이 법정관리 신청을 기각하면 파산절차를 밟거나 항고·재항고할 수 있다.

① 시장은 기다리지 않는다.

원래 삼보컴퓨터는 데스크톱과 공공수주 부문에서 경쟁력이 강했다. 그러나 삼보는 노트북과 개인사용자 시장이 확대되고 있었던 컴퓨터 시장의 흐름을 읽지 못했고, 이것이 지금의 결과를 초래했다. 삼보 경영난 원인에 대해 '과거의 성공경험에 취해 있었다.'고 생각할 수 있다. 기능과 다양성 위주에서 가격 위주로 바뀌는 PC시장의 트렌드에 제대로 대응하지 못했다는 것이다. 물론 삼보도 손을 놓고 있지는 않았다. 단기적으로는 사용자에게 PC 판매 2년 후 무료로 업그레이드 해주는 '체인지업' 정책을 벌여 시장점유율을 높이기도 했다. 에버라텍 등 노트북 사업도 새로 벌였다. 그러나 체인지업은 나중에 수백억원의 교체비용만 들게하고 결국 중단됐다. 에버라텍도 분투했지만 삼보의 법정관리를 막지는 못했다. 삼보는 수익모델을 바꾸는 데에도 실기(失機)했다(좋은 기회를 놓쳤다). 한 PC업체 임원은 "삼보는 예전과 다름없이 PC를 만들고 팔았지만, 세계 PC 시장은 중국·대만업체들이 급격히 성장하며 삼보를 긴장시켰다"고 말했다. ODM(제조업자개발생산방식) 중심의 수익모델에서 변신하지 못했던 삼보는 결국 시장에 뒤처지기 시작했다.

매출만 늘린다고 능사가 아니다. 컴퓨터 업계에서는 삼보컴퓨터를 "매출 위주로 달리는 두발 자전거"라고 불렀다. 한 바퀴는 매출, 다른 바퀴는 차입금. 매출을 늘리려면 돈을 빌려 유통망과 생산조직에 투자해야 한다. 갚을 돈을 마련하려면 저가에 제품을 많이 팔아 매출을 늘려야 한다. 저가 제품군이 늘어나면 부품 비용 부담이 늘어나고, 그러면 차입금을 다시 마련해야 한다. 대부분 제조업체는 이 같은 함정에 빠지기 쉽다. 삼보는 이 '두 발 자전거'를 탔다가 시장이 어려워지면서 급속하게 내리막길로 달렸다. 컨설팅 업체의 한 임원은 "삼보 컴퓨터가 매출 2조원을 위해 준비한 전국적인 대리점망, 마케팅 비용, 거액의 차입금이 결국 경영의 목을 졸랐다"고 말했다. 현재 PC업계에서 주연테크 같은 무차입 경영을 선언한 보수적인 업체들이 선전하는 것도 이를 증명한다.

② '내가 옳다'는 함정에 빠졌던 삼보 오너인 이용태(李龍兌) 회장 등 오너 경영진이 참모진의 말을 듣지 않고 자신의 고집을 앞세웠다는 것도 실패의 원인 중 하나다. 삼보의 한 전직 임원은 "직원들 간 문화는 자유로웠을지 몰라도, 임원 회의에 들어가면 처음 지녔던 '비전'에 집착하는 오너에게 임원들이 감히 반대하는 말을 꺼내기 힘든 분위기였다"며 "80년대 벤처 초창기부터 IT 산업의 비전을 그려온 오너 경영진에게 임원들은 제대로 쓴 소리를 할 수 없었다"고 고백했다. 특히 지난 98년 출범한 두루넷을 정리할 기회를 놓친 것은 오너의 판단 미스로 평가된다. 삼보와 관련 있는 대형로펌의 한 변호사는 "어찌됐든 간에 오너가 계속 적자를 보는 사업(두루넷)에 고집스럽게 수천억원을 쏟아 부었던 책임이 있다"고 말했다. 삼보 경영진 사이에는 두루넷을 놓고 여러 차례 회의가 열렸고, 그때마다 과감하게 사업을 정리할 수 있는 기회도 여러 번 있었다. 하지만 삼보는 끝내 7,000억원(파워콤망 임대료 상계대금을 제외하면 실제로는 약 5,000억원)을 두루넷에 투자했다. 결국 두루넷이 법정관리에 들어가면서 나래앤 컴퍼니 같은 자회사는 물론 모회사인 삼보컴퓨터에까지 회복 불가능한 결정적인 타격을 주었다. 두루넷은 한전 망을 이용한 초고속 인터넷서비스 사업자로 한전이 9%, 삼보컴퓨터가 10%의 지분을 갖고 1996년에 설립됐다. 한전이 직접 통신망사업을 하는 데 반대가 많아 당시 정보산업분야에서 기술력 수준이 높은 삼보컴퓨터를 끌어들인 것이다. 하지만 함께 사업을 진행한 한전이 통신선로를 까는 것을 돌연 중지하면서 (두루넷이) 1조원의 자금을 빌려 통신선로를 직접 깔기 시작했고 설상가상으로 한전이 통신 사업부를 자회사로 만들어 통신사업을 직접 하겠다고 나서면서 삼보에 결정적인 펀치를 날렸다.

4. 실패요인 정리
- 기술력이 급속히 발전하는 컴퓨터 시장에 빠르게 발맞추지 못함.
- 대기업과의 가격경쟁 심화에 따른 피해 누적.
  경쟁은 점차 격화되어 퍼스널 컴퓨터의 가격은 끊임없이 하락함.
- 한글 워드 프로세서의 '아래아 한글'과 'MS 워드'공세에 밀려 경쟁력을 상실.

사업의 도전에 있어 경영자의 선택과 판단도 물로 중요하겠지만, 최고경영진 이외의 하위 경영진들의 의견을 수렴하고 통합하는 것도 매우 중요하다. 그리고 이 기업의 경우에 시장 경제의 흐름과 컴퓨터 분야의 개인화라는 흐름을 읽지 못했기 때문에, 이를 통해 우리는 빠르게 변화하는 시장에 대응하여 컴퓨터 부품에 대한 기술력과 상황대처 능력이 무엇보다 중요하다는 것을 알 수 있다.

사례 8-7 리더십 실패사례_리복

스포츠화의 세계시장 업체별 점유율은 다음 〈그림 8-12〉와 같다.

그림 8-12 리복 세계시장 점유율

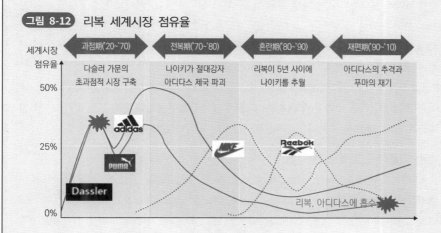

1. 실패 원인 분석

1) 경영자 리더십

80년대 당시 리복은 폴 파이어맨이 미국 판권을 얻은 이후 성장하여 업계 세계 1위를 달성하였고, 원래 미국의 아웃도어 장비업자였던 파이어맨이 직접 경영하였다. 90년대에 접어들면서 기업이 성장함에 따라 전문 경영인의 필요성이 대두되었는데 파이어맨을 포함한 리복의 주주들은 긍정적인 반응을 보였다. 그러나 전문 고용인을 고용하자 판매율이 계속해서 하락되어 5년 동안 3회 교체한 끝에 다시 파이어맨이 직접 경영하였다. 당시의 전문 경영인들이 스포츠화 업계 수요층의 욕구와 관심을 제대로 파악하지 못했음에도 불구하고, 성과가 좋지 않자 너무 빨리 교체를 해버렸다. 즉, 전문 경영인이 충분히 시장에 대한 정보를 얻지 못하였을 때 해고를 했기 때문이다.

2) 전략 설정

리복 신발 '샤크어택'

스포츠화의 고급화 전략을 진행하였으나 실패하였다. 후에 기술할 대형 고객관리의 실패를 포함하여 스포츠화의 주 소비층인 10대 고객층을 겨냥한 제품 '샤크어택'이 130달러로 그 당시에는 보통의 미국 10대들이 신기에는 매우 비싼 가격이었다고 한다.

3) 내/외부환경

대형 고객관리의 실패로 인한 점유율 하락이 발생하였다. 95년에 풋로커라는 소매업체는 2,800개의 매장을 운영하는 미국에서 제일 큰 소매 체인으로 부상했다. 풋로커는 미국 스포츠화 시장점유율을 23% 차지하고 있었다. 리복은 90년대 초반 이들의 요구를 무시하고 샘플을 제때에 보내주지 않는 등 풋로커와의 관계가 좋지 못했다. 당시 리복은 제한된 유통 정책을 통해 백화점 등에서 주로 판매하였다. 90년대 초반에는 풋로커가 그렇게 큰 성장을 할지 몰랐기 때문에 그랬었다고 추측했는데, 이는 일종의 전략 실패이기도 하지만 당시 상황에서는 그러한 일이 발생할지 예측하기 어려웠을 것이다.

당시에 나이키는 홍보모델로 마이클 조던을 사용했고 리복은 샤킬 오닐을 사용했는데, 마이클 조던의 성적이 좋았기 때문에 소비자들이 나이키의 운동화를 통해 조던의 판타지를 만족하려 했기 때문에, 리복이 상대적으로 밀렸다는 연구 결과도 있었다.

4) 고급화 전략의 실패

리복은 80년대에 에어로빅화로 세계 시장 1위를 달성하였다. 풋로커와의 관계와 샤크어택의 가격 등으로 미루어 보아 리복은 고급화 전략을 사용하였다. 80년대 미국에서 에어로빅이 고급운동이었는지는 모르겠으나, 그 방법으로 성공을 했기 때문에 다른 신발에도 그러한 방법을 고집하였다. 그러나 풋로커와의 관계는 결과적으로 시대가 바뀌어 운동이 대중화되었을 때 손쉽게 구할 수 있는 통로가 될 수 있는 체인점과의 관계가 멀어지게 되었고, 비싼 샤크어택 운동화는 그에 걸맞은 고급 마케팅을 했지만, 구매성적은 나이키의 에어조던을 이길 만큼 좋지는 않았다. 이 부분은 올바른 시장조사를 통한 소비자들의 요구조건을 파악했다면 실패하지 않았을 것이다.

5) 전략분석

내부/외부 환경 분석(〈표 8-6〉) 및 전략은 다음과 같다(〈표 8-7〉).

① 리복 SWOT 분석 및 전략

표 8-6 SWOT 분석

강점(strength)	약점(weakness)
• 고품질 • 기능/편리성에 대한 기술 보유 • 기술 수출 가능 • 우수한 인력 보유(기술, 디자인, 마케팅) • 충분한 생산 인프라 확보	• 단가 비쌈 • 국내 높은 임금 수준 • 독자적 판매처 없음 • 신발판매에 대한 노하우 없음 • 초기창업으로 강력한 브랜드 부재
기회(opportunity)	위협(threat)
• 모든 사람에게 수요가 있음 • 발 건강에 대한 인식 증대(기능성 신발 추구) • 부품소재 기술 개발 가속화 • 신발 수요의 다양화에 따른 해외 틈새시장 확대 • 아시아 지역 성장으로 신발 시장 확대	• 고급 브랜드력을 보유한 선진 기업과의 경쟁 • 중국 등 개도국의 급속한 기술발전 • 타 업체와의 가격 경쟁 압박 • 환율 증가 • 새로운 기술에 대한 차후 새로운 법적 규제 가능성

표 8-7 SWOT 전략

SO 전략	WO 전략
• 부품소재 기술개발 가속화로 이전보다 나은 고품질 신발을 제작해야 함. • 아시아지역 성장 & 신발수요 다양화에 따른 신발 시장이 확대됨에 따라 우수한 인력과 기술을 가지고 새로운 지역 진출과 새로운 신발 패러다임을 만들어야 함. • 발 건강에 대한 인식 증대로 기능/편리성에 대해 보유하고 있는 기술을 접목시켜 건강에 도움이 되는 신발을 생산해야 함. • 시장이 확대됨에 따라 충분한 생산 인프라로 원활한 신발 생산을 하여 소비자가 원하는 제품을 제공해야 함.	• 기능성 신발을 추구하고 발 건강에 대한 인식 증대로 단가가 올라가더라도 프리미엄급 전략을 사용해야 함. • 해외 틈새시장 확대와 아시아지역 성장으로 신발 시장 확대가 가속화되므로 해외 시장에 새로운 독자적 판로를 모색해야 함. • 초기창업으로 강력한 브랜드 부재가 있지만 우수한 기술을 가지고 발 건강에 대한 기능성 신발 시장을 타깃으로, 발 건강 신발 시장에 새로운 브랜드력을 갖춰야 함. • 단가가 비싸지만 부품소재 기술개발이 가속화되고 있는 만큼, 낮은 가격으로 공급할 수 있는 부품 소재 기술개발에 정진해야 함.
ST 전략	WT 전략
• 선진기업과의 경쟁에서 고품질, 새로운 기술로 경쟁력을 갖춰야 함. • 개도국의 급속한 기술발전이 있지만, 우수한 인력으로 계속해서 기술개발 정진에 힘써야 함. • 선진기업과의 경쟁, 가격경쟁 압박 등이 있지만 고품질과 새로운 기술로 프리미엄급 시장으로서의 전략을 가져야 함.	• 국내 높은 임금 수준과 단가가 비싸고 중국 등 개도국의 급속한 기술 발전, 환율 증가로 기존 신발기술로는 가격 경쟁력이 없음. • 타 업체와 다른 새로운 기술력을 가지고 경쟁해야 함. • 브랜드력이 있는 선진기업과의 경쟁을 위해 신발 시장 내부의 틈새시장을 찾아 틈새시장 안에서의 새로운 브랜드력을 보유해야 함.

② 5 force Model
- 잠재적 경쟁자의 진입 가능성: 새로운 기술력을 가지지 않는 이상 진입장벽이 낮고 특별한 기술이 요구되지 않아 신규진출 기업의 위협이 높음.
- 기존 경쟁자간 경쟁: 기존 신발시장의 경쟁자를 보면 고급 브랜드력을 보유한 선진 기업이 즐비하고 가격경쟁력이 뛰어난 저가 제품이 많아 경쟁이 치열함. 국내 신발 시장의 산업 성장률이 정체되어 있음.
- 대체재의 위협: 아웃도어 업체에서 등산화를 개선하여 일상생활에서 편리하게 사용할 수 있는 기능성 워킹화가 출시됨.
- 구매자의 교섭력: 신발 자체가 모든 사람에게 수요가 있어 구매량이 크고, 소비자가 신발에 대한 기능, 편리함, 디자인 등 다양한 정보를 가지고 있음.
- 공급자의 교섭력: 공급량이 많고 신발기능 자체의 대체품이 없으며 브랜드력이 높은 기업들의 독과점 정도가 높음.

Ⅲ 의사소통(communication)

1. 의사소통의 의의와 필요성

삼성경제연구소가 최고경영자들을 대상으로 좋은 CEO가 되기 위한 자질을 물었더니 1위로 꼽힌 것이 '인간관계 능력'이었다. 두말할 필요 없이 인간관계가 원활하려면 '의사소통 능력'이 있어야 한다. 미국의 경제잡지 '포춘'이 500대 기업 CEO를 대상으로 한 조사 결과도 비슷했다. 1위는 인간됨됨이었고, 2위는 의사소통 능력이었다. 하지만 이렇게 대단한 위치에 있는 사람들만 의사소통 능력이 필요한 것은 아니다. 말하는 것이 능력이고 경쟁력이 된 이 시대에서 "일 잘하는 사람보다 말 잘하는 사람이 성공한다"라는 말까지 들리고 있다. 한국고용정보원은 우리나라 608개 직업에 종사하는 2만 2천명을 대상으로 고임금 종사자와 연봉 2,000만원 이하의 저임금 종사자의 업무능력에 어떠한 차이가 있는지 분석하여 발표했다. 1위는 당연하게 의사소통 능력이었다. 스펙, 업무능력 또한 중요하지만 그것은 기본이고 의사소통이 성공을 좌우한다는 것이다. 상대에 따라서는 성의와 진심조차 잘 통하지 않는 경우도 있다고 하더라도 확실한 대화의 무기를 손에 넣어 상대를 내 생각대로 움직여 내편으로 만드는 것은 점점 중요해지고 있다.

인간은 평균적으로 하루에 2,500번 이상의 의사소통을 하며 살아간다. 우리가 깨어있는 시간의 70%를 의사소통을 하며 지내면서도 우리는 그것의 중요성을 인식하지 못한 채 살아가고 있다. 의사소통 하는 방법을 잘 몰라서, 혹은 비효율적인 의사소통으로 인해 사람들 간에 오해가 생기고, 관계가 틀어지게 되는 것이다. 이렇게 의사소통을 바탕으로 행동하기 때문에 인간은 사회적 동물이라고 한다. 우리는 태어나면서부터 성인이 되어 노년에 이르기까지 누구나 다른 사람들과 관계를 맺고, 집단이나 조직, 국가에 속하여 살아간다. 최초로 사람이 등장한 이후로 원시시대부터 Body language와 같은 비 음성기호를 사용함으로써 의사소통이 시작되었고, 요즘에는 컴퓨터와 인터넷통신의 발달로 인해 SNS(social network service)를 통한 의사소통 또한 활발히 진행되고 있다. 예전 과거에서부터 지금에 이르기까지 의사소통은 끊임없이 존재해 왔다. 많은 사람들과 함께 협력하여 비즈니스를 하는 것을 중요시하는 오늘날 사회에 이르러서는 조직 의사소통이 점점 중요해지고 있다.

조직 의사소통이 원활하지 못하면, 비효율적인 사이클 타임을 만들어 내고, 업무가 지연되며, 조직원 간의 소통에도 장애를 주게 되고, 이러한 여러 장애 요소들이 모여 조직 공동의 목표 달성에 제약을 주고 그 결과 업무효율은 낮아진다. 결국 의사소통의 결과가 곧 업무 성과로 이어진다고도 볼 수 있는 것이다. 또한 리더가 조직의 구성원들에게 동기를 부여하고 영향력을 행사하는 지휘과정은 의사소통을 통해서만 가능하기 때문에 의사소통은 매우 중요할 수밖에 없다.

2. 의사소통 과정

의사소통의 과정을 도식화하면 〈그림 8-13〉과 같다. 아래 그림에서 보는 바와 같이 발신자는 전달하려고 의도한 의미를 메시지로 부호화(encoding)하여 발신하면, 그 메시지는 의사소통 경로를 통해 수신자에게 전달된다. 수신자는 그 메시지를 해독(decoding)하고 의미를 지각하게 된다. 그리고 피드백(feedback) 과정을 통해 발신자의 의도가 수신자에게 정확하게 전달되었는지를 확인한다.

의사소통은 발신자가 전달하려고 의도한 의미와 수신자가 지각한 의미가 일치하는 효과적인 의사소통이 바람직하지만, 언제나 효과적인 의사소통(effective

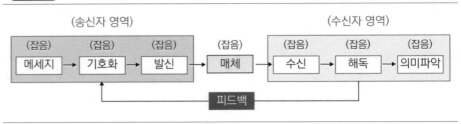

그림 8-13 의사소통경로

(송신자 영역)   (수신자 영역)

(잡음)	(잡음)	(잡음)	(잡음)	(잡음)	(잡음)	(잡음)
메세지 →	기호화 →	발신 →	매체 →	수신 →	해독 →	의미파악

피드백

communication)이 이루어지는 것은 아니다. 왜냐하면 이러한 의사소통을 방해하는 여러 요인(noise)들이 의사소통 과정에 개입되기 때문이다. 소음의 주요 원천으로는 정보원이나 매체 등의 의사소통 네트워크 자체의 문제도 있지만 대부분의 원인은 발신자나 수신자, 그리고 의사소통 과정에서의 상황과 관련된 요인들이다. 첫째, 발신자에 의한 소음에는 발신자의 목적의식 결여, 의사소통 기술 부족, 감정이입 부족, 준거기준의 차이, 그리고 정보의 여과 등이 있다. 둘째, 수신자와 관련된 장애요인으로는 메시지의 전반적인 가치에 대한 사전적인 평가경향, 선입관, 선택적 지각, 피드백 부족, 그리고 발신자에 대한 신뢰도 부족 등이 있다. 마지막으로 상황과 관련된 장애요인으로는 어의상의 문제, 정보의 과중, 시간의 압박, 의사소통 분위기, 그리고 언어적 메시지와 비언어적 메시지 간의 불일치 등을 들 수 있다.

3. 조직 의사소통

조직 의사소통이란 조직 내에서 사람들 상호간에 정보가 교환되는 과정을 말한다. 조직의사소통은 공식적 의사소통과 비공식적 의사소통 유형으로 나누어진다. 경영자는 공식적 의사소통 채널을 유지하고 관리할 책임이 있으며, 또한 비공식적 의사소통 채널도 관리하고 적절히 활용해야 한다. 오늘날 많은 기업들이 글로벌 기업으로서의 경쟁력을 갖추기 위하여 개방적이고 창의적인 조직문화가 중요해지면서, 조직 내 수직적, 수평적으로 원활한 의사소통의 중요성이 점점 증대하고 있다.

1) 공식적 의사소통

공식적인 의사소통은 조직의 공식적인 권한계층에 따라 이루어지는 의사소통을 의미한다. 즉 조직의 명령체계에 따라 연결되는 선은 모두 공식적 의사소통 채널이 된다. 따라서 공식적 의사소통에서는 누가 전달자이고 수신자이며, 그들 사이에 어떤 정보가 어떻게 전달되는지 쉽게 알 수 있다. 그리고 공식적인 의사소통의 방향은 〈표 8-8〉과 같이 하향적 의사소통, 상향적 의사소통, 수평적 의사소통, 그리고 대각적 의사소통으로 구분할 수 있다.

표 8-8 공식적 의사소통경로

유 형	특 징
하향적 의사소통	• 조직의 명령계통에 따라 위에서 아래로 이루어짐 • 회사의 방침, 정책, 업무지시 • 전체 효율성은 높일 수 있으나 내용의 누락, 왜곡 가능성 존재
상향적 의사소통	• 조직의 아래에서(하위자) 위로(상위자) 전달되는 형태 • 업무보고, 제안, 아이디어 • 상하간에 양방향 의사소통이 가능하나 참여도가 낮을 수 있음
수평적 의사소통	• 조직 내 동일한 수준의 개인이나 부서간 이루어지는 의사소통 • 업무협조, 회의, 갈등조정 • 수평적 의사소통을 통하여 갈등을 해결하고 협력을 증진할 수 있으나, 이견이 있으면 해결이 어려움
대각적 의사소통	• 기능과 조직계층을 달리하는 사람들 간의 의사소통 • 지원부서와 현업부서간 업무처리 • 수직, 수평적 의사소통이 안될 때 조정통제가 용이하나 담당자에게 전달시 왜곡이 발생할 수 있음

① 하향적 의사소통

기업에서 가장 많이 이루어지는 방식으로 조직의 위계 또는 명령계통에 따라서 상급자로부터 하급자에게 전달되는 의사소통을 말한다. 하향식 의사소통의 주요내용은 조직의 목표와 전략 수행, 업무 방침이나 지시, 규칙과 절차, 결과 피드백, 교육 등이 있다. 이와 같은 방식의 의사소통을 통하여 하급자의 행동을 유발하고 그 활동의 조정을 담당하게 되며, 이런 의미에서 지시적 의사소통이라고 불리기도 한다. 이런 특징을 가진 하향식 커뮤니케이션은 조직 내에서 가장 빈번하게 이루어지며 너무 지나치면 권위적이고 경직화되기도 한다. 효과적인 하향식 의사소통을 저해하는 요소로는 불충분한 정보량, 부적절한 정보 확산의 수단, 정보의 여과, 권위적이고 경직된 조직문화 등을 들 수 있다. 최근에는 대부분의 기업들이 사내 전자결재나 전자게시판을 사용함에 따라, 기존의 지적된 문제점들이 많이 개선되고 있다.

② 상향적 의사소통

상향식 의사소통은 하급자가 상급자에게 전달하는 업무성과 보고나 제안, 개선, 운영상태의 평가 등을 말한다. 이러한 상향식 의사소통의 특징은 하급자의 다양한 아이디어를 제공하고 그러한 메시지에 대한 수용을 촉진시켜주며, 하급자의 참여를 유발하여 발생 가능한 문제들을 예측하고 더 나은 결과를 위한 의사결정으로 이끌 수 있다는 것이다. 상향식 의사소통의 예로 각종 건의, 의사결정 참여, 종업원과의 대화 같은 제도들을 많이 시행하고 있으나 대부분의 기업에서 형식에 치우칠 뿐 제 구실을 못하고 있는 것이 현실이다. 그리고 상급자와 하급자 사이의 근본적인 신뢰가 형성되지 않은 상태에서의 상급자에게 가는 정보는 종종 무시되며 그것을 인정받지 못하게 된다. 그러므로 효과적인 상향식 의사소통을 위해서는 보다 체계적인 제도적 장치와 상급자와의 신뢰구축이 선행되어야 한다.

③ 수평적 의사소통

수평적 의사소통은 조직 내에서 위계수준이 같은 구성원이나 부서간의 의사소통을 의미하는 것으로 상호 작용적 의사소통이라고도 한다. 수평적 의사소통은 경영활동상 조정의 수단이 되며 이것이 원활하게 이루어지지 않는다면 조직은 효율적인 기능을 수행할 수 없다. 즉, 다른 부서와의 정보교환과 업무 조정을 용이하게 하고, 문제해결을 하는 기능을 수평적 의사소통이 수행하고 있는 것이다. 이런 수평적 의사소통을 저해하는 요소로 부서 이기주의, 경쟁심, 동기부여의 부족 등을 들 수 있다. 다른 부서의 업무 참여를 고유한 업무영역에 대한 침범으로 인식할 수 있고, 또한 부서간의 경쟁심은 부서 간 협조적인 분위기를 저해하는 요인이 되기도 한다. 또한 조직의 구성원들에게 충분한 동기부여가 이루어지지 않았을 때도 종업원들이 주어진 업무 외에 추가적인 노력을 기피함에 따라 비교적 손쉽게 이루어지는 하향, 상향의 일방적 의사소통만이 이루어지기도 한다. 따라서 효과적인 수평적 의사소통을 위해서는 부서간의 정보교환 및 서로 협조하는 분위기가 뒷받침이 되어야 하고, 지속적인 사원들의 동기부여가 이루어져야 한다.

④ 대각적 의사소통

대각적 의사소통은 기능과 조직계층을 달리하는 사람들 간의 의사소통을 의미한다. 즉 인사부서와 실행부서(개발, 영업, 생산), 영업부서와 실행부서, 재무부서와 실행부서 등 동일한 조직과 기능은 아니지만 업무적으로 서로 연결되어 있을 때 이루어진다. 실제 기업의 경영지원(인사, 재무, 총무, 경영정보, 환경안전 등) 부문과 실행부서(개발, 영업, 생산) 간에는 서로 사업부는 다르지만 업무적으로는 기업의 경영목표라는 공동의 목표를 갖고 있고, 또 이를 원활히 달성하기 위하여는 한 방향으로 나아가야 하고, 서로 유기적으로 연결되어야 한다.

2) 비공식적 의사소통

비공식적 의사소통은 조직의 계층구조와 관계없이 비공식적인 채널을 통해 이루어지는 의사소통을 의미한다. 비공식적 의사소통은 수직적인 계층구조와 관계없이 마치 포도송이와 같은 형태로 서로 복잡하게 연결되어 있다(〈표 8-9〉). 따라서 경영자는 비공식적 의사소통 경로상에서 누가 어떤 정보를 어떤 경로로 전달되는지 적절히 관리하고 활용해야 한다. 비공식적 의사소통은 공식적인 의사소통보다 전달속도가 빠르고 넓게 확산되는 장점이 있으나, 부정확한 정보가 유통될 때는 조직원들에게 미치는 파급효과 크고, 그에 따른 부작용도 많다는 단점을 갖고 있다.

표 8-9 비공식적 의사소통 유형

유 형	특 징
쇠사슬형	• 명령계통에 따라 윗사람과 아랫사람 간에 의사소통이 이루어지는 경우 • 주로 수직적인 계층구조와 수평적인 의사소통 상황에서 나타남
Y형	• 쇠사슬형의 변형형태로 집단 내 리더나 대표자가 두 명이 있는 경우 나타나는 형태 • 단순한 문제 형태는 정확도 가 높지만, 조정자를 통해서 의사소통이 이루어지며, 조정자가 유능해야 한다.
수레바퀴형	• 집단 내 에 리더가 있어 정보전달이 한 사람에게 집중되는 형태 • 리더는 여러 정보를 공유하고 독립적인 위치에 있는 유력한 존재
원형	• 동일 수준의 구성원들 간에 동등입장에서 이루어지는 형태 • 특정한 문제 해결을 위해서 구성된 조직 형태

4. 효과적인 의사소통

효과적인 의사소통을 하기 위해서는 커뮤니케이션 과정에서 발생하는 소음 (noise)의 원인을 찾아 해결하는 것이 중요하다. 따라서 적극적인 경청을 통해 정확하고 충분한 정보가 유입되도록 노력해야 하며, 상호간에 건설적인 피드백이 이루어져야 한다. 또한 전달자 및 수신자의 개선노력, 조직분위기 개선, 상하 간에 자유롭게 의사소통 하는 문화가 정착 되어야 한다. 실제로 많은 기업들이 조직 내 의사소통에 많은 문제를 많이 겪고 있는데, 그에 대한 개선방안은 <표 8-10>과 같다.

표 8-10 의사소통 개선방안

개인적 개선 (송신자, 수신자)	• 수신자의 적극적인 경청 노력(대화에 관심을 갖고 필요한 부분은 메모) • 전달자의 적절한 채널 사용(회의, 간담회, e-메일, SNS, 문자, 전화 등) • 서로 상대방의 입장을 이해하는 노력 필요 • 건설적인 피드백(문제점 지적보다는 건설적인 대안을 제시함) • 중복전달(병행경로와 반복을 통한 전달 노력) • 효과적인 시기의 선택
조직분위기 개선	• 상호 신뢰분위기 조성 • 문호개방 정책 및 참여기법 활용 • 공식적인 채널 및 비공식적 채널의 활용
상향적 의사소통 개선	• 상하간 자유롭게 의사소통하는 문화 정착 • 문호개방 및 고충처리 제도 운영 • 공식적, 비공식적 다양한 활동을 통한 의사소통 • 관리자의 관심과 경청 노력 • 참여기법 제도의 활성화(다양한 경로를 통한 참여 기회 제공)

소통의 기술_ 소통 방식 바꿨더니…회사 팀워크 '레벨 업'

1. 직장인의 고민

"요즘 회사 생활이 너무 힘들어."

한 번쯤 직장인들이 주위 사람들에게 털어놓는 고민이다. 그러면 해당 고민을 듣는 사람이 묻는다. 무엇 때문에 회사 생활이 힘드냐고. 이때 나오는 답변은 대개 업무에 대한 스트레스가 아니다. 같이 일하는 사람과 관계에서 발생하는 스트레스가 대부분이다. 사람과 관계에서 힘들어하는 직장인들 모습은 어찌 보면 당연하다. 각기 다른 개성을 가진 사람들이 모여 함께 일하는 과정에서 충돌은 당연히 일어날 수밖에 없다. 즉 '다양성'에서 직장인들 스트레스가 비롯되는 것이다. 이 때문일까? 최근 경영 세계 화두 중 빼놓을 수 없는 주제는 '다양성'이다. 구글, 마이크로소프트, 에어비앤비 등 글로벌 기업들은 최고다양성책임자(chief diversity officer)를 임명하며 조직 내 다양성을 강화해왔다.

흔히 '다양성'을 생각하면 개인의 인종, 젠더, 종교 등이 먼저 떠오른다. 하지만 미국 콜로라도주에 위치한 마케팅 컨설팅 회사 '맥도널드 마케팅' 최고경영자(CEO)인 켈리 맥도널드는 저서 '당신과는 다른 사람들과 함께 일하고 그들을 이끄는 방법(How to Work With and Lead People Not Like You: Practical Solutions for Today's Diverse Workplace)'에서 직장 내 다양성은 단순히 인종, 젠더, 종교에 국한되지 않는다고 단언했다. 맥도널드 CEO에 따르면 다양성은 '나와는 다른 모든 것(any way that you can be different from me)'이다.

매일경제 비즈타임스는 맥도널드 CEO와 인터뷰하면서 직장 내 다양성에 대해 더 자세히 알아봤다. 맥도널드 CEO는 "다양성 관련 문제는 개인의 피부색, 나이, 젠더에서 발생할 때보다는 업무를 진행하는 방식이 달라서 생길 때가 더 많다"고 설명하며 "아직까지 업무 방식을 기반으로 다양성을 생각한 사람은 없다"고 꼬집었다.

① 직장 내 다양성에 대해 고민하게 된 특별한 이유는

수년 동안 나는 '자신과는 다른 고객들에게 (제품) 마케팅과 판매하는 방법'에 대한 글을 써왔다. 시간이 지날수록 나는 직원들 관점에서 '나와는 다른 사람과 일하는 법'에 대한 문제를 다루지 않았다는 점을 깨달았다. 직원들은 본인과 다른 사람들과 함께 협업해야 한다. 현 글로벌 시대에서는 모든 직원들이 자신과 모습이 다른 동료들과 일을 하고 있다. 이 때문에, 본인과 다른 직장 동료들이 생산적으로 일할 수 있는 방법에 대해 이야기를 하는 것이 중요하다고 생각하고 이에 대해 연구를 하기 시작했다. 나는 2016년 10월부터 저서를 집필하기 시작했다. 미국에서 대선 투표일이 얼마 남지 않았을 때였다. 당시 선거 후보였던 도널드 트럼프 대통령 선거유세는 분열(divisiveness)에 초점이 맞춰졌다. 구체적으로 그는 이민자를 포함해 백인이 아닌 사람들을 '다른 사람들(the others)'로 그렸다. 나는 이런 프레임이 매우 위험하다고 생각했다. 지금도 그 생각에는 변함이 없다.

사람들을 갈라놓는 요소보다 그들을 하나로 뭉치게 하는 무언가가 훨씬 더 중요하다는 사실을 깨달아야 한다. 트럼프 대통령이 '부정적'으로 보이게 만드는 사람들 간 차이는 사실 비즈니스에 이득이 된다. 직장에서 생산적으로 일을 하기 위해 모두가 똑같이 생기고, 같은 언어를 말하고, 성장 과정이 같아야 하는 것은 아니다.

② 다양성

다양성을 생각하면 보통 인종, 젠더, 종교가 떠오른다. 하지만 당신은 저서에서 다양성을 '나와는 다른 모든 것'이라고 정의했는데 그 이유는 무엇인가.

기업들은 다양성에 대해 좁은 관점을 갖고 있다. 보통 기업 내 인사부서가 다양성에 대한 이야기를 하고 이에 대한 교육 과정을 주도한다. 그리고 이때 개인의 인종, 젠더, 종교, 나이를 기반으로 다양성에 대한 이야기가 오간다. 물론 이 사항들에 대해 집중해 다양성에 대한 교육을 하는 것은 중요하다. 그러나 다양성은 보이는 것이 전부가 아니다. 가령, 내향적인 사람들은 외향적인 사람들과는 다르다. 무언가에 대한 결정을 내리기 전 데이터와 정보를 심사숙고하는 사람은 빠른 결정력을 가진 사람과는 다르다. 엔지니어와 그래픽 디자이너의 사고방식 역시 다르다. 이렇게 다양성은 보이는 모습에서만 비롯되지 않는다. 다양성 관련 문제는 개인의 피부색, 나이, 젠더에서 발생할 때보다 업무를 진행하는 방식(approaches to work)이 달라서 생길 때가 더 많다. 하지만 아직까지 업무 방식을 기반으로 다양성을 생각한 사람은 없다.

구글이나 우버를 비롯한 많은 기업들이 '다양성과 포용성' 관련 프로그램을 진행한다. 더 다양한 사람들을 채용하고 이와 관련한 교육 프로그램을 진행하는 것 외에 다양성을 포용하는 기업이 되기 위한 방법은 무엇일까.

직원들은 특정한 상황에서 어떤 말을 할지 알아야 한다. 다양성 관련 프로그램에서 직원들은 타인에게 상처를 줄 수 있는 말, 하면 안 되는 말들을 배운다. 이 때문에 정작 다른 사람들에게 할 수 있는 말은 모르는 것이다. 또한 일반적으로 다양성 관련 교육 프로그램은 사람들에게 본인이 함께 일하는 직장 동료 모두를 이해하고 좋아해야 한다고 가르친다. 나아가 교육 프로그램에서 직원들은 자신을 거슬리게 하거나 불편하게 만드는 것이 있어도 이에 대해 말하는 것은 해고로 이어질 가능성이 있기에 위험하다고 배운다. 따라서 사람들은 특정한 사람에게 잘못된 말을 할까 두려워한다. 기업들은 하면 안 되는 말보다 직원들이 프로페셔널하고, 건설적이고, 존중하는 방법으로 서로 협업하고 서로 다른 점을 해결하는 방법을 가르쳐야 한다. 사람들은 이렇게 일하는 방법을 진심으로 모른다. 직장 동료들 사이에 생산적인 대화가 이뤄지도록 돕는 표현들이 있다.

■ 직장 내 다양성이 현재 더 중요해진 이유는 무엇일까.

두 가지 이유가 있다. 첫째는 기술이다. 기술 발전은 사람들 사이에 소통이 더 원활하게 이뤄지도록 만들었다. 전 세계 어느 곳에 있는 사람들과도 쉽게 소통할 수 있는 시대다. 이 현상은 불과 몇십 년 전까지만 해도 상상할 수 없었다. 물론 이는 즐거운 일이지만 사람들이 일하는 방식도 너무 급변했다. 너무나 갑작스럽게 전 세계 곳곳에 있는 사람들과 일을 할 수 있는 환경으로 바뀐 것이다. 이제는 나와 물리적으로 가까이 있는 사람들과만 같이 일을 하는 것이 아니다. 물리적 경계 없이 일하게 되면서 우리는 개인들이 매우 다르다는 점을 빠르게 깨달았다. 문화, 언어, 휴가, 전통, 업무 진행 방식 등 개인마다 '스타일'은 각자 다르다.

두 번째는 사람들이 전 세계적으로 이동한다는 점이다. 꽤 최근까지만 해도 사람들은 대부분 자신이 태어나고 자란 곳에 머물며 일을 했다. 가족과 친구들을 떠나 다른 지역에서 일을 하면 그들과 쉽게 연락하기 어려웠기 때문이다. 그러나 이제는 기술 발달로 세계 어느 곳에서든지 연락할 수 있다. 다른 국가에 있는 사람들과 무료 통화도 가능하다. 이렇게 쉽게 소통할 수 있는 방법이 생겼기에 사람들은 다른 나라에서 일을 하고 세계 각지를 돌아다닌다. 그러면서 '나와는 다른' 사람들과 일을 하게 된다. 과거 직장에서는 (성격적으로 차이는 있지만) 대개 같은 나라, 같은 문화에서 자란 사람들과 일을 했다. 이제는 도시, 종교, 국가, 문화 등이 다른 사람들과 일을 하게 된다.

2. 대화의 방법

① 생산적인 대화가 이뤄지도록 돕는 표현 사례가 있다면 무엇인가

직장에서 타인과 반대되는 의견을 말하는 가장 좋은 방법은 '나는 다르게 생각한다(I see it differently)'고 얘기하는 것이다. 이는 '마법의 표현'이다. 적대적인 분위기를 조성하거나 시비를 거는 말투가 아니다. 상대방에게 다른 관점으로 생각하라고 강요하지 않고 '내 말이 옳고, 네 말이 틀렸어'라는 의미를 전달하지도 않는다. 단지 본인은 다른 생각을 갖고 있다고 표현할 뿐이다. 그 어떠한 상황에서도 적용되는, 상대방을 존중하면서 대화를 더 이끌어갈 수 있는 표현이다.

만약 누군가가 '켈리, 나는 이 문제 대해 다르게 생각해'라고 한다면 나는 그 사람이 어떤 생각을 하는지 물을 것이다. 그리고 논쟁이 아닌 건설적인 대화가 이뤄질 것이다. 사람들에게 '나는 다르게 생각한다'고 알려주면 그들 눈에서 빛이 난다. 그들이 꼭 알아야 할, 그들에게 필요한 말이기 때문이다. 다시 말하지만 사람들은 이미 직장에서 해서는 안 되는 말이 뭔지는 알고 있다. 다양한 사람들과 일하며 그들에게 해야 하는 말이 무엇인지, 그리고 그 말

을 하는 방법을 알아야 한다.

비즈니스 리더들이 조직 내 다양성이 중요하다는 사실을 알아도, 실제 자신과 다른 사람들과 일하는 것은 쉽지 않다. 리더들이 본인과는 다른 사람들의 사고방식과 행동을 이해해야 할까 아니면 이런 다름을 이해하지 못하더라도, 단순히 '나와는 다른 사람'이라는 사실을 인정하면 되는 것인가.

우선 모든 사람이 팀에 가치를 부여한다는 사실을 리더가 인정해야 한다. 팀원의 백그라운드가 어떻든 간에 그들은 자신이 속한 팀에 가치를 부여한다. 각 팀원이 갖고 있는 다른 관점들이 긍정적이라는 사실을 받아들이는 것이 좋은 리더십의 기초다. 좋은 리더는 새로운 관점과 생각을 두려워하지 않는다. 대신, 다른 관점들을 받아들인다. 이런 새로운 생각들이 혁신을 불러일으킬 수 있기 때문이다.

모든 사람이 갖고 있는 다른 생각들을 이해하는 것은 가능하지 않다. 그러나 좋은 리더는 개인이 자라온 환경을 포함해 그의 백그라운드가 현재 그 사람 모습을 만들었다는 사실을 알고 이를 받아들인다. 그 후에는 '용감한 도전(fearless exploration)'을 하게 된다.

② 자신과 비슷한 사람들과 일을 하기 원하는 리더도 있을 것이다. 이들이 더 다양한 직원들과 일을 할 수 있는 방법은 무엇인가

우리 모두는 '나와 같은 사람'과 일하는 것을 선호한다. 비슷한 사람들과 일하면 더 쉽게 일할 수 있기 때문이다. 그러나 이는 현실적이지 않다. 여기서 '용감한 도전'이 나온다. 본인과는 다른 사람과 말을 하는 것이 불편할 수 있다. 해당 사람에 대해 무엇을 알게 될지도 모르고, 자신과 공통점이 있는지도 알 수 없다. 타인에 대해 아는 유일한 방법은 대화를 하는 것이다.

리더들은 그 어떠한 '벌칙' 없이 조직원들이 서로 대화하며 다양한 아이디어를 공유할 수 있도록 만들어야 한다. 소통이 시작되면 좋은 리더들은 본인의 직장 동료들에게 배우고, 팀원들 간에 아이디어 공유가 더 활발하게 이뤄질 것이다. 그리고 그에 대한 결과는 결국 회사 수익성에도 도움이 된다.

③ 다양한 사람과 일을 하며 그들을 이끄는 리더들이 갖고 있는 가장 큰 고충은 무엇일까.

가장 힘든 점은 이 역시 새로운 경험임을 리더 스스로가 인정하는 것이다. 리더들은 자신이 모든 것에 대한 답을 알고 있어야 한다고 느낀다. 하지만 모든 것에 대한 대답을 알고 있는 리더는 없다. 나와 다른 사람과 일을 하는 것이 새로운 경험이고 불편하다는 사실을 인정하는 것이 괜찮다는 점을 리더는 알아야 한다. 예를 들어 리더는 이렇게 말할 수 있다. "이렇게 많은 다양한 사람들과 일을 해본 적은 없습니다. 우리가 함께 이뤄나갈 일이 무엇인지 기대됩니다. 분명 관점의 차이는 있고, 일을 하는 과정에서 서로에게 화를 낼 수도 있습니다. 실수를 할 수도 있겠지요. 하지만 각자가 갖고 있는 다양한 능력들을 통해 우리는 훌

룡한 일을 해낼 수 있습니다. 함께 협력하고 아이디어를 공유해 우리가 최상의 팀이 될 수 있도록 만듭시다." 이런 솔직함이 팀원들 마음을 움직이고 리더를 신뢰하게 만든다.

3. 글로벌 비즈니스 리더 사례

① 글로벌 비즈니스 리더를 예로 든다면.

스타벅스 CEO였던 하워드 슐츠가 있다. 나는 CEO로서 그를 존경했다. 스타벅스처럼 규모가 큰 기업에서 다양성은 기업의 토대다. 고객 관점에서나 직원 관점에서나 다양성은 스타벅스의 핵심이다. 스타벅스에서 다양성 관련 교육을 꼭 진행해야 한다는 명백한 사실이 드러났을 때 슐츠 전 CEO는 결단을 내렸다. 다른 CEO들은 아마 내리기 힘든 결정이었을 것이다. 그는 하루 동안 미국 내 전 매장 문을 닫고 모든 직원들이 교육을 듣게 했다(작년 4월 미국 필라델피아의 한 스타벅스 매장에서 흑인 남자 두 명이 주문을 하지 않고 화장실 문의를 했다가 직원 신고로 경찰에 체포됐다. 약 한 달 뒤 스타벅스는 미국 내 매장 문을 닫고 직원들을 대상으로 인종차별 예방을 위한 교육을 실시했다). 슐츠 전 CEO는 행동으로 그의 리더십을 보여줬다. 모든 사람이 그렇듯 슐츠 전 CEO 역시 완벽하지 않다. 스타벅스도 완벽한 기업은 아니다. 그러나 슐츠 전 CEO는 빠르게 올바른 결정을 내렸다. 그는 모든 사람들에게 스타벅스가 가치 있게 생각하는 것이 무엇인지 명확하게 보여줬다.

나와 다른 사람과 일하다 보면 의견 충돌이 있게 마련이다. 저서에서 다양성이 불러오는 충돌에 대해 이야기를 시작할 수 있는 말은 '당신 도움이 필요하다(I need your help)'라고 말했다. 위계질서가 강한 한국에서 부하 직원에게 도움을 요청하긴 쉽지 않다.

표현을 다르게 해보는 것을 권장한다. 리더가 직원들에게 도움을 요청하는 것은 어렵다. 그러나 직원들의 전문성이나 의견을 구할 수는 있다. 가령 '×× 씨, 당신은 회사를 위해 좋은 결정을 내려왔습니다. 당신의 경험은 매우 가치 있습니다. A문제에 대해 당신과 논의를 하고 이에 대한 당신 의견과 전문적 견해를 구하고 싶습니다'라고 리더가 대화를 시작할 수 있다. 누구나 자기 전문성을 인정받는 것을 좋아한다.

② 당신은 마케팅 컨설팅 회사 '맥도널드 마케팅' CEO다. 회사를 운영하면서 다양성과 관련해 가장 기억에 남는 경험이 있다면.

꽤 오랫동안 우리 회사 직원 중 약 90%가 히스패닉이었다. 나는 백인이다. 언어 장벽도 문제였지만 문화 차이도 큰 문제였다. 가장 기억에 남는 경험 중 하나는 고객사 문제를 해결하는 과정에서 일어났다. 구체적으로 말하면 우리 회사에서 고객사를 담당하고 있는 팀과 고객사 사이에서 일어난 문제 분석을 하는 과정에서 있었던 경험이다. 담당팀은 시니어급의 똑똑한 사람들로 구성됐다. 그런데 우리 쪽에서 한 실수가 뭔지 내가 알아보려고 할 때 그 누구도 말을 하는 사람이 없었다. 회의에 참석한 임원 5명은 입을 꾹 다물었다. 나는 그들을 탓하려고 이런 자리를 만든 것이 아니라 미래에 더 효율적으로 일하기 위해 어디서 무엇이 잘못됐는지 파악하려고 회의를 진행한 것이라고 설명했다. 그래도 사람들은 땅만 쳐다보고 있을 뿐이었다. 나중에야 나는 히스패닉 문화에서는 다른 사람들 앞에서 망신 당하지 않고 자기 체면을 세우는 것이 매우 중요하다는 점을 알게 되었다. 이는 아시아 문화에도 적용된다. 이 때문에 사람들을 불러 모아 이야기를 하는 것보다는 한 사람씩 따로 만나 해당 문제에 대한 이야기를 나누고 그들 의견을 듣는 것이 직원들에게 다가가는 더 효율적인 방법이라는 점을 배웠다. 이렇게 개인마다 의견을 따로 들은 다음에 다 같이 모여 각 사람이 제시한 '긍정적인 해결책'을 함께 논의했다. 이 방법은 특정 인물에게 집중되게 하지 않고, 그 누구도 탓하지 않으며, 직원들이 더 편안하게 문제 해결책에 대한 의견을 나누도록 만들었다. 매우 생산적인 방법이었지만 사실 내게 익숙한 회의의 방식과는 달랐다. 미국에서는 비즈니스 문제에 대해 사람들이 매우 직설적으로 말한다. 하지만 나는 이 방식이 다른 문화에서는 드물며 비효율적이라는 점을 깨달았다. 따라서 내가 익숙했던 업무 방식에서 벗어나 다른 방법을 시도해야 했다.

[자료: 켈리 맥도널드, 맥도널드 마케팅 CEO]

 사례 8-9 1년에 100번 직원들과 직접 소통하는 LG전자

LG전자 사보의 역사는 50년 가까이 된다. 그만큼 사내커뮤니케이션에 대한 역사가 깊다. 글로벌 기업답게 LG전자는 국내분 아니라 해외 85개 법인까지 사내커뮤니케이션을 적용하고 있다. LG전자는 전체 매출 중 해외 매출액이 85%를 차지한다. 다시 말해 외국인 직원이 85%를 판다는 얘기다. 때문에 해외사업장과의 커뮤니케이션은 LG전자의 중요한 전략 중 하나다.

LG전자는 각각 휴대폰, 가전, 텔레비전, 에어컨, 기타 B2B 5개 사업본부로 나눠져 있다. 각 사업본부 내에 조직 문화 팀이 별도로 설치되어 있다. 해외사업장 또한 한 명씩 사내커뮤니케이션을 담당하는 사원들이 배치돼 있고, 그 사원들과 사내 네트워크를 구축해 커뮤니케이션을 진행한다(〈그림 8-15〉). LG전자의 가장 독특한 사내커뮤니케이션 문화는 바로 '오픈 커뮤니케이션'이다. CEO 2오픈커뮤니케이션, 본부장 오픈커뮤니케이션, 임원 오픈커

뮤니케이션 등 각각의 경영진과 직접적인 간담회가 이뤄지고 있다. CEO는 실제로 3일에 한 번꼴로 직원들과의 커뮤니케이션을 위한 시간을 갖고 있다. 커뮤니케이션 내용도 권위적이거나 일방적인 소통이 아니다. 경영진과 직원들이 부담 없이 만나 상호간의 실질적이고 마음속 이야기들을 격식 없이 소통하는 것이 오픈 커뮤니케이션의 특징이다.

그림 8-14 LG전자 커뮤니케이션

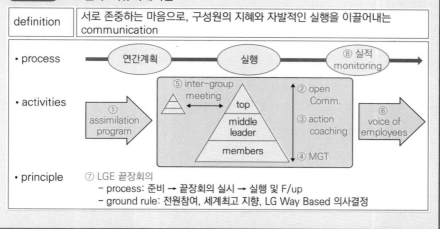

실전경영학

Chapter **09** 마케팅

Management Practice Guide

마케팅

마케팅은 기업과 소비자가 각자의 욕구를 충족시킬 목적으로 시장에서 행하는 모든 교환활동을 뜻한다. 즉 마케팅개념은 시장에서의 교환을 통하여 인간의 필요와 욕구를 만족시켜주며 기업의 생존과 성장이라는 목적을 달성하는 것이다.

이러한 개념에 입각해서 기업은 이질적 욕구를 가진 전체 소비자들을 비교적 동일한 필요와 욕구를 가진 집단으로 세분하여, 각 집단의 필요와 욕구를 만족시킬 수 있도록 마케팅 활동을 수행해야 한다. 소비자가 갖고 있는 욕구에 대해 이를 충족시켜 줄 수 있는 제품들은 다수가 존재한다. 따라서 이들 제품을 생산하는 기업은 경쟁기업들에 비해 보다 높은 효용을 제공할 수 있는 제품을 생산하려 하고 그에 맞는 가격을 책정하며, 소비자들이 가장 적절한 시간과 장소에서 구매할 수 있도록 제품을 이동시키고 소비자들이 자사제품을 사용하도록 설득하게 된다. 따라서 마케팅을 기업의 입장에서 정의하면 기업이 경쟁하에서 생존과 성장의 목적을 달성하기 위하여 소비자를 만족시키는 제품, 가격, 유통, 촉진 활동을 계획하고 실행하는 관리과정이라고 할 수 있다.

표 9-1 마케팅 개념

마케팅 관리(marketing management)	마케팅 컨셉(marketing concept)
이윤을 목적으로 고객에게 만족을 전달해주는 기업의 경영철학이나 기업 활동	기업을 경영하는 최고 경영자의 경영철학을 가리키는 의미(고객중심 마인드)

미국 마케팅 협회(American Marketing Association)의 정의에 의하면 마케팅에 관한 주요 구성요소는 다음의 5가지로 정리된다(〈표 9-2〉).

표 9-2 마케팅의 구성요소

마케팅은 욕구나 니즈를 만족	마케팅은 고객의 욕구와 니즈를 만족시켜 주는 활동이다.
마케팅은 가치의 교환활동	기업은 제품이나 서비스를 제공하고, 고객은 그 대가를 지불하는 가치교환을 통해 건설적인 관계를 유지 발전시킨다.
마케팅의 대상은 포괄적	마케팅은 유/무형 제품과 서비스 외에도 시간, 장소, 사람, 아이디어 등 마케팅의 대상은 상당히 포괄적이다.
마케팅은 수단	마케팅은 기업의 목적을 달성하기 위해 행하는 활동으로 마케팅믹스(4P)를 수단으로 사용한다.
마케팅은 과정	마케팅은 일회성에 그치지 않고, 지속적인 노력이 요구된다.

I 마케팅의 발전단계

마케팅은 기업과 고객의 교환활동이며, 이러한 교환이 이루어지는 곳이 바로 시장이다. 기업의 마케팅활동은 시장지향성 정도에 따라 생산개념, 제품개념, 판매개념, 고객지향 개념, 사회적 개념으로 발전되어 왔다(〈그림 9-1〉).

그림 9-1 마케팅 개념의 발전

1. 마케팅의 발전

1) 생산개념

생산개념은 주로 수요가 공급을 초과할 때 사용되는 개념으로 기업은 제품생산의 효율성을 높여서 생산을 늘리고, 이들 제품에 대한 유통망을 확장하는 데 노력을 집중한다. 보통 이러한 상황은 생산자 위주의 생산환경으로 소비자들은 각 제품의 장점이 무엇인가보다는 그 제품을 우선 획득하는 데 더 큰 관심을 가진다.

따라서 기업은 생산하기만 하면 물건이 팔리고, 무엇보다도 생산을 증가시킬 수 있는 방법을 찾는 데 주력하게 된다. 우리나라의 1970~1980년대 상황으로, 당시는 제품을 생산하기만 하면 판매가 되던 시기에 해당된다.

2) 제품개념

제품개념은 소비자들이 가장 우수한 품질이나 효용을 제공하는 제품을 선호한다는 개념이다. 이러한 제품지향적인 기업은 지속적으로 더 좋은 품질의 제품을 생산하고, 새로운 제품을 개발하기 위하여 많은 노력을 기울인다. 하지만 이러한 협의의 제품개념에만 충실하다 보면 소비자의 본원적인 욕구(ex. 디자인, 색상, A/S 등)가 무엇인지 간과하게 되고, 경쟁사에 뒤처지는 결과를 초래하기 쉽다는 문제점을 갖고 있다.

3) 판매개념

판매개념은 수요보다 공급이 초과할 때 사용되는 개념으로, 기업이 소비자들에게 제품을 보다 많이 구매하도록 설득해야 하며, 이를 위해 이용가능한 모든 효과적인 판매활동과 촉진도구를 활용한다는 개념이다. 따라서 기업은 더 적극적인 판매활동과 제품홍보 등 다양한 판매촉진 활동에 열을 올린다. 판매개념의 문제점은 기업이 판매할 수 있는 제품을 만드는 것이 아니라, 만든 제품을 판매하는 데 있다. 이와 같이 판매자중심의 문제점은 판매자체가 목적일 뿐, 소비자의 구매 후 만족 여부, A/S 등 고객욕구에는 관심을 소홀히 하기 쉽다는 것이다.

4) 고객지향개념

고객지향개념은 기업의 목표 달성여부는 시장에 있는 소비자의 욕구를 파악하고, 경쟁자보다 고객에게 만족을 전달해 주는 활동을 얼마나 효율적으로 수행할 수 있느냐에 달렸다고 본다. 고객지향은 소비자의 욕구와 니즈를 만족시키고, 더 나아가 고객감동을 목표로 하고 있다. 고객 없는 기업은 없으며, 기업의 가치 창출의 근원이 바로 고객이기 때문에 고객지향의 기업경영은 이런 관점에서 큰 의의와 장점이 있다고 할 수 있다. 그러나 진정으로 고객만족 경영의 의미를 알고 이를 경영혁신에 반영하는 기업은 드물다. 고객만족 경영이 경영방침에 반영되어 있는 기업들이 많지만, 그것은 구호나 이벤트 같은 일회성 행위에만 국한되는 경우가 많고, 단지 그 사실을 외부에 알리기에 필요한 최소한의 활동만 하는 경우가 대부분이다. 따라서 기업 내의 모든 역량이 고객지향적으로 바뀔 때 최종적으로 고객에게 전달되는 제품이나 서비스에 진정한 가치가 부여될 수 있다.

이 개념을 구성하는 네 가지 중요한 요소는 고객지향성, 경쟁의 고려, 통합적 마케팅, 수익성이다. 즉, 제대로 목표화된 시장에서 출발하여 고객의 니즈와 욕구충족에 노력을 집중시키고, 소비자에게 전달되는 기업의 모든 활동을 고객 중심으로 통합하여 소비자의 니즈와 욕구를 충족시킴으로써 이익을 창출한다는 개념이다.

5) 사회적 개념

최근 기업을 둘러싸고 있는 내·외부 환경들은 급속도로 변화하고 있다. 특히 자원의 부족, 교통문제, 환경오염, 안전, 소비자보호 등은 사회 전반에 걸친 주요 관심사로 부각되고 있다. 이러한 상황전개는 기업으로 하여금 기존의 마케팅개념으로부터 사회와 기업의 관계에 대한 고려라는 변화를 요구하고 있다. 즉 기업의 이윤창출과 단기적인 고객만족을 위해 생산한 제품(ex. 자동차, 반도체, 석유화학…)은 생산과정에서 대기오염이란 심각한 문제를 야기시킬 수 있고, 공장에서 뿜어져 나오는 매연과 폐수들은 사회전반의 피해로 나타날 수 있다. 이는 마케팅개념이 장기적 관점에서 소비자들과 기업이 공존하는 사회전체의 이익과 복지를 제대로 고려하고 있지 못함을 의미한다. 따라서 이제 기업은 마케팅 활동에 따른 의사결정시에 사회의 관심사를 함께 고려해야 할 필요가 있게 되었다. 이러한 배경에서 등장한 새로운 마케팅 개념이 사회적 마케팅(social marketing) 개념이다. 자연환경 문제를 고려해서 공해를 줄이는 제품생산과, 기업의 공해방지시설 설치 등을 강조하는 친환경 마케팅도 사회적 마케팅 개념의 한 예로 볼 수 있다. 사회적 마케팅 개념에 입각한 기업은 기업의 이익, 소비자의 욕구충족 및 사회전체의 이익과 복지를 같이 고려해야 한다.

우리나라에서도 점점 사회적 마케팅 도입이 확산되고 있다. 환경오염 문제에 마케팅 개념을 적용한 유한킴벌리의 "우리강산 푸르게 푸르게" 캠페인 및 기업은행의 "녹색 환경신탁", 현대자동차의 "친환경 전기차" 등은 그 대표적 예라고 할 수 있다.

2. 마케팅의 중요성

고객의 욕구를 파악하고 고객에게 만족을 주기 위해 가치를 창조하고, 이를 목표고객에게 전달하는 일련의 과정을 통해 성장을 도모하는 것이 현대마케팅의 핵심이라고 할 수 있다. 이러한 마케팅이 왜 중요한지를 알아보기 위하여 효용의 창출, 일상생활에서 마케팅의 역할, 기업조직 내에서 마케팅의 역할, 사회에서 마케팅의 역활에 대하여 살펴보기로 한다.

1) 효용의 창출

* **형태적 효용:** 원자재를 사용하여 고객이 원하는 형태의 제품을 만들어 내는 것

  (ex, 소가죽으로 가방, 구두, 벨트 등, 목화에서 이불, 의류 제품 등)
* **시간적 효용:** 고객이 원하는 시간에 제품을 공급해 주는 것

  (ex, 가을에 추수한 과일, 쌀 등을 일 년 내내 소비자들에게 공급함)
* **공간적 효용:** 고객이 원하는 제품을 원하는 장소에 공급하는 것

  (ex, 바닷가의 해산물을 도시지역의 소비자들에게 공급함)
* **소유 효용:** 소비자들이 특정 제품을 소유하거나 사용·향유 할 수 있도록 도와주는 것

  (ex, 명품을 사용하는 고객에게 심리적 만족감, 자부심을 제공함)

2) 일상생활의 일부

우리의 일상생활은 경쟁자들보다 조금이라도 더 소비자들의 관심과 주머니를 끌기 위해 행하는 각종 마케팅활동으로 가득 차 있다. 제품에 대한 정보는 주로 대중매체의 광고를 통해 이루어지고, 소비자들이 소유하는 제품을 통하여 그 사람의 사회적 지위를 추론하기도 한다. 일상 가정에서 TV를 켜면 공중파 방송에서는 중간중간에 수시로 광고가 나오고, 홈쇼핑 채널에서는 24시간 끊임없이 상품 광고, 판촉, 판매가 이루어지고 있다. 이와 같이 마케팅 활동은 우리 일상생활의 일부분으로 밀접한 관계를 갖고 있다.

3) 시장의 변화와 기회 감지

마케팅 조직은 기업의 부서 중에서 고객, 혹은 시장에 가장 밀착되어 있다. 오늘날 기업의 성장과 발전은 시장에서의 기회와 위협을 경쟁사보다 빠르고 정확하게 파악하여 대응해 나가야 가능하며, 이는 고객에 관한 이해 없이는 불가능하다. 따라서 기업 내 마케팅의 일차적인 기능은 이러한 고객들의 욕구변화에 초점을 맞추어, 시장에서의 위험과 기회를 파악하는 역할을 수행한다. 그리고 회사 내의 생산과 개발부문에서 필요로 하는 정보들을 제공한다(기능, 디자인, 수량, 가격 등).

4) 사회의 복지향상 기여

마케팅 담당자들이 소비자의 욕구를 파악하고 충족시키는 기능을 넘어, 지나친 소비욕구를 조장한다는 부정적인 시각도 갖고 있다. 그러나 사회적 마케팅에서는 기업들이 장기적인 성장을 도모하기 위해서는 사회에 도움이 되는 공헌 활동을 하고, 또 복지를 향상시키는 노력을 게을리 하지 않아야 지속적인 성장이 가능하다고 할 수 있다.

▮▮ 마케팅 관리과정

기업의 마케팅 관리과정은 시장의 상황분석, 세분시장 마케팅전략 수립, 마케팅믹스의 수립, 마케팅활동의 조정 및 통제 과정으로 구성된다(〈그림 9-2〉).

그림 9-2 마케팅 관리과정

1. 상황분석

성공적인 마케팅전략을 수립하기 위해 기업이 가장 먼저 해야 할 일은 현재 자사제품이 처한 환경과 상황에 대한 분석이다. 기업의 마케팅활동에 영향을 미칠 수 있는 환경요인들로는 환경변화 요인, 제품과 관련된 시장의 변화, 경쟁사 및 자사의 분석 등이 포함될 수 있다(〈그림 9-3〉). 그러므로 기업에서는 구체적인 마케팅활동 계획의 수립에 앞서 이 요인들에 대한 분석 작업이 먼저 선행되어야 한다.

그림 9-3 상황분석 및 대응

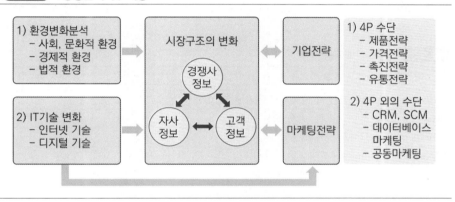

환경변화 분석에는 목표시장 내 소비자들의 인구, 소득, 연령 등과 같은 인구통계학적 요인과 소비구조 등과 같은 사회·문화적 요인, 그리고 경제적·법적 환경요인, 그리고 IT기술 변화 등이 고려되어야 한다. 특히 IT기술의 급격한 발전으로 시장에서의 빠른 변화와 기회를 보다 빨리 정확하게 포착하는 것이 오늘날 기업의 성패를 좌우하는 첫 출발점이라고 할 수 있다.

시장분석에서는 자사제품 시장의 매력도가 어느 정도인지 혹은 새로 진출하고자 하는 시장은 얼마나 자사에게 유리한 것인지를 측정, 분석하게 된다. 아울러 시장구조를 형성하는 세 가지 구성요소인 3C(기업자신, 경쟁사, 고객)에 관한 분석을 해야 한다.

경쟁사 및 자사분석에서는 자사제품의 현재 경쟁자 및 잠재적 경쟁자를 확인하고, 이들 경쟁자의 규모, 시장점유율, 상대적인 제품의 품질 등을 파악함으로써 현재의 경쟁상황을 분석하고, 자사의 능력과 강·약점을 경쟁자와 비교·검토해 보아야 한다. 또한 기업자신에 대한 분석으로 어떤 방식으로 이익을 낼 것인가 하는 기업의 수익모델과 관련된 분석이 필요하다. "무엇을, 특히 어떤 가치를 소비자에게 제공해야 하는가"에 초점을 맞추고 자기 자신에 대한 분석을 해야 한다.

고객 분석은 목표시장 내 구매자들과 잠재구매자들의 구매행동에 관련된 사항을 분석하는 것으로서, 이 부분에서 기업은 소비자들의 구매 행동에 미치는 사회적·문화적·개인적·심리적 요인들을 조사하고 소비자들의 의사결정상의 특징을 분석하게 된다. 즉 소비자가 구매에 이르는 과정, 문제인식－정보탐색－대안평가－구매－구매 후 행동 단계의 5단계에 관한 이해가 있어야 한다(〈표 9－3〉).

표 9-3 고객 구매행동 분석

문제인식	정보탐색	대안평가	구매	구매 후 행동
Who are they? (구매결정자, 구매자, 사용자 구분)				
What do they buy? (구매한 제품 또는 브랜드)				
Where do they buy it? (구매장소)				
When do they buy it? (구매시점)				
How do they buy? (구매의사결정과정 및 변수)				
Why do they select a particular product? (선호이유)				

2. 세분시장 마케팅전략 수립

현재 기업의 제품이 처해 있는 상황에 대한 분석이 끝나면 어떤 시장, 혹은 어떤 계층을 목표로 해서 자사의 마케팅활동을 전개할 것인가를 결정해야 한다 (〈그림 9－4〉).

그림 9-4 세분시장 마케팅전략의 단계

시장세분화 (market Segmentation) → 표적시장의 선정 (targeting) → 포지셔닝 (positioning)

마케팅에서는 시장을 동질적으로 보지 않기 때문에, 주어진 시장을 다시 세분화하여 비교적 동질적인 특성을 가진 세분시장으로 나누어야 한다. 이를 통해 기업은 나누어진 각 세분시장의 특징을 분석하고, 어떤 시장에 어떤 제품이 적합한가를 평가해 볼 수 있다. 즉, 어떤 제품 시장분야가 자사의 목표와 전략에 가장 잘 부합되는가를 결정하는 것이다. 그 결과 기업은 세분화된 시장 중에서 자사가 가장 효율적으로 활동할 수 있는 표적시장을 선택하게 된다.

STP(segmentation, targeting, positioning) 전략은 이러한 시장 여건의 변화에 따라 도입된 마케팅 전략의 개념이다. 먼저 시장을 몇 개의 기준들을 사용하여 가치가 있는 다수의 시장으로 분류(segmentation)하고, 세분화된 여러 시장 중에서 자사의 능력과 경쟁 등을 고려하여 표적시장을 선택한(targeting) 다음, 그 시장에서 제품속성이나 다양한 마케팅 믹스 요인을 이용하여 자사 제품을 소비자의 마음속에 심어 주는(positioning) 과정을 거친다.

1) 시장세분화

기업은 한정된 자원을 효율적으로 배분함으로써 기업의 성장을 지속적으로 도모해야 하므로 모든 고객을 만족시키는 것보다는, 특정한 고객집단을 우선적으로 충족시키는 것이 효율적이다. 이러한 관점에서 비슷한 욕구를 가진 고객을 집단으로 묶을 수 있는데 이렇게 묶은 동질의 집단을 세분시장이라고 하고, 세분시장을 발견하는 작업을 시장세분화라고 한다(〈표 9-4〉).

시장을 세분화하기 위해서는 먼저 데이터를 수집하고 세분시장을 확인한 다음, 세분시장의 전반적인 특성을 파악하는 단계를 거친다. 시장세분화로 기업은 일반적으로 긍정적인 효과를 가지는 경우가 대부분이나, 혁신적인 신제품의 경우

표 9-4 시장세분화의 효과

경쟁우위 확보	매스마케팅(불특정 다수를 대상)을 하는 경쟁기업에 비해 경쟁우위를 확보 (ex, 만도의 김치냉장고 "딤채")
새로운 기회	세분화된 시장에서 고객의 새로운 니즈를 파악하고 만족시킴 (ex, "에이스 침대는 가구가 아니라 과학입니다.")
경쟁제품과의 차별화	경쟁제품과의 소모적 가격경쟁을 줄임 (ex, "처음처럼" 진로의 주 고객층인 중장년층을 피하여, 2030 세대를 target으로 순한 술(19.5도)로 승부)

에는 세분화할 필요가 없고, 지나친 시장세분화는 오히려 수익성을 악화시킬 수 있다. 또 선두기업이 있는 시장에 후발기업이 도전하고자 할 때는 역세분화(세분화된 시장을 통합하여 여러 세분시장을 동시에 공략하는 제품을 출시하는 것, 비듬과 샴푸겸용 제품 출시 등)를 하는 것이 바람직할 수 있다.

2) 목표시장의 선택

목표시장은 세분시장 중에서 자신의 경쟁우위와 경쟁상황을 고려했을 때 자사에 가장 좋은 시장기회를 제공해 줄 수 있는 특화된 시장을 의미한다. 기업이 가장 유리한 목표시장을 선택하기 위해서는 다양한 시장세분화 변수를 이용하여 세분시장 대안들을 마련해야 한다.

기업은 목표시장이 결정되면 그 표적시장에 가장 적합한 마케팅믹스를 개발하고 실행하게 된다. 예를 들어 유통은 목표시장의 지리적 조건을 고려하여 결정되며, 광고는 모든 소비자가 아닌 목표시장의 소비자들을 대상으로 만들어진다.

목표시장 결정을 위해서 마케팅 관리자들이 흔히 사용하는 방법은 시장세분화 매트릭스이다. 세분화 매트릭스는 세분화 변수가 둘 이상일 때 사용되는 격자 형태의 모양을 갖는다. 먼저 매트릭스를 구성하는 여러 격자 중에서 비잠재 고객을 제거한 다음, 가장 좋은 시장 기회를 제공할 수 있는 잠재고객 격자를 선택한다.

① 세분시장의 평가

적절한 목표시장을 선정하는 것은 시장세분화전략에 중요한 요소로서 세분시장의 평가는 상황분석과 그 구조가 유사하다. 그러나 상황분석에서는 세분시장의 평가라기보다는 세분시장들의 합산된 전체시장에 대한 평가로서 시장분석, 경쟁분석, 자사분석을 행하며 각각의 세분시장에 대한 미시적 평가를 하게 된다. 세분시장을 평가하는 요인들은 〈표 9-5〉에 요약되어 있으며, 이러한 요인들은 각 회사와 제품에 따라 맞게 사용되어져야 한다.

② 목표시장의 선정

마케팅관리자는 각 세분시장을 평가한 후 진입할 가치가 있는 시장 및 그 범위를 결정하고, 선정한 목표시장에 대한 제품 포지셔닝을 결정해야 한다. 즉, 마케팅관리자는 세분시장의 매력도 평가를 통해 하나 이상의 매력적인 세분시장을 발견할 수 있는데, 이때 어느 세분시장에 그리고 얼마나 많은 세분시장에 진출할

표 9-5 세분시장 매력도의 평가요인

세분시장 요인	경쟁요인	자사와의 적합성
• 시장규모 • 시장성장률 • 제품수명주기	• 현재의 경쟁자 • 잠재적 경쟁자	• 기업목표 • 자원 • 마케팅믹스

것인지를 결정하여야 한다. 기업이 진입할 세분시장과 그 범위를 결정하는 방법은 전체시장 도달전략과 부분시장 도달전략으로 구분되며 6가지 가능한 형태가 있다.

　㉠ 전체시장 도달전략

　이 전략은 모든 시장을 목표의 대상으로 선택하는 것을 의미하며, 다양한 제품을 가지고 모든 고객집단의 욕구를 충족시키기 위한 전략과, 단일제품으로 모든시장을 목표로 하는 유형이 있다. 이 전략은 주로 자원이 풍부한 대기업들이 선택할 수 있다.

　단일제품 전략은 시장을 하나의 통합체로 파악하여 모든 계층의 소비자로부터 공통적인 욕구를 발견하고, 이를 목표로 단일제품과 단일 마케팅프로그램을 개발하여 전체시장을 공략하는 전략이다.

　다수제품 전략은 시장을 세분화한 후 모든 세분시장을 목표시장으로 선정하여 각 부문에 적합한 제품과 마케팅믹스를 투입하는 전략이다. 우리나라에서 현대자동차, 기아자동차, LG전자, 삼성전자와 같은 회사가 각각의 제품시장에서 이러한 전략을 구사하고 있다고 할 수 있다. 이 전략은 단일제품 전략에 비해 각각의 세분시장에서 그 시장에 적합한 제품으로 공략하므로, 판매량을 증대시킬 수 있어 이익의 증가를 가져올 수 있다.

　㉡ 부분시장 도달전략

　부분시장 도달전략은 시장을 세분화한 후에 모든 세분시장에 진출하지 않고, 일부분의 세분시장만을 목표시장으로 선정하는 전략이다. 이 전략으로는 단일제품으로 단일 세분시장만을 선택하는 단일시장 집중화, 단일제품으로 여러 세분시장을 선택하는 제품 전문화, 여러 제품으로 단일세분시장을 선택하는 시장 전문화, 그리고 여러 제품으로 몇 개의 세분시장을 선택하는 선택적 전문화 전략 등

네 가지로 나눌 수 있다.

　단일시장 집중화는 주로 기업의 자금 및 능력이 제한되어 있거나, 기업이 새로운 시장에 진입할 때 추가적인 시장의 확장을 위한 교두보로 특정한 세분시장을 사용하려고 할 때 사용된다. 시장 전문화는 특정 고객집단의 다양한 욕구를 충족시키기 위해 다양한 제품을 판매하기 위한 전략이다. 예를 들어 패션시장에서 20대를 목표고객으로 하여 20대에 적합한 의류, 구두, 악세서리 등을 전문적으로 생산 및 판매하는 전략을 들 수 있다.

　제품 전문화는 제품은 단일제품이지만 품목이나 디자인, 색상을 다양하게 하여 소비자에 대한 선택의 폭을 넓힐 수 있도록 하는 전략이다.

　선택적 전문화는 각 세분시장마다 제품 및 전략이 상이하기 때문에, 시너지 효과가 낮으며, 상당한 제품개발 및 마케팅비용이 수반되나 위험을 분산시킬 수 있는 장점이 있다.

3) 포지셔닝

　포지셔닝이란 경쟁우위 달성을 목적으로 소비자의 마음속에 경쟁자의 제품 혹은 서비스와 다르게 인식되도록 필요한 마케팅믹스 요인들을 조합하는 활동이라고 정의할 수 있다. 따라서 포지셔닝 전략은 목표시장에서 경쟁우위 달성을 위해서 꼭 필요한 수단이다.

　경쟁우위는 어떤 제품·브랜드가 경쟁 제품·브랜드에 비해서 소비자들에게

그림 9-5　목표시장에서의 포지셔닝 전략

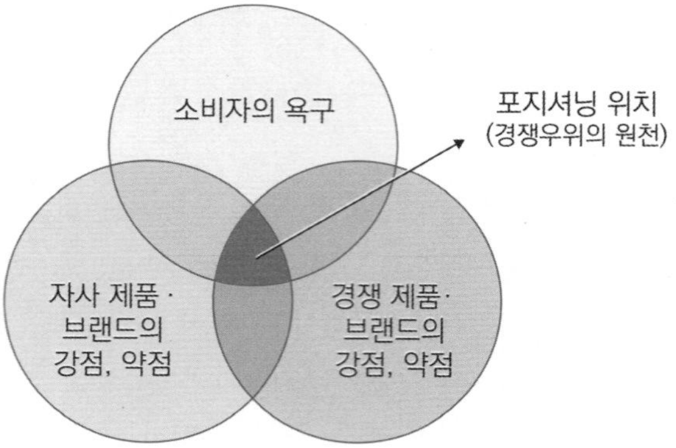

- 소비자의 욕구
- 포지셔닝 위치 (경쟁우위의 원천)
- 자사 제품·브랜드의 강점, 약점
- 경쟁 제품·브랜드의 강점, 약점

더 많은 가치를 제공해 줄 수 있을 때 달성된다고 할 수 있다. 경쟁우위를 가져다
주는 이 가치는 제품이 원래 가지고 있는 독창성에 의해서 만들어지기도 하지만,
이것과는 무관하게 소비자들이 그 제품에 대하여 어떻게 생각하는지, 즉 주관적
인 가치에 의해서도 많은 부분이 결정된다. 따라서 목표시장에서 소비자들의 마
음속에 강력한 위치를 차지하는 포지셔닝 전략이 곧 경쟁우위를 달성하는 매우
중요한 수단이 된다고 할 수 있다.

위 그림은 목표 시장에서의 경쟁우위가 어떻게 결정될 수 있는가를 보여주고
있다. 경쟁우위를 달성하기 위한 포지셔닝 전략은 소비자의 욕구, 자사 제품·브
랜드의 강점과 약점 그리고 경쟁 제품·브랜드의 강점과 약점 등의 세 가지 요인
에 대해 분석을 통해 수립되어야 한다.

3. 마케팅믹스의 수립

마케팅믹스란 기업이 목표시장에서 마케팅목표를 달성하는 데 사용할 수 있는
마케팅도구의 집합으로, 자사가 통제 가능한 전략적 도구들을 의미한다. 마케팅믹
스는 4P 믹스라고도 불리며, 제품(product), 가격(price), 유통(place), 촉진(promotion)
으로 구성되어 있다.

마케팅관리자는 기업 환경을 분석하여 환경에 적응하거나 자사에 유리한 환
경을 창출하기 위하여 시장을 세분화한 뒤 자사가 경쟁적 우위를 획득할 수 있는
목표시장 선정 및 제품 포지셔닝을 결정한다. 또한 마케팅관리자는 목표시장에
효율적으로 진입하기 위하여 통제가능한 도구인 제품, 가격, 유통, 촉진 등이 일
관성을 가지고 상호보완하는 관계가 되도록 조합해야 한다. 이때, 마케팅믹스의
조합은 시장에서의 경쟁력 확보에 초점을 맞추어야 한다.

그림 9-6 전통적인 4P 관리의 구성요소

1) 제품관리

제품이란 고객의 욕구에 부응하기 위해 기업이 제공하는 것으로, 눈에 보이거나 만질 수 있는 유형의 제품과 무형의 서비스를 포괄하는 개념이다. 기업의 관점에선 제품이 마케팅믹스이지만, 고객의 관점에선 고객들이 향유할 수 있는 편익의 묶음이 된다. 따라서 오늘날의 소비자들은 제품이 주는 기능적 편익뿐만 아니라 제품을 구입, 소유, 사용함에 따른 심리적인 만족감인 심리적 기능과, 특정 제품의 사용을 통해 다른 사람들에게 자신의 개성을 표현하면서 얻는 사회적 편익도 중요하다. 제품관리를 이해할 때 제품이라는 것은 홀로 존재하지 않고 제품믹스의 일부를 형성하고 있다는 것이다. 제품믹스(product mix)란 어떤 회사가 판매하는 모든 제품들의 집합을 의미한다. 〈표 9-6〉은 현대자동차의 제품믹스를 나타내는 예이다. 현대자동차의 예에서 버스, 트럭, RV차, 승용차, 경차 등은 각각 제품군이라 하며, 제품군 내의 개별 브랜드들은 제품아이템이 된다. 서로 연관성이 높은 제품들의 집합을 제품라인(product line)이라 한다. 제품라인의 길이는 제품믹스 안에 들어있는 브랜드의 개수(트럭인 경우 4개)이며, 제품라인의 깊이는 어떤 브랜드가 얼마나 많은 품목을 거느리고 있는가를 의미하는 것으로 제네시스 차종인 경우 3가지 종류로 나오고 있다.

2) 브랜드관리

브랜드란(brand)란 제품이나 서비스를 경쟁사의 제품과 차별화시키기 위해 사용하는 이름과 상징물의 결합체를 말한다. 브랜드관리는 4P 관점에서 보면 제품관리 영역에 속하지만, 오늘날 그 중요성이 점점 증대되어 기업의 마케팅 활동은 개별 브랜드 중심으로 이루어지고 있다. 기업의 제품이 소비자들의 마음속에 우

표 9-6 현대자동차의 제품믹스

버스	트럭	RV차	승용차	경차
• 카운티 • 에어로타운 • 에어로시티 • 유니버스 외 2	• 포터 • 마이티 • 메가트럭 • 트라고	• 투싼 • 싼타페 • 크루즈 외 3	• 아반떼 • 제네시스G330 • 제네시스G80 • 제네시스EQ900 • 에쿠스 • 그랜저 외 10	• 아토스 • 모닝 • 프라이드

호적이고 독특하면서 강력한 연상을 만들어 낼 수 있다면, 그 제품은 다른 경쟁제품에 비하여 상대적으로 소비자들에게 더 많은 사랑을 받을 것이고, 그 결과 그 기업은 보다 높은 가격 프리미엄을 누릴 수 있다. 이렇게 브랜드가 창출하는 부가가치를 브랜드 자산이라고 부른다.

소비자의 입장에서 볼 때 강력한 브랜드 자산은 높은 브랜드 인지도와 호의적인 브랜드 태도/이미지에 의해 형성된다. 즉 브랜드 인지도를 높인다는 것은 브랜드 재인의 수준을 높이거나 브랜드 회상을 높임으로써 가능하다. 브랜드 재인과 브랜드 회상의 차이는 다음 〈표 9-7〉과 같다.

표 9-7 브랜드 재인 및 회상

브랜드 재인	- 소비자들이 쉽게 해당브랜드의 특징을 알아볼 수 있을 정도
브랜드 회상	- 소비자들이 특정 제품군을 구매대안으로 고려할 경우, 소비자들의 기억에 떠오르는 정도

특히 브랜드 인지도는 어떤 제품을 구매할까 하는 단계에 직접적인 영향을 미치게 된다. 왜냐하면 이 단계에서 생각이 나지 않으면 구매 대안으로 고려될 수가 없고, 그 결과 최종적으로 선택된다는 것은 불가능하기 때문이다.

브랜드 이미지는 소비자가 그 브랜드에 대해 갖는 전체적인 인상을 말하는데, 이러한 브랜드 이미지는 브랜드와 관련된 여러 요인들이 결합되어 형성된다. 즉 바람직한 브랜드 이미지란 소비자의 마음속에 호의적이고 강력하면서도 독특한 연상들을 가지고 있을 때 형성될 것이다.

표 9-8 글로벌 100대 기업의 브랜드가치(2020년)

글로벌 브랜드 순위	브랜드	산업	브랜드 가치($ million)	성장률
1	Apple	technology	322,999	38%
2	Amazon	technology	200,677	60%
3	Microsoft	technology	166,001	53%
4	Google	technology	165,444	-1%
5	Samsung	technology	62,289	2%
6	Coca-Cola	beverages	56,894	-10%

글로벌 브랜드 순위	브랜드	산업	브랜드 가치($ million)	성장률
7	Toyota	automotive	51,595	-8%
8	Mercedes-Benz	automotive	49,268	-3%
9	McDonald's	restaurant	42,816	-6%
10	Disney	media	40,773	-8%
11	BMW	automotive	39,756	-4%
12	Intel	technology	36,971	-8%
13	Facebook	media	35,178	-12%
14	IBM	business services	34,885	-14%
15	Nike	sporting goods	34,388	6%
16	Cisco	business services	34,119	-4%
17	Louis Vuitton	luxury	31,720	-2%
18	SAP	business Services	28,011	12%
19	Instagram	media	26,060	New

3) 가격관리

소비자가 필요와 욕구의 충족을 위해 제품을 구입하려 할 때에는 그에 상응하는 대가를 지불해야 한다. 가격은 제품의 교환가치로 볼 수 있으며, 구체적으로는 구매자들이 특정 제품을 구매함으로써 얻게 되는 효용에 부여된 가치라고 할 수 있다. 또한 가격은 일반적인 제품가격 이외에 여러 가지 다른 형태로 나타낼 수 있는데, 건물의 임대료, 학교의 등록금, 직장인의 월급, 은행의 대출이자 등은 모두 가격의 의미를 담고 있다.

시장수요는 기업이 제품가격을 얼마로 책정하는가에 따라 변한다. 수요란 특정 제품에 대한 욕구를 가진 소비자들 중 현실적으로 이를 구매할 의사와 능력이 있는 집단을 의미하기 때문에, 기업이 가격을 어느 수준으로 책정하는가에 따라 소비자들의 구매가능 규모가 달라질 수 있다. 이 때 수요의 가격탄력성으로 불리는 가격의 변화에 따른 수요의 변화정도는 제품마다 혹은 시장상황에 따라 각기 다르다.

① 가격의 전략적 중요성

가격은 구매자가 제품을 선택할 때 중요한 결정요인이 된다. 따라서 가격결정과 가격경쟁은 마케팅관리자들이 당면한 가장 중요한 문제 중의 하나이다. 그럼에도 불구하고 단순히 원가 중심의 가격만을 사용함으로써 시장변화에 대처하지 못하거나 다른 마케팅믹스 요소들과 무관하게 가격을 결정하는 사례가 발생한다. 현대사회로 오면서 제품의 차별화 추세에 따라 가격의 중요성이 과거에 비해 상대적으로 떨어지게 되었지만, 가격은 아직도 소비자의 제품선택 행위에 있어서 중요한 요인임에 틀림없다. 또한 시장점유율이나 수익률과 같은 기업의 마케팅 목표를 달성하는 데 있어서도 가장 중요한 요소 중의 하나로 작용하고 있다. 가격은 기업 이익에 영향을 미치는 총이익과 판매량과, 소비자의 구매행동을 결정하는 데 중요한 역할을 한다.

총이익 = (가격 × 판매량) − 총비용 (총수익: 가격 × 판매량)

기업이 마케팅믹스로 활용할 수 있는 도구들 중 가격은 경쟁에 가장 민감하게 반응하는 특징을 가지고 있다. 기업이 경쟁사의 전략이나 시장상황의 변화를 감지하고 이에 대응하고자 할 때 제품이나 유통과 같은 다른 마케팅믹스 요소들은 짧은 시간에 대응하기가 어렵지만 가격은 상대적으로 즉각적인 대응이 가능하다. 이러한 특성으로 인해 가격은 가장 강력한 경쟁의 도구가 될 수 있다. 예를 들어 신제품을 출시했을 경우에는 그로 인한 효과의 발생은 상당히 오랜 기간이 필요하지만, 현재 시판 중인 제품의 가격을 인하하느냐 혹은 신제품의 가격을 얼마로 정하느냐에 따라 기업의 판매량이나 총이익은 곧바로 영향을 받게 된다.

② 가격전략의 방향

가격전략은 기업이 현재 또는 미래의 경쟁상황을 고려해 보았을 때 어떤 형태가 가장 효율적이며 적절한가에 따라 결정된다. 특히 가격은 기업의 마케팅 목표 및 마케팅믹스와 조화를 이룰 수 있도록 책정되어야 하며, 이 경우 기업은 목표시장의 확인, 제품이미지의 확보, 마케팅믹스와의 조화 등을 고려하여야 한다. 경쟁기업의 전략 등과 같은 경쟁상황 또한 고려해야 하며, 상대적으로 높은 가격, 비슷한 가격, 낮은 가격으로 구분하여 생각하는 것이 바람직하다.

〈표 9-9〉는 목표시장이 상이한 두 기업의 가격전략의 차이점을 나타내고 있다.

이상과 같은 경쟁하에서 기업이 사용가능한 가격전략의 유형으로는 고가격전략, 대등가격전략, 저가격전략이 있다.

표 9-9 가격전략의 유형

	가격중심 기업	비가격중심 기업
목표시장	• 가격 민감형 • 할인 추구형 • 경제성 추구형	• 가격 비민감형 • 품위 추구형 • 품질 추구형
제품이미지	• 단순함 • 일상제품	• 정교함 • 고가제품
마케팅 믹스	• 경쟁사에 비해 10~15% 저가 • 저가에 의한 다량판매 • 빈번한 세일 • 양판점이나 할인점 등을 통한 판매 • Self-service와 저가에 판촉집중	• 경쟁자에 비해 10~20% 고가 • 일정이익률 고수 • NO 세일 또는 연말 세일에 국한 • 고급점, 전문점 등을 통한 판매 • 스타일, 품질, 서비스 등에 판촉집중

ⓐ 고가격전략

고가격전략은 자사제품의 가격을 경쟁제품의 가격보다 높게 책정하는 전략으로 자사의 제품이 독특하거나 그 시장에서 브랜드 가치가 높은 기업일 경우에 사용가능한 전략이다. 이러한 전략은 이미지를 중시하는 고가의류제품이나 시계 혹은 보석과 같은 귀중품 등에서 많이 사용되며, 소비자가 가격에 의해 제품의 품질을 평가하는 경향이 강하거나 제품이 개인의 사회적 지위나 명예, 건강 등의 상징적 의미를 갖는 경우에 잘 사용하는 전략이다. 고가격전략을 사용하는 기업들은 보통 직접적인 경쟁자가 존재하지 않는 시장에 신제품을 출시할 때 주로 사용하는데, 만약 자사제품의 품질이 우수하고 경쟁사 제품보다 우월한 효용이나 독특한 서비스로 차별화할 수 있다면 이 전략이 성공적으로 수행될 수 있다. 그러므로 고가격전략을 사용하려면 현재 자사제품에 대한 구매의사를 가진 구매자의 수가 충분해야 하고, 제품의 이미지가 우수해야 한다.

ⓑ 대등가격전략

경쟁사의 제품가격과 같거나 거의 비슷한 수준으로 가격을 책정하는 것을 대등가격전략이라고 한다. 기업이 대등가격전략을 시행할 때에는 마케팅전략에서 가격이 차지하는 비중이 그만큼 줄어들고 제품, 유통, 판촉과 같은 다른 요소들이 보다 중요한 역할을 하게 된다. 이러한 전략을 사용하게 되는 경우는 시장의 수요가 가격에 대해 탄력적이지 않고, 대부분의 기업들이 경쟁사의 가격인하에 대해 언제라도 동일한 수준의 가격으로 대응할 준비가 갖추어져 있을 때이다. 이러한 상황하에서는 경쟁기업들이 저가격전략을 사용하기가 어려워지는데, 이는 경쟁기업들이 그 수준만큼 즉각적으로 가격을 인하시키기 때문에 저가격 사용에 따른 효과가 상쇄되어 버리기 때문이다. 우리나라에서는 유제품, 라면 등과 같은 묵시적 가격담합이 이루어지는 시장이나 대부분의 생필품 시장에서 많이 사용한다.

ⓒ 저가격전략

저가격전략은 경쟁사보다 낮은 가격을 책정함으로써 철저하게 생산규모와 판매량을 늘리는 데 목적이 있다. 이 전략은 수요의 탄력성이 높아 소비자가 가격에 대해 민감한 반응을 보일 때이거나 기업이 진출하려고 하는 시장에 경쟁기업의 수가 많을 경우에 사용할 수 있다. 저가격전략을 사용하려면 경쟁기업에 비해 일정한 원가구조상의 우위를 가지고 있어야 가능하다. 저가격전략의 이점은 다음과 같다. 첫째, 한 기업이 저가격으로 넓은 시장점유율을 확보하고 나면 경쟁기업이 그 시장에 진입하기가 어려워진다. 둘째, 경쟁기업의 입장에서 보면 낮은 단위당 가격은 그만큼 낮은 이윤으로 이어질 것이므로 그 시장은 이들 경쟁기업에게 그다지 매력적인 시장이 못된다. 반면 기업이 저가격을 사용했을 경우에는 고가격을 사용하는 기업이 가격을 낮추거나 할인하기는 어렵지 않지만, 저가격을 사용한 기업이 가격을 높여 받기가 상대적으로 더 어렵기 때문에 기업으로 하여금 마케팅활동상의 운신폭을 좁게 만드는 단점을 가지고 있다.

4) 촉진관리

기업이 효과적으로 마케팅을 수행한다는 것은 품질이 우수한 제품을 생산하여, 적절한 가격에 소비자의 접근이 용이한 유통경로에 가져다 놓는 것까지를 의미한다. 즉, 마케팅관리자는 자사의 제품이 타사의 제품보다 우수하다는 것을 소비자에게 알려야 하는 셈이다.

촉진관리란 기업의 제품이나 서비스를 소비자들이 구매하도록 유도할 목적으로 해당 제품이나 서비스의 성능에 대해서 소비자를 대상으로 정보를 제공하거나 설득하는 활동을 말한다. 촉진관리에 활용될 수 있는 수단에는 일반적으로 광고, 판매촉진, 인적판매, PR(홍보)의 4가지가 있고, 이를 촉진믹스라고도 한다. 이들과 마케팅믹스(4P)와의 관계는 다음과 같다(〈그림 9-7〉).

그림 9-7 마케팅믹스에서의 촉진의 역할

촉진 전략은 푸시(push) 전략과 풀(pull) 전략으로 구분할 수 있으며, 전략의
선택방향에 따라 촉진믹스의 구성이 달라진다. 두 가지 전략의 내용을 그림으로
나타내면 〈그림 9−8〉과 같다.

그림 9-8 push 전략 vs pull 전략

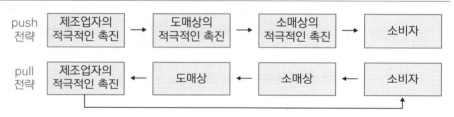

푸시(push) 전략은 제조업자가 중간상들을 대상으로 적극적인 촉진활동을 하
고, 중간상들이 자사의 제품을 최종 소비자들에게 적극적으로 판매하도록 유도하
는 방법이다. 따라서 제조업자가 이 방법을 사용하면 인적판매와 중간상 판촉의
중요성이 증가하게 되고, 최종 소비자를 대상으로 하는 광고의 중요성은 상대적
으로 감소하게 된다.

풀(pull) 전략은 제조업자가 최종소비자를 대상으로 하여 광고와 PR 혹은 소비
자를 대상으로 한 판매촉진 수단을 동원하여 판매촉진 활동을 하는 것을 말한다.
풀 전략의 목표는 최종소비자들로 하여금 자사제품을 구매하게 만들어서, 결국은
유통업자가 자사제품을 취급하게 만드는 데 있다. 따라서 이 전략을 사용하면 최
종 소비자를 대상으로 하는 광고와 판매촉진 활동의 중요성이 증가하게 된다.

① 광고

소비자들에게 메시지를 전달하는 이상적인 형태는 제조업자가 개별 소비자

모두를 만나 전달하는 것이지만, 이는 현실적으로 불가능하기 때문에 광범위한 메시지 전달수단으로 가장 많이 이용되는 것이 광고이다. 광고란 신원이 확인된 광고주가 돈을 지불하고 자사의 제품, 서비스, 아이디어 등을 대중매체를 이용하여 널리 알리고 촉진하는 모든 형태의 커뮤니케이션을 의미한다.

이러한 광고의 특성을 살펴보면 다음과 같다. 첫째, 광고는 대가를 지불하는 의사소통 방법이다. 공익광고의 경우는 무료로 방송시간이나 신문여백을 할애받을 수 있지만, 일반적으로 광고는 유료로 만들어진다. 둘째, 광고는 목표집단을 대상으로 한다. 즉 소비자에게 자사의 제품을 알리는 것부터 자사 제품을 구입하도록 설득하는 행위에 이르기까지 광고는 목표집단을 대상으로 한다. 셋째, 광고는 매체를 통한 의사소통 방법이다. 구전이나 인적판매와는 달리 광고는 광범위한 소비자들을 대상으로 하고 대중매체를 이용하여 이루어진다.

② 홍보 또는 PR

마케팅 PR과 유사한 개념으로 홍보가 있는데, 이는 제품, 서비스, 기업을 인쇄매체나 방송매체의 뉴스나 논설의 형태로 다루게 함으로써 수요를 유발하는 것을 말한다. 그러나 홍보는 마케팅 PR의 과거 명칭이며, 마케팅 PR은 단순한 홍보의 차원을 넘는 것으로, 기업과 사회 간에 이상적인 관계를 정립하기 위하여 기업이 벌이는 여러 가지 활동으로 정의된다.

마케팅 PR은 다음과 같은 이점이 있다.

- 신제품 출시에 도움을 준다.
- 성숙제품의 재포지셔닝에 도움을 준다.
- 제품범주에 대한 관심을 고조시킨다.
- 특정한 목표집단에 영향을 줄 수 있다.
- 우호적인 기업이미지 형성에 도움을 준다.

마케팅 PR은 본질적으로 매체의 독립성이란 특성 때문에 기업에게 긍정적인 측면과 부정적인 측면을 모두 가지고 있다. 즉, 기업의 자유의사로 PR이 가능한 것이 아니라 대중매체의 판단에 따라 기사나 논설이 게재되므로 기사의 신뢰성이 매우 크고 소비자에 대한 설득력이 큰 반면에, 기업의 의사에 맞게 기사게재가 불가능하다는 문제점이 있다.

③ 판매촉진

판매촉진이란 기업이 제품이나 서비스의 판매를 늘리기 위하여 짧은 기간 동안 중간상이나 최종소비자를 상대로 벌이는 광고, 인적판매, 홍보 이외의 여러 가지 마케팅 활동을 말한다. 판매촉진은 크게 소비자 판매촉진, 중간상 판매촉진, 소매점 판매촉진으로 나눌 수 있으며, 소비자 판매촉진에는 샘플, 쿠폰, 현금환불, 소액할인, 프리미엄, 무료시음, 보증, 경연회 등이 있고, 중간상 판매촉진에는 협동광고, 전시제공, 후원금, 판매상 경연회 등이 있다.

④ 인적판매

인적판매란 판매원이 목표고객과 직접 대면하여 대화를 통해 자사의 제품이나 서비스를 구매하도록 설득하는 활동을 의미한다. 대부분의 인적판매는 소비자의 복잡한 문제해결에 도움을 줄 수 있는 훈련을 받은 판매원을 필요로 하고, 또 고객을 컨설팅하고 조언하기 위해서는 제품에 대한 전문적인 지식이 필요하다. 따라서 효율적인 판매사원의 관리가 매우 중요하다. 인적판매는 촉진의 속도가 느리고 고객 1인당 촉진비용이 많이 들기 때문에 일반인을 목표로 하는 제품에는 적합하지 않다. 그러나 고객에게 필요한 정보를 정확히 제공할 수 있고 융통성 있는 대응이 가능하므로, 산업재의 촉진활동이나 중간상의 촉진활동에 적합하다고 할 수 있다. 특히 인적판매는 구매과정상 일정단계 이후 구매자의 선호와 확신 및 구매를 유발시키는 데 가장 효과적인 수단으로 사용된다.

5) 유통관리

일반적으로 제조업자가 생산한 제품들은 도매상, 소매상과 같은 중간상을 거쳐서 최종 구매자에게 판매된다. 유통경로 관리란 어떤 제품을 최종 소비자가 구입하는 과정에 참여하는 모든 조직체나 개인들을 의미한다. 이와 같이 유통경로가 존재하는 이유는 생산자와 소비자 사이에 다음과 같은 시간, 장소, 형태상의 불일치가 발생하기 때문이다(〈표 9-10〉).

표 9-10 불일치 유형

시간상의 불일치	생산시점과 소비시점의 불일치 ex) 과일(가을 생산 → 1년 내내 소비)
장소상의 불일치	생산장소와 소비장소의 불일치 ex) 수산물(어촌지역 수확 → 전국 소비)
형태상의 불일치	생산형태와 소비형태의 불일치 ex) 공산품(대량생산 → 소량으로 소비)

예를 들어서 가을에 추수하는 과일, 곡식들을 소비자들은 일 년 내내 원하는 시기에, 원하는 장소에서, 원하는 양만큼 손쉽게 구입할 수 있다. 이것은 중간상 인들이 산지에서 대량으로 과일, 곡식들을 구매해서 보관창고에 저장하고 있다가, 소비자의 수요에 맞추어 공급하기에 가능한 일이다.

따라서 이러한 불일치를 해소하고 어떤 제품을 최종 소비자가 원하는 시간과 장소에서, 원하는 양만큼 손쉽게 구입할 수 있도록 유통경로를 관리하는 것이 유통관리이다.

설사 규모가 큰 제조업체가 앞에서 설명한 불일치를 어느 정도 자체적으로 해결할 수 있는 경우에도 중간상들이 존재하게 되는데, 그 이유는 중간상들이 존재할 경우 거래비용, 즉 생산자-중간상-소비자 간의 유통거래로 인하여 생기는 비용이 줄어들기 때문이다. 아래 〈그림 9-9〉에서 생산자와 소비자 사이에 중간상(유통업자)이 개입하면 필요한 거래횟수가 9개에서 6개로 줄어드는 것을 볼 수 있다. 그러나 최근에는 전자상거래가 활성화되고 온라인 거래 등으로 생산자와 소비자 간의 직거래(B2C)가 증가하면서, 중간상들의 설자리가 점점 없어지고 있는 실정이다.

그림 9-9 중간상이 존재할 경우의 접촉효율

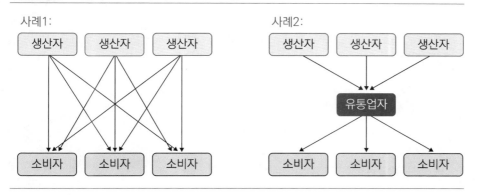

"혼자 가면 빨리 가지만 함께 가면 멀리 가죠."

은평구 응암동에서 '동네빵네 깜빠뉴 베이커리'를 운영하는 신흥중 대표는 빵 협동조합 '동네빵네협동조합' 2대 이사장을 맡고 있다. 동네빵집 사장이 이런 조합을 운영하게 된 것은 후배 제빵사들이 대형 프랜차이즈 브랜드에 밀려 하나 둘 일터를 떠나야 하는 상황에 대한 안타까움과 동료애 때문이었다.

1.탄생배경

1) 40년 빵 장인들이 모이다.

서대문구와 은평구에서 개인 빵집을 운영하던 선후배 제빵사들이 모인 이유는 함께 멀리 갈 방법을 찾으려는 작은 바람에서다. 이들은 대한민국 제과제빵 기능장을 포함해 평균 30~40년 이상 빵 기술자로 지내면서 개인 빵집을 운영하고 있는 제과제빵 초고수들이다. 하지만 그들 역시 골목상권까지 들어온 대형 브랜드의 공격적 마케팅에 어려움을 겪기는 마찬가지였다. 개인 브랜드의 한계를 경험한 것이다.

"빵 밖에 모르는 사람들이 하나 둘 프랜차이즈로 간판을 바꾸거나 빵 기술을 버리고 다른 분야에 가는 것을 보면 솔직히 불안한 마음이 생기죠." 이럴 때일수록 같은 업종의 사람들이 힘을 모아야 한다고 생각했다.

2) 가능성을 찾은 동네빵네 협동조합

2013년 11명 제빵사가 모여 동네빵네협동조합이 설립되었다. 새로운 브랜드 하나가 세상에 생겨난 것이다. 조합에서는 반죽 등을 대량으로 만드는 공유 공장을 운영하면서 신제품에 대한 연구와 생산, 기술개발 등을 같이 한다. 또 매주 정기 회의를 통해 지역과 소비자를 더 이해하고 트렌드를 연구하기 위해 노력한다. 무엇보다 30년 이상의 내공이 있는 동료들과 '같이 한다'는 파트너십만으로도 프랜차이즈 빵집이 넘쳐나는 어려운 상황 속에 힘을 얻고 있다. 이들의 경력이나 경험은 충분했고 대형 브랜드에 비해 기술적인 부족함도 밀리지 않았다. 다만 트렌드에 민감한 프랜차이즈를 선호하는 소비자의 인식 문제를 다루어줄 수 있으면 뚝심있게 살아남을 가능성은 열려 있다고 믿었다.

조합이 결성되면서 개인 매장에 들이기 어려운 고가의 장비도 쓸수있게 되었고, 더수준 높은 위생기준도 마련되었다. 또 조합을 통해 좋은 재료를 선택해 방부제나 화학첨가물을 뺀 정직하고 건강한 빵을 만들 수 있게 되었다.

2.협동조합 성공요인

1) 동네빵네 협동조합 운영 핵심

무엇보다 동네 곳곳에 빵집들이 분포해 있어 조합의 긍정적인 활동들을 지역 전반에 알릴 수 있게 되었다. 조합 자체에 대한 신뢰도가 형성되면서 조합원의 빵집 모두 약 30~40% 이상 매출이 향상되었고, 마주보고 들어선 대형 프랜차이즈와 경쟁할 정도로 경쟁력을 지니게 되었다. 또 동네빵네 브랜드 직영점도 3~4곳 추가 운영할 계획을 가질 만큼 조금씩 성장하고 있다. 프랜차이즈처럼 전국을 대상으로 얼굴 없이 만들어지고 소비되는 빵이 아니라 '동네에서 누가 먹을 건지 알고 만드는 빵, 누가 만드는지 알고 구매하는 빵'이라는 지역 주민들과의 상호 호흡이 조합의 생명력이다. 건강하고 개성 있는 빵을 만들다 보니 지역 사회에 자연스럽게 조합이 알려지면서 대형 백화점에 납품을 하고 이벤트에 참여하는 역마케팅도 가능하게 되었다.

2) 협동조합을 운영하고 싶다면 파트너 간 신뢰를 얻어라

파트너십은 다른 말로 동료의식이다. 이것은 큰 바가지에 담긴 물과 같다. 서로에 대해 구분 없이 얽히고 섞일 준비가 되어야 한다.

"저는 빵 경력이 40년이 훌쩍 넘습니다. 평생을 빵과 함께 살아왔지요. 빵이라면 어디서도 자신 있습니다. 그런데 협동조합을 하면서 보니 그 동안은 빵 장사꾼에 불과하더라고요. 조합을 만들어도 어렵지 않게 잘 할 수 있을 거라고 생각했어요. 우리 조합원들 모두 최고의 빵 기술을 갖고 있었고 빵집 사장들이었으니 자신감도 컸었지요. 그런데 조합을 시작해보니 빵 장사와 협동조합 경영은 전혀 다른 차원이더라고요. 내 장사와 우리의 경영은 천지차이더군요."

협동조합 운영의 핵심은 작은 힘을 모아 큰 힘을 만드는 것이다. 그러나 협동이 잘 이뤄지지 않으면 뿌리조차 흔들리게 되는 최대의 약점이 있다. 따라서 상호 책임 하에 동료의식 즉 파트너십이 필요하다. 누군가 주도적으로 협동조합을 이끌 수 있도록 자기희생을 각오할 리더(대게 조합 이사장)가 필요하고, 그를 믿고 따르겠다는 조합원들의 마음이 필요한 것. 이 두 마음이 얽히고 섞여야 한다. 이를 위해 조합원들 모두 지속적인 교육을 받고 함께 나누는 의견 교환의 기회를 가져야 한다.

3) 브랜드 효과를 얻어라

조합에 신뢰가 생기면 소비자는 조합이라는 브랜드 자체를 무한신뢰 한다. 브랜드란 갖고 있는 상품의 가치, 품질 그 이상이 된다. 물론 구매자가 브랜드만으로 품질에 대해 무한 신뢰를 갖게 되면 단점도 좋게만 보는 부정적 영향도 있다. 그러나 이러한 심리를 조합 입장에서는 긍정적 효과로 바꿀 수 있다. 한 번 신뢰가 쌓이면 마케팅 홍보 전략을 위한 번거로운 과정이 오히려 쉬워지기 때문이다.

어떤 브랜드에 신뢰를 가진 고객들은 말한다. "그들이 만들었으면 난 괜찮아." 과거의 고객과 달리 변화된 시장에서 고객들은 이제 상품 자체를 판단해 구매하지 않는다. 상품보다 브랜드를 더 알고 싶어 한다. 누가 만들었나? 그들은 누구인가? 이것은 신뢰에 대한 질문이다. 신뢰를 얻으면 브랜드 가치는 수직 상승한다. 따라서 조합원들은 조합 전체의 입장에서 소비자의 신뢰를 얻기 위해 노력하는 자세가 중요하다.

[자료: 전성기]

 사례 9-2 독특한 브랜드 관리 전략으로 성공한 레드불

레드불은 작은 회사로서의 조건을 잘 살려 문화적 분위기의 톡톡 튀는 마케팅을 전개해 감으로써 음료업계의 새로운 강자로 부상했다. 기존의 제품들은 피로회복이나 각성제 등의 기능적인 측면에만 치중했지만, 레드불은 에너지 음료에 브랜드 가치를 추가했다. 기능적인 부분을 제외하고 "익사이팅"하고 "파이팅" 넘치는 새로운 이미지를 만들어 냄으로써 젊은이들에게 하나의 문화처럼 인식되었다.

기존의 자양강제나 피로회복제와 유사하나 일반 청량음료와는 차별적인 포지셔닝을 함으로써 기존음료와의 경쟁을 회피하는 전략을 취했다. 레드불의 마케팅 전략상 지역전담 세일즈 인력을 사람들이 붐비는 클럽이나, 바 등으로 선별하여 디제이, 바텐더 등에 접근했다. 또한 레드불 로고가 프린트된 소형 트럭으로 이동하며 사무실, 헬스클럽, 건설 현장 등 에너지가 필요한 곳에 레드불을 게릴라성으로 배포했다. 그들은 아주 뛰어난 스포츠선수가 아닌 한, 일부러 유명인을 내세운 마케팅은 절대 하지 않는다. 오히려 레드불이 유명인의 일상에서 자연스럽게 일부가 되도록 하였다.

사례 9-3 STP 방법으로 성공한 BBQ

1. BBQ의 탄생배경

BBQ는 'best of best quality'의 약자로 최고 중에 최고의 치킨이라는 뜻으로서 맛과 품질에 대한 의지와 상징을 담고 있다. 이런 BBQ의 뜻처럼 소비자에게 세상에서 가장 맛있고 신선한 닭고기를 제공하자는 의미에서 BBQ가 탄생하게 되었다. 더 나아가서는 다양화되는 소비자의 식문화 욕구를 충족시키고 국내 외식산업을 발전시켜 국가경제에 기여하고자 하는 데 설립의 뜻이 있다.

2. BBQ의 STP 방법

STP는 마케팅 전략을 이야기할 때 가장 많이 언급이 되는 것으로서 시장세분화-목표시장 선택-경쟁적 위치설정을 강조하는 전략이다. 이런 STP 마케팅 전략을 BBQ는 잘 사용하였다. 다음은 BBQ가 실제 사용한 STP 마케팅 전략이다.

1) 시장세분화

① 연령에 따른 시장세분화
- 10대: 일반적으로 외식에 대한 선호와 구매 욕구는 매우 높으나, 구매를 위한 경제력이 약함.
- 20대: 다이어트에 관심이 매우 높아, 기름진 음식과 지방이 많은 음식에 대해 꺼리는 경향이 강함.
- 30대: 주로 초등생 자녀를 둔 주부는 자녀와 가족을 위한 구매 행동을 많이 함.
- 40대: 술안주로써 치킨을 선호하지만 건강에 대한 관심이 높아, 지방과 콜레스테롤에 대한 관심이 증가하여 구매 욕구가 강하지 않음.
- 50대 이상: 치킨에 대한 선호도가 낮아 구매욕구가 가장 낮음.

② 소비자 심리에 따른 시장세분화
- 핵가족화 및 맞벌이 부부의 확산으로 인한 외식의 선호 증가
- 건강에 대한 관심도가 높아져 위생적이고 깨끗한 고품질의 외식음식을 원하고, 이것에 대한 수요 증가
- 기존의 외식 업체들의 위생 상태에 불신이 강한 경우, 깨끗한 위생 상태를 보증하는 외식업으로 틈새시장을 노리는 전략이 필요

2) 목표시장의 선택

① main targeting

치킨에 대한 선호와 소비량이 상대적으로 높은 어린이, 청소년, 주부를 main target으로 한다. 또한, 고객층별 다양한 입맛의 기호를 파악하여 충족시켜줌으로써 인지도를 높이고 시장점유율을 확보하는 데 중점을 둔다.

② sub targeting

기존의 치킨 외식 산업의 위생에 대한 불신감으로 인해 구매를 꺼려하는 그룹을 sub target으로 하여, 이들에게 BBQ의 위생적인 조리과정을 강조함으로써 불신감을 없애고 구매로 이어질 수 있도록 태도를 변화시킨다.

3) 경쟁적 위치의 설정

① 가치 위상 정립

유명 연예인을 광고 모델로 하여 BBQ의 인지도를 높이고자 하였고, '세상에서 가장 맛있는 치킨'이라는 슬로건을 내세워 강조하였다.

② 상표 개성 위상 정립

깨끗함, 청결함을 강조하고 흥미 위주형 광고에서 벗어나 제품 구매 패턴을 바꾸는 소비자 설득형 광고로 변화시킨다.

③ 혜택 위상 정립

다양한 이벤트 전략을 사용하여 혜택 위상을 한단계 높이고, 제품 구매를 촉진한다.

사례 9-4 삼성과 첼시의 블루동맹 효과

축구 종가 영국의 프리미어리그에는 유명한 팀인 첼시라는 팀이 있는데, 이 첼시팀은 국내 대기업 삼성과 2005년 스폰서십을 맺었다. 그로 인해, 첼시를 모르는 사람에게는 삼성을 통해, 삼성을 모르는 사람에게는 첼시를 통해 서로를 알렸는데, 이렇게 스포츠를 통해 기업의 인지도를 높이고 판매를 확대시키는 마케팅 활동을 스포츠 마케팅이라고 말한다. 이런 스포츠 마케팅의 장점으로 팬이나 시청자들에게 보다 쉽고 자연스럽게 접근할 수 있다는 점과, 스포츠팀을 통해 기업 커뮤니케이션의 효과를 얻을 수 있다는 점 등을 들 수 있다.

영국의 프리미어리그는 영국 본토는 물론 유럽인들이 즐겨보는 축구리그이고, 전 세계로 보면 약 40억명 이상의 시청자를 가지고 있다. 그래서 많은 기업들이 유럽 시장으로 진출할 때 스포츠마케팅을 활용하는 시장이기도 하다.

국내 기업 중에서 이 시장에 가장 먼저 뛰어든 것이 삼성이고, 이번 연도에 계약이 끝나기는 하지만 2005년부터 약 10년간 첼시를 후원하였다. 그리고 다음과 같은 스폰서 효과를 얻을 수 있었다. 삼성이 첼시에 후원하는 액수가 연간 1천 8백만 유로(한화 약 200억 원)인 것을 감안하더라도 삼성이 첼시를 후원함으로서 발생하는 이익은 충분히 크다고 할 수 있다. 물론 이와 같이 이익을 올릴 수 있었던 것은 유럽 현지에서 고급화 전략을 추구하는 삼성과 첼시의 연고지가 런던이라는 점이 맞아 떨어지고, 서로의 상징인 파란색 컬러가 정확히 일치한다는 점에서 시너지가 컸다고 평가 받는다. 따라서 라이벌 팀들과 비교했을 때 상대적으로 적은 금액으로 계약해 팀의 최고 순간들을 함께 맞이할 수 있었던 매우 성공적인 스포츠 마케팅 사례이다.

사례 9-5 왜 이마트는 성공하고 월마트는 실패했을까?

이마트는 1993년 11월 창동점에 국내 최초의 할인점으로 개점하여 1994년 경기 고양시 일산점, 1995년 안산점, 인천 부평점을 연이어 개점했다. 이마트가 개점하면서 1990년대 국내 대형 할인점 시대를 처음으로 열었다고 할 수 있다. 또한, 1997년 2월 국내 유통업계 최초로 해외에 진출하여 중국 상하이에 중국 이마트 1호점인 취양점을 오픈하였고, 2004년 10월에는 이마트 인터넷 쇼핑몰을 오픈하였다.

1. 이마트 성공 요인

① 소비자들의 마음속에 포지셔닝하기
이마트는 서구 할인점 형태와 달리 식품을 복합한 슈퍼 센터형 할인점으로 개발하였다.
- 서구: 1개 층을 수평으로 개발
- 한국 이마트: 지하 1층~지상 2층을 수직으로 개발해 매장 개발의 차별성 추구

② 서비스에 대한 욕구와 수준에 맞는 서비스 제공
가격은 저렴하면서도 친절한 서비스를 제공 할 수 있는 제도를 다양하게 도입하여 운영

하였다.

③ 최저가격의 제품 공급 이미지 선점
- 저렴한 가격으로 품질은 떨어지지 않는다는 인식을 심어주었다.
- 이마트는 전반적으로 저렴한 가격에 구매할 수 있다는 이미지를 형성하였다.

④ PB 제품으로 고객의 욕구 충족

PB 제품은 NB 제품과 비교해 품질에서 차이가 나지 않으면서도, 값이 싸다는 장점으로 고객의 욕구를 충족하였다.

⑤ 사회적 마케팅으로 친화적 이미지형성

고객들 구매 영수증의 0.5%에 해당하는 금액을 지역사회 또는 단체의 재원으로 지원하였다.

⑥ 가족이 함께 즐길 수 있는 문화형성

가족적인 광고를 통해 가족이 함께라는 이미지를 추구하며, 선명하고 밝은 느낌을 주는 노란색을 사용해 할인점이 창고라는 선입관을 씻는 데 한 몫을 하였다.

다음으로는 이마트가 월마트보다 우세했던 점에 대해 알아보고, 국내에서 이마트는 성공하였고, 월마트는 실패한 이유를 알아보자.

2. 이마트의 성공요인, 월마트의 실패요인

표 9-11 성공요인 및 실패요인

E-Mart	Wal-Mart
점포전략	
• 협소한 공간 활용을 위한 다층구조 • 백화점 형식의 인테리어 • 일방통행 방식의 매장배치 • 층별 취급품목의 구분 • 원스톱 서비스(쇼핑, 식사, 오락)	• 넓은 공간을 이용한 단층구조 • 인테리어 없는 삭막한 공장 분위기 • 높은 진열대(상품선택의 부담) • 공산품 위주로 상품을 배치
촉진활동 및 서비스 전략	
• 단체 마일리지 제도 도입 • 포인트 서비스 제도 • 신선도 만족 책임제 • TV등 공중매체를 이용한 광고 • 품질 불만족 상품 환불/교환정책 • 계산착오 보상제 등의 소비자 만족정책	• 최신상품 제공 • 계절상품을 자주 교체 • 경쟁업태의 1/5 수준인 광고비 • 종업원의 친절을 유도한 소비자 만족정책 실시 • 홈페이지를 통한 전략 거의 없음

• 홈페이지상의 다양한 정보	• 세일 등의 판매촉진 거의 없음

입지전략	
• 인구 20만 이상의 중소 도시에 진출 • 1차 상권 위주의 주거 밀집 지형 위주 출점 • 쇼핑하기 가까운 곳에 점포수를 늘리는 전략 • 신규출점을 위한 충분한 부지확보	• 인구 50만 이상의 지가가 저렴하고 구매력이 있는 곳 • 대규모 주차장 확보 위해 교통이 편한 교외 간선 도로 주변에 위치 • 미국에서의 입지 전략과 유사함 (승용차 고객을 고려하여 넓은 부지)

가격전략	
• everyday low price • 최저가격 신고 보상제 • 최저가격 2배 보상제 • 계산 착오 보상제	• everyday low price • 지역특성에 맞는 최저가 가격제 • 묶음 포장에 저렴한 가격

상품 및 재고관리 전략	
• 신선 식품류 부문을 주로 취급 • PB상품 개발 주력 • 상품재고 회전율 32 회전율로 철저한 재고관리 • 다양한 제품소개로 구매의욕 유발(3만여 가지)	• 소비재 상품 부문을 주로 취급 • PB상품 개발 주력 • 상품구색의 축소(1만 2천여 개) • 상품재고 회전율 26 회전율로 재고관리 • 신선식품에 대한 한국소비자 민감성에 대한 이해 부족

따라서 이와 같이 고객을 이해하며 고객의 눈높이를 맞추려고 노력한 이마트는 성공하였지만, 한국의 고객이 미국의 고객들과 비슷할 거라 생각하고 준비를 충분히 하지 않은 월마트는 자연스럽게 뒤떨어질 수밖에 없었다.

3. PB상품

이마트에서는 고객의 마음을 사로잡기 위한 저렴하고 질 좋은 PB상품 개발에 힘을 쓰고 있다. PB(private brand)상품이란 유통업체가 독자적으로 기획하고 제조업체에 생산을 위탁하거나 직접 생산하여 판매하거나, 또는 자체 개발한 상표를 부착하여 판매하는 제품으로 제조업체 브랜드(NB, national brand)와 구별되는 개념을 뜻한다. PL(private label products)은 소비자에게는 보다 넓은 선택의 기회를 제공하고 제조사에게는 시장 경쟁력 향상은 물론 새로운 시장 개척의 기회를 제공한다. 다음 그래프(〈그림 9-10〉)는 '04.4월~05.3월' 주요 국가별, 유통 업체별 PB점유율을 보여주고 있다(2006년 AC Nielsen 발표).

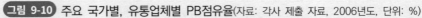
그림 9-10 주요 국가별, 유통업체별 PB점유율(자료: 각사 제출 자료, 2006년도, 단위: %)

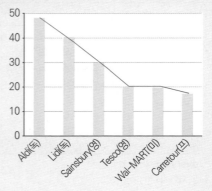

아래 표(〈표 9-12〉)를 보면 이마트가 국내 대형 마트 중에서 가장 많은 PB상품이 존재한다는 것을 알 수 있다. 즉 이마트는 고객이 어느 부분에서 만족하는지, 또 어떤 것이 필요한지를 잘 파악하였다. 이런 점으로 국내에서 높은 점유율을 차지할 수 있게 되었으며, 높은 매출을 달성하였고, 10년 동안 가파른 성장률을 기록하였다(〈그림 9-11〉). 월마트를 보면 고객을 이해하는 것이 얼마나 중요한지를 알 수 있으며, 고객의 이해 없이는 회사가 존재할 수 없다는 것을 잘 보여주었다.

표 9-12 PB상품 수

업체	브랜드 수	품목 수	주요 브랜드명
이마트	15개	3,993개	프레쉬, 베스트셀렉트, 이마트, 스마트 이팅, 해피초이스, 러빙홈 등
홈플러스	8개	8,200개	알뜰상품, 좋은상품, 프리미엄, 웰빙플러스, 프리선셋 등
롯데마트	14개	7,030개	와이즐렉, 와이즐렉 키즈, 해피바이, 롯데랑, 베이직아이콘 등
농협유통	2개	2,037개	하나가득, 하나로
GS마트	4개	2,110개	함박웃음, SnF 등
홈에버	1개	541개	홈에버
메가마트	1개	–	바스키아
계	45개 브랜드, 23,911개 품목		

그림 9-11 이마트의 유통사업 부문 성장 추이

5.9배 [매출액] 1998년 1조 8천억원 2008년 10조 9천억원	95.6배 [순이익] 1998년 60억원 2008년 5,738억원	3.1배 [고용인원증가율] 1998년 4,341명 2008년 13,643명	18.3배 [주가상승률] 1998년 26,400원 2008년 482,000원

월마트의 실패요인을 분석해보면 첫째, 부지선정 및 매장 입지전략의 실패, 둘째, 한국 소비자들의 까다로운 취향과 독특한 한국 사람들의 취향에 맞는 현지화 전략의 실패, 그리고 판촉 및 서비스 전략의 실패를 들 수 있다.

사례
9-6 소주업계의 마케팅 성공신화를 쓴 처음처럼

두산은 OB 시절부터 맥주 시장에는 튼튼한 기반을 확보하고 있었지만 소주 시장에서는 진로를 도저히 따라잡을 수 없었다. 2001년 녹차성분을 가미한 22도의 산소주를 출시한 다음 공격적인 마케팅으로 반전을 노렸지만, 곧 진로의 거센 반격과 소비자들의 외면으로 인해 시장점유율 5% 이하로 주저앉고 말았다. 이때의 패배는 두산의 직원들에게 커다란 충격이었다.

"사람들은 두꺼비밖에 모르는 모양이야."

그들이 횟술을 마시러 술집에 가도 주류진열장에서 눈에 띄는 건 진로소주뿐이었다. 기가 막혔다. 그렇지만 중원에 영원한 맹주는 없는 법, 진로가 2004년부터 법정관리에 들어가면서 주류 마케팅에 허점을 드러내기 시작했다.

■ 웰빙 소주를 만들자

때마침 소비자들의 트렌드에도 변화가 몰려왔다. 웰빙 바람으로 인해 화려한 맛보다는 순수한 맛, 강한 맛보다는 부드러운 맛, 무엇보다도 건강에 도움이 되는 음식을 선호하게 되었던 것이다. 두산으로서는 천재일우의 기회였다.

• "신제품을 만들어 다시 한 번 도전해 보자."

재기의 용트림을 하면서 두산은 소주의 기본인 물의 재료를 알칼리환원수로 결정했다. 물 입자가 작아 목 넘김이 부드러운 pH8.3의 알칼리환원수로 만든 소주는 한국인의 안주 서열 1, 2위를 다투는 삼겹살이나 생선회의 단점인 산성까지 중화시켜 건강에도 좋았다. 그야말로 웰빙 소주였다. 그러나 알칼리환원수를 대량생산할 수 있는 기계가 국내에는 없다는 것이 문제였다.

개발팀은 대용량 환원시설을 찾기 위해서 물의 천국 일본으로 향했다. 당시 우리나라의 물 처리 기술이 150가지라면 일본의 기술은 300여 가지가 넘었다. 다행히 현지의 OSG사에서 대

용량 알칼리환원수기를 생산하고 있다는 정보를 입수했다. 그런데 막상 직접 찾아가 보니 그것은 레스토랑용 기계여서 쓸모가 없었다. 다행히 물 처리 전문회사인 RGA에서 3대의 알칼리환원수기를 헐값에 내놓아 담당자들은 안도의 한숨을 내쉴 수 있었다.

• "물 문제는 해결됐다. 이제는 술이다."

그때부터 회사 연구소에서는 알코올과 알칼리환원수 혼합액의 안정성을 확보하기 위해 땀을 흘렸다. 시제품이 외부 온도에 따라 맛과 성분에 어떤 변화가 있는지를 관찰하는 가혹 실험이 수천 회도 넘게 실행되었다. 혼합액을 햇볕이 쨍쨍한 곳, 아이스박스, 실온에 두고 측정한 결과를 분석표로 만들어 체크했다. 그와 함께 미네랄 수치와 활산성 수치를 체크하며 적당한 비율을 분석했다. 그 과정에서 연구원들은 늘 술에 취해 있을 수밖에 없었다.

• "술은 마셔봐야 맛을 아는 법이지."

반복적인 연구를 통해 물의 입자가 작아질수록 맛이 부드러워진다는 사실을 알게 되었다. 연구원들은 물과 알코올의 완벽한 배합을 위해 일본에서 물의 전 처리 작업기술을 배웠고, 분자의 결합도를 높이기 위해 회전파동공법을 개발했다. 이는 소용돌이와 같은 효과를 줌으로써 알칼리환원수와 알코올의 조화로운 만남을 유도하는 방식이었다. 그 실험이 성공을 거두자 다음은 적정도수를 결정해야 하는 단계가 기다리고 있었다.

• "소비자들이 좋아하는 소주의 황금비를 찾아라."

얼마 후 시제품이 실험실을 떠나 테스터들 앞에 놓여졌다. 그들은 일주일에 음주 3차례, 주량은 소주 1병인 십여 명의 주당들이었다. 불타는 삼겹살을 앞에 두고 라벨이 붙어있지 않은 소주병이 죽 늘어섰다. 여러 경쟁사들의 소주 사이에 시제품이 끼어 있었다.

• "제발 우리 소주가 낙점 받았으면……."

두산의 직원들은 손에 땀을 쥐고 현장을 지켜보았다. 3개월이 지나도록 시제품은 낙점을 받지 못하고 있었다. 부드럽기는 하지만 독하다는 평가가 많았다. 그러나 4개월째 되는 날 마침내 시음회장에서 환호성이 울려 퍼졌다. 테스터들이 수많은 시제품 중 단 한 병에 몰표를 주었던 것이다. 그때의 소주 도수는 21도, 알칼리환원수로 만든 세계최초의 소주가 탄생하는 순간이었다.

이제는 새 제품의 이름을 지어야 했다. 부모가 신생아에게 이름을 지어주는 심정으로 이름을 공모했다. 네이밍 전문업체는 물론 프리랜서들을 통해 무려 1천여 개의 후보가 무대에 올라왔다. 그 가운데 전화 리서치를 통해 세 개의 후보로 압축한 다음 최종적으로 '아하'란 이름을 확정했다. 그런데 소비자들에게 피드백을 받던 중 제품 이름이 경쟁사에 노출되는 불상사가 일어났다. 또 다시 지루한 네이밍 작업이 진행되었다. 그러던 중 성공회대 신영복 교수의 시 '처음처럼'을 발견하게 된다.

💚 넘버원 마케팅 기법은 기존 시장에서 승리하기 위한 수단으로 자주 사용된다. 반대로 경쟁이 없는 새로운 시장에 진입하기 위해 사용되는 전략이 온리원 마케팅, 제품에 대한 욕구가 형성되지 않은 상황에서 개념조차 새로운 제품을 출시하는 것은 매우 위험한 전략이다. 하지만 거대한 경쟁자들의 틈바구니 속에서 생존할 수 있는 방법은 다음 세대에 경쟁력 있는 시장을 선점하는 것이다. 예를 들면 복합극장 CGV는 First, Best, Differentiate를 꾀하는 온리원 마케팅을 통해 다른 극장에서는 볼 수 없는 다양한 서비스를 제공하여 브랜드 가치를 높인 대표적인 성공사례이다.

처음으로 하늘을 만나는 어린 새처럼
처음으로 땅을 밟고 일어서는 새싹처럼
우리는 하루가 저무는 저녁 무렵에도
아침처럼 새봄처럼
처음처럼 다시
새 날을 시작하고 있다.(신영복 '처음처럼')

이 시를 본 개발팀 직원들은 눈앞이 환하게 열리는 느낌을 받는다. 처음처럼, 알칼리환원수로 부드럽게 만들어 술 마신 다음날 처음처럼 개운하다. 소주 이름이 이보다 더 좋을 수는 없었다. 그런데 가까스로 접촉한 신 교수는 본인의 작품이 상업용으로 쓰인다는 것을 탐탁지 않게 생각했다. 하지만 끈질긴 설득을 통해 신 교수 특유의 서체까지 받아낼 수 있었다. 그렇게 해서 소주의 이름은 '처음처럼'으로 정해졌다.

■ 소비자의 눈에 띄려면 유통경로를 잡아라

공장에서 생산된 제품이 고객들의 손에 쥐어지려면 반드시 거쳐야 할 코스가 바로 카트의 진열대이다. 하지만 그 진열대는 오래전부터 시장의 주도권을 장악하고 있는 진로소주가 차지하고 있었고, 기타 군소업체들의 소주가 빈틈을 메우고 있는 상태였다. 그런 상황에서 처음처럼이 비집고 들어갈 공간은 보이지 않았다.

아이러니컬하게도 처음처럼이 시판되었던 날이 2월 7일, 진로의 참이슬이 출시된 것은 하루 전날인 2월 6일이었다. 처음부터 영업에 엄청난 핸디캡을 안고 싸워야 했다. 도매시장의 벽도 두터웠다. 소주가 대형마트가 아니라 일반 상점에 들어가려면 중간 주류도매업소를 반드시 거쳐야 했다. 그런데 도매업소에서 쉽게 신제품을 받아주지 않았다. 물론 초기 이벤트나 광고로 인해 신제품은 소비자들에게 주목받게 마련이다. 그러면 도매상들이 일부나마 취급하지 않을 수 없다. 그러나 금세 경쟁 주류업체의 견제로 인해 자취를 감추는 일이 비일비재했다. 뿌리 깊은 유통질서의 문제점이다. 처음처럼 역시 이런 상황을 피해갈 수 없었다. 이대로 물러선다면 애써 개발한 제품은 고객들에게 맛도 보여주지 못하고 사장될 판이었다. 뭔가 다른 방법을 찾아야만 했다.

- **'가격을 대폭 낮추면 어떨까.'**

그것은 회사의 출혈을 감수하는 가장 최악의 방법이었다. 그러나 신제품을 출고조차 하지 못하고 창고에 썩힐 수는 없었다. 당시 소주는 도매점 출고가가 800원이었는데 마진에서 세금이 반이었다. 그러므로 35원을 인하하면 그 2배인 70원을 인하하는 격이었다. 그러면 도매상들로서는 무시 못 할 마진이 남게 된다.

드디어 회사 차원의 결단이 내려졌다. 국내 전 도매상에 처음처럼이 730원으로 공급되기 시작했다. 과연 그 파장은 엄청났다. 여기저기서 제품을 보내달라는 전화가 빗발쳤다. 도매상들은 현실적인 이득을 외면할 수 없었던 것이다. 비로소 정상적인 출고가 이루어졌고, 시장에서 순수하게 제품으로 경쟁할 수 있는 여건이 마련되었다.

- **"이제 우리 처음처럼의 진가를 보여줄 때가 왔다."**

그때부터 두산에서는 도매영업팀 외에도 소매점과 주점을 관리하는 특별판매조직을 가동했다. 특판팀 직원들은 발령받은 그날부터 소주박스를 들고 거리로 나섰다. 서울 도심의 유흥가별로 구역을 나눈 다음 도매상의 손이 미치지 않는 지역을 집중적으로 공략하기 시작했다.

손님이 많은 술집으로 들어가 진열장 정리를 비롯해서 신발 정리, 주차 서비스 등 온갖 궂은일을 하면서 사장들에게 처음처럼을 홍보했다. 손님들에게는 샘플 소주를 권하면서 즉석 시음회를 갖기도 했다. 그러다 취객들에게 봉변을 당하기도 했지만, 특판팀은 그런 과정을 통해 술집 사장들과 인간적인 신뢰 관계를 쌓아나갔다. 그러면서 처음처럼의 매출은 하루가 다르게 늘어났다. 술집의 손님들은 소주를 주문할 때 습관적으로 진로를 찾았다. 그러나 알칼리환원수의 마력은 손님들의 입맛을 바꿀 만큼 강력했다. 부드러운 목넘김과 알싸한 취기, 이튿날 아침 으레 겪던 숙취가 사라지자 처음처럼을 찾는 손님들이 눈에 띄게 많아졌다. 그들 중에는 소주가 너무 순해 한 병 마시던 술을 두세 병이나 마시게 된다고 투정부리는 고객도 있었다. 이런 처음처럼의 장점이 입소문으로 퍼져가자 술집 사장들도 좋아했다. 주류매출이 늘어나면 그만큼 수입도 늘어나는 건 단연지사였다. 그러자 도매상들도 적극적으로 처음처럼을 주문했다. 드디어 처음처럼이 어둠을 헤치고 하늘 높이 날아오르는 순간이었다.

인터넷에서도 처음처럼은 단연 화제의 대상이었다. 심지어는 처음처럼의 마니아까지 생겨났다. 때를 놓칠세라 두산은 '처음처럼을 사랑하는 사람들 모임'일명 처사모를 개설해 각종 정보를 서비스했다. 그러자 네티즌들은 다양한 소주 칵테일 제조법, 소주와 잘 어울리는 요리법 등으로 화답했다. 그중에 민이맘 같은 블로거는 무려 100개가 넘는 안주를 올려 최우수 마니아로 선정되었다.

- **■ 19세만 넘으면 모두 고객이다**

통계에 의하면 우리나라 전체 소주의 78%를 소비하는 헤비드링커 집단은 35~45세 연령대의 남성이다. 그러므로 소주 시장에서는 중장년층을 타깃으로 하는 광고전략이 일반적이었다. 하지만 두산은 상대적으로 주류 소비량이 낮은 25~35세의 청년층 공략에 많은 정성을 기울였다. 가장 트렌드에 민감하고 신제품 수용도가 높은 이 계층을 설득해야만 미래의 경쟁에서도 우위를 점할 수 있다는 판단이었다. 여기에는 진로라는 거인과의 전면전을 피하려는 고차원의 전술이 숨어 있었다. 이미 한 가지 입맛에 중독된 3040의 선택을 번복시키는 것은 어려운 일이었다. 승산 없는 싸움은 피하는 것이 낫다. 차라리 감성적인 2030부터 차근차근 끌어들이는 것이 여러 모로 유리했다.

당시 국내 애주가들의 주류 선호도는 소주와 맥주, 양주에 한정되어 있었다. 하지만 건전한 가족 놀이문화가 확산되는 추세인데다 술을 문화의 도구로 여기는 청년층이 늘어나면서 부드럽고 도수가 약한 술을 찾는 사람들이 많아졌다. 칠레 FTA 이후 와인 소비량이 급증한 이유도 그 때문이었다. 이 새로운 소비층은 술값에는 크게 연연하지 않았다. 재미(fun)와 문화(culture)를 향유할 수 있다면 그들은 얼마든지 지갑을 열 준비가 되어 있었다. 또 그들은 사회에서 가장 활발하게 경제활동을 하는 세대였다.

- **"우리의 타깃은 2030이다."**

그렇게 결론을 맺은 두산은 TV광고와 인터넷, 포스터 등 동원 가능한 마케팅 수단을 총동원했다. 특이한 것은 동요인 올챙이송을 계약해 브랜드 송으로 바꾸어 사용한 일이었다. 그런데 어느 날 갑자기 올챙이송이 개그프로에서 등장하더니 급기야 유치원생, 초등학생들은 물론 대학생들까지도 즐겨 부르는 국민 애창곡이 되어, 처음처럼 브랜드송도 덩달아 인기를 누렸다. 그러나 이 올챙이송은 작곡가가 경쟁사인 진로에도 저작권을 팔았기 때문에 양사 간에 신경전이 벌어지기도 했다.

분위기를 탄 두산에서는 1톤 트럭 4대를 개조해 한 달간 강남, 종로, 홍대, 분당 등에 스트리트 갤러리를 선보였다. 누구나 구할 수 있는 생활소재를 이용한 재치 있고 유머러스한 전시회였다. 사람들은 주류업체에서 이런 문화행사를 주관한다는 사실을 알고 신기해했다. 그 밖에도 '처음처럼 대학생 마케팅 공모전', 대학생 객원 마케터 형식인 '아이디어 그룹', 랩과 재즈풍의 로고송, 경쟁 제품과의 직접적인 맛 비교 행사인 'taste change'와 모델인 이효리와 함께 뉴질랜드에서 새해 첫 해돋이를 바라보는 '뉴질랜드 challenge' 등을 통해 두산은 음으로 양으로 처음처럼을 국민들의 뇌리에 깊이 심어놓았다.

어느 날 갑자기 거리에 거대한 소주병이 등장했다. 소주인형 처음돌이였다. 서울에서도 가장 젊은이들이 붐비는 신촌, 강남, 광화문 일대에 처음돌이가 뜬 것이다. 사람들은 처음돌이와 함께 사진을 찍고, 악수도 하면서 처음처럼의 팸플릿과 판촉물을 거부감 없이 받아갔다. 그날부터 인터넷 미니홈피나 블로그에는 처음돌이의 사진으로 넘쳐나기 시작했다.

처음처럼의 출시 3~4개월이 지나면서 소주 비수기인 여름이 왔다. 고기를 굽는 자리에서 주로 마시는 소주는 금방 따뜻해진다. 때문에 주류회사에서는 여름에도 고객을 끌어들이기 위해 갖가지 아이디어가 동원된다. 두산에서는 처음처럼의 인기를 계속 이어가기 위해 불 가까이 두어도 2시간 이상 소주를 차게 마실 수 있는 씨팩을 만들어 식당에 배포해 호평을 받았다. 2006년에는 사상 최초로 시음용 미니어처 처음처럼을 150만 병이나 만들어 판촉에 이용했다. 그러자 술을 마시지 않는 사람들까지 손을 내밀 정도로 인기가 좋았다. 이 미니어처는 칵테일용이나 휴대용으로도 알맞아 2030에게 대환영을 받았다. 그와 함께 소주 도수를 23도, 20도로 점점 낮추다 40대 중장년층을 목표로 더욱 부드러운 19.5도의 소주까지 만들었다. 또 여세를 몰아 VIP고객들을 위한 프리미엄 소주를 출시했다. 이것은 연령별로, 취향별로 고객들을 각개격파 하겠다는 초극세분화 마케팅 전략의 일환이었다. 이처럼 두산은 창의적이고 공격적인 처음처럼의 마케팅 전략을 통해 영원히 깨어지지 않을 것 같은 국내 소주 시장을 양분하는 쾌거를 이루었고, 미래의 주당들까지 끌어안음으로써 기업의 안정성을 제고하는 데 성공했다.

[자료: 대한민국 마케팅 성공신화]

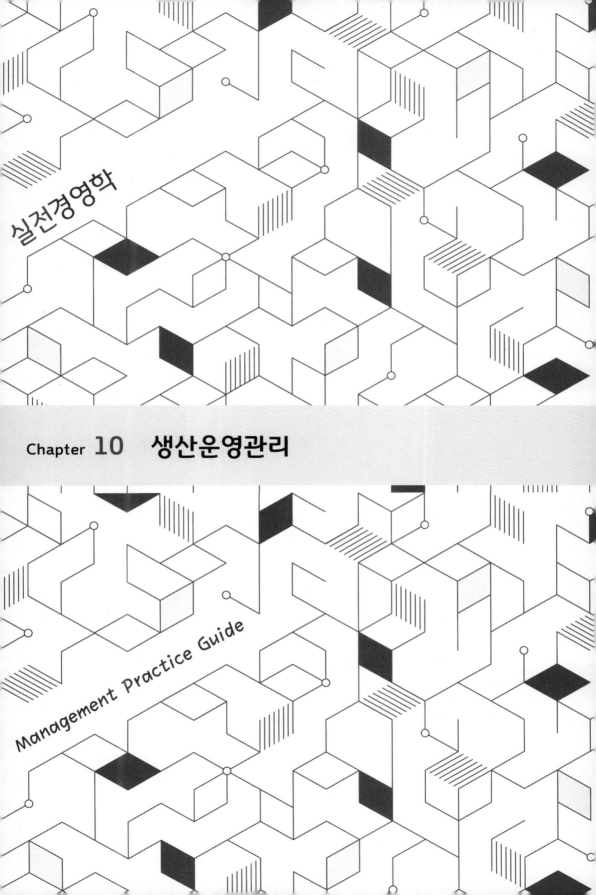

실전경영학

Chapter 10   생산운영관리

Management Practice Guide

기업은 고객의 욕구와 니즈를 충족시키는 매개체로서 가치가 부가된 제품 및 서비스를 고객에게 전달하는데, 생산운영관리는 이러한 제품 및 서비스를 산출하는 시스템 및 프로세스를 관리하는 활동이라고 할 수 있다. 따라서 생산운영관리는 기업에 속한 모든 물적·인적자원을 최대로 활용함으로써 기업의 이익을 최대화하려는 활동들을 의미한다.

또한, 생산관리는 경영에 속하는 활동 중 특히 제품과 서비스의 생산과 관련된 관리활동을 의미한다. 근래에는 생산관리라는 용어 대신에 생산/운영관리(production and operations management)라는 용어가 자주 사용되는데, 이는 종래의 생산관리는 제조업의 생산만을 대상으로 하였으나, 근래에는 생산관리가 제조업의 제품생산뿐만 아니라 서비스 생산도 대상에 포함시키게 되었기 때문이다. 경제가 1차, 2차 산업에서 3차, 4차 산업으로 발달함에 따라 서비스산업이 차지하는 비중이 점점 커지고 있으며, 특히 금융, 유통 및 수송, 의료서비스 등의 분야가 발전하고 이들에 대한 경영이 중요하게 되었다. 앞으로는 제조업에 활용하던 운영관리 기법이 서비스업에도 적용되고, 금융, 의료서비스, 지식산업, 문화콘텐츠뿐만 아니라 더 나아가 4차 산업까지 포함하는 분야의 활발한 연구가 이루어져야 할 것으로 기대한다.

생산운영관리의 핵심은 다음과 같다.

- 기업은 고객의 욕구와 니즈를 파악해서 그를 충족시킬 수 있는 제품과 서비스를 만들어 부가가치를 창출한다.
- 생산운영관리는 그러한 가치를 만드는 제품이나 서비스를 산출하는 시스템 혹은 프로세스를 효율적으로 관리하는 활동을 말한다.
- 생산시스템의 목적은 생산성 향상, 품질향상, 원가절감, 공급 및 납품 능력 향상, 그리고 융통성 및 유연성을 확보하는 것이다.

I 생산운영관리의 발전과정

① **산업혁명:** 인간의 노동력을 기계의 힘으로 대체
② **과학적 관리법:** 작업에 대한 과학적이고 합리적인 연구를 강조(테일러 &
   포드시스템)
③ **인간관계론, 조직행동론:** 작업설계에서 동기부여와 인간적 요소의 중요성
   을 강조
④ **의사결정모형과 경영과학:** 의사결정에 수학적이고 계량적인 모형의 활용
⑤ **일본 제조업체의 영향:** 품질경영, JIT 생산 등

산업혁명을 시작으로 대량생산이 이루어지면서 생산운영관리의 필요성이 본
격적으로 대두되기 시작했고, 그에 따라 생산성을 극대화하기 위한 과학적 관리,
인간관계론, 경영과학과 같은 많은 연구들이 이루어졌다. 그 후 1970년대를 기점
으로 공급이 수요를 초과하면서 소비자들의 파워가 점점 커지게 되고, 품질경영·
적시생산시스템(JIT)으로 대표되는 일본 제조업체가 많은 성과를 보이게 된다. 그
후에 일본 제조업체의 생산운영시스템을 배우려는 노력들이 우리나라 및 미국을
비롯한 많은 기업에서 시작되었다.

II 생산운영관리자의 역할

기업의 경영자 또는 관리자는 많은 활동을 수행하여야 한다, 예를 들어서 제
조업의 경우 제조팀장은(직급은 상무, 전무, 부장급) 생산관리, 제조그룹, 기술그룹,
설비그룹, 품질그룹 등을 총괄해야 할 뿐 아니라 생산실적/생산성 분석, 설비가동
률, 품질불량, 원가절감/손익, 인력관리 등 세심한 부분까지 관심을 갖고 문제를
해결해야 한다. 따라서 관리자는 이러한 경영활동을 효과적으로 수행하기 위하여
계획수립(planning), 조직화(organization), 지휘(direction), 통제(controlling) 등을 통
하여 조직의 목표를 달성해 나가도록 노력한다.

1) 계획수립

목표란 조직이 실현하고자 하는 바람직한 상태나 달성하고자 하는 최종성과

를 말한다. 목표는 관리단계(계획수립, 조직화, 지휘 및 통솔, 조정 및 통제)에 영향을 미치며, 조직 내 개인이나 집단의 노력방향에 지침을 제공한다.

계획수립은 기업의 목표를 달성하기 위해 해야 할 일의 목표수준, 일정, 실행 부문 등 활동에 대한 지침을 수립함으로써 미래 경영활동에 대한 기반을 제공하는 과정이다.

2) 조직화

기업조직에서 수행하여야 할 일을 누가 실행할 것인가를 결정하는 과정이 조직화 과정이다. 조직화는 계획과정에서 설정된 기업의 목표를 효율적이고 효과적으로 달성할 수 있도록 과업을 관리가능 단위로 세분화하고, 그 세분화된 과업활동들을 조정하는 '시스템'을 만드는 작업이다. 즉 목표달성을 위해 수행해야 할 업무의 내용을 편성하고, 직무수행에 관한 권한과 책임을 명확하게 하며, 수평적, 수직적으로 권한관계를 조정함으로써 상호관계를 설정하는 과정이라고 할 수 있다.

3) 지휘 및 통솔

기업의 경영목표, 경영계획을 어떻게 실행할 것인가 하는 문제는 관리과정의 지휘과정과 관련되어 있다. 즉 기업이 목표를 설정하고 이를 달성하기 위하여 계획을 수립하고(planning), 이를 실행할 조직을 구성(organizing)한 후에는 리더와 조직원 간의 지휘관계(directing)가 확립되어야 한다. 지휘 및 통솔은 경영자의 리더십 발휘, 구성원에 대한 동기부여, 그리고 경영자와 구성원 간의 커뮤니케이션을 다룬다.

4) 통제

통제는 관리과정의 마지막 단계로 기업경영활동의 성과(실적)와 계획(목표)을 비교하여 차이를 분석하고 피드백하여 효율적으로 목표를 달성하는 과정을 의미한다, 즉 기업의 목표달성을 위한 각 부문별 활동들이 계획대로 진행되고 있는지를 확인하고, 차이가 있으면 원인을 분석하여 피드백하고 수정행동을 취하는 과정이라고 할 수 있다.

Ⅲ 조직계층별 기능

일반적으로 조직은 책임과 권한의 정도에 따라 최고경영자, 중간경영자, 하위경영자(감독자)로 나누어져 있다. 다음은 조직의 각 계층별로 관리과정의 어떤 기능이 필요한지 살펴보기로 한다.

1) 최고경영자의 활동

최고경영층은 기업의 비전 및 미션, 장기적인 전략 및 계획, 사업구조의 결정, 기업의 성장 및 이익규모, 기업이미지 제고 등 장기적인 의사결정이 필요한 역할을 수행한다. 특히 미래에 관한 의사결정으로 신제품 개발, 신규공장 건설, 신규사업 진출/철수, 인력규모, 투자 등이 이에 속한다.

2) 중간경영자의 활동

최고경영층에 의해 정해진 목표를 수행하기 위해 중간관리층은 다시 세부적인 목표와 계획을 구체적으로 수립한다. 예를 들어서 신규공장을 건설할 경우 부지확보, 생산제품, 생산규모, 투자금액, 소요인력, 건설기간 등 세부적인 실행계획을 만들어서 실행해야 한다. 일반적으로 중간관리층에서 수립하는 계획은 최고경영층의 계획보다 훨씬 구체적이어야 한다. 또 많은 시간을 인력을 지휘하는 데 할애하는데, 이는 중간관리층이 실제로 많은 인력을 통제해야 하기 때문이다. 예를 들어서 규모가 큰 제조업체의 제조팀장인 경우, 제조팀장 밑에 각 그룹이 있고, 각 그룹별로 인력이 수십명씩 되므로, 전체적으로 수백명의 인력을 통솔하고 있다.

3) 하위경영자의 활동

일선관리자는 주로 조직의 단기 목표 달성에 노력을 기울인다. 이들은 대부분의 시간을 생산 작업자나 엔지니어, 사무직원을 지휘하는 데 사용하고, 작업이나 운영의 통제에 노력이 집중되어 있으며 계획과 조직화에는 부분적인 역할을 수행한다. 예를 들어서 제조과장의 경우, 실제 제조현장의 생산업무를 수행하고, 작업자, 조장, 반장 등 인력을 관리하고 평가하는 역할을 수행한다.

4) 통제의 중요성

계획된 목표를 달성하기 위해서는 결과(성과)를 측정하고, 이를 설정된 기준과 비교해서 평가하고 피드백 해야 한다. 예를 들어서 최고경영층은 기업의 월별 매출 및 손익을 점검하여 차질원인을 분석하고 적절한 조치를 취해야 하며, 중간관리자는(제조팀장인 경우) 매출에 영향을 미치는 생산실적을 점검하여 차질원인을 분석하고 적절한 조치를 취해야 한다. 그리고 하위감독자는 자기가 맡고 있는 공정별로 생산차질을 분석하고 그에 따른 개선대책을 수립하여 실행한다. 이와 같이 각 계층별로 주어진 목표를 달성하기 위하여 지속적으로 통제를 해나가야 전체 목표를 효율적으로 달성하고, 지속적인 성장을 이룰 수 있다. 각 계층별 관리활동의 중요도를 정리해보면 다음과 같다(〈표 10-1〉).

표 10-1 경영계층별 관리 활동의 우선순위

최고경영자	계획화(1)		조직화(3)	지휘(3)	통제(3)
중간경영자	계획화(2)	조직화(1)	지휘(2)		통제(2)
하위경영자	계획화(3)	조직화(3)	지휘(1)		통제(1)

※ 1, 2, 3: 계층별 관리활동의 중요도

Ⅳ 조직계층별 활동 영역

위에서 설명한 생산/운영관리에 관한 계획수립과 의사결정 등의 제반활동을 계층별로 분류해 보면, 모든 계획과 의사결정은 전략적(strategic), 전술적(tactical), 운영적 계획으로 구분할 수 있다.

1) 전략적 계획

전략적 계획은 가장 광범위하며 사업구조, 신규사업, 마케팅채널, R&D 센터, 새로운 공장 건설, 매출규모, 이익규모 등의 선택이 이에 속한다.

2) 전술적 계획

전술적 계획은 전략의 경우보다 범위가 좁으며 재무자원의 배분, 인력계획, 생산계획, 설비투자 등에 관한 것이다.

3) 운영계획

운영계획은 생산실적관리, 생산성관리, 설비관리, 품질관리, 재공/재고관리 등과 같은 단순 반복적인 업무가 이에 속한다.

이렇게 구분된 생산/운영관리 활동은 각 조직계층에 분담된다. 즉, 전략적 계획과 의사결정은 최고경영층에서 결정되어 중간관리층으로 전달되며, 이는 곧 중간관리층이 전술적 계획과 의사결정을 하는 데 기본이 된다. 또한 전술적 계획과 의사결정은 곧 하위경영층으로 전달되어 감독층의 운영계획과 의사결정 범위를 정해 준다. 이렇게 계획과 의사결정은 각 계층별로 연계되고 분담되며, 이에 대한 피드백은 같은 방식으로 밑에서 위로 전달된다.

계층적으로 계획과 의사결정이 분담되고 구분되어진 조직의 장점은, 위에서 설명한 시스템의 각 구성요인이 연결되어 통합성을 유지할 수 있으며, 각 부서의 관리자는 서로를 지원할 수 있는 기회가 주어져 목표와 정책, 운영상의 제약요건 등을 모두가 이해할 수 있게 된다.

Ⅴ 생산시스템

생산관리는 제품의 생산이나 서비스의 공급을 담당하는 생산시스템의 관리를 의미한다. 생산시스템이란 투입물(input)을 원하는 산출물(output)로 변환시키는 기능을 수행하는 일련의 구성인자의 총체라고 할 수 있다. 다시 말하면 제품과 서비스의 생산과 관련된 생산요소의 체계적 집합체라고 할 수 있다. 생산시스템에서 투입은 사람, 기계, 자재, 자금, 방법 및 기술, 환경(5M1E)으로 구성되고, 변환은 투입물을 효과적이며 능률적으로 결합하여 효용성이 증가된 부가가치와 제품, 서비스 등의 산출물을 만드는 기능을 의미한다. 그리고 산출물은 유형의 제품이나 무형의 서비스, 정보 등으로서 소비자의 욕구를 충족시켜줄 수 있는 효용이 있어야 하고 부가가치의 증대를 가져와야 한다.

　대부분의 기업은 제품과 서비스 모두를 생산해야 하는 경우가 많다. 예를 들어 음식점에서 고객에게 음식이라는 제품을 제공하는 동시에 신속함과 청결함, 친절이라는 서비스를 제공해야 한다. 우리나라의 국민소득이 높아지고 생활수준이 올라감에 따라 생산은 단지 제품의 생산보다도, 추가적 서비스의 제공이 더욱 중요한 부분을 차지하게 되었다.

　생산시스템에는 5개의 기본적 과정 혹은 요소가 있는데, 이는 투입(input), 변환과정, 산출물(output), 피드백(feedback), 경영관리자(manager)로 구성되어 있다(〈그림 10-1〉).

그림 10-1　생산시스템 모델

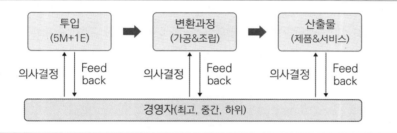

1. 투입과 산출물

　생산시스템에 있어 필요한 투입자원은 제품생산에 직접 투여되는 자원과, 투여된 자원의 변환과정에 필요한 자원으로 분류한다.

　제품생산에 직접 투여되는 자원은 제조업인 경우 원자재가 이에 속하는데, 예를 들어 휘발유를 생산하기 위한 원유, 비행기 날개를 제조하기 위한 티타늄, 장난감을 만들기 위한 플라스틱 부품, 반도체 칩을 만들기 위한 웨이퍼(wafer) 등이 그것이다.

　이러한 제품을 생산하기 위해서는 변환과정을 거쳐야 하는데, 이를 수행하려면 작업자, 설비, 엔지니어, 기술, 환경 등이 투입되어야 한다. 예를 들어 반도체 칩을 만드는 경우 반도체 제조공정에 필요한 자원은 현장의 작업자, 엔지니어, 설비, 각종 화학약품(chemical), 유틸리티(utility), 생산정보(data) 등을 말할 수 있다.

2. 변환과정

제조업에 있어 변환과정은 원자재의 형태가 변하는 것이다. 변환과정은 크게 가공공정과 조립공정으로 나눌 수 있다. 가공공정에서는 원자재의 형태가 물리적으로 변하는데, 예를 들어서 반도체 칩인 경우는 원자재(wafer)의 형태가 완전히 변화되어 새로운 가능을 갖는 집적회로(IC)가 만들어진다. 조립공정은 여러 부품들을 조립하여 형태가 변화된 완제품을 만들어 낸다. 예를 들어 자동차인 경우 약 3만 개의 부품이 필요한데, 대부분의 부품들은 공급업체에서 가공되어 납품되며, 자동차 회사가 이들을 조립하여 완성품(자동차)을 만들어 낸다. 특히 일본의 도요다 자동차와 같은 회사는 부품의 80% 이상을 공급업체로부터 납품을 받아 생산하므로 변환과정의 대부분은 조립공정이다.

서비스업에서는 변환과정이 존재한다기보다 창조과정이 존재한다고 하는 편이 옳을 것이다. 왜냐하면 서비스업은 소비자의 만족을 위해 서비스를 창조하기 때문이다. 오늘날 전자상거래 및 인터넷이 발달하면서 이와 관련한 서비스 산업이 발전하고 있다. 소형제품의 택배서비스, 유튜브를 이용한 각종 서비스(게임해설, 화장법, 제품사용법…) 등이 큰 인기를 얻고 있다. 이러한 사업은 모두 고객의 편의를 위해 서비스가 창조된 예라고 할 수 있다.

3. 경영자

경영관리자는 생산시스템에 있어 가장 중요한 역할을 하는 요소이다. 생산시스템이 효과적으로 운영되기 위해서는 숙련된 관리자가 계획을 수립하고, 이의 실행을 위한 의사결정이 필요하다. 즉 관리자는 필요한 투입물을 조달해야 하며, 변환과정을 통제해야 하고, 수요충족을 위해 적재적소에 산출물을 공급해야 한다. 또한 관리자는 생산관리, 작업수행을 위한 인원배정, 종업원의 동기부여, 원가관리, 품질관리, 설비관리 등의 문제를 해결해야 하며, 이를 위해서는 직무에 대한 경험 및 지식뿐만 아니라 지휘 및 통솔하는 능력도 요구된다.

4. 피드백

피드백이란 생산시스템의 생산과정을 모니터링하며, 모니터링하는 과정에서 수집된 정보를 이용하여 다시 생산과정을 통제하는 일련의 활동을 의미한다. 피드백 또한 정해진 성과측정방법에 따라 성과를 측정하고, 측정된 성과를 기준과 비교하여 이에 대한 대책을 마련함으로써 조직이 지속적으로 서비스와 제품을 향상할 수 있도록 한다. 제조업체의 경우 관리자는 생산현황, 품질현황, 개발현황, 판매현황 등을 정기적으로 점검하여 그 결과를 위로 보고하고, 또 필요한 지시를 받는 것이 피드백의 좋은 예라고 할 수 있다.

서비스업의 경우도 피드백은 매우 중요한 문제이다. 예를 들어, 단체여행을 주선하는 여행사는 여행자의 만족도에 세심한 주의를 기울여야 한다. 단체여행 후 여행자가 여행에 대해 불만이 생기면 다른 고객에게 여행사를 추천하지 않을 것이고, 이에 따라 여행사의 이미지는 크게 손상될 것이다. 이를 예방하기 위해서 여행사는 여행자로부터 의견을 청취하고 불만의 원인을 찾아 해결해 주는 피드백 과정이 필요하다. 피드백은 계층적으로 구분된 조직을 연결해주는 중요한 도구이다. 최고경영층은 피드백을 통해 중간관리층과 하위관리층이 주어진 목표를 어느 정도 달성했는가를 파악하여 지속적으로 수정된 계획과 목표를 하달하고, 하위관리층은 결과를 정기적으로 보고함으로서 각 계층의 연결이 가능한 것이다.

Ⅵ 생산시스템과 환경

생산시스템은 조직을 구성하는 여러 하위시스템(subsystem) 중의 하나이다. 생산시스템은 조직 내의 다른 서브시스템(마케팅, 재무, 회계, 인사 등)에서 발생하는 의사결정에 영향을 미치며, 영향을 받기도 한다. 또한 다수의 외적 환경요인들이 기업의 목표와 정책에 영향을 미치게 되는데, 이는 곧 생산시스템에 반영된다. 이와 같이 생산시스템은 조직의 외적요인(외부 환경요인)에 의해 영향을 받으며, 또 조직 내의 다른 서브시스템과 끊임없는 상호작용을 한다(〈그림 10-2〉).

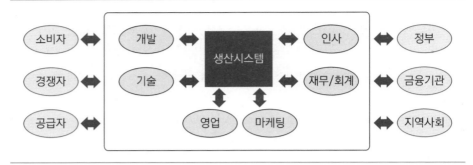

그림 10-2 생산시스템과 내·외부 환경

1. 조직외적 요인

　조직을 둘러싼 외적요인으로는 경제여건, 정부규제, 경쟁상대, 기술변화 등이 있다. 경제여건은 이자율(금리), 통화량(환율), 일반경제상태, 세금, 지역환경 등이 있다. 1980년대 중반에 3저(低) 현상으로 많은 기업들이 호황을 누린 것은 외부의 경제여건에 의해 조직의 성과가 결정된 좋은 예라고 할 수 있다.

　정부규제는 환경오염, 가격담합, 불공정거래, 소비자 피해 등을 방지하기 위해 정부가 기업 활동을 통제하는 것이다. 앞으로 환경오염 방지, 불공정 거래에 의한 소비자 피해보상, 소비자 보호 등 기업으로부터 소비자를 보호하는 차원에서의 규제가 증가할 것이며, 기업에서는 이에 대응하기 위하여 더 많은 법률전문가와 홍보전문가를 필요로 하게 될 것이다.

　경쟁자는 조직의 목표와 전략수립에 결정적 영향을 미친다. 1970년대 제일제당의 조미료(미풍)는 당시의 선두기업인 미원을 따라잡기 위하여 엄청난 규모의 광고비를 투입한 사례이다. 이러한 미풍의 전략이 미원의 전략수립에 많은 영향을 주는 것은 당연하다. 이외에도 미국의 코카콜라와 펩시콜라, 맥도날드 햄버거와 버거킹의 선두 다툼은 유명한 기업 간의 경쟁사례이다.

　기술의 발전은 조직에서의 의사결정방식, 작업방식, 생산방식 등을 근본적으로 변화시킨다. 특히 생산/운영관리 분야에서는 생산공정, 원자재 혹은 소비재 등에 있어 IT 기술이 급속도로 도입되고 있으며, 이는 곧 제품 및 서비스의 설계와 생산방식의 근본적 변화를 의미한다. 특히 가공 및 조립공정에서는 수십 개 또는 수백개의 공정을 사람이 작업하고 관리하던 방식에서 벗어나, 시스템에 의해서 작업이 이루어지고 시스템에 의한 관리가 되는 생산 환경으로 변화하고 있다. 특히 최근에는 산업계 전체적으로 인더스트리4.0, 스마트팩토리, 스마트제조시스템으로 발전하여 나아가고 있다.

2. 조직 내의 서브시스템

생산시스템은 조직외적 요인에 의해서 영향을 받을 뿐 아니라, 조직내의 다른 서브시스템과 지속적인 상호작용을 통해 영향을 받는다.

재무시스템은 자금도입, 자금사용, 투자분석, 손익분석 등의 기능을 수행하고, 재무시스템에서 결정된 사항은 제조설비의 선택, 초과시간 사용 및 수당 지급, 원가통제 등에 영향을 미친다. 오늘날에는 많은 기업들이 사업부문 또는 각 부서별로 손익(profit)을 관리하고 있다.

회계시스템은 재무, 구매, 임금, 생산과 관련된 비용과 가격의 기록, 보고, 통제의 기능을 수행하며 이에 필요한 대부분의 데이터는 생산시스템으로부터 얻는다.

마케팅시스템은 회사제품에 대한 고객의 수요창출 및 고객만족도 향상에 일차적 책임이 있으며, 이러한 기능수행을 위해 수요예측, 인력수급 예측, 생산능력 예측, 제품수송 등에 있어 생산시스템과 긴밀한 협조가 요구된다.

엔지니어링은 제품품질, 생산방식, 공정 등의 기술적 사항에 대한 지침을 생산시스템에 제공한다. 생산공정을 효율화하고, 품질을 관리하고, 새로운 기술을 개발하는 등의 업무를 수행한다.

인사관리는 인력수급, 교육훈련, 근태관리, 임금관리, 복리후생, 노사관리 등에 관한 업무를 수행한다. 생산시스템에 있어서 가장 중요한 구성요소는 역시 사람이며, 이를 관리하는 인사관리 분야의 성공적인 업무수행은 생산시스템의 성과에 결정적 영향을 미친다.

연구개발은 소재, 가공, 설계에 관해 새로운 기술 및 제품을 개발하여 기업의 경쟁력을 유지 또는 제고하는 것이 임무이다. 우리나라의 경우 고객의 욕구는 다양해지고 시장에서의 경쟁은 점점 치열해지면서 기업은 고부가가치 제품을 지속적으로 개발해 내야 하는데, 그렇게 하기 위해서는 연구개발 투자를 늘리고 기술력을 확보하는 것이 중요한 과제라고 할 수 있다.

생산시스템은 조직 내에 독립적으로 존재하는 단일시스템이 아니며, 관련된 여러 시스템과 공존하고 있다. 생산/운영관리는 단지 생산시스템만을 독립적으로 운영하기 위한 개념이 아니라, 생산시스템과 여러 서브시스템과의 상호 연결성을 인식하고 이들의 조화를 추구해야 한다. 결국 조직의 목표는 조직 내의 여러 서브시스템들이 서로 협조하고 같은 방향으로 움직일 때 달성될 수 있는 것이며, 생산/운영관리는 이의 중요한 기능을 담당하는 것이다.

Ⅶ 생산운영관리의 변화모습

생산운영관리의 주요 트렌드와 앞으로 나아갈 변화모습을 살펴보면 다음과 같다.

표 10-2 생산운영관리 트렌드

주요 트렌드	핵심 내용
공급사슬관리	• 전체 공급사슬을 효율적, 효과적으로 통합하여 관리 　- 아웃소싱(제품생산의 외주생산, 판매할 국가에서 제조) 　- 생산의 글로벌화(생산기지의 다변화, 판매할 국가에서 제조), 대량고객화(개별제품을 고객의 요구에 맞추어 생산하는 능력)
전자상거래 및 e-비즈니스	• 오프라인 기업의 온라인화, B2C·B2B 거래의 급격한 증가
비즈니스 분석 및 빅데이터	• 많은 양의 데이터를 수집하고, 다양한 데이터마이닝 기법을 사용하여 비즈니스 문제를 해결한다.
인더스트리4.0 스마트팩토리	• 고객의 요구에 맞추어 유연한 대량생산의 구현 • 프로세스 분석 및 표준화

1. 공급사슬관리(SCM)

공급사슬관리는 원자재 공급부터 공장과 창고를 통해 최종 소비자에게 전달하기까지 제품, 자재, 정보, 서비스의 흐름을 관리하는 과정에서 통합시스템 접근법을 사용하는 것이다. 아웃소싱과 글로벌화, 대량고객화와 같은 최신기법이 고객수요를 충족하기 위한 유연한 방법을 찾는 데 이용되고 있다. 고객의 기대변화에 대한 대응속도를 최대화하기 위해 핵심활동을 최적화 하는 것이다.

2. 전자상거래

전자상거래는 인터넷과 월드와이드 웹(world wide web), 네트워크의 빠른 성장에 힘입어 급속도로 발전하고 있다. 오프라인 기업들이 대부분 온라인으로 진출하고 있고, 전통적인 매장판매 형태에서 벗어나 B2C, B2B 형태의 직거래가 이루어지고 있다. 그에 따라 생산관리자가 생산을 실행하고 조정하며 유통기능을 수행하는 방식도 변화하고 있다.

3. 비즈니스 분석

비즈니스 분석은 비즈니스 문제를 보다 잘 해결하기 위하여 데이터를 분석하는 일이다. 종전에 비하여 더 많은 양의 데이터를 확보하고, 분석 과정에 데이터마이닝 기법 등 다양한 통계적 방법론을 사용하는 것이다(big data). 특히 과거에는 정형화된 데이터가 확보되어야 분석이 가능했지만, 지금은 현장에서 실시간으로 올라오는 비정형화된 데이터도 분석이 가능하다.

4. 인더스트리4.0, 스마트팩토리

인더스트리4.0(industry 4.0)은 독일 정부가 제시한 정책의 하나로, 사물인터넷(IoT)을 통해 생산설비와 생산제품 간 상호 소통 체계를 구축하고, 전체 생산과정을 최적화하는 '4차 산업혁명'을 뜻한다. 인더스트리4.0에서는 제조업체들이 기존산업에 ICT(정보통신기술)를 접목하여 제조 경쟁력을 향상시킨다. 증기기관의 발명(1차), 대량 생산과 자동화(2차), ICT와 산업의 결합(3차)에 이어, 네 번째 산업혁명을 일으킬 것이라는 의미에서 붙여진 말이다.

또한 독일은 특유의 잘 갖춰진 물류·생산설비에 사물인터넷(IoT), 사이버물리시스템(CPS), 센서 등을 접목한 완전한 자동화 생산체계를 도입해 '스마트 팩토리'를 만들었다. 독일은 오는 2025년까지 자국 내 제조업 전체를 거대 단일 가상공장으로 연결하고 전세계 시장환경을 실시간으로 파악하는 유비쿼터스 맞춤형 생산을 실현하겠다는 방침을 세워놓고 있다.

사례 9-1 코스트코의 서비스경영 성공사례

1. 기업소개

코스트코는 코스트코 홀세일 코퍼레이션으로, "코스트코 홀세일"이라는 이름하에 운영되는 전 세계 회원제 창고형 할인매장이다. 코스트코의 창립자는 솔 프라이스(Sol Price)이며 1976년 프라이스클럽이라는 이름으로 처음 사업을 시작한 곳은 미국 샌디에고 모레나 대로에 개조한 비행기 격납고였다. 처음, 소규모 회사들만을 상대로 영업을 했던 회사는 일반 회원들에게도 서비스를 제공함으로써 훨씬 큰 구매 집단을 달성할 수 있다는 것을 알게 되었다. 이러한 변화에 맞추어 창고형 매장 산업이 성장하기 시작했으며 1983년, 시애틀에 코스트코의 첫 번째 매장이 개점하였고, 코스트코는 6년 만에 매출이 제로에서 30억 달러로 성장한 최초의 기업이 되었다. 1993년 코스트코와 프라이스 클럽이 합병되면서, 회사는 프라이스 코스트코라는 이름으로 206개의 매장에서 연 160억 달러의 매출을 올렸다. 1997년 코스트코로 변경한 이후 회사는 전 세계 12개국에 530개가 넘는 매장을 가지고 있으며 약 6만 5천여 명의 직원과 2천 3백만명의 회원을 보유하였으며, 2005년 회계연도 기준으로 5백억 달러의 매출을 기록하였다. 코스트코는 지난 21년간 좋은 품질의 제품을 저렴한 가격에 공급하면서 경쟁자인 Sam's Club을 제치고 더 높은 수익을 올리고 있다.

코스트코가 한국에 들어온 것은 1994년 신세계유통이 프라이스클럽이라는 소매업자에 대해서 창고형 마트를 운영하기 위해 코스트코와 제휴를 통해서였다. 하지만 1997년 IMF로 신세계유통이 경영난에 허덕이자 코스트코에서 대부분의 지분을 인계했고 1997년부터는 지금의 코스트코라는 이름으로 코스트코코리아가 독자적으로 운영되고 있다. 코스트코는 모든 상품을 10~12%의 마진으로 유지하려는 가격 정책을 원칙으로 하여 외국상품의 비중을 20~30% 이상 판매하고 있다. 코스트코는 2001년까지 5개의 지점으로 운영되고 있다가 2008년 일산점, 2010년 부산점을 포함하여 현재 7개의 지점으로 운영되고 있다.

2. 기업의 경영이념

"돈은 매장에서 버는 것이고, 경영진은 매장의 직원과 고객을 왕처럼 대접해야 한다." 코스트코 경영자 짐 시네갈(Jim Sinegal)이 창업 시 세웠던 철학이다. 이처럼 매장과 고객들에게 애정이 많은 시네갈에게는 이것 말고도 또 다른 경영철학이 있다. 바로 제품 마진율을 15%로 고집하는 것이다. 그 이유는 15%는 회사가 충분히 돈을 벌 수 있고 고객도 만족하는 적당한 기준이기 때문이라는 것이다. 그 이상의 이익을 남긴다면 기업의 규율이 사라지고 탐욕을 추구하게 되며 나아가 고객들이 떠나갈 것이라는 게 시네갈의 생각이다. 이러한 그의 경영이념과 철학이 코스트코가 포춘지가 선정한 500대 기업에서 22위를 차지하는 쾌거를 만들어냈다. 코스트코 경영자의 말처럼 코스트코의 경영철학은 단순하다. 비용을 낮추고 그만큼의 이익을 회원들에게 돌려드린다는 것이다. 코스트코의 수많은 회원 기반, 대규모의 구매력과 끊임없이 효율성을 추구하는 회사의 욕구가 결합해 회원들에게 가장 좋은 가격을 제공하는 계기가 된다.

3. 코스트코 성공요인

1) 경영자 리더십

코스트코 경영자인 시네갈은 매장의 직원과 고객을 왕처럼 대접해야 하며, 제품 마진율을 15%로 해야 한다는 경영철학을 가지고 있다. 이는 비용을 낮추고 그만큼의 이익을 회원들에게 돌려주겠다는 것을 의미한다.

2) 전략 설정

코스트코 쿠폰북 제공은 6개월 정도의 향후 물품들에 대해 언제 사면 제품이 할인되는지 사전고지해주는 역할을 한다. 몰릴만한 히트 아이템을 주마다 분산시켜 사람들이 특정 주에 몰리지 않도록 간격을 조정하는 역할도 수행한다. 아래와 같은 코스트코의 성공요인에서 본원적 경쟁우위전략 중 차별화와 원가우위 전략을 찾아볼 수 있다.

① 차별화 전략

ⓐ 회원제 클럽

- 비즈니스 회원권: 대한민국에서 비즈니스 회원으로는 모든 사업자 등록이 되어 있는 등록 법인 및 개인 사업자, 비영리기관 및 정부기관이 가입할 수 있으며, 30,000원의 회원 연회비에는 배우자 카드 1매가 포함되고 비즈니스 회원카드를 추가할 경우 연회비는 25,000원으로 역시 배우자 카드 1매가 포함된다.
- 골드스타 회원권: 대한민국에서 골드스타 회원으로는 만 19세 이상의 일반 개인이 가입할 수 있다. 골드스타 회원권의 연회비는 35,000원이며, 배우자 카드 1매가 포함된다.
- 회원권의 혜택: 회원가입외의 추가비용이 없고. 전 세계 매장 사용이 가능하다.

ⓑ 커클랜드 시그니춰

1995년, 코스트코가 당시 코스트코가 위치한 워싱턴 주, 커클랜드 시의 이름을 따 커클랜드 시그니춰를 런칭한 이래, 현재 미국 내에서 가장 영향력이 강한 브랜드로 명망을 이어가고 있다. 자사 브랜드인 커클랜드 시그니처는 베이커리, 신선육, 서비스 델리 등 모든 종류의 제품에 사용되고 있다.

- 커클랜드 시그니처 브랜드 가치: 7조 3천억 원
- 식품 및 잡화 구매 24%는 미국, 20%는 전 세계적으로 이루어짐
- 커클랜드 시그니처 최고 인기 제품: 휴지(전 세계에서 약 5,450억 원치 판매)

ⓒ 이중보증제

영수증을 요구하지 않고, 환불기간을 정하지 않는다(컴퓨터는 6개월).

- 상품보증제(상품구입 후 상품에 대해 만족하지 않으시면, 언제든지 전액 환불)
- 회원보증제(회원가입 후 회원으로서 만족하지 않으시면, 언제든지 연회비 전액 환불)

ⓓ 전자제품 반품 정책

텔레비전, 컴퓨터, 태블릿 PC, 카메라, 캠코더, 프로젝터 상품에 대한 코스트코의 반품 정책은 구매일로부터 90일 이내(온라인 몰에서 구매한 경우 배송 완료일로 부터 90일 이내)에 가능하다. 구매일로부터 90일 이후에는, 모든 서비스 및 기술 적인 지원이 전자제품을 제조한 회사에서 보증하는 보증한도 내에서 해당 제조사 가 직접 지원을 한다.

ⓔ 소품종 고품질 제품으로 구성

월마트나 다른 매장에서 취급하지 않는 Only one 상품군을 구성하여 현실에 맞 는 제품 공급과 판매에 주안점을 둔다.

ⓕ 비정기적으로 실시하는 파격세일

시즌별로 한두 가지 인기 상품을 대규모로 방출한 뒤 판매를 마감하는 방식 또한 소비자들에게 '이번 기회에 사지 않으면 다음번엔 못 산다'는 구매욕을 자극한다.

② 원가우위 전략

- 가격메리트

현금과 수표 외에 신용카드로는 코스트코와 계약을 맺은 한 회사의 카드만 사용가 능(한국은 삼성카드) → 카드사 1곳만 거래함으로써 가맹점 수수료율 부담을 줄여 제품가격을 낮추기 위한 정책

3) 내/외부환경

① 내부 환경(효율적 인력관리)

코스트코는 동종업계보다 약 40% 높은 임금을 제공하여 입사 1년 후부터는 이직률 이 6%로 나타난다. 이에 비해, 월마트는 지나치게 낮은 임금으로 이직률이 최대 70%에 달하고 이는 곧 서비스의 질 하락과 수익저하로 연결되었다. 코스트코의 경영 철학인 "돈은 매장에서 버는 것이고, 경영진은 매장의 직원과 고객을 왕처럼 대접해 야 한다"에 따라 경영한 결과로 나타나는 것이다.

ⓐ 최적의 6가지 경영전략(six rights)

- 최적의 가격(right price): 경쟁업체의 상품가격이 코스트코보다 더 낮은 것은 없는지의 여부가 매일 체크되어야 한다. 따라서 코스트코의 바이어가 상품구매 시 최저의 가격으로 직접 구매할 수 있도록 뒷받침해줘야 한다.
- 적정한 상품기획(right merchandise): 고객이 원하지 않는 상품을 갖고 있는 것은 없는지, 고객이 원하는 상품이지만 갖고 있지 않은 것은 없는지를 생각하면서 회사가 판매를 위해 매장에 진열해야 할 상품 내용을 항상 알고 있어야 한다.
- 적정한 시간(right time): 매장의 재고나 과부족상태가 발생하지 않도록 상품 발주 기간을 항상 점검, 통제해야 한다.
- 적정한 장소(right place): 상품의 진열상태가 판매의 극대화를 이룰 수 있도록 살아 있고 생동감이 있으며, 흥미진진하게 배치되어야 한다.
- 적정한 품질(right quality): 좋은 고객서비스를 제공하기 위해 매장에 적정재고를 유지, 제품의 부족함 없이 회전율을 최대한 높일 수 있도록 해야 한다.
- 적정한 매장상태(right condition): 불량상품이나 불량포장이 있어서는 안 된다. 부서지거나 더러운 집기, 기구가 없어야 하며 매장은 항상 청결해야 된다.
② 외부환경
  • only one 상품 판매(소품종 고품질의 상품 판매)
  타 회사의 매장에서는 판매하지 않는 상품을 판매함으로써, 해당 상품의 구매를 원하는 소비자들을 매장으로 오게 만든다. 이로 인해 특정 상품을 구매하는 소비자층이 형성되고, 이 소비자들이 이후에 재 구매를 원할 때에도 오도록 만든다. 이렇게 하면 다른 회사와 비교했을 때, 다양한 소비자층과 다시 방문하는 고정 소비자층이 생겨 경쟁력에서 우위를 점하게 된다.

4. 비용에 따른 수익구조

원가가 100달러인 똑같은 물건을 판매하는 데 있어 코스트코는 비용을 11달러 정도 밖에 쓰지 않는데 월마트는 25달러 넘게 쓴다. 코스트코가 고객에게 최저가를 제시할 수 있는 것은 이와 같은 강력한 비용 경쟁력에 기반한다. 마진도 훨씬 적게 붙인다. 100달러에 들여온 물건에 대해 코스트코는 연회비까지 감안해도 3.2달러에 불과하다. 반면, 월 마트는 7.9달러의 마진 중 대부분(89%)을 상품마진에서 얻는다. 코스트코는 제조업체 등으로부터 공급받은 상품을 소비자에게 되파는 데 있어서 임대료나 인건비 등의 실비만 받을 뿐, 마진을 거의 붙이지 않는다. 월 마트처럼 전통적인 유통업에서 이익의 원천이 '상품 마진'이라는 점을 감안하면 코스트코는 매우 특이한 수익 구조를 가지고 있는 것이다. 이로 인하여 코스트코에서 판매하는 상품은 동일 제품/수량 기준으로 봤을 때 다른 어떤 유통 채널에 비해서도 싸다. 엄청난 구매력을 바탕으로 납품 단가를 및 저비용 사업구조와 현저하게 낮은 마진율 때문이다. 이것이 고객에게 주는 가치는 '다른 곳에서 사는 것보다 이익이다'라는 강력한 믿음을 심어주는 것이다.

5. 회원제 제도의 선구자

국내 회원제 제도의 선구자 코스트코는 회원제이기 때문에 일정금액을 회비로 납부하고 그 회비로 영업이익을 창출하고 있다. 회원제의 특성으로 코스트코만의 경영 전략을 펼칠 수 있을 뿐만 아니라 소비자의 급변하는 트렌드와 이동을 막을 수 있는 요소가 되기도 한다. 소비자들에게 무언가 남들이 느끼지 못하는 다른 소속감이나 우월감을 갖게 하는 것도 회원제의 강점이 되기도 한다.

6. 쇼핑의 재미

코스트코에서의 쇼핑은 '최저가'와 '좋은 품질'이라는 두 가지 조건을 충족시킴으로써 구매 결정시 걱정거리를 크게 덜어준다. 코스트코 매장은 다른 할인점과 마찬가지로 카테고리별로 상품이 진열된 위치가 대략 정해져 있긴 하지만, 개별 상품들의 위치는 갈 때마다 조금씩 바뀐다. 계절성 상품이나 신상품, 할인율이 높은 특판 상품 같은 것은 어느 날 갑자기 입고되어 어딘가에 전시되었다가 재고가 떨어지면 금방 없어지기도 한다. 예기치 않게 자신의 구미를 당기는 물건을 발견하는 경우 구매욕구가 높아지는 구매심리를 이용한다. 섹션을 안내하는 표지판이 없어, 소비자들은 평소 늘 사용하던 생활필수품들을 충분한 시간을 가지고 구경하고 구매하게 된다.

7. 양질의 수입브랜드 상품

외국계 기업답게 수입품의 비율이 37%에 육박한다. 국내제품의 원가 절감에는 한계가 있으며 외국 자회사로부터의 직수입 시 세금부문에서 원가 절감이 가능하기 때문이다. 대다수의 공산품들은 수입품이 주를 이룬다. 자사 PB브랜드 커클랜드(KIRKLAND)의 상표를 이용하며 빵과 김치 같은 경우 매장 내에 공장허가를 받아 직접 생산하고 재판매도 가능하게 하는 방식을 사용하고 있다.

8. 글로벌 기업의 막대한 자금력

유통업체로 약 6만 5천명의 직원과 약 2천만 명의 회원을 보유, 약 5백억 달러의 매출을 기록하고 있는 초대형 업체로 유통업계에서 평가를 받고 있다. 이런 면에서 국내 할인점 보다는 막대한 자금력을 보유하고 있다고 볼 수 있다.

9. 결론

① 다른 기업들과는 차별화된 가격 경쟁력

코스트코는 일반적인 유통업계 기업들과는 다르게 회원제로 운영되며, 연회비가 매출에 상당한 부분을 차지하는 구조로 운영된다. 그 결과로 상품에 대한 마진율을 현저히 낮춤으로써 소비자로부터 강력한 믿음을 주는 경영이 이뤄진다.

② 제품 공급업자를 똑같은 비즈니스 파트너로 존중하는 태도

코스트코는 공급업자 및 직원에게 최고의 혜택을 준다. 코스트코 직원들의 연봉은 유통업계 평균보다 40% 정도 더 많다(시간당 평균 20달러). 매출의 1.25%(지난해 11억 1,200만 달러)를 직원 건강의료보험 및 복지혜택에 쏟아 붓는다.

③ 창고형 마트의 선구자

다소 투박해 보일 수 있는 창고형 매장이지만, 코스트코는 상품의 품목 수를 줄이는 대신 자사의 PB 품목과 양질의 수입품목 등을 진열함으로써 품질을 높이고 경쟁력을 얻었다. 또한 계절별로 진열 방식을 바꾸어 주는 등 변화를 주며 소비자들의 구매 욕구를 자극한다.

실전경영학

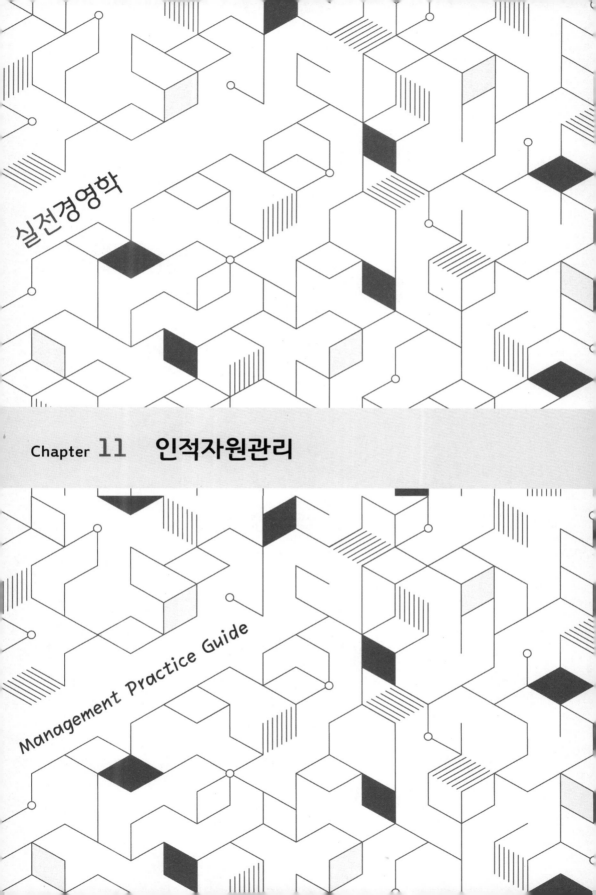

Chapter 11   인적자원관리

Management Practice Guide

인적자원관리

기업의 경영활동은 기업이 가지고 있는 자원을 투입하여 변환과정을 거쳐서 산출물을 만들어 내고, 그 과정을 관리하는 것이다. 여기서 기업은 다양한 경쟁원천을 활용할 수 있다. 그 경쟁원천 중 하나가 인적자원인 것이다. 한편, 어떤 자원은 계량화하기 힘들기도 하고 어떤 자원은 단기에는 효과가 나타나지 않기도 한다. 그러한 예 중의 하나로 인적자원은 그 효과를 계량화하기 어려우면서도 또한 비교적 장기적으로 효과가 발휘된다는 특성을 지니고 있다.

지금까지는 많은 기업들이 종업원들을 기업의 목표를 달성하기 위한 하나의 자원 또는 수단으로 여기고, 경제적인 보상을 통하여 동기부여를 해주고 관리해 왔다. 그러나 기업이 생산해 내는 모든 부가가치는 구성원들의 머리와 손을 통하지 않고는 실현될 수 없다. 따라서 구성원들에 대한 효과적인 관리는 그 나름대로의 독창적인 전략적 효과를 낼 수 있을 뿐만 아니라, 다른 자원들이 그 가치를 발휘하는 정도를 증폭시켜 줄 수 있는 효과를 낼 수도 있다. 예를 들어, 기업이 아무리 우수한 기술력과 자금력을 갖고 있다고 하여도, 이를 활용하여 더 나은 성과를 창출해 낼 수 있는 인적자원이 부족하다면 그 결과는 미미할 것이다. 기업의 성공을 결정짓는 경쟁원천으로서 인적자원이 지니는 효과는 더욱 중요하게 대두되고, 기업은 자신의 생존을 위하여 우수인력을 확보해야 하는 필요성이 절실해지는 것이다. 결국 기업이 생존하기 위해서는 자신의 경쟁전략을 성취할 수 있는 방향으로 인적자원 관리전략을 수립하는 것이 중요한 요소가 되고 있다.

인적자원관리란 기업의 목표를 달성한다는 전제하에 인적자원을 계획/조직/지휘/통제하는 과정이다. 이때 기업외부의 환경변화는 곧 기업 경영활동의 변화를 가져오고, 이는 인적자원관리의 변화를 가져온다. 따라서 개별 시스템이 아닌 열린시스템(open system)의 관점에서, 외부 환경의 변화와 이에 따른 인적자원관리의 변화를 살펴보는 것이 중요하다(〈그림 11-1〉).

그림 11-1 경쟁원천으로서의 인적관리

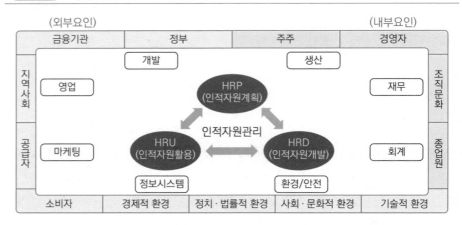

I 인적자원계획(HRP: human resource planning)

인적자원계획은 현재 및 장래에 기업에서 필요한 조직·기능을 설계하고, 조직에서 필요한 인력을 사전에 예측하여, 이를 충족시킬 수 있는 조직 내·외부의 인적자원을 수급, 배치, 정리하는 기능을 의미한다. 오늘날 기업간 경쟁력이 점점 치열해지고, 숙련된 인력의 부족, 노동조건이 강화(근로시간 단축, 임금인상, 근로제도 등)되는 여건하에서, 효과적인 인적자원의 계획수립은 더욱 더 중요시되고 있다. 이러한 인적자원계획을 보다 효과적으로 수립하면, 조직과 경영자에게 다음과 같은 직접적인 이익을 제공할 수 있다.

① 직무분석 및 조직설계를 통하여 내·외부 환경변화에 유연하게 대응할 수 있는 조직을 사전에 준비할 수 있다.
② 미래의 인력부족이나 인력과잉을 미리 예측할 수 있고, 사전에 문제를 해결할 수 있다.
③ 조직에 필요한 사람의 수와 지식, 경험, 기술의 수준을 미리 결정하여 모

집과 선발에 도움을 준다.

④ 조직의 내부 혹은 외부로부터 충원, 이동, 승진, 전직 등에 관한 참고자료를 제공한다.

따라서 인적자원계획 단계에서 조직 차원에서는 모든 직무를 성공적으로 수행하기 위하여 필요한 기술과 지식을 가진 인력을 확보하도록 전략적인 계획을 수립해야 한다. 즉, 인적자원계획의 중요성은 충원의 필요성을 확인하고, 인적자원의 이용가능성을 사전에 예측하는 것이라 할 수 있다.

1. 직무분석

직무분석은 어떤 직무를 어떤 목적으로·어떤 방법에 의해·어떤 장소에서 수행하는지 파악하고, 그 직무를 수행하는 데 요구되는 지식이나 능력, 요건을 합리적인 방법으로 파악하는 절차라고 할 수 있다. 구체적으로 직무분석은 특정 직무에 대한 특성과 요건을 정의하고, 이를 사원의 자질과 능력을 연결시키기 위해서 이루어진다.

이러한 직무분석의 목적은 첫째, 사원의 모집, 선발, 배치를 위한 필요한 정보를 얻는 것이고, 둘째, 사원의 임금관리, 승진관리에 관한 자료를 획득하고, 셋째, 개인의 역량을 높이기 위한 교육훈련 자료를 얻기 위해서이다.

직무분석은 과업중심 직무분석과 작업자중심 직무분석으로 나눌 수 있다.

과업중심은 특정직무에서 수행하는 과업이나 활동이 어떤 것인지 파악하는 데 초점을 맞추어 분석하는 반면에, 작업자중심은 특정직무를 수행하는 데 요구되는 인간의 역량이나 자질에 초점을 맞추어 분석하는 방법이다.

1) 직무기술서 및 직무명세서

직무기술서(job description)란 특정직무가 갖는 특성, 내용, 그리고 그 수행방법을 정리하여, 직무의 전체적인 성격을 파악할 수 있도록 한 기술서이다. 그리고 직무명세서(job specification)는 특정 직무를 수행하는 데 필요한 최소한의 자격요건을 규정한 기술서이다. 이는 직무의 성격을 더욱 구체화해서 밝힘은 물론, 그와 같은 직무를 수행할 종업원의 자격요건을 보다 명확히 규명함으로써, 종업원의 적정배치를 위한 유용한 자료로 활용할 수 있다. 이러한 직무기술서와 직무명세서를 통해서 경영자는 해당 직무수행에 적합한 자질을 갖춘 사람을 찾아내어 충원할 수 있다.

2) 직무평가

직무평가는 직무분석에 의해서 얻어진 직무기술서나 직무명세서를 기초로 직무에 대한 평가를 함으로써, 여러 상이한 직무가 조직에서 갖게 되는 상대적 가치를 결정하는 것이다. 이와 같은 직무평가가 갖는 기본적인 목적은 직급제도의 활용 및 종업원 적정배치와 교육훈련의 자료를 획득하는 데 있다. 직무를 평가하는 방법으로는 정성적 방법으로서 서열법과 분류법이 있고, 정량적인 방법으로 점수법과 요소비교법이 있다.

2. 모집

모집(recruitment)이란 회사가 필요로 하는 능력 있는 인재를 유인하기 위한 일련의 활동이라고 할 수 있다. 모집활동은 조직이 필요로 하는 지원자들이 적극적으로 지원할 수 있도록 필요한 정보를 제공하고, 동기를 부여하는 활동이다. 모집에서 고려할 사항은 고용기회를 공평하게 제공하는 것이다. 이는 기업의 사회적 책임과도 관련이 있으며, 사회의 모든 대상자에게 평등한 기회를 부여하고, 또 공정한 방법으로 선정하는 절차를 거쳐야 한다.

예를 들어서 최근에 부정한 방법으로 청탁을 통하여, 소위 말하는 '신의 직장'인 공기업에 입사한 사례들이 많이 발표되고 있고, 사회적인 이슈가 되고 있다.

모집방법에는 일반적으로 내부모집과 외부모집의 두 가지가 있다.

1) 내부모집

내부모집이란 자격을 갖춘 사원의 승진이나 전직 등을 통해 필요한 인력을 조직 내부로부터 모집하는 방법이다. 내부모집은 기존 사원에 대한 인사기록을 이미 갖고 있으므로 사원들에게 동기부여가 되고, 사기를 높이는 데 도움을 줄 수 있다.

기업에서는 신규사업이나 프로젝트를 추진할 때 사내공모를 통해서 지원자를 공개모집하거나, 또는 적합한 인력을 차출하는 방법을 많이 사용하고 있다. 반면에 사원들의 현재 직무에 대한 불만족 해소나 직무순환을 위한 목적으로 대상인력을 모집하기도 하지만, 관리자의 비협조 등 여러 가지 제약사항이 있는 것도 사실이다.

2) 외부모집

외부모집이란 조직외부에서 충원하는 방식으로 언론매체에 광고를 하거나, 직접 대학의 채용설명회를 통해 모집하거나, 학교의 추천을 받는 등의 방법으로 모집하는 것이다. 특정분야의 경력이 있는 전문기술자를 찾는 회사들은 헤드헌팅 회사를 통하여 모집하고 있다. 또한 채용박람회(job fair)나 지방자치단체의 구직센터를 통하여 모집하기도 한다.

단, 바람직한 모델은 기업의 사회적 책임을 인지하고, 모든 대상자들에게 평등한 기회가 부여되고, 공정한 방법으로 선정하는 절차를 거쳐서 선발하는 것이다.

3. 선발

선발은 많은 지원자 중에서 기업이 필요로 하는 자질을 갖춘 사람을 선발하는 과정이다. 일반적으로 선발순서는 모집공고, 지원서 작성, 서류전형, 직무적성검사, 면접(전공, 인성), 신체검사, 채용 등 일곱 단계로 이루어진다. 그러나 이러한 채용 절차에는 기업의 규모, 채용인력, 직무, 직급에 따라 다양한 선발방법이 이용된다. 대기업 중에서도 전체 지원자를 대상으로 필기시험을 치르는 기업이 있는 반면에, 필기시험은 생략하고 서류전형을 거쳐서 면접을 진행하는 기업들도 상당수 있다.

선발에서 중요한 점은 공정성과 유능한 인력의 선발이라고 할 수 있다. 예전에는 일부 기업들이 명문대학 졸업생들에게만 지원기회를 준다든가, 공개모집이 아닌 특별채용을 통해서 모집하는 경우가 많이 있었지만 오늘날에는 대부분의 기업들이 공정한 기준에 따라 지원자격을 부여하고, 또 공정한 절차에 따라 선발하는 절차를 거친다.

예를 들어 삼성그룹의 경우는 공개채용과 필기시험을 원칙으로 신입사원을 선발한다. 그룹 창립 초기부터 공개채용과 필기시험을 통하여 전국의 모든 대학 학생들에게 문을 열어두고, 응시기회를 부여하고, 필기시험을 거쳐서 일정한 기준 이상의 합격생을 선발하였다. 즉 출신학교나 지역에 혈연에 관계없이 일정한 기준이 되면 모두에게 기회를 부여하고 유능한 인재를 선발하였다.

Ⅱ 인적자원활용(HRU: human resource utilization)

인적자원활동은 인적자원을 조직 내에 배치하고 활용하는 것을 말한다. 여기에는 승진, 평가, 부서이동, 보상이 포함되며, 인재의 현재능력과 가능성의 파악및 효과적 활용도 병행된다. 구체적으로는 업적관리와 처우 및 복리후생, 배치와직무순환, 인사고과 등 주로 인사제도와 운영에 관련된 부분을 의미한다.

1. 인력배치

인력배치는 선발된 인력을 개인의 적성과 조직의 수요를 고려하여 적재적소에 배치하고, 개인이 해당 업무에 잘 적응하고 성과를 극대화할 수 있도록 양성하는 것이 가장 중요하다.

1) 적재적소에 배치

선발된 인력을 적재적소에 배치하는 것은 장기적으로 기업의 성과와 성장에많은 영향을 미친다. 즉, 기업에서 해당 업무에 적합한 능력이나 적성을 가진 사람을 적재적소에 배치하는 일이 매우 중요하다. 현실적으로 개인의 능력을 충분히 발휘할 수 있도록 인력을 배치하느냐 하는 것은, 일의 성과와 효율성에 밀접하게 관련되고, 그에 따라 기업은 원하는 결과를 달성할 수 있다. 일반적으로 인력을 배치하는 프로세스는 기업이 신입사원을 선발하면 맨 처음에 신입사원 입문교육을 실시한다. 이 기간 중에 각 부서에 대한 오리엔테이션이 있고, 부서별 수행하는 직무에 대하여 충분한 설명이 이루어진다. 그리고 교육이 끝나는 시점에 본인의 희망부서와 각 부서의 요청인력을 수렴하여, 수요와 공급에 맞는 부서배치를 하게 된다.

2) 인재양성

신입사원이 회사에 처음 입사하여 어떤 일을 하는가가 인재양성에 큰 영향을미치게 된다. 처음에 기업에 입사하여 어떤 일을 하는가에 따라서 그 분야의 경험이나 지식을 축적하게 되고 삶의 방향까지도 바꿀 수 있기 때문이다. 본인이 희망하고 적성에 맞는 업무를 한다면, 열정과 의욕을 갖고 맡은 업무를 훌륭히 해나가고, 그에 필요한 역량을 갖추기 위하여 자발적으로 많은 노력을 경주할 것이다. 그러나 그 반대의 경우는 어떻게 될 것인가는 하는 것은 누구나 손쉽게 생각할 수 있다. 따라서 조직구성원들이 본인의 적성에 맞는 원하는 일을 하는 경우와 그렇지 않은 경우는, 개인의 목표와 조직의 목표를 달성해 나가는 것과 사원들에게 동기부여를 하는 측면에서도 매우 중요하다고 할 수 있다.

2. 인사고과

인사고과란 사원의 승진 및 배치전환, 교육훈련, 임금결정, 인사이동을 위한 자료를 얻기 위하여, 그들이 가진 업적과 능력 및 근무태도를 평가하는 것이다.

사원들의 고과를 평가하는 방법에는 여러 가지가 있으나, 다음에서 설명하는 세 가지 방법이 주로 이용된다.

1) 서열법

서열법은 대부분의 기업이 가장 많이 사용하는 방법으로 종업원이 갖고 있는 능력이나 업무성과를 중심으로 평가하여 종합순위를 매김으로써 우선순위의 서열에 따라서 종업원의 고과를 평가하는 방법이다. 대부분의 기업들이 조직 규모에 따라서 1등부터 마지막까지 순위를 매기고, 고과는 서열에 따라 상대평가를 실시한다.

2) 대조리스트법

이것은 종업원을 평가하기 위한 표준행동을 미리 정하여 배열하고, 이에 기초하여 종업원을 평가한 다음, 해당란에 표시함으로써 종업원에 대해 고과를 하는 방법이다.

3) 평가척도법

이 방법은 종업원의 능력(역량)을 평가하기 위해서 평가요소(예: 전문성, 직무, 리더쉽, 이해력, 판단력 등)에 따른 평가의 척도를 정하고, 여기에 개인별로 표시를 함으로써 종업원을 평가하는 방법이다. 이것은 서열법보다는 더 구체적인 인사고과를 할 수 있는 이점이 있다.

이상의 세 가지 고과방법 중 어느 것을 택할 것인가는 기업의 자유이며, 인사고과의 필요성과 목적에 의해서 선택할 수 있다. 또한 인사고과에서 가장 중요한 점이 평가의 공정성이다. 인사고과의 공정성을 위한 첫 번째는 객관적으로 모두가 납득하는 것을 평가척도로 삼는 것이다. 그 예가 명확한 업적지표이다. 대부분의 기업이 조직의 목표를 계량화하여 지표로 설정하고 관리하는, 목표에 의한 관리(management by object)를 시행하고 있다(ex, 매출액, 이익, 생산량, 수율, 불량률 등). 두 번째의 시도는 평가과정의 공정성이다. 이것은 목표를 세울 때도 상·하가 같이 참여하여 목표의 수준이나 일정을 설정하고, 실행단계도 중간 중간에 진척사항을 점검하여 피드백해주고, 결과 또한 본인평가 후 상사가 평가하되 결과를 반드시 피드백하여 부족한 점에 대하여는 본인이 인지하고 향후 개선해 나갈 수 있도록 도와주는 것이다. 여기서 중요한 점은 평가는 조직의 성과를 극대화하는 것은 물론 조직원 개개인의 성장성도 같이 감안하여 이루어져야 한다는 것이다.

3. 임금관리

조직구성원들이 업적평가를 통하여 경영목표달성에 기여한 공헌도에 따라서 그에 상응하는 경제적인 보상이 이루어져야 한다. 여기에서 경제적인 보상은 임금, 상여금, 성과급, 이익배분금 등의 명목으로 금전적인 보상을 지급하는 것을 의미한다. 이러한 금전적인 보상은 기업 입장에서 보면 인건비로 비용의 주요한 부분이 되지만, 사원 입장에서는 동기부여 수단이 된다. 산업사회에서 돈은 생존을 위해서 필요한 재화와 서비스를 획득하는 수단일 뿐만 아니라, 삶을 영위하는 데 필요한 재화와 서비스를 얻게 하는 수단이기도 하기 때문이다. 사원 입장에서는 의식주를 해결하기 위한 생계비, 취미생활·문화생활·욕구충족 등 개인의 목표실현에 필요한 소득원이 되기 때문에 경제적인 보상은 매우 중요하다.

임금은 일반적으로 기본급과 능력 및 직책급으로 나눌 수 있으나, 이 밖에도 임금수준을 결정하는 데 영향을 미치는 여러가지 요인들이 함께 고려되어야 한다. 특히 종업원들이 조직에 제공한 기여도를 충분히 반영할 수 있도록 공정한 평가가 선행되어야 한다.

기업조직이 임금관리를 효율적으로 수행하게 되면, 다음과 같은 경영상의 목표를 실현할 수 있다.

- 기업이 필요로 하는 역량있는 종업원을 확보할 수 있다.
- 채용된 종업원을 기업에 계속 머물러 있게 할 수 있다.
- 전체적인 비용을 합리적인 수준으로 유지할 수 있다.
- 종업원들을 보다 열심히 일하도록 하여 승진으로 유도할 수 있다.
- 종업원들로 하여금 보다 큰 목표를 갖고 노력을 기울이도록 독려할 수 있다.
- 종업원의 노력을 경영자가 바라는 방향대로 이끌 수 있다.
- 조직 내에서의 균형을 유지할 수 있다.

1) 임금수준과 임금구조

기업에서 종업원의 임금구조 및 복리후생에 영향을 미치는 요인들은 〈그림 11-2〉와 같고, 임금수준은 일반적으로 기본급과 능력 또는 직책급으로 나눌 수 있다.

그림 11-2 임금에 영향을 미치는 요인

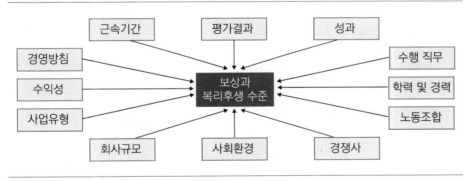

① 기본급

기본급이란 조직이 개인의 직무에 대해서 지급하는 실제 임금액의 평균치를 말하는 것으로서, 직급과 연속연수에 따라 정해진 금액을 말한다. 일반적으로 기업에서 상여금을 지급할 때 기준이 되는 임금이 기본급이다. 기본급의 책정은 기업의 지급능력과, 위 〈그림 11-2〉처럼 여러 가지 요인들이 임금수준의 결정에

커다란 영향을 미친다. 뿐만 아니라 임금수준은 단체교섭의 과정을 통해서 결정되기도 한다.

② 능력 및 직책급

이것은 조직 내에서 직무의 책임이나 의무에 비례해 임금을 책정하는 임금구조로서, 상대적 임금구조라고도 한다. 즉, 직무는 하위계층의 직무에서부터 최고경영층의 직무로 구분되는데, 이에 따라 임금을 지급할 때 수직적 임금구조가 형성된다.

직책급은 어느 특정 직무에 대한 보상과 조직에 대한 기여도 간의 관계를 수립하는 것이고, 또 조직 내에서 급여에 대한 공평성을 유지하도록 하는 것이다.

능력급은 동일 직급 내라고 할지라도 개인의 업무성과나 능력에 따라 상대적으로 차등하여 책정된다. 오늘날 대부분의 기업이 경영목표를 달성하고, 성과에 따른 보상 및 동기부여 측면에서 연봉제를 시행하고 있다.

종업원들은 자신의 직무나 책임을 타인과 항상 비교하여 공정한 임금인지를 확인한다. 이와 같은 임금구조를 수립하기 위해서는 조직 내에서 일정직무가 갖는 직무의 상대적 가치를 평가해야 하는데, 이는 직무평가로써 가능하게 된다.

2) 임금시스템 및 인센티브

일반적으로 임금시스템은 기본급, 능력급, 직책급, 상여금, 성과급, 이익배분금, 시간외수당, 인센티브, 연차수당, 그리고 복지혜택과 기타 서비스 등으로 구성된다.

예를 들어서 삼성의 초과이익분배금(profit sharing)은 매년 초 계획한 이익 목표를 초과달성하면, 연말 실적 발표 후 초과이익의 최대 30%를 사원들에게 나눠주는 특별 성과급 제도이다. '성과 있는 곳에 보상 있다'는 이건희 회장의 경영철학에 따라 2001년에 도입돼 삼성의 경쟁력을 높인 보상체계로 자리잡았다고 평가 받는다. 회사별, 사업부별 실적에 따라 임직원이 연봉계약 때 서명한 기본연봉의 0~50%가 지급된다. 그러나 사업부문별로 매출 및 이익률이 다르기 때문에, 사원들 입장에서는 동일하게 일을 하고 성과를 냈어도 차등해서 지급받아야 하는 문제점도 지적되고 있다.

3) 유지관리

유지관리는 승진, 이동, 사직, 강제로 퇴출시키는 해고(lay off), 명예퇴직, 희망퇴직 등의 경우에 지급되는 금전적인 보상체계이다. 이러한 일들을 사전에 예방하기 위해서라도 인력계획을 수립할 때 사전에 반영하여 적절한 대책이 필요하다. 오늘날 많은 기업들이 불경기로 인해 생산량이 급감하고 긴축경영 필요시 생존을 위하여, 또는 기업 경쟁력 강화를 위하여 수시로 구조조정을 하고 있으며, 희망퇴직이나 명예퇴직을 시행하고 있다. 희망퇴직이나 명예퇴직은 일반적으로 본인의 의사에 반하여 회사의 필요에 의해서 이루어지며 그에 따른 보상이 주어진다(근속기간 및 남은 근속기간에 따라 연봉 기준으로 6개월~3년치 지급).

4) 연봉제

연봉제는 업무성과에 따라 임금을 1년 단위로 계약하는 제도을 말한다. 즉 사원의 능력 및 실적을 평가하여 계약에 의하여 연간임금액을 결정하고 이를 매월 분할하여 지급하는 능력중시형 임금지급체계를 의미한다. 종업원이 수행하는 직무의 특성에 따라 임금결정이 달라지는 직무급이나, 종업원의 연령·성별·근속연수 등에 따라 이루어지는 기본급과 달리 종업원이 수행한 성과결과에 의하여 임금이 결정되는 성과급의 일종이며, 개인과 회사 간의 개별계약에 의한 개별성과급을 특징으로 한다.

국제경쟁력이 강화되고 개인의 창의성 발휘와 가치창조를 통한 기업성과의 극대화가 요구됨에 따라 많은 대기업과 일부 공기업에 도입이 확산되고 있다. 연봉제 도입의 장점으로는 다음과 같은 것들이 있다.

① 능력과 실적이 임금과 직결되어 있으므로 능력주의, 실적주의를 통하여 종업원들에게 동기를 부여하고 의욕을 고취시켜 조직의 활성화와 사기앙양을 유도할 수 있다.
② 국제적 감각을 가진 인재를 확보하기가 쉽다.
③ 기업의 복잡한 임금체계와 임금지급구조를 단순화시켜 임금관리의 효율성을 증대시키는 효과가 있다.

그러나 평가결과의 객관성과 공정성에 대한 시비가 제기될 수 있고, 연봉액이 삭감될 경우 사기가 저하될 수 있으며, 종업원 상호간의 불필요한 경쟁심이나 위화감 조성, 불안감 증대 등의 문제점도 제기되고 있다.

Ⅲ 인적자원개발(HRD: human resource development)

인적자원개발의 최종 목표는 조직원의 역량개발과 업무개선을 통해 성과향상을 이루는 것이다. 인적자원개발은 조직의 성과 창출을 위해 인적자원을 개발하고 개선시키는 최적의 방법을 결정하는 과정, 훈련, 개발, 교육 외적인 해결책(non-training interventions)의 총체적인 접근을 포함한다. 또한 경력개발을 통하여 개인의 목표와 조직의 목표를 달성하기 위한 체계적인 관리가 이루어지고 있다.

1. 교육훈련(training)

교육훈련이란 기술교육을 통하여 업무에 필요한 지식을 습득케 하고, 또 다른 하나는 정신교육을 통하여 회사에 대한 소속감을 높이고, 생산성 제고에 기여할 수 있게 하는 과정이다. 이러한 교육훈련으로 유능한 인적자원을 확보하고, 그들이 가진 잠재적 능력을 경영목표 실현에 최대로 활용할 수 있으며, 또한 개인적 성장을 실현시켜 줄 수 있다.

1) 교육훈련의 필요성

교육훈련이 필요한 시기는 첫째, 사원이 처음 조직에 들어왔을 때, 둘째, 사원이 새로운 직위나 직무를 부여받았을 때, 셋째, 평가결과 사원이 직무를 효과적으로 수행하는 데 필요한 능력이 부족하다고 판명되었을 때이다.

효과적인 교육 프로그램이 되기 위해서는 다음의 몇 가지 지침을 따라야 한다.

- 사원들에게 배우고자 하는 동기를 부여할 것
- 학습에 도움이 되는 분위기를 조성할 것
- 습득해야 할 기술과 기능이 복잡한 경우는 교육과정을 몇 가지 단계로 세분화 할 것
- 피교육자에게 훈련의 성과를 피드백 시키고, 학습의 결과로 나타난 부족한 점을 보강할 수 있도록 할 것

2) 교육훈련의 방법

종업원의 잠재적 능력을 위한 교육훈련 방법에는 강의식 방법, 회의식 방법,

사례연구법, 역할연기법, 브레인스토밍(brainstorming) 등이 있다. 교육훈련은 신입
사원은 물론이고 기존사원이나 경영자를 대상으로 지속적으로 교육을 실시함으로
써 교육훈련의 총체적 효과를 거두어야 하는데, 그 방법으로는 집합교육 또는
On-line교육, 현장학습교육 등이 사용되고 있다.

① 현장학습(on the job training: OJT)

현장학습 교육은 업무수행능력을 향상시킴으로써 사원에게 안정적인 변화를
가져다주며, 이는 OJT(On the Job Training)라고도 한다. OJT는 "모든 문제의 답은
현장에 있다"라는 개념 아래 현장경험을 통하여 현장을 정확히 이해하고, 전체
프로세스를 이해해야 업무성과를 극대화할 수 있다는 장점이 있다. 일반적으로
OJT는 신입사원 또는 경력사원을 대상으로 제조현장의 업무를 직접 경험하게 한
다든가, 또는 맡은 직무의 업무를 선배사원과 일을 통하여 배우는 방법으로 진행
한다.

② 연수(off the job training: OFFJT)

연수는 직장을 벗어난 교육으로 OFF-JT라 하는데 인재육성을 위한 보조적인
수단이다. 연수는 단기적 학습에 유용한 OJT와는 달리 현장에서는 접할 수 없었던
새로운 학습대상을 체계적으로 접한다는 점에서 장기적인 학습에 의미가 있다.

이러한 연수에는 신입사원교육, 관리자교육, 승격자교육, 각종 직무교육 등이
있는데, 연수는 다음의 세 가지 면에서 의미를 갖고 있다. 첫째는 새로운 지식의
전달이고, 둘째는 연수에 참가한 사람들 사이에 인적 네트워크가 형성되고, 셋째
는 재충전 기회의 부여이다. 일상의 반복적인 업무에서 벗어나 새로운 환경에서,
새로운 지식을 습득하고, 새로운 사람을 만나고, 자신을 재충전(refresh) 할 수 있
는 기회를 제공한다는 것이다.

2. 경력개발(career development)

경력이란 개인이 직장생활을 통하여 얻게 되는 경험 및 지식을 의미한다.
경력개발이란 개인의 경력목표를 설정하고, 조직의 목표와 개인의 목표가 일치
될 수 있도록 각 개인의 경력개발을 지원하는 활동을 말한다. 이러한 경력개발
이 필요한 이유는 조직구성원이 기업에 근무하면서 개인의 잠재력을 최대한 발

휘하고, 성과를 극대화하려면 지속적인 교육훈련이 필요하다. 그러나 경력개발이 개인적인 욕구에 의해 출발한다고 하지만, 어디까지나 조직의 필요한 인력계획과도 같이 연계되어야 한다. 따라서 기업은 조직의 목표와 더불어 개인의 적성과 성장을 같이 고려하여, 사원의 부서배치나 담당업무(job)가 부여되는 것이 바람직하다.

우리나라에서 외환위기(IMF) 전에는 회사는 사원들의 정년을 보장해주고, 사원들은 회사를 신뢰하고 회사를 위하여 충성을 다하여 일하였다. 그러나 오늘날에는 많은 기업들이 기업의 경쟁력 확보를 위하여 구조조정을 상시적으로 시행하고 있고, 회사는 더 이상 사원들의 정년을 보장해주지 않는다. 따라서 사원들의 경력개발이 점점 중요해지고 있으며, 많은 직장인들이 자기분야의 전문가로서 경쟁력을 갖추기 위하여, 자기개발 및 경력개발에 관심을 갖고 시간을 투자하고 있다.

사례 11-1 SK텔레콤의 구성원간의 신분격차 감소

"인간 위주의 경영을 실현하는 수평적이고 창의적인 기업 문화"

SK에서는 SKMS(SK management system)라는 SK만의 경영 철학과 일처리 방식을 모든 구성원이 공유하고 학습하도록 하고 있다. SKMS에서 제시하는 가장 근본적인 경영 철학은 '인간 위주의 경영을 통한 SUPEX(super excellent) 추구'다. SK는 이를 위해 모든 구성원들이 자발적이고 의욕적으로 일할 수 있게 물리적·제도적·심리적 환경을 구축하고자 한다.

■ 자율적 사업 제안 제도 'T 두드림'

'T-두드림' 제도는 구성원들이 자유롭게 사업 아이템을 제안하면 별도의 보고체계 없이 CEO가 직접 평가한다. 채택될 경우 해당 구성원에게 PM(project manager) 자격을 주고, 사업 지원 비용도 제공하는 등 파격적인 인사 및 비용 지원이 이어진다. 이는 구성원들의 자발적이고 의욕적인 참여를 통한 성장문화 구축 및 신성장 비즈니스 발굴을 위해 2009년 9월부터 시행되고 있는 프로그램으로, 사내 인트라넷에 별도 메뉴를 구성, 구성원이라면 누구나 참여할 수 있다. 'T-두드림' 제도는 1차 평가부터 CEO가 직접 평가에 참여해 사업화를 추진하는 제도라는 점에서 기존 아이디어 사업화 프로그램과는 차별된다. 구성원 활동에 대한 포상은 제안 및 각 평가단계 통과 시 수여하며 고과, Band-up, 육성, 포상 등 다양한 측면에서 구성원에게 혜택을 제공한다.

■ **자유로운 소통문화 '소통 경영'**

SK텔레콤의 정만원 사장이 가장 강조한 것이 바로 소통이다. 소통을 통해 회사 성장과 비전에 대한 공유 및 공감을 활발히 하는 것은 물론, 사장과 임직원 모두가 서로를 신뢰하는 문화를 만들어 가고 있다.

정만원 사장은 취임 이후 회의, 면담 현장 방문, 사내방송 및 사보, 인트라넷 등 온오프라인을 넘나들며 임직원들과 소통을 진행하고 있다. 정 사장은 임원·팀장 워크샵을 진행해 해외 지사에 있는 임직원들이 한자리에 모이기도 했고, 상반기에는 현장경영활동(MBWA; management by wandering around)을 통해 각 지역에 있는 직원들을 직접 찾아가 만나기도 했다. 이 외에도 SK텔레콤은 사내방송, 사보, 엘리베이터 LCD 운영, 사내 인트라넷의 '소통 한마당' 코너 등을 통해 CEO와 임직원 모두가 활발히 소통하는 문화가 정착 중이라는 평가다.

■ **수평적 직위체계 '매니저 제도'**

수평적이고 창의적인 조직 문화 확산을 위해 수직적 상하관계를 나타내는 직위체계와 호칭을 능력과 성과중심으로 변경했다. 즉, 팀장을 제외한 부장, 차장, 과장, 대리를 모두 매니저로 단일화한 것이다. 이에 따라 사원/대리/과장/차장/부장 등 과거 직위체계는 역량과 성과 중심의 Band 체제로 통합 변경되고, 기존 직책명을 유지하는 직책자(본부장, 실장, 팀장 등)를 제외한 비직책자들은 호칭이 '매니저'(manager)로 모두 단일화됐다. SK텔레콤은 수직적 상하관계를 보여줬던 직위체계와 호칭을 능력과 성과 중심으로 변경함으로써 보다 수평적이고 창의적인 조직 문화를 확산되고, 구성원의 역량을 극대화하는 효과 등 두 마리의 토끼를 잡겠다는 의지가 엿보인다.

사례 11-2 기업의 인적평가 사례

1. 평가제도 개요

1) 업적평가

① 평가주기: 연 1회(업무목표 수립은 연 2회, 상/하반기)

② 평가방법: 1차(본인), 2차(1차 상사), 3차(2차 상사, 결정)

③ 주요내용: 창조적 업무, 혁신업무, 일상업무, 자기개발, 수명업무…

④ 평가방법: 상대평가

2) 역량평가

① 평가주기: 연 1회(매년 하반기)

② 평가방법: 1차(본인)/다면평가(동료/후배), 2차(1차 상사), 3차(2차 상사, 결정)

③ 주요내용: 전문지식, 업무열정, 책임감, 인간관계, communication, 자기개발…

④ 평가방법: 상대평가

3) 연봉등급 결정

① 업적평가+역량평가 반영: 개인별 연봉등급 결정

② 평가결과 본인 feedback(상사 1:1 개별면담 실시)

③ 연봉계약(매년 초반)

2. 평가항목(역량평가)

표 11-1 역량평가 항목

NO	문 항	부진	미흡	보통	우수	탁월
1	기본적인 인품과 예의를 갖추고 상대방을 배려한다.					
2	일상 및 회사생활에서 솔선수범함으로써 부서 내의 신뢰를 얻는다.					
3	어떤 상황에서도 자신의 감정과 행동을 균형감 있게 조절, 유지한다.					
4	법과 윤리를 준수하고 정직하게 행동한다.					
5	회사에 대한 자부심과 긍지를 바탕으로 회사의 명예를 지키기 위해 노력한다.					

NO	문 항	부진	미흡	보통	우수	탁월
6	조직의 발전을 위해 공동체 의식을 가지고 생활한다.					
8	현재에 만족하지 않고 항상 더 나은 방법이나 대안을 찾고자 고민한다.					
9	기존의 틀을 뛰어넘는 독창적이면서도 실현 가능한 방안을 제시한다.					
10	어려움이 예상되는 일이라도 할 수 있다는 신념으로 과감히 도전한다.					
11	주인의식과 책임감을 가지고 주도적으로 업무를 추진한다.					
12	자신의 업무에서 최고의 수준에 도달하기 위해 열정과 노력을 다한다.					
13	상대방의 말을 적극적으로 경청하여 핵심을 파악한다.					
14	자신의 주장을 명확하게 전달하여 상대방의 이해와 공감을 쉽게 이끌어낸다.					
15	열린 마음으로 다양한 의견을 수용하고 상하간 원활히 의사소통 한다.					
16	상대방(고객과 임직원)에게 먼저 다가가는 격의 없고 친밀한 대인관계를 유지한다.					
17	조직 내외의 다양한 분야의 사람들과 폭넓은 네트워크를 형성하고 긴밀히 교류한다.					

1) 다음 12가지 역량 중 본인의 강점역량과 개발필요 역량을 선택하고, 구체적 관찰내용을 기술해 주시기 바랍니다.

(1) 신뢰	(2) 윤리의식	(3) 창의	(4) 업무열정
(5) 커뮤니케이션	(6) 네트워킹	(7) 외국어능력	(8) 전문지식/기술/경험
(9) 인재육성	(10) 학습능력	(11) 성과창출	(12) 조직문화구축

• '강점 역량'을 3개 선택하고, 구체적 관찰내용을 기술해 주십시오.

NO	강점 역량	관찰 내용
1		
2		
3		

• '개발필요 역량'을 3개 선택, 구체적 관찰내용을 기술해주십시오.

NO	개발필요 역량	관찰내용(동료 · 후배)/개선계획(본인)
1		
2		
3		

3. 능력평가 및 개발

표 11-2 능력평가표

항 목	착 안 점	본인평가
기본인품 및 자 세	인간미·도덕성: 자신을 희생해서라도 상대방(고객, 상사, 동료, 부하 등)을 아끼고 도와주며, 힘든 업무도 마다하지 않고 성실히 수행하고 있는가	
	진취정신: 새롭고 어려운 업무도 실패를 두려워하지 않는 강한 집념과 과감한 도전의식을 갖고 최선을 다하여 수행하고 있는가	
	자기계발: 항상 자기관리에 철저하고, 업무수행에 필요한 전문지식 함양과 자신의 능력개발을 위해 부단히 노력하고 있는가	
	정보공유: 자신이 습득한 정보, 지식, 경험 등을 다른 사람에게 적극적으로 전파하고, 이를 공유하려는 노력을 하고 있는가	
문제해결 능력	기획력: 주어진 목적을 달성하기 위하여 그 방법, 절차 및 순서를 구체적으로 계획할 수 있는가	
	문제분석·판단력: 자신의 업무를 효과적으로 하기 위해 주어진 문제를 정확히 분석하고 판단할 수 있는가	
	조직관리·추진력: 목적을 달성하기 위해 주어진 자원을 조직화하여 목표를 효과적으로 달성할 수 있는가	
부하육성 능력	부하육성능력: 부하의 능력·적성을 정확히 파악하고, 동기부여와 지도를 통해 능력을 향상시킬 수 있는가	
	리더십: 부서내의 리더로서 부서의 목표달성을 위해 항상 솔선수범하고, 팀워크를 원활히 할 수 있는가	

종 합 의 견	1 차 고 과 자	강 점 :	확 정 등 급	(A)
		보완점 :		(B)
		등급의견 : A, B, C, D 성명 : (확인)		
	조 정 · 결 정 자	강 점 :		(C)
		보완점 :		
		등급의견 : A, B, C, D 성명 : (확인)		(D)

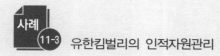

사례 11-3 유한킴벌리의 인적자원관리

1. 유한킴벌리의 교육훈련

■ 평생학습을 통한 창조경영의 실천

유한킴벌리는 직원들의 과로로 인한 사회적 위험과 저 생산성을 극복하고, 평생학습을 통해 직원들의 창의성과 역량을 극대화하는 데 많은 노력을 기울이고 있다. 이러한 기업문화는 사원들의 활발한 창의적 아이디어와 제안을 가능하게 하여 혁신적인 제품의 개발과 생산성 향상, 품질경영에 밑거름이 되고 있다.

■ 평생학습 시스템, 독창적이고 혁신적인 문화 창출

유한킴벌리의 독창적이고 혁신적인 문화에 기여하고 있는 평생학습 시스템은 생산·기능직 사원들을 위한 4조 2교대 근무, 영업직 사원들을 위한 현장 출퇴근 근무 방식, 지원직 사원들의 시차 출퇴근제 등과 학습 프로그램을 통해 시행되고 있으며, 이러한 근무 제도는 일과 개인의 삶의 균형을 이룰 수 있는 가족 친화 경영의 바탕이 되고 있다.

평생학습 시스템은 사원들이 충분한 휴식과 학습을 할 수 있도록 함으로써 사원의 안전을 확보하고, 사원들의 역량을 지속적으로 향상시킴으로써 업무 능력 향상은 물론, 은퇴 후 제2의 인생을 설계하는 능력도 확보할 수 있도록 함으로써 고령화 사회를 대비하는 일이기도 하다. 특히 생산·기능직 사원들은 평생학습 시스템을 통한 학습기회를 활용하여 생산 프로세스를 면밀하게 이해하고, 문제분석을 통한 해결 방안을 스스로 발굴하는 능력을 높일 수 있었으며, 다양한 제안을 통해 업무를 개선하고 창의적인 아이디어를 실제 업무에 적용함으로써 생산성 향상, 원료 절약과 불량률 감소, 신상품 아이디어 등에 많은 기여를 하고 있다. 4조 2교대 근무자의 연간 교육 시간만 300시간이 넘을 정도다.

평생학습 제도 시행 전인 1997년 3,900억 원이던 매출은 2008년 1조를 넘어섰고, 기저귀 생산성('97 vs '09)은 시간당 23,000개에서 52,300개로 127%나 높아졌다. 재해율도 해마다 낮아져 2009년에는 무사고를 기록하기도 했다. 이러한 놀라운 성과를 통해 유한킴벌리의 평생학습 체제는 고용창출은 물론 높은 생산성과 지식노동자들을 배출하며 가족친화경영과 더불어 고령사회를 대비하는 성공적인 시스템으로 인정받고 있다. 유한킴벌리의 평생학습 시스템과 창조 경영 사례는 그동안 많은 언론을 통해 소개됐으며, 많은 기업들의 벤치마킹 대상이 되기도 했다.

사례 11-4 현대 모비스의 조직 동기부여 및 활성화

1. 사기진작 프로그램

① 해외여행제도(2000, 7월부터 시행중)
- 임직원의 글로벌 마인드 함양을 위한 프로그램
- 2~3명으로 구성된 팀 단위로 여행기간은 14박 15일 이내로 설정해야 함
- 대상자는 본부별로 심사하여 선정함(여행지역 중복, 공정한 기회부여 측면 등을 고려)
- 여행경비 일체를 회사에서 지원하고 있으며, 매월 한 팀이 세계 각 지역을 여행함

② 춘계/추계행사 및 IT경연대회
- 4월 환경보호 활동 & 전 임직원이 참여하는 놀이마당을 시행
- 가을에는 사업장별로 전체 산행을 통해 화합의 장을 마련
- 임직원들의 정보화 마인드 함양 & 조직 단위별 활성화를 위해 IT 경연대회를 시행함(DDR, 스타크래프트, 정보사냥 대회 등)

③ 대학생 관련 프로그램 운영
- 대학생들을 위한 해외 배낭여행제도(mobis global explorer)
- 프로구단 운영 & 대학생 농구대회 개최
- 모비스 통신원 제도 시행

④ 이문화 주간
- 신규 해외진출 지역 또는 중요 지역에 대한 이해와 학습을 위한 프로그램
- 행사기간 중에는 직원들의 학술발표, 현지인 초청강연, 영화상영, 퀴즈대회 및 사진 전시회 등을 통한 참여의 장을 마련함

2. 조직 활성화 워크샵
- 사전에 직원의식조사를 실시하여 이를 통해 조직간/조직 내 문제점을 분석하고 효과적으로 해결할 수 있는 방법을 검토함
- 조직 내 커뮤니케이션의 문제를 극복하고, 실천적 대응방안을 강구하는 프로그램
- 워크샵에 참가한 직원들은 모두 동등한 위치에서 자유롭고 격의 없는 토론으로 조

직 내 문제점과 해결방안을 적극적으로 모색함

- 워크샵 결과는 현장에서 발표하여 채택여부가 바로 결정됨

3. 전사 사업장 교류회

전 임직원이 지방 각 사업장을 견학하고 사업장간 교류를 통해 현장을 이해하는 시간을 마련함(1박 2일)

4. 단위 조직별 조직 활성화 프로그램

① Mobis China Club
- 중국시장 진출에 맞춰 중국을 학습하고 이해하는 학습조직을 출범함
- 어학 프로그램 개설, 중국 공관직원 초청 세미나 및 현지문화 체험을 위한 중국 어학연수 등을 실시함

② 임원특강
- 각 임원들은 직접 선택한 주제와 특강 대상자를 선정하여 분기 1회 임원특강을 개최
- 임원이 담당하고 있는 사업부문 포함 타 부문을 대상으로 하여 본부 알리기에 적극 참여
- 특강 종료 후 즉석에서 캔미팅 or 호프타임으로 진행

③ 단위조직 활동
- 동호회 형태의 다양한 조직 활동이 있음

④ global mobisian festival
- 국내 및 해외법인 모두가 참가하는 프로그램임
- 조직 내 및 조직간 커뮤니케이션 활성화에 크게 기여함

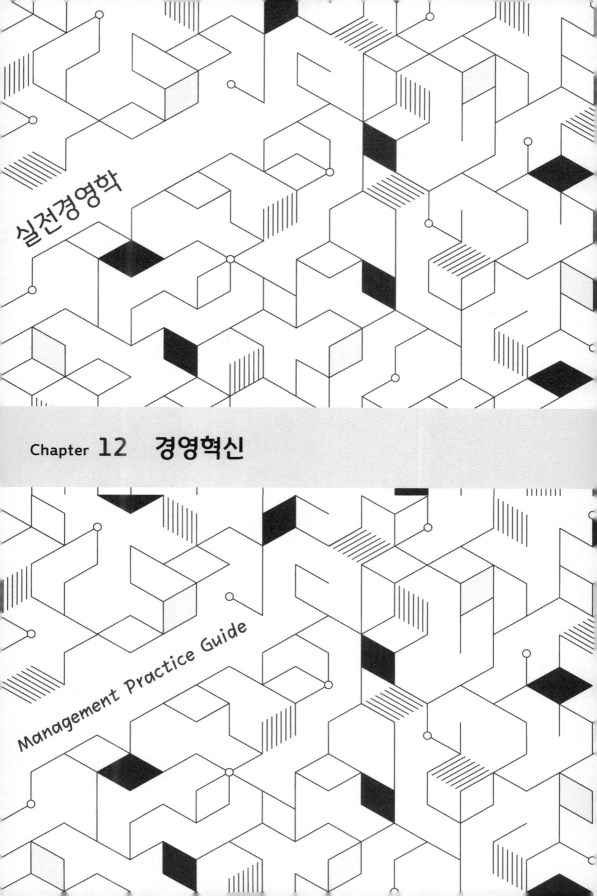

실전경영학

Chapter **12**   **경영혁신**

Management Practice Guide

경영혁신은 조직의 목적을 달성하기 위하여 새로운 생각이나 방법으로 기존 업무를 다시 계획하고 실천하고 평가하는 것을 의미한다. 경영혁신은 새로운 제품이나 서비스, 새로운 생산공정기술, 새로운 구조나 관리 시스템, 조직구성원을 변화시키는 새로운 계획이나 프로그램을 의도적으로 실행함으로써, 기업의 중요한 부분을 본질적으로 변화시킨다. 혁신의 기본은 고객을 중심으로 한 프로세스 변화와 시스템화이다.

P. Drucker는 "경영자란 15세 소녀와 같이 유행에 민감해서 다른 회사들이 새로운 경영혁신기법을 사용하는 것을 보면 자기 회사에도 이를 적용하고 싶어한다"고 지적한 바 있다. 미국의 컨설팅회사인 Bain & Co.의 서베이 결과는 대다수의 경영자들이 다른 기업에 뒤처지지 않게 최신 경영혁신기법을 도입, 활용하는 것을 중요하게 생각하는 것으로 나타났다.

이와 같이 경영혁신운동이 활발하게 전개된 배경은 1980년대 후반부터 시작된 미국의 일본 따라잡기 노력이 기폭제가 되었다. 미국의 일본 따라잡기 노력은 다양한 경영혁신 기법의 형태로 나타났고, 결과적으로 미국은 향후 10여 년간의 장기성장의 원동력을 마련함과 동시에 세계경제의 최강자로 다시 복귀하게 되었다. 여기에 자극받은 전 세계의 기업들이 이 기법들을 적극적으로 벤치마킹하면서 경영혁신운동은 기업의 중요한 화두로 자리잡게 되었다. 본 장에서는 대표적인 경영혁신기법인 업무재설계, 구조조정, 아웃소싱, 벤치마킹 등에 대하여 알아보고 사례연구를 통하여 이해를 돕고자 하였다.

▌ 업무재설계

업무프로세스(business process)는 고객을 위해 특정한 서비스나 제품을 만드는 업무 활동들의 집합을 의미한다. 즉 제품개발, 마케팅, 판매, 재무·회계, 제조, 물류, 공급망 관리(SCM), 고객 관계 관리(CRM)와 같은 기업 경영 활동에서 목표를 달성해 가는 일련의 단계를 의미하며, 각각의 고객에게 양질의 제품이나 서비스를 창조하여 가치를 제공한다.

각 부문의 업무프로세스가 체계적으로 정의되고, 프로세스 내의 각종 업무가 최종 고객이 원하는 방향으로 효율적으로 진행된다면, 기업목표를 성공적으로 달성해 나갈 수 있다.

BPR은 보는 관점에 따라 다르게 정의될 수 있지만, BPR을 최초로 개념화한 M. Hammer는 BPR(business process reengineering)을, "비용, 품질, 서비스, 속도와 같은 핵심적 성과에서 극적인 향상을 이루기 위하여 기업 업무 프로세스를 근본적이고, 혁신적으로 재설계하는 것"이라고 정의했다. 다시 말하면 BPR은 기업의 각 부문에서 이루어지는 기존의 업무프로세스를 분석하여 반복적이고 불필요한 단계를 없애고 프로세스를 최적화하여, 기업의 경영시스템 전체를 재구축하는 것이다. BPR의 중요한 특징들을 살펴보면 다음과 같다.

1. BPR의 특징

첫째 '기본적인'이다. BPR을 할 때는 먼저 기업이 무엇을 해야 할지에 대해 기본적인 것을 결정하고, 그 다음 그것을 어떻게 할지를 결정해야 한다. BPR에서는 어떠한 것도 당연한 것으로 여기지 않는다. BPR에서는 '지금 있는' 것은 무시하고 '반드시 있어야 할' 것에 집중한다.

둘째 '근본적인'이다. BPR에서 얘기하는 근본적인 재설계는 현존하는 모든 구조와 절차를 버리고 완전히 새로운 업무 처리 방법을 만들어 내는 것을 의미한다. BPR은 업무를 개선시키거나 향상시키거나 또는 변경시키는 것이 아니라 '다시 만들어 내는 것'을 말하는 것이다.

셋째 '극적'이다. BPR은 오직 확실한 혁신이 필요할 때에만 사용해야 한다. 점진적인 개선은 미세 조정을 필요로 하지만, 극적인 향상은 낡은 것을 날려 버리고 새로운 어떤 것으로 대체해야만 이룰 수 있다.

넷째 '프로세스'다. BPR의 주요 대상인 업무 프로세스는 '하나 이상의 입력을 받아들여 고객에게 가치 있는 결과를 산출하는 행동들의 집합'인 것이다

이러한 개념들을 통해 볼 때, BPR이란 업무 프로세스의 정확한 분석으로부터 출발하여 기업의 조직·문화에 이르는 기업의 경영시스템 전체를 재구축함으로써, 성과를 대폭적으로 증가시키려는 새로운 경영혁신기법이라고 정의할 수 있다.

기존에 기업들이 많이 활용하고 있는 경영개선과 업무재설계를 비교해 보면, 업무재설계의 본질을 좀 더 잘 이해할 수 있다(〈표 12-1〉).

표 12-1 경영개선과 업무재설계의 차이

	경영개선	업무재설계
내용	일상적 업무 개선	업무프로세스의 근본적 변화
시작점	현재 프로세스	무(無)에서 시작
변화의 정도	지속적 개선 활동	한 번에 전체적으로 바뀜
소요기간	단기적	장기적
사원 참여도	상향식(bottom-up)	하향식(top-down)
위험도	낮다	높다
활용도구	업무	정보시스템(MIS)

2. BPR의 절차

일반적으로 BPR의 추진절차는 아래와 같은 6단계를 거쳐서 이루어진다. 기업 내에서 BPR을 성공적으로 추진하기 위해서는 최고경영자의 적극적 의지, 전사적인 공감대 형성, 사업의 성공요인과 연계, 프로세스 재설계의 폭과 깊이 확정, 정보시스템 활용, 고객을 위한 관점으로 접근 등의 성공요인들이 같이 고려되어야 한다.

- 1단계: 대상업무(조직기능) 선정
- 2단계: 현재의 업무 프로세스 파악(AS-IS)
- 3단계: 업무 프로세스 분석
- 4단계: 새로운 업무 프로세스 설계(TO-BE)
- 5단계: 개발(정보시스템) 및 적용
- 6단계: 운영

신한은행이 비즈니스 프로세스 재설계(BPR) 시스템 재구축에 착수한다. 지난 2006년 조흥은행과 합병 당시 BPR 시스템 구축을 진행하고 한 차례 고도화를 마무리한 바 있는 신한은행은 8여 년 만에 새 시스템 마련에 나서는 셈이다.

BPR은 비용, 품질, 서비스 속도 등과 같은 핵심 부분 개선을 위해 기업 업무 프로세스를 근본적으로 재설계하는 것으로 신한은행은 이번 사업을 통해 전자문서 기반의 문서중앙화를 꾀하는 등 전반적인 업무혁신을 진행할 계획이다.

9일 관련업계에 따르면 신한은행은 최근 'BPR 업그레이드 재구축'을 위해 관련 업체들에게 제안요청서 사전규격(RFI)를 낸 것으로 알려졌다. 이에 대해 신한은행 관계자는 "BPR 재구축을 추진하는 것은 맞지만 아직 방향성에 대해선 확정된 것이 없다"고 밝혔다. 업계에 따르면 신한은행은 이번 사업을 통해 어음교환시스템 재구축 포함한 BPR 시스템의 재구축에 나설 계획이다. BPR 재구축의 경우 BPR 업무 전반 재구축 및 전자문서시스템 기반 구축이 추진된다. 한편 이미지, BPM 에이전트 등 응용 및 데이터아키텍처를 고도화 및 재개발하며 이미지 데이터 암호화 등 응용 시스템에 대한 정보보안도 강화한다. 이와 함께 노후화된 운영서버를 교체하고 서버 및 스토리지 등 재해복구(DR) 인프라는 새로 구축할 계획이다. 기존 BPM(business process management) 솔루션을 걷어내고 새로운 솔루션을 택할지도 관심거리다. 신한은행은 그동안 IBM의 BPM 솔루션(e-process)을 사용해왔다. 신한은행 관계자는 "방향성을 검토하는 과정이기 때문에 BPM 솔루션을 새로 도입 할지는 아직 결정된 바 없다"고 밝혔다. 앞서 외환은행은 2012년 프로세스 혁신(PI) 시스템 개선 프로젝트 과정에서 유지보수에 부담이 있었던 IBM 파일네트 시스템을 걷어내고 국산 BPM솔루션으로 대체한 바 있다.

한편 신한은행의 BPR 사업이 본격화되면 관련 IT업체들의 움직임도 분주해질 전망이다. 통상 BPR의 경우 도입 컨설팅 사업이 선행된 후 구축 사업이 이어지게 된다. 은행권에서 BPR 시스템에 들이는 비용은 평균 200억원 내외로 알려져 있다. 앞서 2006년 신한은행과 조흥은행의 BPR 프로젝트의 경우 보스턴컨설팅그룹(BCG)이 컨설팅을, LG CNS가 시스템 구축사업을 진행한 바 있다. 신한은행은 오는 상반기 중으로 컨설팅 사업 및 구축 사업자 선정을 마무리 하고 내년 상반기까지 사업을 마무리한다는 계획이다.

[자료: 디지털데일리]

Ⅱ 구조조정(restructuring)

구조조정은 기업의 기존 사업구조나 조직구조를 보다 효과적으로 그 기능 또는 효율을 높이고자 실시하는 구조개혁 작업을 의미한다. 기업에서의 개혁작업을 '사업구조조정' 또는 '기업구조조정'이라고 하며, 사업구조조정의 목적은 부실기업이나 비능률적인 조직을 능률적인 사업구조로 개편하는 것이다. 즉 성장성이 부족한 사업분야의 축소, 중복성을 띤 사업의 통폐합, 기구 및 인원의 감축, 새로운 사업분야의 진출, 국내외의 유망기업과 제휴하여 새로운 기술을 개발시킨다거나 전략적으로 다른 사업 분야와 공동사업을 추진하는 방법 등이 사용된다. 리스트럭처링은 기업 중장기 경영전략의 핵심이기도 하다.

최근 한국의 기업들은 경영환경이 불확실하고 어려워지면서 연일 구조조정안을 발표하고 있고, 이러한 현상은 전체 산업계로 확산되고 있다. 구조조정이란 한 기업이 여러 사업부를 가지고 있을 때, 또는 한 기업이 여러 기업을 보유하고 있을 때 미래의 변화를 바탕으로 어떤 사업을 주력사업으로 할 것인지, 또 다른 사업은 줄이거나 철수하며 어떤 사업에는 새로이 진출하고, 또 중복되는 사업은 통합하는 등의 전면적인 사업구조를 재편하는 것이다.

2016년 발표된 국가별 신생기업의 3년간 생존율을 비교해보면 스웨덴이 75%로 가장 높고, 영국 59%, 미국 58%인 반면 한국은 38%에 불과했다. 또한 국내 신생기업의 1년 후 생존율은 62%, 5년 후 생존율은 30%에 지나지 않았다. 또한 국내 매출순위 100대 기업(1981년 기준)의 23년 후(2004년) 존속비율은 약 40%, 30년 후에는 30% 이하로 나타났다. 이는 기업에 있어서 생존(survival)은 가장 중요한 목표이나 매우 어려운 문제라는 사실을 알 수 있다. 이와 같은 기업 수명, 즉 장기적 성장을 결정짓는 요인은 두 가지로 나눠볼 수 있는데, 하나는 외부적 요인으로 산업구조의 변화로 인한 시장(수요)의 변화이며, 또 다른 하나는 내부적 요인으로 환경변화에 대한 기업의 경쟁력이라고 할 수 있다.

이와 같이 많은 기업들이 내·외부 변화에 적응하고, 시장에서 살아남기 위한 방편으로 구조조정을 실행하고 있다. 구조조정은 한계사업을 정리하고 사업구조를 재구축 하면서, 동시에 기업이 경쟁력을 가질 수 있도록 핵심역량을 집중화하는 과정이 동시에 이루어져야 한다. 최근(2017년) 삼성그룹은 그룹의 비주력 사업인 석유화학, 방위산업 계열사 7곳을 한화와 롯데그룹에 넘겼다. 이는 삼성이 잘하는 분야에 집중하기 위한 3세 경영인 이재용 부회장의 결단이었고, 그룹의 역량을 전자와 금융, 바이오와 전장 같은 미래 유망산업에 집중하겠다는 의도로 풀이된다.

1. 구조조정의 목적

① 한계사업은 정리하고, 경쟁력을 가질 수 있는 핵심사업에 기업의 자원을 집중한다.
② 구조조정을 통해 기업을 전체적으로 혁신하고, 나아가 기업의 체질을 변화시킨다.
③ 미래의 유망 분야에 신규 사업의 진입을 계획적으로 추진한다.
④ 현재의 수익과 미래수익의 균형을 맞춘다.
⑤ 전 사원에게 위기의식을 제고시키고, 이에 따라 기업의 경영체질을 강화한다.

2. 구조조정의 문제점

많은 기업들이 기업의 경쟁력을 올리고, 생존을 위한 방편으로 구조조정을 수시로 실행하지만, 그에 따른 문제점도 적지 않은 것이 사실이다. 기업측면의 문제점과 사원측면의 문제점들을 정리해보면 다음과 같다.

1) 기업측면의 문제점

기업측면의 문제점으로는 조직구성원들의 직무 몰입도와 애사심을 저하시키고, 내부경쟁에 의해 조직문화가 훼손될 수 있다. 구조조정이 반복될수록 고용안정성에 대한 불안감으로 직무 몰입도는 현저하게 저하되며, 성과에 따른 평가가 퇴직 대상자를 선정하는 기준이 되면서 직장 동료들을 협조자이기보다는 경쟁자로 인식하게 된다. 뿐만 아니라 고용 불안감이 증가하면서 기업이 필요로 하는 핵심인력은 조기퇴직 패키지를 신청하고, 기업이 원하지 않는 인력은 잔류하게 되는 상황이 발생할 수 있다. 또한 기업의 사회적 책임 관점에서 대규모 인력 구조조정으로 인한 기업이미지의 훼손을 가져올 수 있다.

2) 사원측면의 문제점

젊은 세대일수록 현 직장에 충성하기보다는 기회가 생기면 고소득의 안정된 직장으로 옮겨가기를 선호하며, 명퇴대상 연령에 도달한 직장인들에게는 "이직준비는 빠르면 빠를수록 좋다"는 의식이 팽배해 있다. 이와 같이 직장인들의 회사에 대한 충성도는 갈수록 떨어지고 있으며, 실직에 따른 충격, 경제적인 능력 상실에 따른 가정의 붕괴 등이 사회적인 문제로 대두되고 있다. 반면에 이를 계기로 삼아서 개인의 전문성과 경쟁력을 갖출 수 있는 좋은 기회로 만드는 것이 바람직하다고 할 수 있다.

3. 구조조정의 대책

1970~1990년대 국내의 기업들은 국가의 주도아래 양적인 경제성장의 팽창이 주된 관심이었고, 사원들은 경제적인 보상보다도 국가발전에 기여한다는 자부심과 사명을 갖고 회사에 충성을 다해서 일했다. 그리고 기업 또한 사원들이 충성을 다해서 일하면, 회사가 발전하고 그에 따라 사원도 함께 성장하고 발전한다는 비전을 제시하였다. 대부분의 직장인들은 그러한 자부심과 사명감을 갖고 월·화·수·목·금·금·금 강도 높게 일하며, 회사를 위하여 충성을 다하였다. 그러나 1990년 IMF 위기는 이러한 믿음을 송두리째 바꿔 놓았다. 정부에서는 IMF와의 합의를 이행하기 위하여 전면적인 산업구조 개편을 하게 된다. 은행, 자동차, 건설, 조선산업 전 부문에 걸쳐서 인위적인 통폐합이 이루어지면서 대대적인 감원 열풍이 일게 된다.

IMF를 계기로 해서 국내 대부분의 기업들은 경쟁력을 올리고 체질변화를 위하여 구조조정을 상시 시행하고 있다. 분야도 일반 사무관리직 위주에서 제조업 생산직 사원까지 기업 내 전 부문에 걸쳐서 이루어지며, 특히 그 대상은 근속연수가 오래되고, 조직 내 중간관리자 이상이 대부분이다.

이러한 기업의 구조조정에서 직장인들이 살아남으려면 차별화된 전문성을 갖추어, 본인만의 특화된 경쟁력을 갖추어야 한다. 많은 직장인들이 신입사원 때는 의욕적으로 목표와 열정을 갖고 자기계발을 위하여 노력하지만, 일정기간이 지나면 타성에 젖어 대부분 현실에 안주하게 되고 자기계발을 소홀히 하게 된다. 따라서 빨리 이러한 타성에서 벗어나 자기만의 차별화된 전문성을 갖추기 위한 지속적인 노력이 필요하다고 할 수 있다. 직장에서 차별화된 전문성을 갖추기 위해서는 다음과 같은 방법을 실천해 본다.

① 본인이 좋아하고 잘 할 수 있는 분야에 집중한다.
② 본인이 수행하는 일과 경험을 살려서 그 분야의 전문가가 되도록 학습하고
③ 목표를 세우고 지속적인 자기개발을 추진한다.
④ 자기경영 계획을 수립하고 실천해 나간다(일만 시간의 법칙).

사례
12-2 LG그룹 선택과 집중

1. 선택과 집중

스마트폰 사업 철수를 선언한 구광모(43) LG그룹 회장의 '선택과 집중' 리더십이 시험대에 올랐다. 올해로 취임 4년차를 맞는 구 회장의 '미래 포트폴리오' 정비가 속도를 내는 가운데 어떤 성과를 낼지 관심이 쏠린다.

2021년 4월 재계와 LG 등에 따르면 구 회장이 2018년 6월 취임 이래 지금까지 LG그룹은 9개 분야에서 인수·합병(M&A)과 합작법인 출범 등을 통해 신성장 엔진을 달았다. 대신 스마트폰을 포함한 9가지 비주력·부진 사업을 정리했다(표 참조). 대략 3~4개월에 한 번꼴로 주요 사업에 메스를 댄 셈이다. 재계에선 "젊은 총수답게 이례적으로 빠른 속도로 매각과 인수 금액의 균형을 맞추면서 사업구조를 바꾸고 있다"는 평가가 많다.

구 회장이 집중하는 미래 사업은 로봇과 전장부품, 인공지능(AI)이다. 구 회장 취임 한 달 후 LG전자는 산업용 로봇기업인 로보스타의 지분 33.4%를 사들였다. 로봇은 센서·자율주행·사물인터넷(IoT)·AI 등 4차 산업혁명의 핵심 기술이 모두 적용되는 분야다. 바로 한 달 뒤엔 오스트리아 차량용 조명기업인 ZKW를 1조 4,400억원에 인수했다. 구 회장의 결단 없이는 추진이 어려운 대규모 투자인 만큼, 자동차 전장사업에 베팅하겠다는 의지를 보여줬다는 평가를 받았다.

2018년 9월엔 LG화학이 미국의 자동차용 접착제 전문기업인 유니실을 1,500억원에 사들였다. 여기에다 세계 3위 자동차 부품 업체인 캐나다 마그나인터내셔널과 손잡고 LG마그나이파워트레인(지분 51%)을 설립한다고 발표했다. 지난달엔 LG전자와 스위스 룩소프트가

합작한 알루토가 출범했다. 이 회사는 차량용 운영체제인 '웹OS 오토'를 기반으로 인포테인먼트(정보+엔터테인먼트), 디지털 콕핏(멀티 디스플레이) 등을 상품화할 예정이다. LG는 이를 통해 앞으로 성장이 기대되고 수익성이 높은 미래 자동차 부품에 선제 투자하고 있다.

디스플레이 분야에서도 그의 의지가 분명하게 드러난다. 2019년 4월 LG디스플레이는 조명용 유기발광다이오드(OLED) 사업을 청산했다. 비슷한 시기 LG화학은 미국 듀폰의 솔루블 OLED 기술을 인수했다. 패널 위에 잉크젯 프린팅을 통해 원하는 형태의 디스플레이를 만드는 기술이다. 덕분에 LG화학은 업계 선두주자인 스미토모·머크와 기술 수준에서 어깨를 나란히 할 수 있게 됐다.

구 회장의 단호함은 LG전자 연료전지 사업 청산, LG CNS 지분 35% 매각, LG화학 액정표시장치(LCD) 편광판 사업 매각에 이어 스마트폰 사업 청산으로 이어졌다. 스마트폰 사업을 접는 데는 오는 7월 출범 예정인 LG마그나의 인력 확보 의중도 담겨 있다는 게 업계의 시각이다. LG마그나의 본사는 현 LG전자 인천 사업장으로, 이 회사 인력 1,000여 명이 이동할 방침이다. LG 측은 스마트폰 인력 3,400여 명 중 일부도 전환 배치할 계획이다.

2. 주요사업 인수 및 매각

1) 인수

표 12-2 인수합병 일지

연도	인수	비용(원)
2018.7	LG전자, 산업용 로봇기업 로보스타 지분 인수	800억
2018.8	LG전자, 오스트리아 차량용 조명기업 ZKW 인수	1조 4,400억
2019.9	LG화학, 미국 자동차접착제 유니실 인수	1,500억
2019.2	LG유플러스, CJ헬로 인수	8,000억
2019.4	LG화학, 미국 듀폰 솔루블 올레드 기술 인수	비공개
	LG생활건강, 미국 뉴에이본 인수	2,000억
2020.12	LG전자, 마그나인터내셔널 합작법인(지분51%) 설립	5,020억
2021.2	LG전자, 미국 TV광고·콘텐츠 데이터분석업체 알폰소 인수	870억
2021.3	LG전자, 스위스 SW록소프트와 합작법인(51%) 알루토 출범	

2) 매각·정리

표 12-3 구조조정 일지

연도	매각·정리	비용(원)
2019.2	LG전자, 연료전지 사업청산	
	서브원 MRO사업 지분(60.1%) 매각	6,020억
2019.4	LG디스플레이, 조명용 올레드 사업 청산	

연도	매각·정리	비용(원)
2019.9	LG전자, 수처리 사업 매각	2,300억
2019.12	LG유플러스, 전자결제 사업 매각	3,560억
2020.2	중국 베이징 트윈타워 매각	1조 3,700억
2020.4	LG CNS, 지분(35%) 매각	1조
2020.6	LG화학, LCD 편광판 사업 매각	1조 3,000억
2021.4	LG전자, 휴대전화 사업 정리 발표	

3. 속도 내는 미래 포트폴리오 전략

LG전자는 서너달 한 번꼴로 부진한 사업을 손보면서 로봇·AI 신성장사업의 과감한 M&A 전장 등 차 부품에도 선제 투자할 계획이다. 구 회장은 젊은 총수답게 사업구조 고속 개편을 실천하는 중이다. 구 회장은 지난달 열린 ㈜LG 정기 주주총회에서도 선택과 집중을 강조했다. 그는 "지난해 LG는 자회사들과 함께 선택과 집중 전략에 따라 비핵심 사업을 정비했다"며 "주력사업과 성장사업의 경쟁력을 강화하는 방향으로 사업 포트폴리오를 고도화했다"고 말했다. 향후 전략에 대해서도 "LG는 변화에 민첩하게 대응하고 리스크를 철저히 관리하며 쉼 없는 도전을 이어갈 것"이라고 했다.

[자료: 중앙일보] 구광모 '선택과 집중' 3년…정리한 사업 9개, 신사업 9개

III 벤치마킹(benchmarking)

기업에서 경쟁력을 제고하기 위한 방법의 일환으로 타사에서 배워오는 혁신 기법이 벤치마킹(benchmarking)이다. 그러나 복제나 모방과는 다른 개념으로, 벤치마킹은 단순히 경쟁 기업이나 선도 기업의 제품을 복제하는 수준이 아니라 장·단점을 분석해 자사의 제품을 한층 더 업그레이드해 시장 경쟁력을 높이고자 하는 개념이다. 이러한 벤치마킹은 오늘날 특정한 분야뿐 아니라 거의 모든 산업 분야에서 활용되고 있다.

벤치마킹의 등장배경은 1979년에 시작한 미국의 제록스(Xerox)가 그 효시로, 당시 이름도 없던 일본의 캐논 복사기가 제록스의 생산가보다 낮은 가격으로 시장의 일대 돌풍을 일으켰는데, 이로 인한 경쟁력 하락의 대안 마련 차원에서 시작되었다. 사실 제록스는 미국에서뿐 아니라 전 세계 복사기 시장의 96%까지 점유

해 왔다. 그러나 캐논을 비롯한 신규 복사기 업체들이 품질, 기능, 디자인 면에서 우수한 중·저가 제품을 내놓으면서 제록스의 시장점유율은 45%까지 추락했다. 이러한 위기상황에서 새로 취임한 데이비드 컨즈(David Kearns) 회장은 제품의 경쟁력 회복을 목표로 벤치마킹을 통한 경영 혁신과 고객 요구에 맞는 제품 혁신을 추진했다. 그 결과 제록스는 시간 단축, 비용 절감, 생산성과 품질 향상에 성공하게 되었고, 1986년 이후 제품의 경쟁우위를 확보하고 시장점유율을 회복할 수 있었다.

제록스의 성공을 보고 GE(General Electric)는 1989년 제록스의 벤치마킹 혁신기법을 도입해 큰 성공을 거두게 된다. 이같이 제록스와 GE와 같은 기업에서 벤치마킹이 성공을 거두면서 벤치마킹은 전 미국으로 확산 보급되어 프로세스 혁신의 유력한 수단으로 활용되고 있으며, 특정 분야가 아닌 전 산업 분야에서 활용되고 있다.

벤치마킹의 첫걸음은 '너 자신을 알라'이다. 즉, 자신의 제품과 프로세스에 대한 이해를 시작으로 하며, 경쟁사나 선진 기업 등 대상 프로세스와의 비교를 통하여 자신의 취약점을 발견해 낸다. 그리고 궁극적으로는 고객의 요구에 충족되는 최고 수준의 프로세스를 만들어 전략적 우위를 확보하는 것이 벤치마킹 전략인 것이다.

그러나 벤치마킹은 단순히 경쟁기업을 모방하는 데 그치지 않고, 경쟁기업이 시장에서 경쟁우위를 가지는 근본 이유가 무엇인지를 파악하여 이를 자기 것으로 만듦으로써 자사의 혁신과 시장에서의 경쟁력을 추구하는 과정이라고 할 수 있다.

따라서 벤치마킹을 할 때는 첫째, 경쟁기업이 갖고 있는 경쟁우위의 원천에 대한 보다 근본적인 이해와 분석이 필요하다. 즉 경쟁기업의 운영기법이나 업무의 처리방법, 업무 프로세스, 기술력 등에 대한 분석을 의미한다.

둘째, 벤치마킹의 목표는 비단 경쟁사뿐 아니라, 특정 분야에 있어서 최고의 운영기법을 가진 모든 기업이 해당될 수 있다. 벤치마킹의 근간을 이루는 기본사상 중의 하나는 최고 중의 최고(the best of best)를 추구한다는 점이다. 이에 따라 벤치마킹의 목표는 경쟁사뿐 아니라, 특정 분야에 있어서 최고의 운영기법을 가진 모든 기업이 해당될 수 있다. 앞서 언급한 바와 같이 벤치마킹은 제품뿐 아니라 제품을 만들어 내는 운영 기법이나 업무 프로세스에 중점을 둔다. 따라서 추구하는 운영기법이나 프로세스가 최고 수준이기만 하면, 그것이 어느 산업에 속하든 간에 이를 채택하여 활용할 수 있다.

일반적으로 벤치마킹은 목표대상에 따라서 내부 벤치마킹, 경쟁사 벤치마킹, 기능 벤치마킹 세 가지로 분류할 수 있다(〈표 12-4〉).

세 가지 형태의 벤치마킹은 다시 경쟁사 대상 벤치마킹과 비경쟁사 대상 벤치마킹으로 구분할 수 있다. 최고 중의 최고를 추구한다는 벤치마킹의 기본 사상에 비추어 볼 때, 경쟁사 대상 벤치마킹보다는 비경쟁사 대상 벤치마킹이 보다 효과적이고 현실적인 접근이 용이하다고 할 수 있다. 경쟁사 벤치마킹은 정보수집이 어렵지만, 비경쟁사 벤치마킹은 경쟁사보다 정보수집이 용이하고, 대상 기능에 대한 정보수집을 통하여 창의적인 아이디어를 얻을 수 있고 이를 활용하여 경영개선에 사용할 수 있다.

표 12-4 벤치마킹 형태

형 태	대 상	방 법	비 고
내부 벤치마킹	자사 내 타부서	- 자사 내의 유사 기능을 수행하는 부서를 벤치마킹	- 관련정보 수집 용이 - 적용 가능성 높음
경쟁사 벤치마킹	경쟁사	- 동일 분야의 선두기업을 대상으로 벤치마킹	- 경쟁사 정보수집의 어려움 - 공식적, 비공식적 경로 활용
기능 벤치마킹	타업종의 기업	- 업종에 관계없이 자사 취약한 부문의 최우수 기업을 대상으로 벤치마킹 - 영업, 마케팅, 공급망, 고객서비스 업무 등 기능별 벤치마킹	- 해당부문 운영 방식의 자사 적용 가능성 사전확인 - '최고중의 최고'의 방법 발견이 가장 용이

1. 벤치마킹 절차

벤치마킹의 핵심은 기업 내부 프로세스에 시장 개념을 도입해 비교하는 데 있다. 즉, 기업 간 경쟁은 시장에서 이루어지며, 그 경쟁의 결과는 품질, 가격, 시간, 서비스 등의 경쟁력으로 결정된다. 벤치마킹에서 중요한 것은 그러한 품질과 가격, 시간, 서비스 등에서 경쟁력을 경쟁 기업이 어떻게 달성했는지 알아내는 것이다. 따라서 경쟁 기업의 품질 수준이 뛰어나다면 그것이 인적 자원이 뛰어나서인지, 정보 시스템이 탁월해서인지 그 요소를 밝혀내고 그 요소를 우리 기업과 비교해 차이(gap)를 파악하는 것이 기본이다. 이와 같은 차이를 파악하고 극복하는 대안을 마련하는 과정에서 ICT의 활용이 필수적으로 요구된다.

다음은 일반적으로 많이 사용되는 벤치마킹 8단계이다(〈그림 12-1〉).

그림 12-1 벤치마킹 단계

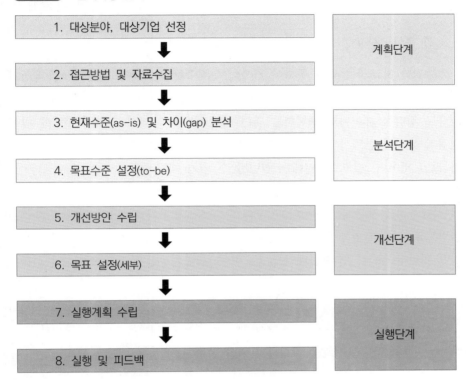

1) 계획단계

1단계에서는 무엇을 벤치마킹할 것인지를 결정한다. 이 단계는 벤치마킹해야
할 대상을 정하고 특정 주제를 정하는 것이다. 즉 무엇을 벤치마킹할 것인가, 또는
벤치마킹을 통하여 무엇을 얻을 것인가를 결정하는 과정이다. 대상기업 선정은 자
사와의 관련성 정도, 자료수집의 용이성, 혁신적인 운용방식의 발견 가능성 등을
고려하여 선정한다. 대상기업 선정시 너무 경쟁사에만 치중하지 말고 자사가 속한
산업을 좀 더 광범위하게 보고, 최고 수준의 운용기법을 찾는 데 집중하여야 한다.

벤치마킹에서 대상기업에 대한 접근경로를 찾는 것은 가장 중요한 단계라고
할 수 있다. 일반적으로 공식적인 경로, 비공식적인 경로를 통해서 접근하게 되는

데, 공식적인 경로는 해당기업에 직접 접촉하거나 관련분야의 컨설팅 회사 또는 관련학회 등을 통하여 접촉하는 방법이다. 비공식적인 경로는 관련된 분야의 설비업체나 제품업체를 활용하는 방법이다. 대상기업에서 사용하는 설비 또는 제품을 구매함으로써 간접적으로 대상기업의 적용현황을 파악할 수 있을 것이다.

2) 분석단계

수집한 자료의 분석을 통하여 자사의 현재수준을 파악하고 벤치마킹 대상기업과 비교하여 어느 정도 뒤처져 있는가를 판단하는 단계다. gap의 형태는 일반적으로 정량적 데이터로 표현하는 것이 바람직하다. 그러나 정량적 분석에 앞서 정성적 분석이 반드시 필요하다. 정량적 갭이란 정성적인 원인에 의해 발생한 결과 값일 뿐이며, 결코 그 반대는 성립될 수 없기 때문이다.

또한 이 단계에서 자사의 현재수준 및 대상기업과의 차이분석을 바탕으로 자사의 목표수준을 새롭게 설정한다. 최고의 수준에 도달하기 위한 단계별 목표수준을 설정하고, 이를 달성하기 위한 개선방안을 수립해야 한다. 목표수준을 어디까지 설정할 것인지, 또 각 단계별 대안을 검토하여 실행 가능한 수준을 설정해야 한다.

3) 개선단계

이 단계는 앞에서 수립한 전략을 달성하기 위한 세부목표 및 실행계획을 수립하는 단계이다. 즉 전략을 달성하기 위한 정책 및 전술을 만드는 과정이라고 할 수 있다. 각 단계별로 구체적인 일정계획 및 달성수준, 담당부서, 담당자를 선정하여 해당부서에서 실행할 수 있도록 구체화한다.

4) 실행단계

실행단계는 앞의 개선단계에서 수립된 세부목표를 실행하는 단계이다. 또한 계획을 실행하면서 나오는 실행상의 문제점을 지속적으로 점검해보고 피드백하는 과정이 필요하다. 실행상의 문제점들을 관련 부문에 피드백해주고, 해당 부문과 함께 해결해 나가야 한다.

벤치마킹은 최고의 경쟁력을 지속적으로 추구하는 과정이다. 따라서 벤치마킹을 통하여 원하는 수준에 도달하였다 하더라도, 현실에 안주하지 않고 다시 새로운 목표를 설정하고 최고의 경쟁력을 갖도록 끊임없이 노력해 나가야 한다.

2. 벤치마킹 사례

현대카드는 기존 신용카드사가 시도하지 않았던 새로운 분야를 개척하면서 성장하기 시작했다. 기존의 다른 카드사들과는 다른 느낌의 콘셉트를 정하고, 다른 느낌의 광고를 제작·방송하고, 포인트를 선지급하거나 적립을 많이 해주는 방식이 바로 그것이다. 그리고 신용카드에도 디자인 개념을 도입해, 다른 카드 회사들의 디자인에도 큰 영향을 끼쳤으며, 대형 콘서트 등을 개최하기도 했다.

현대카드가 그들만의 독특한 문화와 경영 방식을 추진하게 된 배경은 다름 아닌 '인사이트 투어(insight tour)'라는 이름의 벤치마킹이다. 이것은 새로운 시각에서 혁신적인 것을 관찰하고 이를 현대카드의 문화에 이식한다는 현대카드의 철학을 근거로 한다. 회사의 주요 임직원들은 업종, 업태를 불문하고 새로운 마케팅으로 주목을 받는 곳은 어디든지 찾아간다. 혁신적인 미술관이나 자동차 회사 등도 그 대상이다. 그러나 금융회사는 방문하지 않는다. 왜냐하면 타 금융회사들은 카드에 대해 현대카드와 다른 시각으로 보고 다르게 정의하고 있기 때문이다. 현대카드가 말하는 카드회사는 고객이 결제하는 카드만을 취급하는 회사가 아니라 고객의 라이프스타일까지 디자인하는 회사다.

글로벌 제휴사는 훌륭한 벤치마킹 대상이다. 현대카드는 마사 스튜어트(Martha Stewart)와 제휴해 잡지 《마사 스튜어트 리빙》을 판매했는데, 이 잡지사도 인사이트 투어의 방문 대상이었다. 마사 스튜어트를 방문했을 때 가정주부의 일로 치부되던 살림조차도 TV쇼로 만들어 가치를 창출하는 역발상을 인상적으로 평가하기도 했다. 결국 이러한 노력들이 모여서 고객들에게 더 큰 가치를 주고 브랜드 이미지도 한층 더 끌어올릴 수 있었다. [자료: 동아비즈니스리뷰]

사례 12-3 국내 팹리스 육성 전략?···TSMC 벤치마킹하는 SK하이닉스

1. SK 하이닉스 펩리스 육성 전략

SK하이닉스는 최근 전략 기획 경력 채용을 진행하며 채용 공고에서 공급망·생태계를 강조하였다. 8인치 파운드리 생산은 국내 팹리스와 잘 맞았으며 첨단공정보다 8인치가 SK에 더 적합할 것이라는 결론을 얻었다. SK하이닉스가 8인치(200mm) 파운드리 생산량을 기존보다 2배 이상 끌어올리겠다며 투자를 공언한 것과 관련해 반도체 업계에서는 파운드리 1위 대만 TSMC의 모델을 따라가려는 것 아니냐는 분석을 내놓고 있다. SK하이닉스가 생산 능력의 확충은 물론, 국내 팹리스(반도체 설계업체) 생태계 조성에 관심을 두고 있기 때문이다. TSMC는 지금과 같은 파운드리 1위 업체로 도약하기 전부터 미디어텍과 같은 자국 내 팹리스들과 혈맹에 가까운 관계를 유지하며 동반 성장해 왔고, 현재 대만 팹리스 업계는 미국에 이은 글로벌 2위 규모의 역량을 갖추고 있다는 평가를 받는다. 이런 생태계를 한국에서도 충분히 도모할 수 있다는 게 SK하이닉스의 복안인 것으로 보인다. 27일 SK하이닉스에 따르면 최근 회사는 GSM전략 부분 경력 채용을 진행하고 있다. GSM은 글로벌 서플라이어 매니지먼트의 약자로, 글로벌 공급망을 관리하는 마케팅 전략 부서다. 채용 직무의 주요 수행 업무를 살펴보면 반도체 후공정(OSAT·outsourcing semiconductor assembly test) 관련 공급망 관리(SCM) 및 시장 조사, OSAT 생태계 확인 조사 및 분석, 로직·아날로그·메모리 후공정 관련 업체별 데이터베이스(DB) 구축 등이다. 또 8인치 파운드리 시장 조사 분석, 시장 및 업체별 현황 확인 및 조사, 8인치 파운드 공급망 관리 등도 있다. 이 같은 채용은 현재 SK하이닉스가 8인치 파운드리 시장 진출을 위한 준비 작업에 들어갔다는 점을 보여주는 대목이다. 실제 생산 설비 등을 갖추기에 앞서 사업 분야에 대한 전략과 기획을 통해 사업의 방향성을 잡고, 공급망 확보를 통해 사업의 영속성을 도모하겠다는 것이다.

채용 공고에서 가장 눈에 띄는 단어는 '공급망'과 '생태계'다. 본격적인 사업에 들어가기 전에 생태계를 잘 확보해 놔야 지체 없는 투자와 사업 진행을 할 수 있다는 게 반도체 업계 설명이다. SK하이닉스는 후공정 생태계와 함께 전공정에 속하는 팹리스에도 관심이 많은데, 박정호 SK하이닉스 부회장은 "국내 팹리스들에 파운드리 세계 1위인 대만 TSMC 수준의 서비스를 제공해 주면 이 기업들은 여러 기술개발을 해낼 수 있다"고 했다. 국내 팹리스 기업들은 경쟁력이 다소 떨어진다는 평가를 받으며 글로벌 산업계에서 관심을 받지 못하고 있다. 국내 1위 LX세미콘(실리콘웍스)과 2위권의 매출 차이도 굉장히 큰 편이다. 이는 글로벌 팹리스·파운드리 생태계가 퀄컴, 엔비디아, AMD, 미디어텍, 삼성전자 등 대형 팹리스를 중심으로 하는 첨단공정에 집중돼 있기 때문이다. 국내 중소형 팹리스는 반도체를 설계해도

시제품을 만들어줄 파운드리를 확보하지 못해 많은 어려움을 겪고 있다. SK하이닉스가 첨담 공정인 12인치(300㎜)가 아닌 사양공정으로 평가 받았던 8인치 웨이퍼(반도체 원판) 파운드리에 도전하고 있는 것도 이런 팹리스 생태계 육성과 발을 맞추고 있다는 평가를 받는다. 8인치 웨이퍼는 최근 4차 산업혁명, 신종 코로나 바이러스 감염증(코로나19) 국면에서 다시 떠오르고 있다. 각 회사와 용도, 설계에 적합한 맞춤형 반도체가 다품종 소량 생산이 가능한 8인치 웨이퍼 파운드리로 몰리고 있는 것이다. 현재 품귀현상을 빚고 있는 자동차 반도체나, 디스플레이 구동칩(DDI) 등이 대부분 8인치 파운드리 팹에서 생산된다.

그리고 이런 반도체의 설계는 국내 중소 팹리스와 같은 작은 설계 회사들이 주로 담당하고 있다. 이들이 설계하는 반도체는 고도화된 기술이 필요하지 않지만 다양한 기능과 용도를 담아내야 한다. 국내 팹리스와 파운드리, 후공정 생태계가 SK하이닉스를 통해 완성된다면 팹리스들과 SK하이닉스는 안정적인 생산·수요 기반을 확보하는 셈이다. 윈-윈 구조가 형성되는 것이다. 업계 관계자는 "SK하이닉스 쪽에서 TSMC 사례를 많이 참고한 것으로 보인다"라며 "직접 TSMC를 언급한 것도 그런 이유 때문일 것"이라고 했다. 그는 "팹리스와 파운드리는 떼려야 뗄 수 없는 관계로, 반드시 동반 성장해야 하는 측면이 있다"며 "SK하이닉스의 경우 경쟁이 치열한 첨단공정 파운드리에 뛰어들어 위험부담을 갖기 보다 최근 수요가 크게 늘어난 8인치 파운드리에서 국내 팹리스를 육성하며 생태계를 조성하는 별도의 시장을 노리고 있는 것으로 보인다"고 했다.

2. 하이닉스 회사 인수 · 합병

최근 SK하이닉스가 8인치 웨이퍼 파운드리인 키파운드리를 완전 인수한다는 소식이 전해지기도 했다. 키파운드리는 1979년 세워진 LG반도체가 모체로, 1999년 현대전자와 합병한 하이닉스반도체에 소속됐다가 2004년 분사한 매그나칩으로 사업부가 옮겨졌다. 이어 2020년 4월 매그나칩에서도 분리돼 독자 사업을 펼치고 있다. 키파운드리는 지난해 3월 지분 49.8%를 취득한 매그너스사모펀드(PEF)에 팔렸는데, 당시 SK하이닉스는 사모펀드에 2,073억원을 투자했다.

키파운드리는 8인치 웨이퍼에 110㎚(나노미터·1㎚는 10억분의 1m) 이상 공정으로 DDI, 이미지센서(CIS) 등을 만든다. 생산능력은 웨이퍼 투입량 기준으로 월 8만 2,000장으로, SK하이닉스의 자회사 SK하이닉스시스템IC와 비슷하며, 인수한다면 박정호 부회장이 공언한 '생산능력 2배 확대'라는 목표에 맞는다. SK하이닉스는 지난해 4분기 실적발표 컨퍼런스콜에서 "회사가 간접투자한 키파운드리 자산을 고객 가치에 기여하는 방향으로 활용할 것"이라고 밝혔다. 또 박 부회장은 "(파운드리 생산능력 확대를 위해) 국내 설비 증설, 인수합병(M&A) 등 다양한 전략적 방안을 검토할 것이다"라고 밝혔다.

[자료: Chosun Biz]

Ⅳ 아웃소싱(outsourcing)

아웃소싱(outsourcing)이란 경영효과 및 효율의 극대화를 위한 방안으로 기업 업무의 일부 프로세스를 제3자에게 위탁해 처리하는 것을 말한다. 즉, 국내외의 경제 상황 악화와 이에 따른 경쟁의 격화로 인해 한정된 자원을 가진 기업이 모든 분야에서 최고의 위치를 유지하기 어렵게 되면서 해당 기업이 가장 유력한 분야나 핵심역량에 자원을 집중시키고, 나머지 활동은 외부의 전문기업에 위탁 처리함으로써 경영효과를 극대화하는 전략을 말한다. 일반적으로 기업들이 가장 많이 활용하는 분야가 기업의 정보시스템에 대한 운영업무이다. 정보시스템 개발은 자체적으로 최소인력으로 갖고 가고, 운영업무는 외부의 전산 전문업체가 정보처리 업무의 일부 또는 전부를 장기간 운영·관리하는 것을 의미한다.

기업이 아웃소싱을 하는 주된 목적은 모든 업무나 기능을 자체적으로 제공, 유지하기에는 수익성이 부족하거나 당장 필요한 기능에 대해 내부 전문성이 없을 경우 이를 외부 전문 기관에서 조달하기 위해서이다. 기업의 경영에 있어 기업조직의 전 부문에 투자하기보다는 핵심적인 부분에만 투자하는 것이 빠른 속도로 변화하는 상황과 위험에 대처하기 위한 기업의 생존전략이라 볼 수 있다.

결국 아웃소싱이란 "조직의 비 핵심 업무를 외부 전문기관에 위탁·수행하게 하고 자사의 자원은 전략적으로 중요하면서도 가장 경쟁력 있는 핵심 역량(core competency)에 집중시킴으로써 최고의 경쟁력을 확보하기 위한 경영전략"이라고

그림 12-2 아웃소싱의 개념

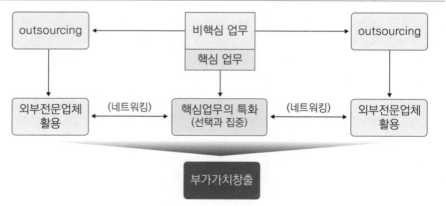

할 수 있다(〈그림 12-2〉).

특히, 아웃소싱은 기업을 혁신하고, 경쟁력을 갖출 수 있게 하는 여러 방법 중에서 단기간에 가장 많은 효과를 이룰 수 있는 경영기법으로 많이 활용되고 있다.

1. 아웃소싱의 유형

아웃소싱의 유형은 〈표 12-5〉와 같이 도입 목적에 따라 네 가지 형태로 구분할 수 있다.

표 12-5 도입 목적에 따른 아웃소싱의 유형

비용절감형 아웃소싱	비용절감을 위해 중요하지 않은 업무를 아웃소싱하는 형태 예) 인적자원 아웃소싱: 아르바이트, 임시직, 파견근로자 등 사용
분사형 아웃소싱	자사보유의 일정기술, 역량들을 분사화하여 비즈니스화 하는 형태 예) 이익추구형, 스핀오프형(spin off)
핵심역량형 아웃소싱	핵심역량 자체를 외부화시켜 핵심역량의 경쟁력을 강화하는 형태 예) 리눅스(source open)
네트워크형 아웃소싱	핵심역량 이외의 모든 기능을 아웃소싱하는 형태로 공급업체와 네트워크를 형성하여 시너지 효과를 제고시키는 형태

결국은 비용절감, 조직의 슬림화, 핵심역량의 강화라는 목적을 지니고 조직을 변화시키는 것으로 최근 기업의 개념이 수직적 통합체에서 수평적 연합체로 변화하고 있고, 자사 완결형 구조에서 전략적 제휴형으로 변화되는 점을 반영하는 것으로 볼 수 있다.

이에 따라 아웃소싱의 개념 역시 비용절감의 목적에서 효율성 추구를 통한 부가가치의 추구 목적으로 그리고, 단순외주 개념에서 전략적 제휴(co-sourcing)의 개념으로 변화되고 있다.

2. 아웃소싱의 발전단계

아웃소싱은 발전 단계에 따라 다음과 같이 4단계로 구분할 수 있다. 기본적으로 단순 업무의 외주화에서 출발해서 기업 간 협업(collaboration) 및 가상기업(virtual company)의 형태로 변화되는 단계로 나눌 수 있다.

1) 1단계: 단순 업무 외주화

단순 업무 외주화는 회사 내의 단순하고 반복적으로 이루어지는 업무를 외부 전문업체에 맡기거나, 그 부분을 떼어내어 분사화하는 전형적인 위탁형 아웃소싱의 단계이다.

2) 2단계: 공동업무의 공유화

기업별로 공통적으로 갖는 기능을 공동 센터화하고 네트워크 및 인프라의 공유를 통하여, 여러 아웃소싱의 주체들이 참여하여 공동으로 아웃소싱 업무를 맡기는 단계이다.

3) 3단계: 전략적 제휴

1, 2단계를 포함하여 자체적으로 할 수 없는 업무를 타 기업과 전략적 제휴를 맺는 단계이다. 신제품 개발, 마케팅, 투자, 정보시스템 운영 등 경쟁우위 확보를 위한 전략적 아웃소싱의 단계로 대표적 제휴형 아웃소싱의 단계이다.

4) 4단계: 기업 간 협업

아웃소싱 제공기관과 기업이 네트워크라는 가상공간을 통해 결합되어 특정부문의 서비스를 네트워크상에서 공유하고, 더 나아가 기업간 협업이 이루어지는 단계이다. 인터넷 및 정보통신 기술의 발달에 따라 가상공간에서 이루어지는 대상 업무가 점차 확대되고 있다.

1. 34년째… '반도체人 신조'로 시작하는 기흥공장

■ **25년간 메모리 분야 세계1위 삼성반도체 신화의 비결은**

• 1980년대 선진기술 동냥 발품 팔며 "안 된다는 생각 버려라" 최강도전

• 직원들 "선배들 초심 기억하자" 당시 10대 신조 외친 뒤 작업 시작

• "물고 늘어져라…숫자로 파악하라" 위기마다 역발상… 블루오션 개척

• '25Y 8D 14H 19M 34S(25년 8일 14시간 19분 34초).'

2017년 1월 9일 경기 용인시 삼성전자 기흥사업장 1층 전시관. 입구에 설치된 전광판은 삼성전자가 전체 메모리 반도체 분야에서 세계 1위를 차지한 1993년 이후 25년째 수성하고 있는 시간을 초단위로 나타내고 있었다. 기흥사업장은 지난해 4분기(10~12월) 약 5조원의 역대 최고 영업이익을 낸 삼성전자 반도체 부문의 심장이다. '갤럭시 노트7'사태로 위기에 빠졌던 삼성전자를 '깜짝 실적'(어닝 서프라이즈)으로 구해 낸 일등 공신이었다.

한국 반도체 성공 신화의 비결은 뭘까. 이날 찾은 기흥사업장 곳곳에서 마주친 성공 키워드는 '초심'과 '혁신'이라는 두 단어였다.

• '반도체인의 신조' 외치며 초심 유지

기흥사업장의 모든 회의는 '반도체인의 신조'로 시작된다. '안 된다는 생각을 버려라', '일에 착수하면 물고 늘어져라'등의 구호를 담은 신조는 30여 년 전 반도체 사업 초창기에 선배 기술자들이 읊던 것들이다. 아무 기반도 없이 미국과 일본 반도체 기업들에 도전장을 내밀었던 선배들의 헝그리 정신을 기억하는 일종의 세리머니다. 삼성전자 고위 관계자는 "2년 전부터 모든 회의에서 전 직원이 '신조'중 하나를 외친 뒤 논의를 시작한다"고 말했다. 삼성전자 내부에서는 이런 초심 덕분에 기술 투자로 경쟁 기업들을 더 멀리 따돌린다는 의미인 '초격차 전략'이 성공했다는 평가가 나온다. 메모리 반도체 분야의 세계 1등이 된 지 25년째지만 초심을 잃지 않았기에 누구보다 빨리 혁신에 나설 수 있었다. 미국 실리콘밸리의 혁신 문화를 삼성전자 내에서 가장 먼저 도입한 곳도 반도체 부문이었다.

삼성전자는 1983년 이병철 당시 회장의 '도쿄 선언'을 통해 반도체 산업에 뛰어들었다. 처음에는 미국 마이크론 등 선진 기업에 기술 동냥을 하러 다녀야 했다. 미국 출장팀은 현지의 텃세와 견제 속에서도 손뼘과 발걸음으로 생산라인 크기를 쟀다. 밤에는 함께 모여 라인

그림 12-3 반도체인의 신조

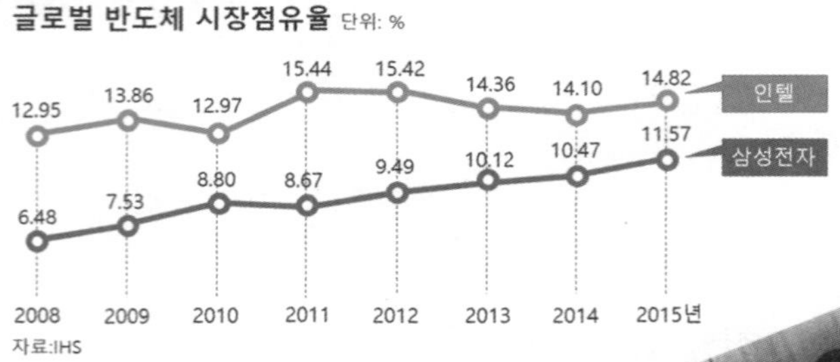

글로벌 반도체 시장점유율 단위: %

```
        12.95   13.86   12.97   15.44   15.42   14.36   14.10   14.82    인텔
                                                                 11.57   삼성전자
                        8.80    8.67    9.49   10.12   10.47
        6.48    7.53

        2008    2009    2010    2011    2012    2013    2014    2015년
자료:IHS
```

삼성전자 반도체인의 신조

1. 안 된다는 생각을 버려라.
2. 큰 목표를 가져라.
3. 일에 착수하면 물고 늘어져라.
4. 지나칠 정도로 정성을 다하라.
5. 이유를 찾기 전에 자신 속의 원인을 찾아라.
6. 겸손하고 친절하게 행동하라.
7. 서적을 읽고 자료를 뒤지고 기록을 남겨라.
8. 무엇이든 숫자로 파악하라.
9. 철저하게 습득하고 지시하고 확인하라.
10. 항상 생각하고 연구해서 신념을 가져라.

설계도를 그렸다. 전국에서 불러 모은 100명의 기술자는 삼성의 첫 반도체 제품인 '62K D 랩'양산 성공을 다짐하며 64km 행군 길에 올랐다. 반도체 신기술을 발표하는 세미나에는 '특수요원'1명씩을 파견했다. 질문을 던지는 척하면서 시간을 끄는 사이 엔지니어들이 해당 슬라이드 내용을 빠르게 받아 적거나 숙지할 수 있도록 하는 게 그들의 임무였다. 삼성전자 는 1992년 D램 메모리 반도체 세계 1위를 차지한 뒤 이듬해 전체 메모리 반도체 1위, 2002년 낸드플래시 1위업체로 성장했다. 최근 데이터센터의 저장장치 수요 급증으로 인기 가 높은 솔리드스테이트드라이브(SSD) 시장에서도 1위를 유지하고 있다.

• 위기 때마다 혁신과 투자

삼성전자 반도체 사업의 저력은 위기의 순간 빛을 발했다. 삼성전자가 반도체 사업을 시 작한 직후 D램 가격이 폭락하기 시작했다. 1984~87년 삼성전자의 누적 적자는 1,400억 원에 달했다. 업계에선 삼성이 곧 망할 것이란 전망까지 나왔다. 그러나 삼성은 1987년 생 산 라인 증설을 결정했다. 그리고 1년 만에 흑자로 전환했다.

2008년 4분기(10~12월)글로벌 금융위기 여파로 1987년 이후 첫 분기 적자를 냈을 때 도 흔들리지 않았다. 그해 5월 취임한 권오현 삼성전자 반도체총괄 사장(현 부회장)은 오히 려 '워크스마트'를 선포했다. 권부회장은 "직원들이 정시에 퇴근해도 경쟁력이 강한 회사를 만드는 것이 소망"이라고 강조했다. 회사가 위기에 빠졌을 때 오히려 직원들의 삶의 질을 높여준 '역발상'은 반도체 부문이 다시 도약하는 또 하나의 계기가 됐다. 반도체 부문의 앞선 기업문화는 삼성전자 전체가 추진하고 있는 '스타트업 인사 혁신'의 토대가 됐다.

'PC 시대'의 절대 강자였던 인텔이 전원을 꼽는 플랫폼에 안주해 있을 때 삼성전자는 모바일에 적합한 저전력 제품 연구에 매진했다. 세계 5위권에 머물러 있던 시스템 반도체 분야에서도 삼성전자는 글로벌 경쟁력을 갖춰나가고 있다. 지난해 세계 최초로 10nm(나노미터 ·1nm는 10억분의 1m)비메모리 반도체 양산에 성공했다. 앞으로 수요가 크게 늘 것으로 전망되는 차량용 반도체 시장에서도 자체 시스템 반도체인 엑시노스를 내세워 블루오션을 개척하고 있다. 삼성전자의 지난해 2분기 반도체 시장 점유율은 11.6%로 1위 인텔(14.8%)과 격차를 더 좁혔다. 인텔의 시장점유율과 비교해 76%까지 따라잡은 것이다. 2008년엔 인텔의 50% 수준이었다. 인텔이 7년간 13~15% 선에 머무는 동안 삼성은 같은 기간 6.5%에서 11.6%를 기록하며 2배 가까이로 뛰어올랐다.

[자료: 동아일보]

2. 솔개의 장수비결

■ "환골탈태"

솔개는 가장 장수하는 조류로 알려져 있다. 솔개는 최고 약 70살의 수명을 누릴 수 있는데 이렇게 장수하려면 약 40살이 되었을 때 매우 고통스럽고 중요한 결심을 해야만 한다.

솔개는 약 40살이 되면 발톱이 노화하여 사냥감을 그다지 효과적으로 잡아챌 수 없게 된다. 부리도 길게 자라나고 구부러져 가슴에 닿을 정도가 되고, 깃털이 짙고 두껍게 자라 날개가 매우 무겁게 되어 하늘로 날아오르기가 나날이 힘들게 된다. 이즈음이 되면 솔개에게는 두 가지 선택이 있을 뿐이다. 이대로 죽을 날을 기다리든가 아니면 약 반년에 걸친 매우 고통스런 갱생과정을 수행하는 것이다.

갱생의 길을 선택한 솔개는 먼저 산 정상부근으로 높이 날아올라 그곳에 둥지를 짓고 머물며 고통스런 수행을 시작한다. 먼저 부리로 바위를 쪼아 부리가 깨지고 빠지게 만든다. 그러면 서서히 새로운 부리가 돋아나는 것이다. 그런 후 새로 돋은 부리로 발톱을 하나하나 뽑아낸다. 그리고 새로 발톱이 돋아나면 이번에는 날개의 깃털을 하나하나 뽑아낸다. 이리하여 약 반년이 지나 새 깃털이 돋아난 솔개는 완전히 새로운 모습으로 변신하게 된다. 그리고 다시 힘차게 하늘로 날아올라 30년의 수명을 더 누리게 되는 것이다.

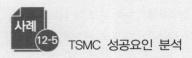

사례
12-5 TSMC 성공요인 분석

1. 반도체 사업

반도체 산업은 ① 삼성전자,인텔 처럼 반도체를 설계·제작·판매하는 종합반도체회사 (integrated device manufacturer: IDM), ② 퀄컴, 앤디비아처럼 설계만 담당하고 생산을 위탁하는 팹리스(fabless), ③ TSMC, UMC, 동부반도체 처럼 생산만 전념하고 설계는 하지 않는 파운드리(foundry), ④ ASML, 램리서치 등과 같이 공정에 필요한 장비를 공급하는 장비업체로 구분된다.

파운드리는 반도체의 디자인을 전문으로 하는 팹리스 기업으로부터 제조를 위탁받아 반도체를 위탁 생산하는 기업으로 대만의 TSMC, UMC, 미국의 글로벌 파운드리, 중국의 SMIC 등이 대표적이다. 종합반도체(IDM) 중 일부는 자사의 반도체뿐만 아니라 다른 기업의 반도체를 생산하는 파운드리 기능을 함께 수행하기도 하는데 삼성전자, SK하이닉스는 모두 IDM이면서 파운드리 기능을 갖고 있다.

2021년 들어 코로나 19로 인해 전세계에 반도체 부족현상이 심화되어 파운드리 매출이 급증하고 있다. 시장조사기관 트렌드포스에 의하면 세계 파운드리 시장은 2019년 600억 달러에서 2020년 682억 달러로 13.6% 증가했고, 2024년에는 944억 달러로 성장할 것으로 전망된다.

TSMC(taiwan semiconductor manufacturing company)는 세계 최초의 파운드리 전문업체로 2021년 2분기 세계 파운드리 시장의 55%를 점유하고, 최첨단 공정인 5나노(nm) 공정 칩 매출 비중이 18%를 점유하는 등 매출과 기술면에서 압도적인 1위 자리를 고수하고 있다.

2. TSMC 사업 현황

TSMC는 1987년 설립되어 대만 신주과학단지에 본사를 두고 있다. 고객의 제품을 위탁받아 제조하는 순수 파운드리 모델을 개척했는데, 자체 이름으로 반도체 제품을 설계, 제조 또는 판매하지 않기로 선택함으로써 고객과 직접 경쟁하지 않는다. TSMC는 1993년에 대만증권거래소(TWSE)에 상장되었고, 1997년에는 뉴욕증권거래소(NYSE)에 대만 기업으로는 최초로 상장되었다. 1993년에는 대만 최초로 8인치 웨이퍼 팹을 건설했고, 2000년에는 TI-Acer 반도체와 스다(世大)반도체를 합병했다. 2000년 Fab 6공장이 완공되어 12인치 웨이퍼를 생산하기 시작했고, 2003년에는 0.13나노 공정을 가동하여 글로벌 웨이퍼 파운드리 시장을 장악하고 있다.

TSMC는 2020년 실적으로 연결매출 455억 1,000만 달러, 순이익 176억 달러를 달성하여 2019년보다 각각 31.4%와 57.5% 증가했다. 2021년 8월에는 시가총액 기준으로 중국의 텐센트를 제치고 아시아시가총액 1위 기업이 되었다.

고객으로는 애플, 퀄컴(Qualcomm), ARM, 미디어텍(MediaTek), 엔비디아, 브로드컴, AMD, 자일링스(Xilinx) 등 팹리스 업체뿐만 아니라, 텍사스 인스트루먼트(TI), NXP, 인피니언, ST마이크로일렉트로닉스 등 반도체업체들의 제품을 위탁생산하는 등 세계 대다수 반도체 업체를 고객으로 두고 있다. 자동차, PC, 스마트폰, 가전제품 등 다양한 산업 전반에 적용되는 웨이퍼 반도체를 생산하고 있어 글로벌 산업 공급망에 막대한 영향력을 미치고 있다. TSMC는 510개 고객사를 위해 272개 기술을 사용하여 10,761개의 서로 다른 제품을 생산한다. 2020년에 6,900개 특허를 등록했고, 12,000개의 기밀노트를 교환했으며 5나노 기술을 상용화했다.

TSMC는 2020년 기준 연 1,300만 개의 300mm 상당 웨이퍼 생산 능력을 보유하고 있으며, 2미크론(μ)에서 5나노(nm)의 공정노드를 가진 고객을 위한 칩을 생산한다. 〈표 12-6〉과 같이 6개의 12인치 웨이퍼 Fab, 6개의 8인치 웨이퍼 Fab, 1개의 6인치 웨이퍼 Fab을 갖고 있다. 대다수 Fab이 대만에 위치하고 있고 100% 자회사인 중국 난징에 12인치 웨이퍼 Fab, 상하이와 미 WaferTech 자회사에 8인치 웨이퍼 Fab이 있다.

표 12-6 TSMC의 파운드리 Fab 현황

분류	명칭	내용
12인치(300mm)	본부/Fab 12A	신주과학단지
	R&D센터/Fab 12B	신주과학단지
	Fab 14	타이난과학단지
	Fab 15	중부과학단지(타이중)
	난징/Fab 16	TSMC nanjing company limited
	Fab 18	타이난과학단지
8인치(200mm)	Fab 3	신주과학단지
	Fab 5	신주과학단지
	Fab 6	타이난과학단지
	Fab 8	신주과학단지
	상하이/Fab 10	TSMC china company limited

자료: https://www.tsmc.com/english/aboutTSMC/TSMC_Fabs

전세계 주요 파운드리 업체의 점유율 및 주요 사업내용은 다음과 같다.

TSMC는 2021년에 설비투자에 300억 달러를 투자하고, 세계적인 반도체 공급난을 해소하고 각국 정부의 요청에 따라 2024년까지 3년 간 총 1,000억 달러를 투자해 미국, 일본, 독일에 파운드리 공장을 설립할 계획이다.

표 12-7 세계 주요 파운드리 업체 동향_2021년

순위	점유율	업체	내용
1	55%	TSMC (대만)	- 1987년 ITRI에서 분사하여 세계 최초 순수 파운드리업체로 설립 - 세계 1위의 파운드리 업체로 글로벌 시장의 55%를 점유 - 애플, 퀄컴, AMD, 브로드컴, 미디어텍, AMD, 자일링스 등 510개사 고객 - 스마트폰 AP, 고성능 컴퓨팅, 차량용 반도체, 전력관리칩 등 다양한 칩 생산산 - 6개 12인치 칩 Fab, 6개 8인치 Fab, 1개 6인치 Fab 보유 - 2020년 20조 원 설비투자, 2021년에 30조 원 투자 계획
2	17%	삼성전자 (한국)	- TSMC에 이어 점유율 17%로 세계 2위의 파운드리 업체 - 2030년까지 171조 원 투자하여 세계 파운드리 1위 목표 - 퀄컴, 구글 등 팹리스업체들이 고객 - 스마트폰AP, 전력반도체, 디스플레이 구동드라이버, 이미지센서 생산 - 매년 파운드리 부문에 10조 원 투자(반도체 전체 30조원)
3	7%	UMC (대만)	- 1980년 ITRI에서 분사되어 설립된 대만의 첫 반도체업체 - 1995년 7월 순수 파운드리로 업종 변경 - 초창기 TSMC의 가장 큰 경쟁상대였으나 현재는 쇠퇴하여 세계 3위 - 대만 8개, 싱가포르 1개, 중국 항저우 12인치 웨이퍼 Fab 등 10개 Fab
4	5%	글로벌 파운드리스 (미국)	- 2009년 AMD에서 분사된 미국의 파운드리 업체 - 독일(1개), 싱가포르(4개), 미국(3개), 중국(청두) 등 Fab 9개 보유 - 14억 달러 신규 투자 및 IPO 추진

자료: ETRI 기술정책연구본부

3. TSMC의 성공요인 분석

1) 모리스 창의 리더십

TSMC 창업자 모리스 창(Morris Chang; 장중머우; 張忠謀)은 27세에 텍사스 인스트루먼트(TI)에 입사한 후 반도체 부문 부사장까지 지냈다. 1985년 54세의 모리스 창은 대만 정부의 요청에 따라 대만 공업기술연구원(ITRI) 원장으로 취임했다. 1980년대 초 글로벌 반도체 산업은 일본과 미국의 종합반도체(IMD)가 장악하고 있었고, 웨이퍼 칩은 설계부터 제

조, 패키징 테스트에 이르는 모든 과정을 한 기업에서 진행했다. 1980년대 미일무역마찰의 격화로 세계 반도체 산업의 지형이 급변하였고, 1989년 냉전 붕괴로 대량의 ICT 기술이 민간에 풀려 나왔다. 미국에서는 엔디비아, 브로드컴, 자일링스 등 돈은 없으나 웨이퍼 설계 능력을 갖춘 기업들이 등장했다. 모리스 창은 틈새를 노려 반도체 생산만 전담하는 기업을 설립하면 다른 기업은 반도체 설계에만 전념할 수 있고, 진입장벽도 낮아져 많은 기업이 반도체 업계에 진입할 수 있을 것으로 생각했다. 또 대만의 반도체 기술이 미국, 일본 등 선진국보다 2세대 반 뒤처져 있었고, 설계기술도 없으나 수율이 높다는 장점에 주목했다.

1987년 TSMC를 설립했는데, 인텔 등 해외기업들에 투자 유치를 타진했으나 모두 거절당했고, 필립스만 투자하였다. TSMC는 팹리스들로부터 설계를 의뢰받아 반도체를 위탁생산하기 시작했고, 팹리스 업계의 발전에 따라 고도성장하였다. 2005년에 CEO 자리를 넘겨줬다가 2009년 글로벌 금융위기 와중에 복귀한 모리스 창은 경쟁자들이 생산 라인을 폐쇄할 때 과감하게 설비투자를 증설하고 자산을 활성화했다. 제품 라인을 늘려 로직 IC 외에도 파워IC, MEMS 등 아날로그IC의 7개 분야 제품을 추가했고, 기존 설비를 활용하여 차량용 반도체 등 새로운 이익기반을 창출했다. 2010년 TSMC의 매출은 4,195억 NTD로 사상 최고를 달성했고, 생산 가동률 100%를 돌파하면서 영업이익률 50%를 달성했다. TSMC 주식 시가총액은 2017년 3월 글로벌 반도체 거두인 인텔을 최초로 추월한 후 현재까지 줄곧 선두를 고수하고 있다.

2) 비즈니스모델: 고객과 경쟁하지 않는다.

TSMC는 파운드리 비즈니스 모델로 "고객과 경쟁하지 않는다"는 모토를 내세우고 고객이 맡긴 제품을 위탁생산하는 데 전념해 왔다. 1,000여 개의 반도체 관련 기업이 치열하게 경쟁하는 웨이퍼 설계 분야에서 설계도의 기밀유지는 기업의 생사가 달린 일이다. 특급기밀이 담긴 설계도를 웨이퍼 파운드리 팹에 보내 생산하는 과정에서 기밀이 샐 우려가 컸다. TSMC는 기밀을 절대 준수하고, 성실한 관리로 고객을 대응해 왔다. 일단 수주하면 손실이 나도 감수했고, 약속을 철저히 지켜 고객의 신뢰를 얻었다. 모리스 창에 따르면 고객과 경쟁하지 않는다는 원칙이 TSMC 성공의 가장 큰 비결이라고 한다. TSMC 직원은 근무시간에 카메라가 장착된 핸드폰과 USB 메모리 장치를 휴대할 수 없으며, 회사 서류를 개인 메일함으로 보내는 것도 금지되어 있다. 만약, 규정을 어기고 카메라가 부착된 핸드폰을 소지할 경우 4회 적발 시 CEO에게 보고된다. 또 데이터의 안전을 보장하기 위해 TSMC 직원은 화장실에 갈 때도 카드를 찍어야 한다. 이렇게 TSMC는 철저한 운영방식으로 고객들의 신뢰를 얻었고, 이에 따라 세계적인 GPU(graphics processing unit; 그래픽처리장치) 분야의 두 경쟁기업인 앤비디아와 AMD, 핸드폰 칩의 최강자 퀄컴과 미디어텍, 무선 네트워크 칩의 브로드컴과 리얼텍 등 상충되는 라이벌업체들이 자사의 첨단 제품을 TSMC에 안심하고 발주하게 되었다.

애플의 스마트폰 아이폰이 폭발적 인기를 얻은 후, 가장 중요한 부품인 AP(application processor)는 그동안 삼성전자가 독식하였다. 그러나 삼성전자 스마트폰의 글로벌 시장점유율이 올라가면서 애플과 삼성전자의 경쟁이 치열해졌고, 이는 TSMC에게 새로운 기회로 다가왔다. 모리스 창은 애플에 접근해 아이폰 AP의 생산을 타진했다. 애플과 TSMC는 삼성전자와 TSMC 간 미래 전개될 특허권 분쟁을 우려하여 아이폰5에 사용할 A6 프로세서 설계문제부터 해결하고, TSMC는 2012년 8월까지 계속 IP를 애플에 넘겨 검증을 받는 과정을 통해 그 위험을 최소화했다. 2013년 4월 애플은 TSMC와 A7 시스템 온 칩(SoC)의 기밀 데이터를 공유하고 TSMC 생산 라인은 준비를 마쳤다. 결국 애플의 인증을 받아 2014년 A8 프로세서 주문을 가져오게 되었다.

3) 공격적인 투자 및 기술적 진보

TSMC의 영업이익률은 평균 30~40%인데, 벌어들인 이익을 기술 개발과 설비투자에 재투자하였다. 2020년 설비투자액은 181억 달러로 매출액 477억 달러의 38%를 투자했다. 〈표 12-8〉과 같이 연구개발비는 2010년 9억 4,300만 달러에서 2020년 37억 2,000만 달러로 크게 늘어났고, 연구개발 인력도 2010년의 2,881명에서 2020년 7,404명으로 약 3배나 증가했다.

표 12-8 TSMC의 R&D 현황

구성	2010	2012	2014	2016	2018	2020
인력(명)	2,881	3,901	4,766	5,423	6,216	7,404
투자비(백만$)	943	1,366	1,875	2,211	2,850	3,720

자료: TSMC, TSMC Corporate Social Responsibility 2020 Report

2001년 이후 12인치 웨이퍼 팹(Fab)을 20년간 5개, 평균 4년에 1개씩 건설해 왔다. 2000년 세계 최대의 반도체 공장인 Fab 6을 준공했다. 2003년 TSMC는 0.13 마이크로미터 기술을 개발하여 인텔, 삼성전자와 함께 세계 3대 반도체기업에 진입하였다. 2008년 미국발 금융위기로 인해 전세계 반도체 기업들이 투자를 줄일 때 TSMC만 설비투자를 크게 늘렸고 2009년부터 매년 100억 달러를 투자했다. 반도체는 나노 단위인 회로의 선폭이 좁을수록 저전력 · 고효율 칩을 만들 수 있다. 반도체 성능을 좌우하는 나노미터 단위 미세공정에 적용하는 스마트폰 AP, PC용 CPU 등은 주문 물량이 많고 영업이익률이 높기 때문이다.

TSMC는 2000년대 초 블루팀과 레드팀이라는 R&D 조직을 만든 후 블루팀에는 16나노→7나노→3나노, 레드팀에는 20나노→10나노→5나노 공정 개발을 목표로 주고 내부 경쟁을 시켰다. 2018년 7나노 제품 양산에 들어갔고, 2020년에는 5나노 양산을 시작했다. 2022년 하반기에 3나노 제품 양산에 돌입할 전망이다. 삼성전자는 3나노 반도체를 먼저 양산할 계획이고, 초미세 공정 점유율 확대를 위해 10나노 이상 반도체는 외부에 맡기고, 퀄컴, 엔디비아 등 초미세 공정이 필요한 고객사 주문에 초점을 맞추고 있다.

4) 정부·사회의 지원

대만 정부는 1987년 모리스 창이 TSMC를 설립할 때 적극 후원했다. TSMC는 대만 공업 기술연구원(ITRI)으로부터 분사(spin-off)했고, 공동 개발한 원천기술을 TSMC에 이전했다. 행정원 개발기금이 TSMC의 지분 48.3%를 보유하여 최대주주였고, 필립스가 27.5%를 소유했다. 1993년 TSMC가 민영화한 이후에도 국가개발기금을 통해 전체 지분의 6.4%를 소유하고 있다. 설립 초부터 어떤 개인이나, 업체가 소유하는 것이 아닌 정부, 민간, 개인이 지분을 보유하여 진정한 공유제(public ownership)를 지향할 수 있었다. TSMC 임직원들은 이사회에 의해 고용되었으나 이사회는 대주주에 통제되지 않았다. 실적에 따라 이사회에서 보수 및 연임을 결정하는 구조로 대주주의 눈치를 볼 필요가 없고, 이사회 감독과 제재를 받기 때문에 임직원 자신의 이익을 챙길 수 없다. 따라서 단기적인 주주의 이익이나 눈치를 보지 않고 장기적 관점에서 기술 개발과 막대한 시설투자를 할 수 있었다.

TSMC 본사 및 주요 공장들이 위치한 신주과학단지(新竹科學工業園區)는 산업 클러스터 역할을 수행했다. 입주 기업가들은 5~9년 간 법인세 면제, 낮은 대출금리, R&D 보조금 등 각종 혜택을 받았다. 대만 정부는 반도체 공장 건설에 필요한 막대한 용수와 전기 인프라를 신속히 구축해 주었다. 또 대만 각지를 하루 만에 이동할 수 있는 고속철도와 고속도로의 인프라도 TSMC의 성공에 큰 기여를 하였다. 대만에서는 하이테크산업이 발전하지 않아 반도체산업이 연봉이 가장 높아 인재가 많이 몰리고 있다. TSMC는 정부 차원의 장학혜택과 산·학연계 교육모델을 기반하여 우수한 인력을 유치하였다. 특히, "주식보너스 제도"를 통해 순수익의 10%를 신주로 발행하고 액면가로 직원들에게 나눠주었는데 대만 정부는 시세차익에 세금을 면제하였다. 이 제도는 TSMC가 인재를 유치할 때 중요한 인센티브 역할을 했다. 그리고 TSMC와 UMC 등 파운드리는 미디어텍, 노바텍, 리얼텍 등의 펩리스업체들과 같은 신주과학단지에서 까다로운 칩 설계 회로 및 제조 공정의 구현, 각종 IP에 얽혀 있어 오랫동안 협력해 왔기 때문에 숙련된 고급 기능 인력을 배출하는데 최고의 여건을 구비했다. 이와 같이 정부의 파격적인 지원, 주주의 눈치를 보지 않는 공유제, 최고의 인재를 유치하고 체계적으로 양성할 수 있는 시스템이 TSMC의 성공에 기여하였다.

[자료: 주간기술동향]

사례
12-6 중국 전문가가 분석한 '일본 반도체 실패' 이유 4가지

일본 반도체 기업은 1990년 전세계 상위 10위 안에 6개의 회사가 들어갔지만, 2020년에는 상위 10위 안에 든 기업이 하나도 없다. 다음은 중국 전문가가 분석한 일본 반도체 사업의 실패 이유에 대한 보고서이다(2021년 6월).

1. 미·일 반도체 협정의 후유증

1980년대에 일본 기업들은 미국 달러화 절상을 이용하고 메모리 칩 DRAM을 활용해 시장점유율을 높였다. 그러나 미국 기업 불만으로 1986년 시장 점유율과 가격 모니터링을 담은 '미·일 반도체 협정'이 체결되었다. 그 후 미국 기업들은 개인용 컴퓨터, 기존 휴대폰, 스마트 폰의 연속적인 대중화를 활용해 성장 모멘텀을 재개했으며, 한국과 대만 기업들도 가격 경쟁력과 기술 수준을 지속적으로 향상시켜 기술력의 차이가 급격히 줄었다.

2. 반도체 투자와 경영 판단에서 패착

"일본이 한국과 대만 사이에서 격차가 발생했던 가장 큰 이유는 투자 경쟁에 대한 대응이었다."

반도체 제품의 가격은 저렴하고 시장은 수요와 공급의 균형에 따라 크게 변동하는 특성이 있다. 회로의 소형화로 대표되는 기술 경쟁은 치열한 데 반해 반도체 장치의 가격은 비싸다. 따라서 시장 및 기술 동향을 관찰하고 개발 및 제조에 대한 막대한 투자가 불가피하다. 여기에는 예리한 판단과 함께 재정적 강점이 필요하다. 일본의 반도체 산업은 닛폰전기, 도시바, 히타치와 같은 종합전자 기계 기업의 한 부문으로 성장했다. 이는 초기에는 성장에 유리했지만 1990년대 후반 경기 침체기에 이런 종합 기업의 형태는 부담이 되었다. 큰 손실로 인해 닛폰전기 책임자는 "반도체 부서는 때때로 회사의 도둑이라고 불렸다"면서 첨단 기술 개발에 대한 막대한 투자를 견딜 수 없어 반도체 분야에 대한 투자가 줄어들고 신규 사업 결정이 느려졌다. 반면 불황 속에서도 과감하고 과감한 투자를 통해 빠른 성장을 이룬 한국 삼성전자는 빠른 성장을 이루었다. 삼성은 일본 기업의 투자 축소로 최악의 기간에 시장을 이용해 투자를 마무리했다. 일본과 삼성의 차이는 반도체 시장 회복기에 열매를 거두고 번영기에 돈을 벌려면 침체기에도 과감히 투자해야 한다는 교훈을 알 수 있다.

삼성은 故人이 된 이건희 전 회장의 뛰어난 리더십 아래 대규모 자본이 필요한 반도체 공장에 투자하기 위해 신규 주식 청약권과 함께 추가 발행 및 회사채(전환 사채, CB)를 적극 활용했다. 반면 일본 기업은 주식 금융(주식 금융, 신주 발행에 수반되는 금융)을 피하고 부채 금융(채무 금융, 차입을 통한 금융)에 의존하여 투자 기회를 놓쳤다.

3. 일본 OEM의 부서진 개념

TSMC의 창립자 장중머우는 1999년 인터뷰에서 "일본이 자체 확립한 비즈니스 모델을 변경해야 한다"고 말했다. TSMC는 반도체의 '설계'와 '제조'를 분리하는 비즈니스 모델을 구축했다. TSMC는 세계 최초의 반도체 파운드리 모델을 구축해 팹리스 기업이 부상할 것으로 내다봤다. TSMC 창립자 장중머우는 팹리스 시대를 예측하고 반도체 파운드리 모델을 수립했다.

현재 퀄컴, 엔비디아와 같은 팹리스 회사가 빠르게 성장하고 있다. 이 모델을 시작한 TSMC가 비즈니스 정점을 맞이하고 있다. 하지만 일본 기업들은 비즈니스 모델의 변화를 따라 잡지 못했다. 두 번째 실패였다.

1990년대 후반부터 2000년대 상반기까지 수익 악화로 인해 일본 기업들은 반도체 사업의 매각과 합병을 잇달아 진행했다. 1999년 닛폰전기와 히타치의 DRAM사업이 합병되면서 엘피다 메모리가 탄생했다.

다른 회사들은 계속 퇴각하고 합병했으며 DRAM 사업에 종사한 일본 회사들은 엘피다에 집중되었다. 2003년에 히타치와 미쓰비시 전기의 로직 반도체 사업이 합병되어 르네사스 일렉트로닉스가 탄생했으며 통합은 계속 진행되고 있다.

일본 반도체 전문가들은 "2000년대 구조 조정 기간이 일본이 파운드리 사업에 진출할 수 있는 좋은 기회였으나 놓쳤다"고 회상한다. 하지만 위기의식을 느낀 일본 경제 산업성의 추진으로 2006년 히타치와, 도시바 및 르네사스는 공동으로 "첨단공정 파운드리" 설립 계획 회사에 자금을 지원했다. 가전 제품 등에 사용되는 시스템 고밀도집적회로의 파운드리를 탐색했지만 수요자를 찾지 못해 마침내 생산 확보를 위한 일정을 마련하지 못했다. 반년 정도 만에 계획은 무산되었다. 르네사스 일렉트로닉스는 또한 개발, 설계 및 공장을 분리하는 수평적 노동 분업 개념을 수립하고 있다. 그러나 여러 전자 기계 회사에서 모인 경영진은 관련 정책을 포기했다.

4. 잘못된 정책 지원

"세 번째 이유는 반도체 산업에 대한 일본 정부의 정책 지원이 올바른 길을 가고 있지 않기 때문이다."

2002년 경제 산업성이 발간한 반도체 산업 보고서에서 '기업 간 아웃소싱 등의 조치를 통한 효율성 증대 필요성', '실질적 비용 절감을 위한 표준화 및 일반화 추진 필요성' 등의 표현이 나왔다. 실제로 11개 기업이 경제 산업성의 권유를 따랐지만 기술 표준화는 원가 구조 변화에 충분한 성과를 내지 못했다. 동일본 대지진 이후 일본 기업들은 엔화의 급격한 절상과 같은 어려움에 직면했다. 반면 당시 한국 삼성전자는 환율에서 혜택을 누리며 일본과 가격경쟁력에서 크게 앞서가게 되었다. 엘피다는 2008년 메모리 가격 하락과 리먼 위기로 재정적으로 어려움을 겪었고 공공 자금과 은행으로부터 공동 대출을 받아야 했다. 엔화 절상과 함께 경쟁력이 떨어졌다. 이후 대출 기간이 변경되자 일본 정책 투자 은행은 가혹한 조건을 내세우고 2012년 일본의 '기업 개편법' 적용(파산 보호 신청에 해당)을 신청했다. 일본 DRAM 사업을 계승한 엘피다의 히로시마 공장은 이제 미국 마이크론 테크놀로지 주요 거점 중 하나가 되었다. 2021년 봄에 발표된 반도체산업협회 보고서에 따르면 "정부의 지원 격차 때문에 일본이나 미국에서 10년 동안 메모리 공장을 운영하는데 드는 비용은 한국, 싱가포르, 중국보다 20~40% 더 비싸다"고 한다. 공장 운영비용의 차이인 정책 지원 격차는 반도체 산업에 큰 부담이 되고 있다.

현재 전 세계 정부는 대규모 보조금 정책을 추진하고 있으며, 미국은 공장 유치를 위해 미국 의회에 500억 달러의 보조금 승인을 요청했다. 일본전자정보기술산업협회는 정책적 후진성으로 인해 일본 기업들이 경쟁력을 유지할 수 있다고 믿는 분야조차도 점진적으로 점유율에서 멀어질 수 있다고 우려하고 있다. 경제 산업성은 공급망 지원을 위한 보조금 예산이 약 2,100억 엔이라고 밝히고 있지만 일본 반도체 기업들은 이 수준으로는 과거 실패를 되풀이 할 수 있다고 비판하고 있다.

[자료: 글로벌 이코노믹]

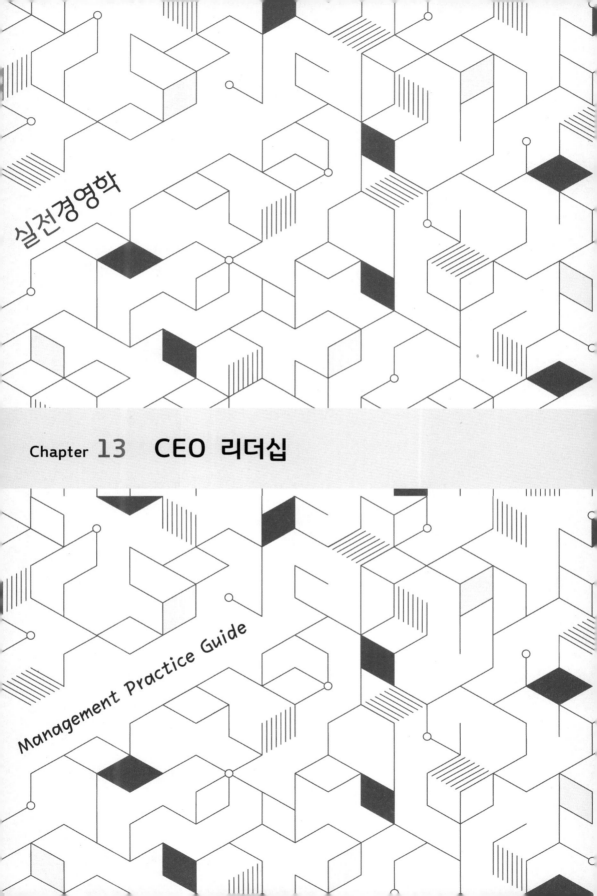

실전경영학

Management Practice Guide

CEO 리더십

Ⅰ 기업경영

1. 경영이란

일반적인 의미에서 경영은 '어떤 조직이 특정한 목적을 가지고 그 목적을 효율적으로 달성하기 위해 계획을 세우고 실행하고, 그 결과를 평가하는 과정'이라고 정의될 수 있다. 즉, 경영은 자원을 투입하고 경영활동(process)을 통하여 산출물을 만들어내고, 여기서 나온 제품이나 서비스를 고객에게 판매하여 부가가치(이익)를 창출하는 활동이라고 할 수 있다. 여기에서 자원은 사람, 기술, 돈, 설비, 재료 등 성과 창출을 위해 투입되는 것(input)을 말하고, process는 공급망 process (개발, 조달, 생산, 판매, 물류, 경영관리 등)와 의사결정 process를 의미한다. 이러한 input과 process의 결과로 경영성과(output)가 산출되는데, 그 성과는 단순히 수익률만을 의미하는 것이 아니고, 종업원 입장에서는 보람과 보상, 고객 입장에서는 가치, 또한 사회적으로는 세금, 일자리 창출 등 기업의 사회적 책임 측면을 모두 포괄한다고 말할 수 있다.

본장에서는 기업을 경영하는 최고경영자(CEO)에게 필요한 기업경영 개요 및 리더십 파이프라인에 대하여 그 내용을 요약하여 다루고자 한다.

그림 13-1 경영 프로세스

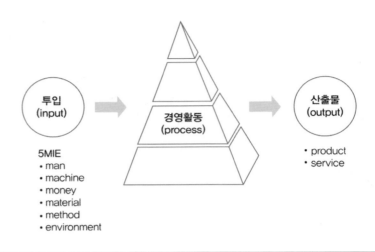

2. 기업경영의 구조

기업경영은 경영이념과 핵심가치 등의 경영철학을 실천하기 위해 전사 전략, 사업부 전략, 기능 전략을 수행하는 활동을 의미한다. 전사(기업) 전략은 기업의 종합적인 관점에서 비전과 목표를 설정하고 각 사업분야에 경영자원을 배분하고 조정하는 일련의 활동이다. 사업부 전략은 각 사업단위에서 경쟁우위 확보를 위한 구체적이고 실천적인 사업전략으로 각 사업단위별로 상이한 전략 수립이 필요하다. 기능 전략은 연구/개발, 제조/생산, 영업/마케팅, 재무/회계, 인사/조직 등 경영의 각 기능단위별 세부 전략을 전개하는 것이다(〈그림 13-2〉).

환경변화가 급속한 오늘날에 기업의 생존과 성장을 위해서는 경영전략의 체계적인 수립과 실행이 절대적으로 요구되고 있다.

그림 13-2 기업경영의 틀

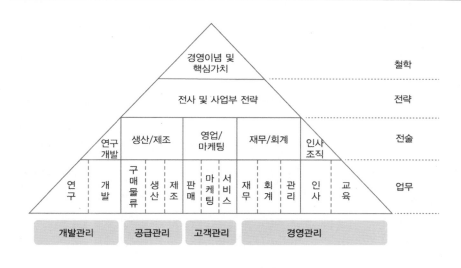

II 리더십 파이프라인(leadership pipeline)

본장에서는 8장에서 다룬 리더십의 이론적 고찰에 추가하여 기업경영에 활용 가능한 내용들을 요약하고, 리더십 파이프라인에 대하여 살펴보고자 한다.

1. 리더십의 개요

1) 리더십이란

21세기 기업의 경영환경은 지금까지의 논리와 가정으로는 설명할 수 없는 전혀 다른 모습을 보이고 있으며, 기존의 경영방식과는 차별화된 새로운 경쟁의 틀을 요구하고 있다. 특히 디지털화, 글로벌화 등으로 인해 세상은 훨씬 빨라지고 좁아졌으며, 이러한 추세는 앞으로도 지속될 것이다. 오늘날 급변하는 경영환경 속에서는 리더의 올바른 방향 제시가 절대적으로 중요하다. 시대의 흐름을 정확히 읽고 조직 구성원들을 한 방향으로 이끌어가는 리더십이 중요한 덕목으로 자리 잡게 되었다.

 리더십이란

특정 목표를 달성하기 위해 사람들 사이에 영향력을 주고받으면서 바람직한 결과를 도출해 가는 일련의 과정.

그 정의에는 '타인에 대한 영향력(influencing power)'이라는 개념과 '목표달성을 위한 종합역량(total capability)' 그리고 '영향력을 주고받는 과정(process)'의 개념이 포함되어 있다고 말할 수 있다. 리더십의 개념은 인류의 역사와 함께 해 왔다고도 볼 수 있다. 그리스시대 크세노폰이 지은 「오이코노미코스(oikonomikos)」라는 책에는 리더십의 의미에 대한 소크라테스의 대화 내용이 나오는데, 그는 리더십을 '사람들을 이끌고, 자극하고, 동기를 유발시키는 능력을 지니고, 이들의 노력에 의미를 부여하는 것'이라고 규정하였고, 리더십을 증명하는 것이 사업의 성공에서 가장 중요하다고 주장하기도 하였다. 리더십의 중요성이 커짐에 따라 다양한 학자들의 연구가 진행되었으며, 다음과 같은 다양한 개념적 견해가 있다.

표 13-1 리더십의 다양한 견해

학자	리더십의 정의
Katz & Kahn (1978)	• 기계적으로 조직의 일상적 명령을 수행하는 것 이상의 결과를 가져올 수 있게 하는 영향력
Blanchard (1982)	• 주어진 상황에서 개인이나 집단의 목표 달성을 위한 활동에 영향을 미치는 과정
Jago (1982)	• 강제성을 띠지 않는 영향력 행사과정으로 구성원들에게 방향을 제시하고 활동을 조정하는 것: 성공적으로 영향력을 행사하는 사람들이 갖는 특성들
Bass (1990)	• 상황이나 집단 구성원들의 인식과 기대를 구조화, 또는 재구조화하기 위해서 구성원들 간에 교류하는 과정(따라서 리더란 변화의 주도자)
Nanus (1992)	• 꿈(비전)의 제시를 통하여 추종자들의 자발적 몰입을 유인하고 그들에게 활력을 줌으로써 조직을 보다 큰 잠재력을 갖는 새로운 조직 형태로 변형시키는 과정
Lord & Maher (1993)	• 특정 개인이 다른 사람들에 의해서 리더라고 인정받는 과정 일정한 직위를 가지고 있기 때문에 리더가 되는 것이 아니라 다른 사람들로부터 리더라고 인정받는 것이 중요
Yukl (1998)	• 집단이나 조직의 한 구성원이 사건의 해석, 목표나 전략의 선택, 작업활동의 조직화, 목표성취를 위한 구성원 동기부여, 협력적 관계의 유지, 구성원들의 기술과 자신감의 계발, 외부인의 지지와 협력의 확보 등에 영향을 미치는 과정

[자료: 백기복, '리더십 리뷰']

2) 리더십의 범위

리더십은 개념을 어떻게 규정하느냐에 따라 범위가 달라질 수 있다. 사람과 사람 사이의 관계를 원활하게 이어 나가는 대인관계의 기술에서부터 기업 전체, 또는 국가 차원의 거대한 조직을 이끌어 나가는 종합경영 능력에 이르기까지 그 범위는 매우 넓다. 리더십의 범위를 3단계로 정의해보면, 다음과 같이 협의, 광의, 최광의 리더십으로 구분할 수 있다.

리더십의 범위

- 협 의 리더십: 대인관계 기술(interpersonal skill)
- 광 의 리더십: 사람관리 능력(human skill)
- 최광의 리더십: 전체적인 경영 능력(management competency)

3) 리더와 관리자의 차이

전통적인 개념의 관리자는 시스템과 구조에 초점을 두고, 주어진 일을 최선의 방법으로 해내는 측면(doing things right)을 강조해 왔다. 반면에 리더에게는 지속적인 변화 및 성과를 낼 수 있도록 구성원들의 동기부여 측면이 무엇보다 중요하다. 특히 올바른 방향제시를 통해 올바른 일을 하는 것(doing the right things)이 주요 요인으로 지적되고 있다. 학자에 따라서는 리더와 관리자의 차이를 〈표 13-2〉와 같이 설명하기도 한다. 얼핏 보기에 리더는 미래 지향적이며 바람직하게 보이고, 관리자는 과거 지향적, 통제적인 느낌으로 바람직하지 않게 보일 수도 있지만, 리더십이나 관리 모두가 경영에 필수적인 요소이다. 이 두 가지를 모두 잘 해야 궁극적으로는 경영을 잘 한다고 말할 수 있다.

표 13-2 리더와 관리자의 차이(Warren Benis)

리 더	관리자
혁신 주도	책임수행
창조	모방

리 더	관리자
개발	유지
인간에 초점	시스템 구조에 초점
신뢰에 기초	통제 위주
장기적	단기적
'무엇을, 왜'에 관심	'언제, 어떻게'에 관심
수평적 관점	수직적 관점
현상태에 도전	현상태 수용
독자적 인간	전통적인 충복
옳은 일을 함(what)	일을 옳게 함(how)

💡 참고: 리더십에 대한 오해와 진실

① 리더는 선천적으로 타고난다.
리더가 선천적 자질에 의해 일부 영향을 받는 것은 사실이지만, 개인의 성장 과정, 교육·훈련, 직장 경험, 그리고 개인의 부단한 노력을 통해 후천적으로 개발되는 측면이 더욱 크다고 할 수 있다.

② 리더십은 조직 내에서 어느 정도의 위치에 올라야 발휘된다.
이는 리더십을 지위, 계급, 특권으로만 인식하는 잘못된 견해로서, 리더십은 지위 여하를 막론하고 조직 각 부문에서 발휘될 수 있는 의식과 행동패턴이다.

③ 리더십은 카리스마를 필요로 한다.
카리스마가 리더십과 절대적인 관계가 없다는 것은 학자들의 연구를 통해서도 밝혀진 바 있으며, 오히려 조직에 부정적인 영향을 미칠 수 있다는 것에 주의할 필요가 있다.

④ 리더십은 일반적인 상식에 불과하다.
모든 지식이 그렇듯이 리더십도 상식에 기초를 두고 있지만, 누구나 그것을 쉽게 터득할 수 있는 것은 절대 아니며, 부단한 학습과 실천이 요구된다.

[자료: 이승주, '전략적 리더십]

4) 피터 드러커가 제시하는 리더의 원칙

경영학의 대가 피터 드러커(Peter Drucker)는 2004년 하버드 비즈니스 리뷰에 기고한 'What makes an effective executive'라는 글에서 경영자가 간과하기 쉬운 리더십의 기본 원칙을 다음과 같이 제시하고 있다.

8 Practices of Effective Executives

1. They asked, "What needs to be done?"
2. They asked, "What is right for the enterprise?"
3. They developed action plans.
4. They took responsibility for decisions.
5. They took responsibility for communicating.
6. They were focused on opportunities rather than problems.
7. They ran productive meetings.
8. They thought and said 'We' rather than 'I'.

2. 리더십 이론의 흐름

리더십에 대한 연구는 1950년대부터 체계적으로 이루어져 왔고, 경영학의 발달과 함께 많은 발전을 해나가고 있다.

특히 최근에는 많은 학자들이 다양한 분야를 연구함에 따라 매우 다양한 이론들이 등장하고 있으며, 리더십 연구의 흐름은 크게 5개의 주요 축으로 정리될 수 있다(〈그림 13-3〉).

그림 13-3 리더십 연구의 주요 흐름

1) 리더십 특성이론

리더십 특성이론은 리더가 소유하고 있는 개인적 특성을 찾아내는 데 기초한 연구로서, 위인 이론에서 출발했으며, '리더는 선천적으로 타고난다'라는 가정에 따

표 13-3 학자들이 제시하는 리더의 주요 특성

Stogdill (1948)	Mann (1956)	Stogdill (1974)	Lord, Devader, & Alliger(1986)	Kirkpatrick & Locke(1991)
지능	지능	성취동기	지능	추진력
경계심	남성성향	집념	남성성향	리더십 동기
직관	적응력	직관	지배성향	성실성
책임감	지배성향	주도력		자신감
주도력	외향성	자신감		인지능력
집념	보수성향	책임감		과업지식
자신감		협동심		
사회성		인내심		
		영향력		
		사회성		

[자료: 백기복, '리더십 리뷰']

른 것이다. 오랜 기간 연구를 통해 리더가 갖추어야 할 특성이 무엇인가를 알게 해 주는 벤치마크를 제공했다는 의미를 찾을 수 있다. 그러나 모든 리더들이 그 특성 모두를 가지고 있는 것은 아니며, 리더가 아닌 사람들도 리더의 특성들을 가지고 있고, 리더십 특성과 리더와의 관계에 일관성이 부족하다는 비판을 받기도 하였다.

2) 리더십 행동이론

리더십 연구를 리더의 특성 관점이 아닌 행동유형을 중심으로 전환하기 시작한 것은 큰 발전이라고 할 수 있다. 특성은 타고나는 측면이 강한 반면, 행위나 스타일은 교육과 개발이 가능하기 때문이다. 그런 측면에서 행위론은 누구나 적절한 훈련을 통해 리더가 될 수 있다는 근거를 제시해 주었다. 행위론에서는 리더십의 행동을 과업 중심의 행동과 관계 중심의 행동으로 분류하고 있으며, 오하이오 주립대 연구, 관리격자 이론 등이 행위론의 대표적인 연구라고 말할 수 있다.

① 오하이오 주립대 연구

리더들이 조직을 지도하고 있을 때 그들이 어떻게 행동하는가를 '성과중심'과 '인간중심'이라는 관점에서 연구했으며, 두 가지를 모두 갖춘 높은 성과와 관계를 동시에 중요하게 행동하는 리더가 바람직한 리더십 스타일이라는 것을 연구를 통해 밝혀냈다(〈그림 8-8〉 참조).

② 관리격자 이론

Blake & Mouton에 의해 개발된 것으로, 구조주도와 배려 대신 '생산에 대한 관심'과 '인간에 대한 관심'을 축으로 5가지의 리더십 스타일을 제시하여, 현장에서 많은 호응을 얻으며 활용되었다. 그러나 이 프로그램의 유효성에 대한 분석 결과, 유효하다는 결론을 얻지 못하는 등 비판을 받기도 하였다(〈그림 8-9〉 참조).

3) 리더십 상황이론

리더십 상황론은 구성원의 특성, 리더와 구성원과의 관계, 주어진 과업의 특성, 조직구조의 성격 등에 초점을 두고 상황을 구체화한 이론이다.

'상이한 상황은 상이한 유형의 리더십을 요구한다.'
(different situations demand different kinds of leadership)

이러한 전제하에 리더는 그들의 행동유형을 하위자의 능력과 헌신성의 정도에 부합시켜야 한다는 것이 상황론의 핵심 메시지이다. 상황론에서는 허쉬 & 블렌차드(Hersey & Blanchard)의 성숙도 이론과 피들러(Fiedler)의 상황적합 이론이 대표적인 이론으로 많이 알려져 있다.

① Hersey & Blanchard의 리더십 상황이론

하급자가 성숙한 정도에 따라 리더십 스타일을 달리해야 한다는 이론으로서, 리더는 하급자가 성숙해감에 따라 점진적으로 하급자에게 권한을 넘겨줘야 한다는 관점을 택하고 있다. 본 이론은 「상황대응 리더십」이라는 프로그램으로 지금까지 전세계적으로 매우 인기를 누리고 있다(〈그림 8-10〉 참조).

② Fiedler의 상황적합 이론

'리더-적합' 이론(leader match theory)이라고도 불리며, 리더가 리더십을 적절한 상황에 적합시켜야 한다는 이론이다. 성숙도이론은 리더십 유형과 상황변인들을 효과적으로 조화시키는 틀을 제공했다는 평가를 받고 있으며, 리더십의 유형을 과업지향(task motivated)과 관계성 지향(relationship motivated)으로 나누어 설명하고 있으며, 리더유형 측정을 위해 LPC(least preferred co-worker scale) 척도를 활용하고 있다(〈표 8-3〉 참조).

4) 변혁적/거래적 리더십

변혁적 리더십은 기존의 리더십 이론이 지나치게 리더와 구성원의 거래적 관계에만 초점을 두었다고 비판하는 데서 출발하였다. 리더와 구성원의 이러한 실리 위주의 교환행위를 통해서는 오늘날의 기업들이 필요로 하는 탁월한 성과를 거두기 힘들다는 것이 연구의 전제이다. 시대상황은 근본적 변화를 필요로 하고 있고, 따라서 추종자들의 작은 일상 행동이 아니라 근본적인 가치관 변화에 초점을 둬야 하며 바라고 추구하는 욕구와 비전이 한 차원 높아져야 한다고 주장하고 있다. 그래야만 10%, 20% 정도의 성과 향상이 아닌, 50~100% 또는 그 이상의 고단위 성과 향상이 가능해진다는 것이다. 따라서 근본적인 변화를 통해 고단위 성과향상을 추구하는 것이 변혁적 리더십의 본질이라고 말할 수 있다. 변혁적 리더십을 주장한 대표적인 학자인 베이스(bass)는 변혁적 리더십의 특징을 '카리스마(charisma), 지적 자극(intellectual stimulation), 개인별 고려(individual consideration)'라고 정의하였다.

그리고 이와 구별되는 거래적 리더십의 특징을 예외에 의한 관리와 조건적 보상이라는 두 가지로 정리하고, 이러한 행위들을 측정하기 위한 측정 도구인 MLQ(multifactor leadership questionnaire)를 개발하기도 했다. 이러한 진단 및 연구 결과, 거래적 리더십을 갖춘 다음 단계에 변혁적인 리더십을 발휘하게 되며, 변혁적 리더가 거래적 리더보다 더 높은 성과를 보이는 것으로 나타났다.

표 13-4 변혁적/거래적 리더십 행위들의 예시

리더십	변수	리더십의 정의
변혁적 리더십	카리스마	'내가 지금 평가하고 있는 사람은 어떤 장애물도 스스로의 능력으로 극복할 수 있다고 나는 신뢰한다'
	지적자극	'내가 평가하고 있는 사람은 내가 고민해온 고질적 문제를 새로운 관점에서 생각해볼 수 있게 해준다'
	개별적 배려	'내가 평가하고 있는 사람은 내가 필요한 경우 나를 코치해 준다'
거래적 리더십	조건적 보상	'내가 지금 평가하고 있는 사람은 내가 무엇을 해야 하는지와 그 노력의 결과로 어떤 보상을 받을 수 있는 지를 내가 확실히 알고 있는지 확인한다'
	예외에 의한 관리	'내가 평가하고 있는 사람은 내가 실수를 저질렀을 때만 관여한다'

5) 최근 리더십 연구

최근에는 환경의 다양성과 함께 리더십 분야에서도 많은 새로운 주장들이 대두되고 있는 추세이다. 어떤 학자는 이를 두고 리더십의 정글(jungle)이라고 표현하기도 하고, 리더십의 춘추전국시대라고 말하기도 한다. 아직 과학적, 또는 학문적으로 검증이 되지는 않았지만 경영현장의 필요성 및 실증적 데이터를 중심으로 보다 실용적인 내용으로 구성되어 있다. 이러한 추세는 리더십이 경영의 중요한 축으로 자리를 잡아가고 있다는 것을 의미하며, 리더십의 의미와 중요성이 커지고 있는 오늘날 상황에 발맞추어 앞으로도 꾸준히 강화될 것으로 예상된다.

1990년대부터 최근까지 대두된 이론들 중 대표적인 것들을 소개하면 위와 같은 것들이 있다. 이 이론들은 아직 학계에서 이론적으로 정립되지는 않았지만 실

표 13-5 최근의 주요 리더십 학설

제목	주장자	주요내용
원칙중심의 리더십	스티븐 코비 (Stephen Covey)	• 리더십의 4원칙에 따라 행동할 것을 제시 　－ 개인 차원에서의 신뢰성 　－ 대인관계 차원에서의 신뢰 　－ 관리 차원에서의 임파워먼트 　－ 조직 차원에서의 한 방향 정렬
5단계 리더십	짐 콜린스 (Jim Collins)	• Good to Great라는 저서에서 제시 • 리더의 수준은 5단계로 구분이 가능한데, 가장 뛰어난 리더인 Level5 리더는 개인적 역량 및 조직 관리 능력 외에도 「겸양과 의지」를 갖춘 리더
서번트 리더십	로버트 그린리프 (Robert Greenleaf)	• 구성원에게 애정을 보이고, 동기부여를 통해 조직의 성과 도모 • 리더는 기본적으로 방향제시자, 파트너, 지도자의 역할 수행
감성 리더십	다니엘 골먼 (Daniel Goleman)	• 감성지능(EQ)에 바탕을 둔 리더십 모델 • 자각능력, 자기관리, 사회적 인식, 관계구축 등을 리더십의 중요한 요인으로 제시
전략적 리더십	나하반디 등 (Nahavandi & Malekzad)	• 최고경영진 대상의 리더십 모델 • 통제의지 및 도전추구 의지에 따라 최고경영진의 스타일을 4가지로 구분하고 이에 따른 역할모델 제시
수평적 리더십	－	• 사람이 먼저고 모든 인간은 소중한 존재라는 인식에서 출발 　－ 수평적 관계 중시 　－ 상하가 위아래가 아닌 협력관계로 소통 중시

제 경영현장에서는 많은 호응을 얻고 있는 학설들이다.

3. 리더십 파이프라인

1) 리더십 파이프라인이란

리더십 파이프라인은 선진기업들의 체계적 리더양성 및 차세대 리더 승계를 위한 모델로 많이 사용하고 있다. 사원부터 CEO까지 각 단계마다 직책별 리더에게 요구되는 역할과 필요능력을 제시하고, 구성원에게 필요한 역량을 사전에 준비할 수 있도록 방향을 제시하는 프로그램이라고 할 수 있다. 리더십 파이프라인의 3대 요소는 업무가치, 전문지식 및 기술, 시간관리 능력으로 구분할 수 있으며, 이 세 가지 요소는 해당 직급에서의 업무를 성공적으로 수행하기 위해 유기적으로 연계되어 있다.

- **업무가치**(work value): 해당 직책에서 요구되는 임무와 역할
- **전문지식**(skill requirement): 역할 수행을 위해 필수적으로 알고, 갖추어야 하는 지식 및 기술
- **시간관리**(time application): 해당 직책의 역할 수행을 위해 어떤 부분에 어느 정도의 시간을 안배해야 하는지에 대한 가이드라인

2) 리더십 파이프라인의 필요성

리더십 파이프라인은 GE, Ford, Citi Corp. 등 글로벌 선진기업에서 적극적으로 활용하고 있는 리더 양성 모델로서, 그 필요성 및 활용 목적은 다음과 같이 정리하고 있다.

그림 13-4   리더십 파이프라인 3대 요소

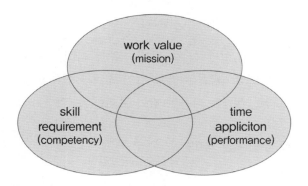

① 리더십공급체계 구축(회사)
- succession plan에 입각한 차세대 리더 양성 및 승계방법의 근간 구축
- 리더가 갖추어야 할 바람직한 자질을 구체적으로 제시
- 리더 후보자를 선발하고, 다음 단계에 필요한 리더십 역량을 준비시킴

① 명확한 역할 이해로 조직 경쟁력 제고(조직)
- 상사는 부하 직원에게 육성가이드를 제공하고 차별화된 책임과 역할을 맡길 수 있음
- 부하직원들은 상사가 고민하고 있는 문제가 무엇인지 이해하여 자연스럽게
  상호협조 체제 구축

② 리더십 역량 제고를 위한 guide 제공(개인)
- 리더십 역량을 체계적으로 습득하여 다음 단계로 도전할 준비 가능
- 자신의 업무를 바탕으로 자기계발 계획 수립 용이

　　많은 글로벌 기업들이 경영관리수준 향상을 위해 직책 중심의 글로벌 리더십 체계가 필요하였고, 인사와 교육의 밀접한 연계를 통해 인사 프로세스 전반의 효율성을 증대하는 차원에서 2000년대 초부터 리더십 파이프라인을 도입하여 사용하고 있다.

4. 리더십 파이프라인 구조

1) 리더십 파이프라인 체계

리더십 파이프라인은 일반적으로 전체 직책을 다섯 단계로 규정하고, 이에 따른 리더의 역할 및 필요역량을 다음과 같이 정립하여 추진하고 있다.

리더십 파이프라인 체계는 다음과 같이 표현할 수 있다.

그림 13-5 리더십 파이프라인 체계도

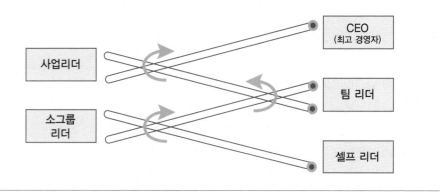

리더십 파이프라인의 5단계 및 각 단계별 역할은 다음과 같다.

표 13-6 리더십 파이프라인 역할단계

단계	leader 역할	세부내역
5단계	CEO	회사를 관리하며, 사장이 역할을 함
4단계	사업리더	사업부·부문·실을 관리하며, 전무·부사장이 주로 역할을 함
3단계	팀 리더	팀을 관리하며, 임원급이 주로 역할을 함
2단계	소그룹 리더	소규모 조직을 관리하며, 과장·차장·부장이 주로 역할을 함
1단계	셀프 리더	실무를 담당하고 있는 담당자로 사원, 주임, 대리를 의미함

2) 계층별 리더십 핵심 역할

조직의 직급 및 직책별 계층에 따른 리더십 파이프라인의 핵심역할을 정리하면 다음과 같다(<표 13-7>).

표 13-7 계층별 핵심 역할

계층	핵심 역할	역할 키워드
CEO	기업의 영속적인 성장 측면에서 올바른 방향을 설정하여 비전을 제시하고 조직을 한 방향으로 정렬시키는 역할	방향 제시
사업리더	전사의 비전을 바탕으로 해당 사업에서의 경쟁력을 확보할 수 있는 방향으로 조직의 전략을 추진하는 역할	전략 추진
팀리더	단위조직의 성과 창출을 위해 조직원이 유기적으로 협력하여 조직의 시너지를 극대화 할 수 있도록 만드는 역할	시너지 창출
소그룹 리더	해당 조직이 원활한 목표 달성을 할 수 있도록 조직원의 능력을 개발하고 발휘할 수 있도록 촉진하는 역할	성과 촉진
셀프 리더	실무에서 목표 수행을 위해 자기관리를 바탕으로 지속적으로 전문성을 개발하는 역할	전문성

5. 리더십 파이프라인 단계별 역할 및 역량

본장에서는 리더십 파이프라인의 단계 중 상위단계인 사업리더 및 최고경영자 리더십 역할 및 역량에 대하여 살펴보기로 한다.

1) 사업리더

기업 내의 특정 사업부를 맡아서 관리하며, 주로 임원(전무·부사장)이 대상이될 수 있다. 사업리더는 지속적인 경쟁력 제고를 위해 조직의 전략방향을 명확히수립하고, 내·외부의 자원을 적절히 배분·활용하며, 끊임없는 신사업개발을 통

표 13-8 사업리더 핵심역량

핵심역량	정 의
전략경영능력	회사의 비전, 목표, 업의 특성과 경영환경을 명확히 이해하고 분석하여 회사의 목표 달성을 위한 중장기적 경영전략을 수립하며, 회사의 핵심역량을 확보하고 사업 포트폴리오를 구축하여 기회 선점 경영을 한다.
자원활용능력	재정, 인력, 기술 등의 인적, 물적 자원을 명확히 파악하고 이를 적재적소에 배치 활용하며, 외부자원을 최대한 효율적으로 활용하고 지속적으로 미래자원을 확충하고 관리한다.
신사업발굴능력	업에 대한 본질·개념·특성을 명확히 인식하여 시장의 문제, 요구, 기회 등을 인지하고 이를 통해 새로운 사업 발굴을 이끌어내며, 지속적인 사업의 차별적 기회를 창출하고 창의적 조직 문화를 구축하여 시장과 고객을 주도적으로 리드한다.

해 사업의 성과를 창출하는 역할을 수행한다. 단위사업 전체를 책임지는 사업리더의 역할 수행을 위해서는 전략 경영능력, 자원활용능력, 신사업발굴능력 등의 역량이 필요하다.

2) CEO(최고경영자)

회사를 전체적으로 관리하며, 그 기업의 최고 경영자를 의미한다.

장기적인 관점에서 회사의 나아갈 방향을 명확히 하여 임직원과 공유하고, 비전 달성을 위한 핵심인력을 발굴·활용하며, 글로벌 경영환경 하에서 사업기회를 찾아내는 등 기업의 지속적 성장을 위한 토대를 구축하는 역할을 수행한다. CEO의 역할을 수행하기 위해서는 비전제시능력, 인재발굴능력, 기업가적 통찰력 등의 역량이 필요하다.

표 13-9 최고경영자의 핵심역량

핵심역량	정 의
비전제시능력	회사 업의 개념을 명확하게 하고 지속 성장의 원동력을 모색하여 기업 구성원들이 현장에서 실천 가능한 명확한 비전을 제시하고 공유하며, 비전 실행 프로세스를 촉진하고 조정하여 지속적으로 비전을 실천하도록 영향력을 행사한다.
인재발굴능력	성과 중심의 조직 문화를 구축하고 회사의 미래를 책임질 핵심인력을 확보하며, 충분한 역량을 발휘할 수 있도록 보상과 지원을 하고 핵심인력을 체계적으로 육성한다.
기업가적통찰력	고객 중심을 경제, 경영, 사회 전반의 변화의 핵심을 이해하며, 글로벌 네트워크를 구축하며 사회적 커뮤니케이션을 활성화하고 환경 변화에 민감한 조직문화를 구축한다.

전쟁회의 조각상

왼쪽 그림은 '전쟁 회의(council of war)'-조각상(62x48cm)의 제목이다. 링컨 대통령이 그랜트 사령관(왼쪽), 스탠턴 전쟁장관과 함께 전투 계획서를 검토하고 있다. 1868년 존 로거스 작품이다.

남북전쟁이 유혈로 넘치면서 타협해 휴전하자는 여론이 확산되었고 링컨은 정치 위기에 몰렸지만 '정의 평화'를 고수해 연방을 복원했다. 링컨의 전쟁수행은 냉혹했지만 적의 항복순간 관용으로 전환하여 전범 없는 장엄한 서사시로 마감했다.

한반도 평화는 협정문으로는 안 된다. 북한 핵 폐기의 완전한 실천으로 링컨방식은 역사적 상상력을 자극했다.

에이브러햄 링컨은 격렬한 서사시다. 그 구성은 다면적이다. 링컨은 포용이다. 노예해방은 그의 성취다. 그의 내각은 탕평이다. 반대쪽 노선의 인물을 기용했다. 전쟁장관 에드윈 스탠턴은 실감나는 사례다. 통합은 권력 성공의 조건이다. 역사학자 도리스 굿윈은 그것을 『경쟁자들의 팀(team of rivals)』으로 표현했다.

링컨은 원칙이다. 그의 심성은 겸손과 관용이다. 목표 실현은 정교하고 치열했다. 그는 마키아벨리 근성도 차출한다. 스티븐 스필버그의 영화 '링컨(Lincoln)'은 그런 승부사적 면모를 표출한다. 링컨은 냉혹하다. 미국의 남북전쟁은 참혹했다. 나라는 피로 넘쳤다. 유혈은 휴전의 타협을 요구했다. 하지만 링컨은 '협상 평화론'을 거부했다. 그는 '정의롭고 항구적인

평화'를 추구했다. 그의 삶은 선명하지만 다면적이다. 1865년 4월 9일 남부가 항복했다. 닷새 뒤에 암살당한다(56세). 성공의 절정에서 비극적 최후다. 그 시대 미국의 분단→내전(남북전쟁)→재통일(연방 복원)은 역사적 감수성을 자극한다. 그 기억의 현장은 끊임없이 나를 끌어들인다.

링컨은 전쟁 대통령이다. 남북전쟁(1861~1865년)은 내전이다. 남·북 주 사이의 대결이다. 원인은 1860년 12월 대선의 후유증. 링컨의 공약은 노예제 폐지. 흑인 노예는 남부 노동력의 기둥. 남부는 링컨의 대선 승리 상황을 거부했다.

그때 미국의 주(州)는 33개(현재 50개). 남쪽 11개 주가 미국 연방(Union)에서 탈퇴했다. 남부는 수도 워싱턴 아래쪽에 새 나라를 세웠다. 미국 연합(Confederate)이다. 링컨은 그것을 분열의 반역(rebel)으로 규정했다. 북부 연방(19개 주)은 인구(1,900만 대 900만)·경제력에서 압도했다. 남부 연합은 역사적 상징성에서 우세했다. 링컨 이전 대통령은 15명. 그중 7명이 버지니아주(워싱턴DC 바로 밑) 출신이다. 조지 워싱턴(초대)·토머스 제퍼슨·제임스 매디슨·제임스 먼로·윌리엄 해리슨·존 타일러·재커리 테일러다. 그것은 남부의 정체성과 자부심을 강화했다.

전쟁은 4년을 끌었다. 1863년 7월 게티즈버그 전투는 죽음의 혈투였다. 양쪽 사상자는 5만여 명. 남부 사령관 로버트 리 장군의 방식은 정공법. 동양의 병법과 달랐다. 손자병법은 "싸우지 않고 승리하는 게 최상"이다. 싸움터는 넓은 벌판. 남군 병사들은 밀착 횡대로 전진했다. 목책에서 북군은 기다렸다. 가까이 오자 포화(砲火)가 작렬했다. 그것은 무모한 돌격, 허무한 희생 아닌가. 게티즈버그 보존위의 자문요원 다니엘 크럼(62)은 이렇게 설명한다. "장교들은 청교도적 용기, 기사도 정신에 충실했다. 매복·우회전술을 낯설어했다." 북군이 승리했다. 그곳에 적힌 글귀는 웅변적이다. "남북전쟁을 알아야 21세기 미국인의 전쟁관을 알 수 있다." 그곳에 링컨의 얼굴상(像)이 있다. 그의 게티즈버그 연설문이 붙어 있다. "새로운 자유의 탄생. 국민의, 국민에 의한, 국민을 위한 정부…." 3분 짜리의 짧은 연설. 272개 단어. 링컨은 전쟁 의미를 압축했다. 연설은 대중의 민주 의식과 전쟁 의지를 키웠다. 버락 오바마는 대통령 시절에 "링컨의 위대함은 말과 의지로 미국을 통합하고 세상을 바꾼 것"이라고 했다. 지도자는 언어로 상황의 주도권을 잡는다. 말의 파괴력은 축약으로 커진다.

게티즈버그의 링컨 동상과 연설 장소안내판

1864년 링컨은 율리시스 그랜트를 사령관으로 발탁했다. 그랜트 전술은 직진의 소모전이다. 그해 5월 그는 버지니아주의 월더니스에서 남부의 로버트 리에게 참패했다. 대량 희생(사상자 1만8000명)이었다. 그랜트의 지휘는 '무자비한 도살(屠殺)장으로의 초대'였다. 전쟁의 장래는 암울했다. 가정마다 공포와 분노가 퍼졌다. 전쟁 회피와 평화 여론이 확산됐다. 대통령 선거가 다가왔다. 야당은 타협 평화론(compromise peace)으로 기선을 잡았다. 링컨의 위기다. 그에 대한 불신과 비판도 커졌다. '독재자, 폭군, 무능한 링컨.' 링컨도

낙선의 불안감에 시달렸다. 하지만 그는 신념과 의지를 단련했다. "가치 있는 목적(worthy object)을 달성할 때까지 전쟁이 끝나지 않아야…"(도리스 굿윈『경쟁자들의 팀』) 목적은 연방 복원(재통일)과 노예제 폐지. 협상 평화론은 링컨에겐 악몽이었다. 역사가 셸비 푸트는 "협상으로 전쟁을 중단하면 노예제 폐지는 휴지로 바뀌고, … 그런 평화는 다시 깨질 수 있다는 게 링컨의 확신"(『남북전쟁』)이라고 했다. 링컨은 평화 지상주의를 경멸했다. 그것은 "나쁜 평화라도 전쟁보다 낫다"는 주장이다. 링컨은 그것을 '비굴한 위선'으로 파악했다.

링컨의 통찰은 21세기 한국에 역사적 지혜와 상상력을 준다. 한반도 평화는 협정문으로 얻을 수 없다. 평화 조건은 비핵화의 완전한 실천이다. 기존의 북한 핵무기를 집중해 검증하고 없애야 한다. 일관성은 기적을 생산한다. 9월 초 승전보가 날아왔다. 북군의 윌리엄 셔먼 장군이 조지아주 애틀랜타를 점령했다. 그곳은 남부의 심장부. 링컨의 인기는 다시 올라갔다. 유권자들은 남부의 항복 가능성을 기대했다. 셔먼의 승리는 잔인했다. 영화 '바람과 함께 사라지다'의 후반은 불타는 애틀랜타다. 주인공 스칼렛 오하라(비비안 리)의 표정은 절규다. 셔먼의 전략은 초토화다. 그것은 민간인을 겨냥한다. 민간인들이 전쟁에 몸서리치게 하는 것이다. 그런 절망과 낭패가 전쟁을 끝나게 한다. 그것은 링컨의 종전 철학이기도 하다. 그해 12월 링컨은 대통령에 재선됐다.

북군 최고지휘부 회동장면

항복 조인식에서 악수하는 남군의
리(왼쪽)와 그랜트

나는 윌더니스 전투의 재현 현장에 갔다. 그곳 전시관에 작은 사진이 있다. 그림을 찍은 것이다. 1865년 3월 말 링컨은 그랜트의 사령부(버지니아주 시티 포인트)를 찾았다. 거기에 셔먼, 해군제독 데이비드 포터도 합석했다. 그림은 북군 최고 통수권자와 지휘부의 전략 논의 광경이다. '피스메이커스(the peacemakers)'-그림의 제목이다. 그들의 평화제조는 타협방식을 제외한다. 평화는 적을 굴복시켜 만든다. 링컨은 '완전한 승리, 완벽한 평화'에 몰두했다. 그 그림은 백악관, 펜타곤(국방부)에 걸려 있다.

4월 3일 남부연합의 수도 리치먼드(버지니아주)가 함락됐다. 남부 대통령 제퍼슨 데이비스는 도망쳤다. 그곳 트레데가 제련소 박물관에 조촐한 링컨 동상이 있다. 동상 돌담의 글귀가 뇌리를 파고든다. "원한을 품지 말고 … 나라의 상처를 꿰매자." 그것은 링컨의 재선 취임 연설문이다. 다음 말은 그의 평화 철학을 집약한다. "정의롭고 영원한 평화(just and lasting peace)를 이룩하고 소중히 간직…." 정의로운 평화만이 지속 가능하다. 남부가 항복했다. 미국은 재통일됐다. 연방의 복원이다. 그 순간 링컨의 드라마는 요동친다. 거대한 반전(反轉)으로 진행한다. 4년 전쟁 동안 남·북 군인 62만 명이 죽었다. 그 숫자는 20세기 미군의 전체 전사자(1차+2차 세계대전+6·25+베트남전)보다 많다. 반역·배신에 대한 응징·처벌은 경험과 관례다. 하지만 링컨은 과거와 결별했다. 용서하고 사면했다. '전범(戰犯) 없는 전쟁'으로 마무리했다. 그 서사시는 장엄한 평화로 마감한다.

[자료: 중앙일보]

사례 13-2 이순신 리더십_ 군졸 의견도 귀기울인 이순신, 어명보다 현장 판단 따랐다

명량해전 재현 행사

　2016년 9월 전남 해남군 울돌목에서 열린 명량해전 재현 행사, 1597년 8월 충무공 이순신은 12척의 배로 일본 함대 133척과 싸워 31척의 적선을 격파해 승리했다.
　탄신 476주년 충무공의 리더십은 '요행과 만일'을 배척하고 철저한 준비를 통한 것이다. 백성과 한몸으로 민군통합 태세를 갖췄고, 열악한 환경에서도 23전 23승을 거뒀다. 코로나가 덮친 오늘날 큰 시사점이다(2021년 4월).
　"하늘을 날로 삼고 땅을 씨로 삼아 온 천지를 다스릴 인재요, 하늘을 깁고 해를 목욕시키는 천지에 가득찬 공로다." 임진왜란에서 명나라 수군을 지휘한 제독 진린(陳隣)의 평가처럼 충무공 이순신의 존재감은 우리 역사상 가장 선명하게 남아있다고 해도 과언이 아니다.
　임진왜란은 조선 건국 200년 만에 찾아온 최대 위기였다. 미증유의 혼란 속에서 조선 수군뿐 아니라 명나라 수군과 지역 주민의 마음까지 얻으며 전쟁에서 승리한 충무공은 지도자의 전범(全範)으로서 평가받고 있다. "우리 군사와 중국 군사들이 순신의 죽음을 듣고 병영마다

통곡하였다. 그의 운구 행렬이 이르는 곳마다 백성들이 모두 제사를 지내고 수레를 붙잡고 울어 수레가 앞으로 나아갈 수가 없었다"는『선조수정실록』의 기록은 그의 위상을 잘 드러낸다.

세 번의 파직과 두 번의 백의종군이라는 순탄치 않았던 관직 생활 속에서 그는 어떻게 23전 23승을 거뒀을까. 전문가들은 충무공의 업적 뒤에는 특별한 리더십이 있었다고 입을 모은다. 충무공 연구가인 노승석 여해고전연구소장은 "열악한 환경에서도 모든 역량을 끌어내 승리를 거둔 충무공의 리더십은 코로나19라는 전례 없는 위기를 맞은 현재에도 훌륭한 모델이 될 수 있다"고 말했다. 28일 탄신 476주년을 맞는 충무공의 리더십을 4가지로 정리해봤다.

1. 적극적 소통

이순신이 전쟁 중 남긴 『난중일기』

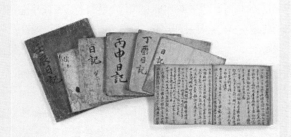

오종록 성신여대 사학과 교수는 '소통'을 강조했다. 오 교수는 『21세기 한국 사회와 이순신』이라는 논문을 통해 "이순신은 삼도수군통제사가 된 뒤 한산도의 통제영에 운주당이라는 건물을 지은 뒤 여러 장수와 의논하고, 지위가 낮은 군졸이라도 서슴지 않고 와서 말을 하도록 했다"고 설명했다. 또 "(전투를 앞두면) 부하 장수들을 모두 불러서 계책을 묻고 전략을 세운 뒤 싸웠다. 이렇게 한 까닭에 모두 승리할 수 있었다"며, "지금 명칭은 '회의'라 하면서 상급자가 일방적으로 지시사항을 전달하고 끝내는 경우가 있는데, 오히려 400년 전 이순신의 회의가 더 민주적이고 덜 권위적이었음이 분명하다"고 말했다.

실제로 그는 부하들과 수시로 전략전술을 토론한 것으로 유명하다. 임진왜란 발발 한 달 전에는 유성룡이 보내준『증손전수방략(增損戰守方略)』이란 책을 전달받고 부하 장수들과 밤새 연구한 결과 그 책이 매우 훌륭한 것으로 결론을 내렸다고『난중일기』에 기록하고 있다.

2. 철저한 준비

전쟁을 앞두고 충분한 대비태세를 갖춘 것도 꼽힌다. 노승석 소장은 "이순신은 전쟁을 위해 무엇이 우리에게 유리하고 불리한지를 먼저 따져 상황을 파악한 뒤 전쟁을 철저히 대비

했다"며『난중일기』에서도 '요행과 만일이란 실로 병가(兵家)의 장구한 계책이 아니다'라고 언급했다"고 말했다.

이순신은 해전에서 조선과 일본의 군사력 차이를 잘 이용했다. 일본 군선은 작고 견고하지 못한 대신 속도가 빠르다. 반대로 조선의 군선은 크고 튼튼하지만 둔중하고 느리다. 그래서 이순신은 적선과 부딪히는 당파(撞破) 전술을 쓰는 동시에 거북선이라는 돌격함을 제작해 장점을 극대화하고 단점을 보완했다. 이순신은 당시 군포(軍布)를 내고 군역에서 빠지는 방군수포(放軍收布)의 관행을 끊기도 했다. 당시 조선에서 수군은 열악한 대우 때문에 천역(賤役)으로 치부돼 기피자가 많았는데, 방군수포를 근절하고 병력을 확보한 것도 승리 요인으로 꼽힌다.

3. 관민 통합

허남성 한국국방연구원 박사는 "민군통합전비태세를 훌륭히 강구했다"고 평가했다. 허 박사가 쓴 『충무공 이순신 리더십 연구』에 따르면 이순신은 전쟁으로 군량을 확보하기 어려워지자 백성들에게 생필품(소금)을 제공해주고, 그에 대한 반대급부로 식량을 얻었다. 결과적으로 민과 군이 통합해서 전비태세를 완비할 수 있게 된 것이다. 『선조실록』에도 이순신이 육지에서 군수품을 공급하기 어려워지자 "일면의 바다와 포구를 부속시켜 주면, 양식과 장비를 자급자족하겠다"며 바닷물을 끓여 소금을 구워 팔고, 곡식 수만 섬을 비축했다는 내용이 나온다. 또 한산도 군영에 생활 비품을 마련하고 백성이 이주해 살도록 하는가 하면 명량대첩에서는 여러 섬에 흩어져 정박한 피난선 100여 척을 수군의 뒤에 벌려 세우도록 해 전선으로 위장하고, 자신은 10여척의 선박을 이끌고 나가 일본 수군에 승리했다.

4. 현장 판단 중시

이순신은 현장의 전문가가 판단해 상황에 대처해야 한다는 입장을 견지했다. 1597년 일본군 장수 고니시 유키나가 측이 경상우도 병마절도사 김응서에게 가토 기요마사의 행적을 알려주자, 선조는 배를 이끌고 가토 기요마사를 잡도록 했다. 그러나 이순신은 그 정보가 속임수라고 판단해 따르지 않았다. 이 때문에 '왜장을 놓아 주어 나라를 저버렸다'는 모함으로 파직됐다. 훗날 비슷한 상황이 재연됐을 때 원균은 정보에 따라 대처하다 칠전량 해전에서 조선 수군 대부분을 잃고 본인도 전사했다. 오종록 교수는 "'도성 밖의 일은 장수가 처결한다'는 원칙이 있다. 왕명을 받들어 전쟁터에 나가 있는 장수에게 조정이 구체적인 전술을 지시하는 것은 명백한 잘못"이라고 지적했다.

[자료: 중앙일보]

사례
13-3
애플(사) 팀 쿡 '신의 세 수'
"잡스 없으면 바로 망한다던 애플 10배로 키웠다, 팀 쿡 '신의 세 수'"

1. CEO 10년 만에 시총 '꿈의 2조 달러'

모바일화 앞서가며 중국의 부상을 읽고 앱 생태계 시장 흐름을 간파하여 애플을 공격적으로 키워낸 팀쿡은 "10년 더 하는 일은 아마 없을 것"이라 말한다.

팀 쿡(61)이 애플 최고경영자(CEO)가 된 지 2021년 8월로 꼭 10년이 됐다. 췌장암으로 사망한 스티브 잡스(1955~2011)로부터 리더십의 바통을 넘겨받았을 때만 해도 그에 대해 우려의 시선이 쏟아졌다. 23일 영국 주간지 이코노미스트는 당시 분위기를 이렇게 전했다. "애플은 곧 망할 게 분명해." 하지만 10년이 지난 현재 쿡은 보란 듯 정반대 결과를 냈다. 숫자가 증명한다.

전 세계 주요 빅 테크 기업의 CEO의 성적은 재임 기간 늘어난 시가총액, 즉 기업의 주식시장 가치로 말한다. 이코노미스트에 따르면 쿡은 10년간 애플의 시총을 연평균 2,103억 달러(약 245조 원)씩 증가시켰다. 애플은 2020년 8월 시총 2조 달러(약 2,333조 원)를 넘어섰다. 미국 CNBC 등은 2020년 6월 "애플 시총이 이르면 2022년에 3조 달러에 도달할 수 있다"고 전망했다. 양적 성장에만 그치지 않고 내실도 다졌다. 이코노미스트는 "덜 알려졌지만, 더 중요한 건 쿡이 '애플 기반경제', 즉 애플 플랫폼에 연동해 돌아가는 모든 기업의 연 매출을 7배로 늘렸다는 것"이라고 짚었다.

2. 팀쿡의 리더십

이 모든 성과의 바탕은 쿡의 탁월한 리더십과 통찰력이다. IBM에서 경력을 시작한 쿡은 애플 입사 당시 물류 및 재고 관리 전문가에 가까웠다. 그런 그에게 '신의 한 수'는 뭐였을까. 이코노미스트는 세 가지를 꼽았다.

이코노미스트가 꼽은 팀 쿡 '신의 수' 3가지
① 모바일·디지털화 앞서갔다
② 중국의 부상 정확히 읽었다
③ 앱 시장·생태계 키웠다

첫째, 그는 디지털 모바일화 흐름에서 앞서갔다. 이코노미스트는 "쿡은 모바일 기기에 대한 세계 시장의 열렬한 수요를 읽고 고성능(souped-up) 아이폰 생산에 박차를 가했다"며 "21년 9월 출시 예정인 아이폰13은 (기존 모델보다) 5,000% 정도 빠른 초소형 슈퍼컴퓨터"라고 전했다.

둘째, 그는 글로벌 시장 흐름을 제대로 읽었다. 이코노미스트는 "중국의 부상을 예상하고 중국 본토에서 100만 명을 고용하는 등 앞서갔다"고 분석했다. 셋째, 그는 이코노미스트가 "네트워크 효과"라고 부른 앱 생태계를 성공적으로 조성했다. 이코노미스트는 "잡스조차 앱 시장에 대해 잘 알지 못했다"며 "쿡은 앱 시장을 공격적으로 키웠고, 현재 200만개의 앱이 있다. 전 세계 앱 사용자들이 2020년에만 6,430억 달러를 결제했다"고 전했다.

쿡의 진정한 차별점은 다른 데에 있다. 그는 기업의 성장에만 몰두하는 CEO가 아닌, 가치와 책임을 중시하는 리더다. 이코노미스트는 이를 "애플 같은 규모의 기업이라면 (인류와 환경에 대한) 책임을 다해야 한다고 선언한 첫 기업인"이라고 표현했다. 또 "잡스가 아이폰을 더 효율적이고 더 예쁘게 만드는 데 집중했다면 쿡은 환경 보호의 가치 역시 중시한다"고 설명했다. 그는 다양성을 중시한다. 2014년 언론 기고를 통해 "나는 게이이며, 그런 사실이 자랑스럽다"는 요지로 커밍아웃한 성 소수자다. '혼자 빨리' 가기보다 '함께 멀리' 가는 리더십의 소유자다.

쿡이 일군 애플의 지난 10년은 장밋빛이었다. 앞으로 10년은 어떨까. 쿡은 2021년 4월 뉴욕타임스(NYT) 인터뷰에서 이렇게 말했다. "10년 더 하라고요? 아마 그럴 일은 없을 겁니다. (은퇴) 날짜는 아직 몰라요. 지금 아주 좋고요. 하지만 '10년 더'는 글쎄, 꽤 긴 시간이죠. 아마 10년이나 더 하진 않을 겁니다."

[자료: 중앙일보]

사례 13-4 일본 반도체 실패_ 통 큰 투자 이끌 오너 리더십도 국가 전략도 없었다

2017년 4월 쓰나카와 사토시 도시바 사장이 메모리 부문 매각을 발표했다. 86년 NEC가 미 TI를 꺾자 업계는 흥분하였고, 도시바·히타치 등이 1~3위를 휩쓸었고, 미국 반덤핑 통상 공세는 극복하지 못하였으며 D램은 치킨게임·시장변화 대응에 실패하였다.

1986년 일본 반도체 업계는 흥분을 감추지 못했다. 니혼전 기주식회사(NEC)가 세계 메모리 반도체 부문 절대 강자인 미국의 텍사스인스트루먼트(TI)를 꺾고 시장점유율 1위를 기록해서다. 도시바·히타치까지 TI를 제쳤다. 1987년 세계 반도체 10대 기업 중 NEC·도시바·히타치(1~3위)·후지쓰·(6위)·미츠비시(9위) 등 일본 기업 5곳이 이름을 올리며 전세계 시장을 휩쓸었다.

1. 미·일 반도체 협정 10년에 손발 묶여(21년 3월)

그러나 영광의 순간은 짧았다. 1993년 다시 미국에 시장점유율 1위를 빼앗겼고, 1992년엔 신생 삼성전자에 D램 분야 1위를 내줬다. 1990년대 가전 시장 변화와 2000년대 반도체 시장의 치킨게임에 대응하지 못하며 일본 기업들은 반도체시장에서 사실상 자취를 감췄다. 현재 세계 10대 반도체 기업(매출 기준) 중 일본 기업은 9위의 키옥시아(전 도시바)가 유일하다.

미국 정부의 강력한 견제가 일본 반도체 산업 추락의 시발점이었다. 1986년 체결된 '미·일 반도체 협정'이 상징적 사건이다. 1980년대 미국 반도체산업협회(SIA)와 인텔·마이크론 등은 일본 반도체 기업들의 독주를 저지하기 위해 덤핑 혐의로 잇따라 제소했다. 이에 미·일 정부가 중재에 나서며 일본의 미국 반도체 수입 확대·덤핑 판매 금지 등의 내용을 담은 비대칭 협정을 체결했다. 일본 반도체 산업을 좌지우지할 카드를 쥔 미국은 이후 일본 측이

표 13-10 세계반도체 시장에서 사라지는 일본 기업

매출액기준 ■ 일본기업

순위	1987	1997	2007	2019
1	NEC	인텔	인텔	인텔
2	도시바	NEC	삼성전자	삼성전자
3	히타치	모토로라	TI	TSMC
4	모토로라	도시바	도시바	SK
5	TI	히타치	ST마이크로 일렉트로닉스	마이크론
6	후지츠	TI	하이닉스	브로드컴
7	필립스	삼성전자	르네사스	퀄컴
8	내셔널 세미컨덕터	후지츠	AMD	TI
9	미츠비시	필립스	소니	도시바
10	인텔	미츠비시	NXP	엔비디아

자료: 가트너

협정 이행을 게을리한다고 몰아붙이며 '수퍼 301조'까지 동원해 일본의 발목을 잡았다. 그러면서 미국은 반도체공동개발기구(SEMATEC)·반도체연구협회(SRC) 등을 설립해 자국 반도체 경쟁력 강화에 나섰다.

일본을 향한 미국의 공세가 거세던 1990년대 들어 세계 반도체 시장은 격변기를 맞았다. 가정용 PC 보급이 늘어난 가운데 마이크로소프트(MS)의 윈도 새 버전이 나올 때마다 PC 교체 수요가 발생했다. 이 수요는 대개 인텔 중심의 미국 시스템 반도체 기업들이 독차지했다. PC 교체 수요가 빨라지자 일본보다 가격이 저렴한 한국산 D램 판매가 급증했다. 당시 삼성전자·현대반도체 등은 수율 중심의 가격·생산성 향상 정책으로 일본을 앞서기 시작했다. 미국의 눈치를 보던 일본은 시스템 반도체 시장의 급성장과 한국의 D램 시장 영향력 확대 속에 갈피를 잡지 못했다. 일본의 부진 속에 미·일 반도체 협정도 1996년 종결됐다. 반도체 패권을 되찾은 미국으로선 굳이 더 연장할 필요가 없었다.

이런 가운데 1990년대 후반 D램 공급 과잉은 일본 반도체 기업에 결정타가 됐다. 실적 부진이 이어져 일본 기업이 하나둘 역사 속으로 사라지기 시작했다. D램 시장에서 후지쓰가 1999년 철수한 데 이어 NEC·히타치는 사업부를 분사해 엘피다메모리로 통합했고, 도시바는 2001년 물러났다.

2. 수직계열화 덕 '소부장'은 경쟁력

일본 반도체 회사들은 마진이 적은 D램을 포기하는 대신 미국처럼 시스템 반도체 시장에 뛰어들기 시작했다. 이에 정부 산하 기관인 산업혁신기구 주도로 '2012년 시스템 반도체 생태계 구축' 계획을 세웠다. 2003년 히타치·미츠비시가 시스템 반도체 부문을 분리, 합작해 현재 자동차용 반도체 전문인 르네사스를 세웠다. 르네사스를 중심에 두고 NEC일레트로닉스·후지츠·파나소닉을 합병시켜 시스템LSI 사업을 통합하는 방안을 진행했다. 더불어 1990년대 대만 TSMC가 보편화한 팹리스·파운드리의 수평 분업 모델도 도입하기로 했다.

그러나 이미 세계적으로 인텔·자일링스·알테라·퀄컴 등 미국 팹리스 회사와 대만 TSMC 간의 공고한 협업 체계가 갖춰졌다. 특히 시스템 반도체 원천 기술을 가진 인텔·퀄컴 등과 소프트웨어·서비스 회사인 마이크로소프트·구글 간 협업으로 정보기술(IT) 분야의 표준을 장악했다. 일본 반도체 회사들은 이 생태계에서 배제됐다.

일본 반도체 기업들은 오너십 부재 속에 정부에 끌려가다 통 큰 투자의 골든타임도 놓쳤다. 삼성전자는 2005~2007년 인텔보다도 2,000억엔 많은 8,210억엔(당시 약 8조 2,000억원)을 설비에 투자해 D램 분야 리더십을 굳혔다. 같은 기간 도시바 투자액은 3,250억엔, 소니 1,467억엔에 그쳤다. 그나마 일본은 1990년대까지 디자인·개발·웨이퍼 제조·테스트·판매 등 모든 사업을 한 회사가 모두 맡는 수직계열화 방식을 고수한 덕에 소재·부품·장비 분야의 경쟁력은 지켰다.

일본 반도체 신화의 몰락은 한국 기업에도 시사점이 크다. 미·중 패권전쟁의 틈바구니에서, 그리고 미국 또는 중국과의 맞대결에서 어떻게 대응할지 정교한 전략이 필요하다. 그나마 천문학적 투자 결정도 내릴 수 있는 삼성과 SK의 탄탄한 오너십은 일본과 다른 점이다.

[자료: 중앙일보]

1. 서 론

사람은 철저하게 계산적인 것처럼 보이지만 그런 계산을 뛰어넘는 무형의 가치에 의해서도 움직이는 존재다. 숫자와 논리로만 서로의 입장을 주장하다 보면 합의에 이르기가 어려울 뿐더러 유지하기가 쉽지 않지만 기업과 직원이 연대의식을 갖고 공감대를 형성하면 서로의 기대를 더 잘 이해하고 보다 쉽게 합의에 도달할 수 있다.

이 때 가장 중요한 것이 한 조직을 이끌어가는 수장의 역할이다. 그 수장이 그 역할을 어떻게 수행하는지에 따라 조직 구성원들이 암묵적으로 받는 영향과 조직 문화가 완전히 달라지게 된다. 다음에서는 포스코의 창립자인 박태준 회장이 직접 실천한 사례들을 통해 직원들의 기대를 효과적으로 관리하는 적극적인 리더십을 살펴보고자 한다.

포스코는 현재 가장 경쟁력 있는 철강회사로 글로벌 1위(전 세계 글로벌 지속가능 100대기업 30위)에 올라있다. 다양성, 안전 효율성, 연구개발(R&D) 투자 통한 혁신역량, 임직원 채용, 고용유지, 에너지/온실가스/수자원 효율성 제고 등 평가항목에서 전 세계 글로벌 지속가능 100대기업의 30위에 이름을 올렸다. 또한 국내의 기업 평가에서도 "지배구조 우수기업", "한국을 빛낸 창조경영" 등 경영지표 최상위를 유지하고 있다.

이러한 큰 성과를 낸 바탕에는 사람을 믿고 사원들의 기대를 충족시키기 위한 회사의 노력이 담겨 있고, 그 정신의 뿌리에는 박태준 리더십이 있다.

2. 본 론

1) 직원 기대의 가장 큰 동기부여 = 공정한 인사

- 대한중석 소개: 대한중석은 본래 경북 달성광산과 강원도 상동광산을 합해 일제가 1934년 설립한 고바야시 광업주식회사로 시작했다. 해방 이후 정부가 이를 인수해 1949년 10월 대한중석 광업주식회사로 이름을 바꾸었다. 당시 대표적인 수출품인 중석을 독점 생산해 연간 1,500만 달러를 수출하고, 국가 총 수출액의 30%를 차지하는 기간 산업체였다.

- 대한중석 실천사례 요약: 하지만 당시 대한중석은 각종 이권 개입으로 항상 시끄러웠고 경영부실로 오랜 기간 동안 적자였다. 이에 박태준은 비리와 경영적자로 허덕이는 대한중석을 맡게 되었다. 그는 먼저 계획적인 자금 관리와 "공정하고 정확한 인사"를 경영의 원칙으로 삼았다. 이후 박태준은 잦은 협박과 중상모략에 시달렸지만, 아랑곳하지 않고 취

임 때 했던 약속을 철저히 지켰다. 그 결과 현재 포스코에서도 이러한 분위기가 이어지고 있다.

2) 한발 앞서 읽어내고 움직여라

- 사원복지 내용 요약: 직원주택

박태준은 직원들이 사명감을 갖고 자신의 일을 소중하게 인식해야, 회사가 성공적으로 운영이 된다고 믿었다. 따라서 그는 직원주택을 짓겠다고 결심한 후 정부 당국과 금융기관을 설득했다. 종업원을 우선해야 한다는 원칙이 분명했고 이들의 주거생활이 안정돼야만 사업이 제대로 클 수 있다고 믿었기 때문이다. 특히, 직원주택을 도입할 때 임대주택이 아닌 자가주택 방식을 택하고, '내 집 마련 제도'를 만들었다. 좋은 장기저리 대출을 제공하면 결국 소유권을 가지게 될 거주자들이 집에 애착을 갖고 잘 관리할 뿐만 아니라, 내 집 마련 걱정을 덜고 근무에 집중할 수 있을 거라고 믿었다.

- 목욕론: 박태준이 현장을 누빌 때 늘 강조했던 덕목이 '청결'이었다. 그가 '공장 관리원칙 1호'라고 강조하던 것이 바로 '목욕론'이다. 그는 목욕을 잘해 깨끗한 몸을 유지하는 사람은 정리 정돈하는 습관이 생겨서, 안전의식이 높아지고, 제품관리도 잘 할 수 있게 된다고 믿었다. 목욕론에 대한 그의 설명은 이러하다. "목욕을 잘해서 깨끗한 몸을 유지하는 사람은 주위의 지저분한 것, 바르지 못한 것, 정리 정돈되지 않은 것들을 수용할 수 없다. 깨끗한 몸은 현장 안전과 제품의 품질로 나타난다."

- 선택적 복지 후생카드 요약: 당시 종합제철소는 막대한 설비를 갖추고 수많은 사람들이 일하는 공간이기 때문에 값비싼 보험에 들지 않을 수 없었다. 이에 박태준 회장은 직원들과 논의한 끝에 자녀들의 교육문제를 해결하기 위해 장학재단을 설립하였다. 이 제도는 2003년부터 직원들의 자기 개발을 지원해왔다. 어디에 얼마를 썼는지 품의서를 올리거나 매달 결재를 받을 필요도 없다. 이 제도 또한 직원들의 기대관리를 위한 선도적 시행으로 볼 수 있다.

3) 외부 비리를 막지 못하면 내부 비리를 막을 수 없다

- 정치자금, 마루베니 청탁 거절: 1971년 4월 대통령선거가 다가오자 여당인 공화당의 실세 중 한명인 김성곤 재정위원장이 박태준에게 상당한 규모의 정치자금을 요구했다. 포스코가 진행하던 대규모 설비 입찰에서 마루베니라는 특정업체로 낙찰할 것을 요구한 것이다. 하지만 박태준 회장은 자격을 갖춘 능력있는 응찰자가 낙찰될 것이라는 원칙을 굽히지 않았다. 이후 김성곤 위원장은 박태준을 여러 번 불러내서 압력을 넣었지만 그는 굴하지 않았다.

- 정보부 조사내용: 권력에 밉보인 박태준 회장은 가택에서 회사까지 철저한 수사를 당했다. 정보부 요원들이 들이닥쳐 서명서를 샅샅이 뒤지며 자세히 검토했다. 하지만 여러 가지 조사에도 불구하고 그들은 아무것도 찾아내지 못했다. 박태준의 집에서는 집문서와 패물 몇 개, 그리고 출장 중 남은 외화 몇 푼이 발견됐을 뿐이었다. 당시 가택수사를 담당했던 형

사가 충격을 받을 정도라고 한다.

4) 사람이 꽃보다 아름다워

- 4조 2교대 근무제: 작업 조를 4개조로 편성해 2개조는 주간과 야간으로 나눠 12시간씩 근무하고, 나머지 2개 조는 휴무하는 교대 근무제도이다(〈표 1〉).

표 1 포스코의 4조 3교대와 4조 2교대 근무제 비교

근무 형태	4조 3교대	4조 2교대
근무 방식	오전근무5일 → 휴무2일 → 오후근무5일 → 휴무2일 → 야간근무5일 → 휴무2일	주간근무2일 → 야간근무2일 → 휴무4일
하루 근무시간	8시간	12시간
연간 실근로 시간	1920시간(262일×하루7.33시간)	1920시간(174.5일×하루11시간)
연간 휴무일 수	103일	190.5일
연간 출퇴근 횟수	274회	183회

월 근무시간의 차이는 없지만, 4조 2교대는 출퇴근 시간을 절약할 수 있고, 휴무일이 최대한 보장되면서, 직원들의 삶의 질적 측면에서는 180도 다른 결과가 나온다.

- 도입과정: 포스코에서는 직원들과 충분히 토론하고 의견을 조율하는 정공법을 택하여 제도를 도입하였다. '4조 2교대 노사합동 연구반'을 구성하고 국내외 성공적인 도입 사례를 갖고 있는 회사를 찾아가 실무진과 의논하고 관련 자료를 분석했다. 노사 간 수차례 의논하고, 몇몇 공장에 시범 운영체제를 도입했으며, 현장에 맞는 제도를 만들어가기 위해 머리를 맞댔다.
- 하이라이트: "공장별 투표를 통해 최종 결정을 했다. 이 같은 일련의 과정들은 외부에서 보기에는 답답했을 수 있으나, 결국 모두를 위한 제도로 인식되도록 하는 데 성공한 좋은 선례를 남겼다."

5) 솔선수범이 제일이다

- 1986년 자금조달 에피소드: 1968년 포철이 1기공사의 자금을 조달하기 위해 애쓸 때, 세계은행전문가로 일하고 있던 자폐는 한국의 융자신청을 거절하고, 브라질의 제철소 건설에 자금을 지원하라고 세계은행에 권고했다. 그리고 약 20년 후인 1986년 자폐는 박태준과의 대화에서, "그때 나는 틀리지 않았다. 종합제철소를 건설하고 운영하는데 고려해야 할 내수규모, 기술수준, 원자재 공급 가능성, 기업과 신용위험, 시장성 등 여러 가지 요인들을 분석했을 때 내 판단은 틀리지 않았다. 단 하나 간과한 것이 있다면 박태준 당신 하나뿐이다"라고 인정했다.

- 역할모델 실천: 박태준의 놀라운 성과의 기본에는 스스로 역할모델이 됐다는 점이다. 그는 자신이 강조한 바를 그대로 실천했고, 항상 종업원들에게 모범이 되기 위해 헌신적으로 일했다. 또한 나이가 많든 적든, 중역이든 일선 종업원이든 훌륭한 성과를 내는 사람을 아끼고 존중했다. 따라서 그의 밑에서 일하는 사람들은 항상 그의 기대에 부응하기 위해 노력했다.

6) 공감과 소통, 문화적 연대를 고민하라

- 마른수건 쥐어짜기: 직원들의 기대를 관리하는 과정에서 경영진은 물질적 자원의 한계를 고민하는 경우가 많다. 이럴 때 '마른 수건까지 쥐어짜는 절약'이 우선적인 관리범주에 들어갈 가능성이 높지만, 이는 경영진과 직원 모두의 피로감을 높이는 방법이다.
- 경영철학 공유: 반드시 물질적인 차원에서의 보상만 직원들에게 만족감을 줄 수 있는 것은 아니다. 마른 수건을 쥐어짜기보다는 마른 수건을 가지고 놀 수 있는 경영철학을 공유하거나 수건을 가장 먼저 짜고 가장 잘 짤 줄 아는 사람이 함께 짜자고 외칠 수 있는 문화를 만드는 방법이 오히려 물질보다 더 큰 차원에서 만족을 제공하면서 직원들의 충성심을 높일 수 있다.

3. 결 론

한 영국판사는 "기업이란 걷어찰 몸뚱이도, 저주할 영혼도 없는 존재다"라고 말했다고 한다. 수많은 기업이 일자리를 창출하고 경제를 발전하는 원동력으로 국가발전에 기여하고 막대한 영향력을 끼치지만, 이윤이라는 미명하에 비윤리적인 행동들이 많이 일어난다.

기업을 몸뚱이와 영혼이 있는 존재로 보고 직원들과 문화적 연대를 이루고 싶다면, 리더는 단순히 먹여 살려주는 개념 이외의 존재에 대한 의미, 영향력에 대한 본질적인 고민을 하는 시간이 더 많아져야 할 것이다.

박태준 회장은 포항제철을 "최고의 경쟁력 있는 철강회사로 만들어 국가 경제발전에 기여하겠다"는 뜻을 세우고, 그렇게 만들기 위해서는 사원이야말로 가장 소중한 자원이라고 믿고, 매사에 스스로 모범이 되어 솔선수범해서 실천했으며, 모든 사원들을 인격체로 존중하고 대우 해주었다.

[자료: DBR 2012 NO. 102(동아일보)]

Appendix 2   히든챔피언

1. 전세계 히든챔피언 현황

전세계 히든 챔피언은 독일이고, 미국은 366개, 일본은 220개로 그 다음을 차지한다.

'히든챔피언'(hidden champion)은 독일의 경영학자 헤르만 지몬이 만든 용어다. 말 그대로 잘 알려지지 않은 강소기업을 말한다. 지몬은 세계시장에서 1~3위 이내 제품을 가지고 있고 매출이 50억 유로(6조 5,630억원) 이하이며 일반에 잘 알려지지 않은 기업을 히든챔피언으로 정의했다.

지몬이 2017년 독일 프랑크푸르트에서 개최한 제3차 히든챔피언 행사 내용을 정리한 코트라 자료에 따르면 전 세계엔 총 2,734개의 히든챔피언이 있다. 이 중 47.8%에 해당하는 1,307개 기업이 독일 기업이다. 이어 미국이 366개, 일본이 220개, 스위스가 131개로 뒤를 이었다. 한국은 23개다. 이들 기업의 평균 연 매출은 3억 2,600만 유로(4,278억여 원)다. 고용인원수는 2037명, 존속연수 평균은 61년으로 나타났다. 상위 100개 히든챔피언의 총매출은 1995년 608억 유로(79조

표 1   히든 챔피언 국가별 현황(단위: 개)

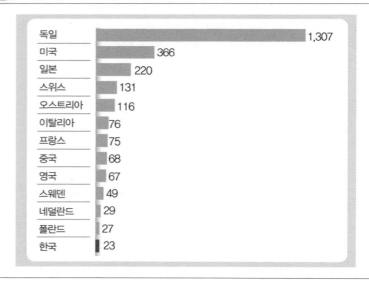

자료: 지몬 쿠허 앤 파트너스

원)에서 2016년 2,821억 유로(370조원)로 크게 늘었다. 독일에 히든챔피언이 많은 이유에 대해 지몬은 글로벌화, 혁신, 디지털화를 통해 끊임없이 변화한 덕분이라고 설명한다. 2007년부터 10년간 인구 100만 명당 특허 출원 수를 비교했을 때 스위스가 3,320건으로 가장 많았고 스웨덴이 1,698건, 독일이 1,674건이었다. 한국은 330건에 그쳤다. 국내 23개 히든챔피언 기업은 모두 제조업체다.

김광희 중소기업연구원 명예연구위원은 "한국엔 돈을 좀 벌면 사업을 확장하는 기업이 많은데 독일에는 한 분야를 계속 파고들고 거기서 기술적 우위를 계속 유지하는 기업문화가 일반적"이라며 "그런 문화적 바탕에서 히든챔피언이 탄생한다"고 말했다.

표 2 인구 100만명당 특허출원수(단위: 건, 2027~2018년 기준)

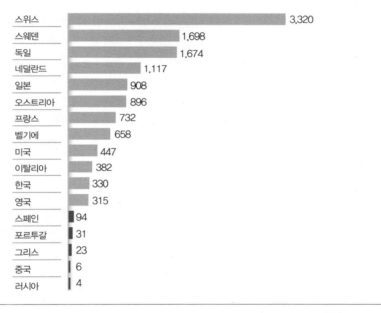

스위스	3,320
스웨덴	1,698
독일	1,674
네덜란드	1,117
일본	908
오스트리아	896
프랑스	732
벨기에	658
미국	447
이탈리아	382
한국	330
영국	315
스페인	94
포르투갈	31
그리스	23
중국	6
러시아	4

자료: 지몬 쿠허 앤 파트너스

2. 히든챔피언1_SKF

SKF는 세계 베어링 시장점유율 30%가 넘는 스웨덴의 대표 부품 기업이다.

위의 그림은 테오 쉘베리 SKF 커뮤니케이션 디렉터가 스웨덴 예테보리 본사에서 SKF의 혁신 철학에 대해 설명하고 있는 모습이다.

1) SKF사 현황(2019년 10월)

지난달 1일 스웨덴 예테보리 외곽의 SKF본사 앞 거대한 금속 구(球)가 눈에 띄었다. SKF는 세계 베어링 시장점유율 30%를 넘는 '히든 챔피언'이다. 매출액은 877억 스웨덴크로나(약 10조 4,000억원, 2018년 기준)이지만 영업이익은 1조 3,000억원이 넘는다. 매년 두 자릿수 영업이익률을 기록하는 스웨덴의 대표 부품기업이다. 테오 쉘베리 커뮤니케이션 디렉터는 "SKF는 제조업체가 아니라 서비스 업체"라고 소개했다. 수백 종의 베어링을 생산하며 세계 시장을 석권하는 SKF가 스스로 서비스 기업으로 규정하는 이유는 뭘까.

1907년 창업해 100년을 이어온 기업답게 60년대에 지은 고층건물과 100년 넘은 옛 공장건물이 공존하고 있다. 본사 1층 로비엔 20세기 초 SKF가 세계 최초로 개발한 자동조심(自動彫心·self-aligning) 볼 베어링이 전시돼 있다. 스스로 중심을 잡으며 회전하는 이 베어링은 세계 기계산업의 패러다임을 바꿔놓은 발명품이다. 쉘베리 디렉터는 "고속으로 회전하는 베어링이 제대로 작동하려면 열을 식혀주고 윤활유를 제대로 공급하며, 이 과정이 빈틈없이 이뤄지는지 확인하는 실시간 모니터링 시스템이 필수적"이라고 말했다. 베어링을 만드는 회사는 많지만 이런 토탈 솔루션을 제공할 수 있는 회사는 SKF가 유일하다는 게 그의 설명이다.

2) SKF사의 100년 혁신 DNA

SKF의 자동 윤활시스템 모습

'혁신(革新)'은 히든 챔피언의 또 다른 비결이다. 세계 1위를 놓치지 않는 100년 기업이지만 경쟁력 있는 분야에 집중하고 혁신을 통해 2등과의 격차를 벌린다. '문제를 해결한다'는 SKF의 창업 정신은 100년을 이어 온 DNA로 기업 깊숙이 남아있다. 창업자 스벤 빙크스트(1876~1953)는 섬유공장의 보수담당 엔지니어였다. 예테보리는 진흙층이 많은 지역이었다. 땅이 무르다 보니 진동 때문에 공장 지붕에 매달린 방직기 베어링의 축이 틀어지기 일쑤였다. 이 문제를 해결하기 위해 빙크스트는 회전하며 중심을 잡는 '자동조심 베어링'을 개발했다. 1907년 특허를 받은 뒤 세운 회사가 SKF다.

치기공 기구에 들어가는 미세 베어링부터 원자력발전소용 거대 베어링까지 분야별 최고의 제품을 만들지만 SKF는 볼(ball)이나 롤러(roller) 타입의 베어링만 제공하지 않는다. 여기에 윤활유를 공급하는 자동급유장치와 윤활시스템, 내부의 온도와 정상 작동 여부를 체크하는 실시간 모니터링 시스템까지 하나의 '패키지'로 공급하는 게 SKF의 경쟁력이다. 고객의 요구에 따라 공장 설비 전체를 함께 만들고, 실시간 모니터링이 가능한 '로보틱스' 시스템을 함께 제공하는 방식이다. 유지보수를 위한 공구부터 시스템 업그레이드까지 지속적으로 관리해주는 점에서 '서비스 업체'란 얘기다.

베어링을 만드는 회사는 많지만, 고속 회전하는 베어링의 윤활 시스템과 내부 모니터링 솔루션까지 한꺼번에 서비스하는 회사는 많지 않다. SKF가 세계 최고 베어링 회사로 인정받는 이유다.

3) 결론

본사 옆 붉은 벽돌로 된 'D공장'을 찾았다. 100년이 넘은 건물이었지만 내부는 반도체 공장을 연상할 만큼 먼지 하나 없이 깨끗했다. 무인 스마트 공장 내엔 자율주행 '팔레트' 로봇이 부품과 반제품을 실어 날랐다. 베어링의 외륜(外輪)과 내륜(內輪), 볼·롤러 모양의 베어링을 가공하고 열처리하는 과정은 모두 로봇이 담당한다. 불량품을 골라내는 공정 역시 컴퓨터가 맡는다.

쉘베리 디렉터는 "로보틱스와 스마트 공장 같은 혁신은 중간 가격의 지불능력을 가진 고객에게 더 싼 가격으로 서비스를 제공하기 위한 것"이라며 "혁신과 고객의 지불능력 사이의 밸런스를 맞춰 모든 영역의 서비스를 판매하는 게 SKF의 철학"이라고 설명했다.

[자료: 중앙일보] [히든챔피언의 비밀]세계 1위 SKF "우리는 베어링도 팔고 서비스도 판다"

3. 히든챔피언2_igus

이구스(igus) 본사 공장 전경

이구스는 1964년 독일의 권터 블라제가 창업한 이후 금속이 아닌 고성능 플라스틱으로 베어링, 체인을 만들어 이 분야 세계 1위에 오른 강소기업이다.

"고성능 플라스틱 강자 독일 '이구스'"

영하~섭씨 200도 이상에서의 극한실험을 진행한다. 가구·로봇 등 전 산업 분야에 쓰이며 공장 절반은 R&D 설비로 채워져 있다. 이는 "끝없는 혁신, 원천기술 갖는 비결"이다. 독일에 있는 이구스 본사에선 1년간 약 20억 번의 테스트가 이뤄진다.

1) igus사 현황

"여기도 테스트, 저기도 테스트 시설입니다. 저쪽까지 다입니다."

지난 8월 20일 독일 쾰른에 있는 고성능 플라스틱 소재 기업 이구스(igus) 본사. 공장을 보여주겠다는 게하드 바우스 부사장을 따라나섰는데 걸어도 걸어도 생산설비는 나오지 않고 테스트 공간만 이어졌다. 코스트코 매장을 연상케 하는 거대 창고 형태 공장 안 50%는 연구개발(R&D) 및 테스트 설비로 채워져 있었다. 넓이만 3,800㎡. 축구장(7,200㎡) 절반보다 큰 규모다. 이곳에선 매년 평균 1만 5,000종의 테스트가 20억번 이상 이뤄진다. 바우스 부사장은 "세계 최고 축구 선수들이 겨루는 분데스리가를 보면 하부리그에서 뛰어난 활약을 보인 소수 선수만 '꿈의 무대'인 1부리그에서 뛰고 스포트라이트를 받는다"며 "우리 제품도 단계별 혹독한 테스트를 거친 끝에 살아남은 100여 종만 시장에 나온다"고 설명했다.

이구스는 1964년 권터 블라제가 창업한 이후 금속이 아닌 고성능 플라스틱으로 베어링, 체인을 만들어 이 분야 세계 1위에 오른 기업이다. 기름을 칠할 필요가 없는 이른바 무급유(oil free) 베어링으로 불리는 드라이 테크 베어링이 대표상품이다. 2012년 '히든챔피언'(세계 1~3위 점유율 가진 강소기업)에 선정됐으며 2016년 독일 경제주간지 '비르트샤프츠보헤'(WirtschaftsWoche)가 선정한 가장 혁신적인 기업 38위에 이름을 올렸다.

지난해 매출은 7억 4,800만 유로(9,811억원 원)다. 독보적 기술력을 갖춘 회사지만 이들의 주요 관심사는 사업확장도, 마케팅도 아닌 R&D와 테스트였다.

2) 혁신→글로벌화→혁신 선순환 구조

조병선 중견기업연구원장은 이구스처럼 "잘하는 걸 더 잘하자"는 성향을 히든챔피언의 공통된 특징으로 꼽았다. 한 분야에서 이미 최고 기술력을 가졌더라도 거기에 만족하지 않고 계속 발전시켜나가는 '닥치고 R&D' 성향이 글로벌 경쟁력을 유지하는 비결이라는 얘기다.

조 원장은 "끊임없이 기술을 혁신하다 보면 그 과정에서 원천기술을 확보하게 되고 그걸 다시 해당 영역에서 응용해 제품을 변화시켜 경쟁자들의 추격을 따돌린다"며 "이를 가능하게 하는 것은 R&D와 테스트에 있다"고 설명했다.

이구스 관계자들도 성공비결을 R&D에 기반을 둔 테스트 중심 경영을 첫손가락으로 꼽았다. 이구스는 코카콜라가 최적의 비율로 재료를 섞어서 콜라를 만들듯 기름을 안 쳐도 되는 윤활 성분, 강한 충격에도 견딜 수 있는 강화 성분 등을 사다가 기본 플라스틱과 다양한 비율로 섞어 제품을 뽑아낸다. 토비아스 포겔 이구스 마케팅 담당 부사장은 "우리가 만들고 싶은 제품이 아니라 고객이 필요한 제품을 만든다"며 "끊임없이 기존 제품을 바꿔 고객이 원하는 성능을 구현한다"고 말했다.

이구스 테스트 시설에선 말 그대로 다종·다양한 실험이 진행되고 있었다. 섭씨 200도 이상부터 영하에 이르기까지 극한의 온도를 견디는 실험, 직선·회전 및 3차원 운동 등 제각각 방향으로 진행되는 운동실험 등 다양했다. 이를 통과한 플라스틱 부품은 자동차, 크레인, 공작기계, 농기계, 의료기기, 가구, 로봇에 이르기까지 산업 거의 전 분야에 쓰인다. 김광희 중소기업연구원 명예연구위원은 "독일에는 아주 작은 분야이지만 세계적 수준의 기술력을 가진 기업이 많다"며 "그들에겐 R&D와 테스트가 생존수단"이라는 게 김 연구위원의 설명이다.

'히든챔피언' 개념을 만든 경영학자 헤르만 지몬이 말했듯이 기술혁신→글로벌화→경쟁력확보→기술혁신으로 이어지는 선순환은 독일 강소기업의 대표적인 성공 방정식이다. 이는 수치로도 일정 부분 확인된다. 중견기업학회장인 이홍 광운대 경영학과 교수가 작성한 '한국형 히든챔피언 육성기준 설정 연구' 보고서에 따르면 독일 히든챔피언 기업 1,307곳의 수출 비율은 평균 62%에 달한다. 또 독일의 2017년 R&D 투자 규모는 1,121억 8,600만 달러(약 134조 2,866억원, 2019 주요과학기술통계 100선 기준)에 달한다. 같은 해 우리나라 투자액은 696억 9,900만 달러(83조 4,645억원)였다. 이홍 교수는 "대부분 대기업 하청업체로 수직계열화돼 있어 수동적으로 움직이는 문화가 강했던 국내 중견기업과 달리 독일 소재·부품 강소기업은 세계 시장에서 독립적으로 경쟁하고 있다"며 "자체 R&D를 적극적으로 하지 않고는 살아남을 수 없는 구조"라고 설명했다.

3) 독일 R&D 투자 134조원, 한국은 83조

독일 베텐베르그에 있는 피브이에이 테플라(PVA TePla)는 반도체 웨이퍼 소재 제조설비, 비파괴 검사장비, 플라즈마 세척기 제조 분야 '히든챔피언'이다. 이 회사도 기술혁신을 통한 글로벌화로 히든챔피언 자리에 올랐다. 매출은 1억 2,500만 유로(1,640억 여원)인데 이 중 절반이 아시아 지역 매출이다. 나머지 40%는 유럽 지역 매출이다. 아르민 스테거 피브이에이 테플라 상품관리 책임자는 독일 강소기업의 경쟁력이 R&D에서 나온다고 강조했다. 그는 "독일은 프라운 호퍼 연구소, 막스 플랑크 연구소 등 다양한 유명 연구기관을 보유하고 있고 우리를 포함해 중소기업이 이들과 긴밀하게 협력관계를 유지할 뿐만 아니라 자체 연구소도 세워 교류한다"고 설명했다.

[자료: 중앙일보] [히든챔피언]제품 1만개 20억번 테스트, 시장 출시 100개분

고승희 외, 왜 삼성인가, 비즈니스맵, 2012.

김병윤 외, 경영학 원론, 명경사, 2017.

김성홍 외, 이건희 개혁 10년, 김영사, 2004.

김재명, 신경영학원론, 박영사, 2015.

김형곤, 미국 남북전쟁, 링컨리더십의 본질, 살림, 2016.

꼰대리더십, DBR, No.249, 동아일보사, 2018.5.

노재범, 정보혁명 성공을 위한 7계명, 삼성경제연구소, 1996.

노희윤, 대한민국 마케팅 성공신화, 형설라이프, 2009.

데일카네기 (임정재 옮김), 링컨 당신을 존경합니다, 함께 읽는책, 2017

램 차란 외 (한근태 옮김), 리더십파이프라인, 미래의 창, 2011.

박상익 외, 이해하기 쉬운 창업경영, 에이드북, 2014.

박석무, 다산정약용 평전, 민음사, 2014.

박찬수, 마케팅원리, 법문사, 2002.

박춘호, 현대 경영학원론, 박영사, 2017.

백기복, 리더십 리뷰, 창민사, 2016.

안영진, 변화와 혁신, 박영사, 2016.

요시카와 료죠, (엄예선 역), 삼성의 결정은 왜 세계에서 제일 빠른가, 중앙경제평론사, 2012.

유필화 외, 현대마케팅론, 박영사, 1999.

이명호 외, 경영학으로의 초대, 박영사. 2013.

이석규, 온라인과 오프라인의 통합 마케팅전략에 관한 문헌고찰, 2001년 한국마케팅학회 춘계발표대회논문집, 2001.

이성열 외, 디지털비즈니스의 미래, 리더스북.

이승주, 전략적 리더십, 시그마인사이트컴, 2005.

이재규 외, 전자상거래 원론, 법영사, 2012.

장세진, 경영전략 사례집, 박영사, 2012.

장준갑, 존 F 케네디, 선인, 2011.

정봉주 외, 스마트제조, 이프레스, 2016.

정승화 외 역, 하버드 경영사례 핸드북, 박영사, 2010.

조현재 외, 디지털 정복자 삼성전자, 매일경제신문사, 2005.

존 맥스웰, (임윤택 역), 인재경영의 법칙, 비전과 리더쉽, 2012.

채서일, 마케팅, 학현사, 2003.

코스닥 CEO 도전스토리, 코스닥협회, 2016.

피터드러커, (이재규 역), 경영의 실제, 한국경제신문, 2009.

Cameron, K. S., "Strategies for Successful Organizational Downsizing." Human Source Management, 33(2),1994.

Davis, G. B., and M. H. Olson, Management Information System: Conceptual Foundations, Structure and Development, New York: McGraw-Hill, 1985.

Don M Frick(2011), Robert K. Greenleaf: A Life of Servant Leadership, Berrett-Koehler Pubilsher

How to Work With and Lead People Not Like You, Kelly McDONALD,

Hussain & Hussain, Information Management, Prentice-Hall. 1993.

Jawwad Ahmed Farid, et al, Risk Frameworks and Applications-2nd Edition, Alchemy Technologies Pvt, 2010.

Kotler, Philip & Gray Armstrong, Principles of Marketing, 9th ed, Prentice Hall, 2001.

Pamela Peterson Drake, Frank J. Fabozzi, Analysis of Financial Statements, 3rd edition, Wiley, 2012.

Solomon, Michael R. & Elnora W. Stuart, Marketing-Real People, Real Choices, 2nd, ed., Prentice Hall, 2001.

Thomas R. Robinson, Elaine Henry, Wendy L. Pirie, Michael A. Broihahn, International Financial Statement Analysis, wiley, 2015.

TSMC 성공요인 분석, 주간기술동향, 2021.9

심현식

스마트제조경영 학자/ 연세대학교 공학박사
현재 경기대학교 산업경영공학과 교수로 재직중이며, 한국반도체디스플레이기술학회 편집이사로 활동
하고 있다. 학회 내 "스마트제조경영연구회 & 스마트제조경영아카데미"를 운영하고 있으며, 스마트팩토
리 및 스마트제조경영 분야의 기업 컨설팅을 하고 있다.
저서는 "실전경영학(2018, 2022)", "스마트제조시스템(2020)"이 있다.

경력은 삼성전자 반도체사업부(그룹장), 삼성전기 생산기술연구소(그룹장)에서 근무하였고, 연세대학교
에서 실전경영학을 강의하였다.

이메일: simhyunsik7@naver.com

제2판
실전경영학

초판발행	2018년 1월 5일
제2판발행	2022년 3월 10일
중판발행	2023년 2월 20일
지은이	심현식
펴낸이	안종만 · 안상준
편 집	전채린
기획/마케팅	정연환
표지디자인	이수빈
제 작	고철민 · 조영환

펴낸곳 (주) 박영사
서울특별시 금천구 가산디지털2로 53, 210호(가산동, 한라시그마밸리)
등록 1959. 3. 11. 제300-1959-1호(倫)

전 화	02)733-6771
f a x	02)736-4818
e-mail	pys@pybook.co.kr
homepage	www.pybook.co.kr
ISBN	979-11-303-1517-1 93320

copyright©심현식 2022, Printed in Korea

정 가   28,000원